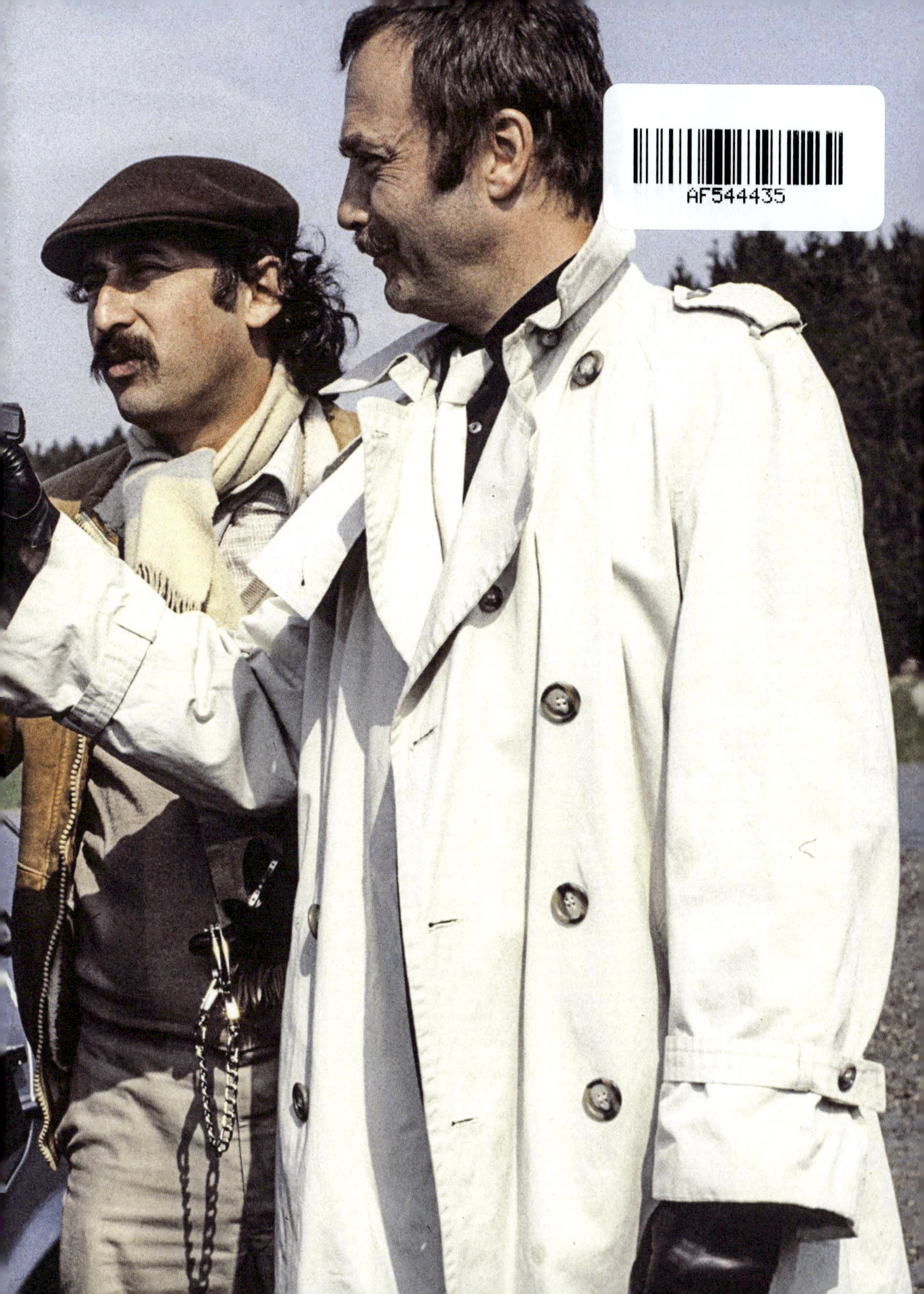

AF544435

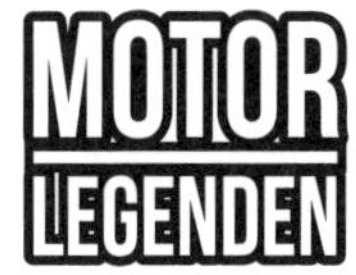

ALF CREMERS

DERRICK, SCHIMANSKI & CO.

Motor
buch
Verlag

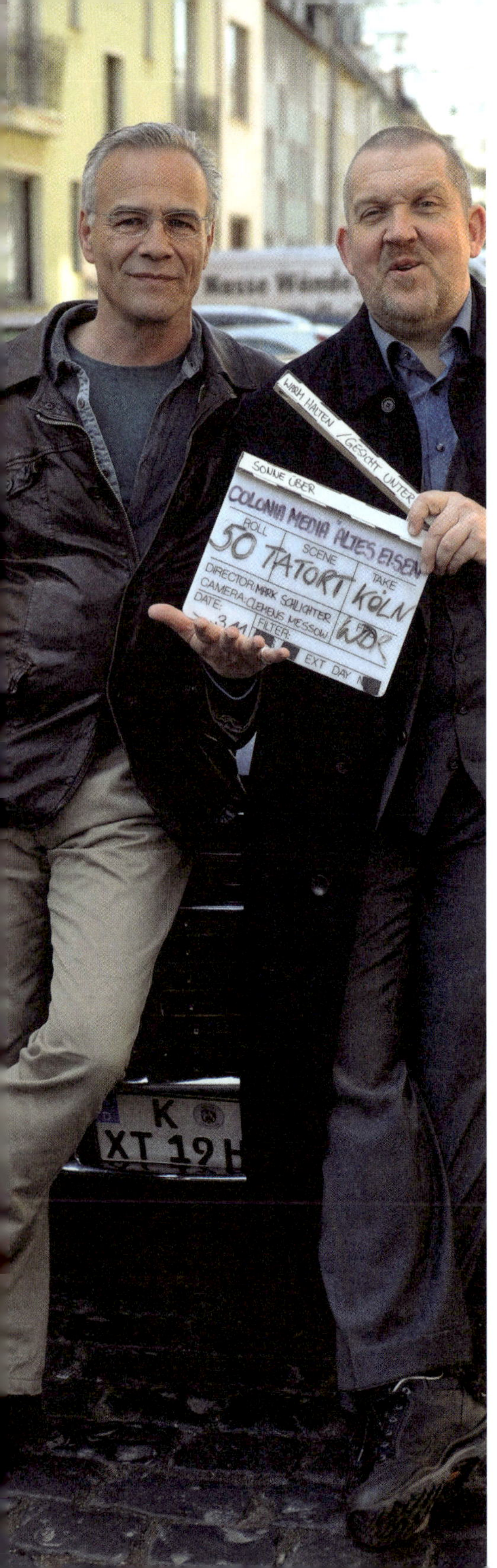

Einbandgestaltung: Sven Rauert

Bildnachweise auf Seite 220

Eine Haftung des Autors oder des Verlages und seiner Beauftragten für Personen-, Sach- und Vermögensschäden ist ausgeschlossen.

ISBN: 978-3-613-04538-5

Copyright © by Motorbuch Verlag, Postfach 103743, 70032 Stuttgart
Ein Unternehmen der Paul Pietsch Verlage GmbH & Co. KG

1. Auflage 2023

Sie finden uns im Internet unter www.motorbuch-verlag.de

Nachdruck, auch einzelner Teile, ist verboten. Das Urheberrecht und sämtliche weiteren Rechte sind dem Verlag vorbehalten. Übersetzung, Speicherung, Vervielfältigung und Verbreitung einschließlich Übernahme auf elektronische Datenträger wie DVD, CD-ROM usw. sowie Einspeicherung in elektronische Medien wie Internet usw. ist ohne vorherige schriftliche Genehmigung des Verlages unzulässig und strafbar.

Lektorat/Redaktion: Bernd Keidel (red)
Innengestaltung: Sven Rauert
Druck und Bindung: Graspo CZ,
763 02 Zlín
Printed in Czech Republic

VORWORT VON ANDREAS HOPPE

AUTOS FÜR DIE KOMMISSARE!

Für mich und Generationen früherer Schauspieler war Autofahren selbstverständlicher Teil unserer Arbeit. Das hat sich mittlerweile zwar etwas geändert: Heute begegnen mir am Set immer mehr junge Kollegen, die gar keinen Führerschein mehr besitzen. Doch das ändert nichts daran, dass Autos und Filme schon immer zusammengehörten.

Die Grundlage für meine persönliche Beziehung zu Fahrzeugen, sprich Fahrrädern, Motorrädern und Autos, wurde aber bereits sehr früh in der Kindheit gelegt: Mein geliebter Großvater und mein hoch geschätzter Vater waren Schrauber und Auto-Liebhaber – sie nahmen in ihrer Jugend auf verschiedenen Motorrädern und später Autos an Flughafen- und Geschicklichkeitsrennen sowie an diversen Rallyes teil. Ich atmete schon früh den Öl- und Benzingeruch und wurde so mit dem Schrauber-Virus infiziert. Spielzeugautos von Matchbox und Gorki Toys waren die perfekten Vehikel für meine junge Auto-Leidenschaft, sie dienten als Ersatz für die großen Traumautos, später kamen auch tolle Modelle zum Selberbauen dazu – am Anfang noch gemeinsam mit meinem Vater, der auf diese Weise versuchte, mir Geduld und Ruhe beizubringen. Er war Feinmechaniker und ein begeisterter Bastler. Er konnte alles reparieren: Musikanlagen, Autos, Motorräder und alle Arten von Elektrogeräten. Alles begann in den frühen 1960er-Jahren: Mein Vater liebte Filme und Fernsehen, auch das hatten wir gemeinsam. So waren schon meine ersten Spielzeugautos mit Film und Fernsehen, mit Ermittlern und Ganoven verbunden; The Green Hornet, James Bonds Aston Martin aus »Im Geheimdienst Ihrer Majestät« mit George Lazenby und der legendären Diana Rigg, der Lotus Elan und der Bentley aus »Schirm, Charme und Melone« – der berühmten ABC-Serie mit Patrick Macnee alias John Steed und wiederum Diana Rigg alias Emma Peel (sie war der Traum meiner Jugendjahre). Dazu kamen Serien wie »Solo für O.N.C.E.L.« mit Robert Vaughn und David McCallum und »Graf Yoster gibt sich die Ehre«, eine ARD-Serie mit einem besonderen Highlight: Lukas Ammann spielt mit Graf Yoster einen Freizeitermittler, der stets im Rolls Royce unterwegs ist (Zuerst Rolls-Royce 25/30 hp, später Rolls-Royce Phantom III). Gesteuert werden die Autos vom jovialen und bodenständigen Chauffeur Johann, den ein herausragenden Wolfgang Völz als exakten Gegenentwurf zum distinguierten Graf Yoster anlegte.

Schon früh durfte ich auch mal auf Vaters Schoß selbst Auto fahren – das war ein sorgsam gehütetes Geheimnis, das uns noch enger zusammenschweißte. Die nächste Erinnerung:

Das erste Moped, Schrauben bei Regen im Dunkel ohne Garage, reflektierender Asphalt, auf dem man im Dunkel schwer eine Schraube wiederfand, aber am nächsten Tag kamen die Freunde zur Ausfahrt und mit Hilfe meines Vaters lief die Karre. Von der Havelchaussee zur »Spinnerbrücke«, wo die Großen standen. Posen mit Helm unter den Achseln, später die berüchtigte 1,50 Meter-Pizza im legendären »Athener Grill« auf dem Kurfürstendamm. Die Karre, eine Kreidler Florett Dreigang Gebläse, stand zwischen den Großen geparkt, möglichst lässig, aber doch darauf achtend, bloß nichts umzuwerfen, sonst könnte es eine unangenehme Kettenreaktion geben.

Die Liebe zu Filmen und Autos blieb – einmal holte mich mein Vater vom Training ab. Er habe noch eine Überraschung, sagte er. Wir hielten vor dem Kino, wo gerade der neuste James Bond »Geheimdienst Ihrer Majestät« lief. Ich war noch viel zu klein, aber an der Seite meines Vaters durfte ich ins Kino.

Bald darauf folgten die ersten Partys, doch wenn ich spät abends nachhause kam, war mein Vater noch wach und schaute fern – meist liefen Krimis oder

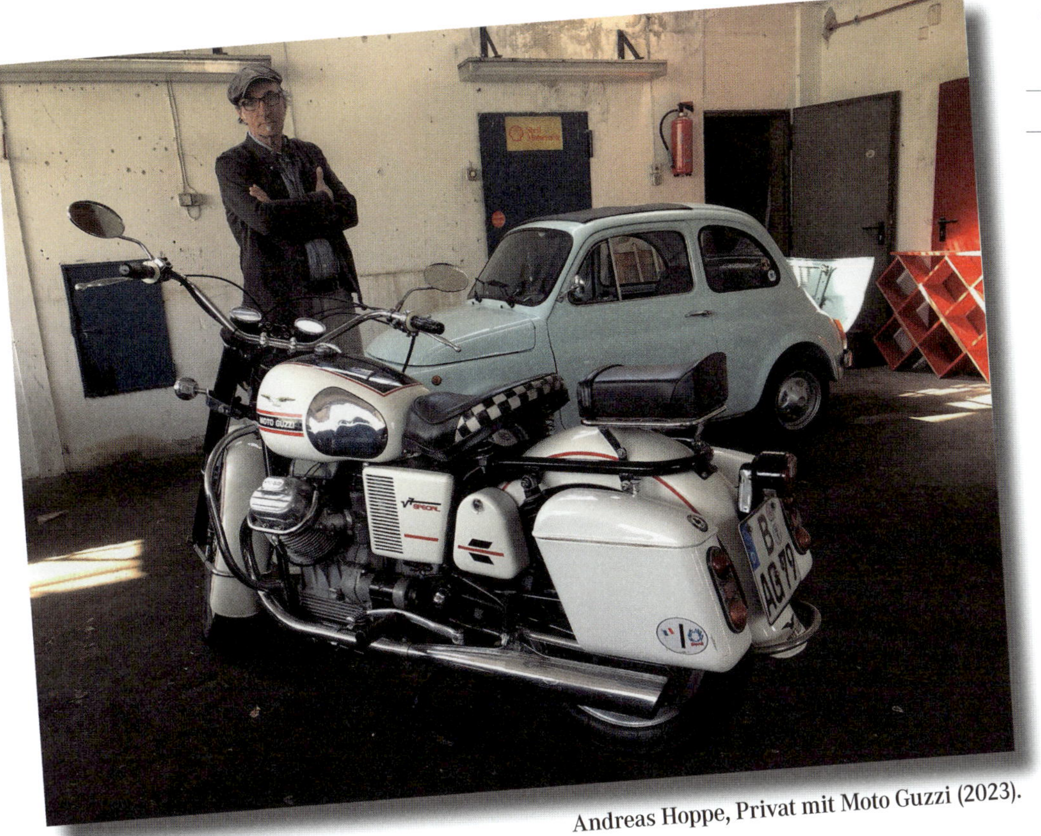

Andreas Hoppe, Privat mit Moto Guzzi (2023).

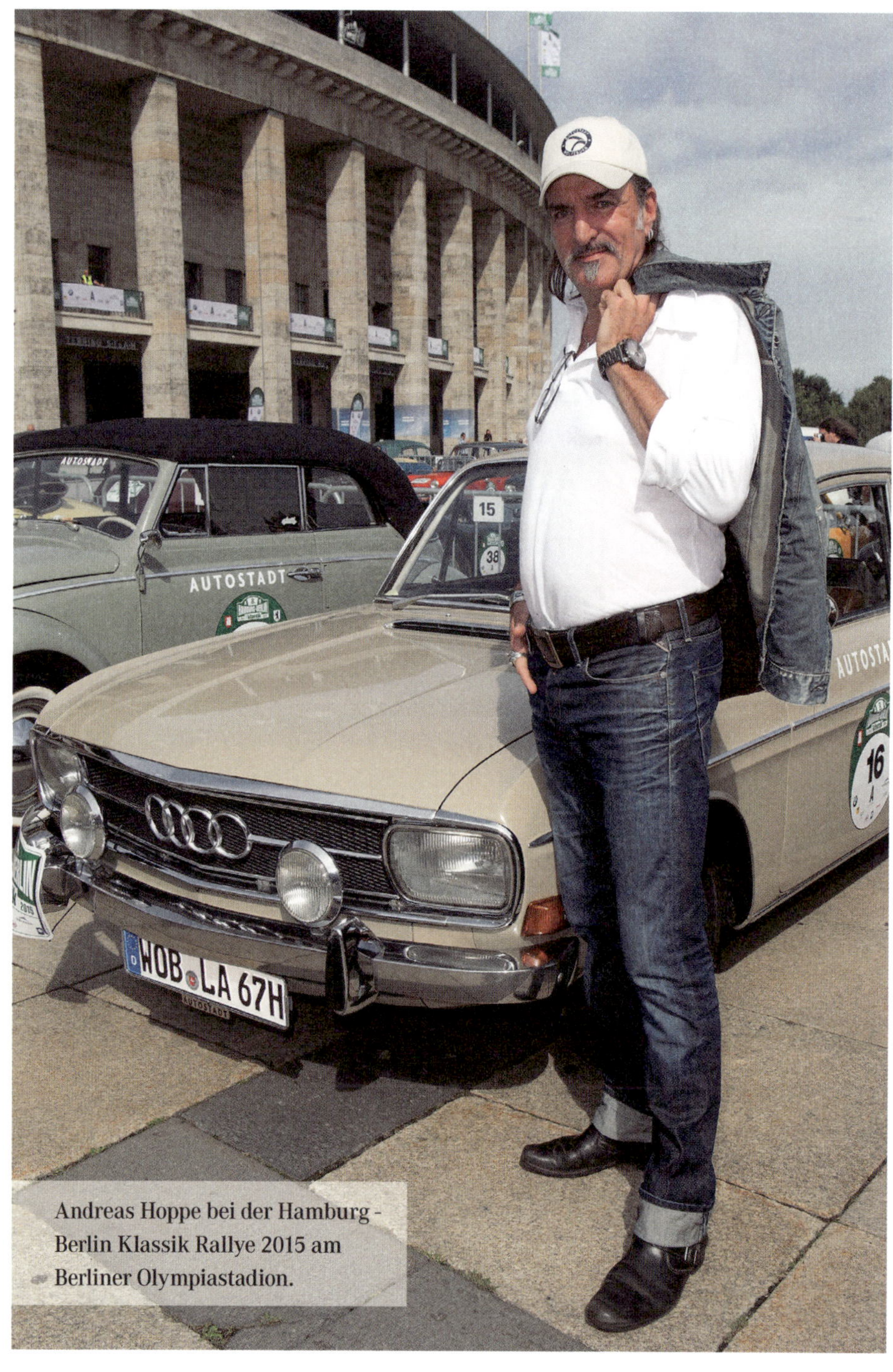

Andreas Hoppe bei der Hamburg - Berlin Klassik Rallye 2015 am Berliner Olympiastadion.

Western. Ich setzte mich dazu, nicht ohne vorher die Wurstration aus dem Kühlschrank für uns zu stibitzen. Mutter schlief schon. Das waren besondere Momente, ein Fernseher war damals schon etwas Besonderes und in dieser Kiste war die weite Welt. Doch bald trat noch eine andere Persönlichkeits-Seite bei mir hervor; die des Tier- und Umweltschützers. Doch von Autos konnte ich dennoch nicht lassen. Solche Widersprüche gehören zum Mensch sein dazu, vielleicht machen Sie uns auch aus.

Mittlerweile hat der Ruf des Autos gelitten, als umweltfreundliches Trans-portmittel haben heute wohl teilweise Fahrräder seinen Platz eingenommen. Doch Autos und Motorräder haben noch immer eine große emotionale Bedeutung, ich bezeichne sie gerne als »Traumtransporter« und »Fluchtmaschinen« – und zwar nicht für die kleinen Fluchten aus dem Alltag (dazu genügt auch ein Fahrrad), ich wollte mit dem Auto immer wirklich weit weg, in die Freiheit.

Die deutsche Nachkriegszeit der 1960er- und 70er-Jahre war immer noch immer geprägt vom engen und spießigen Mief der Faschisten. Was wäre wohl gewesen, wenn wir die Achtundsechziger nicht gehabt hätten, wenn der Neuanfang, die Aufarbeitung der Schuld und Traumata der Nazizeit ausgeblieben wären?

So sehnten wir uns damals fort, auf Reisen, um dem engen Zuhause zu entkommen, fort in ein anderes Leben – immer verbunden mit dem passenden Soundtrack. Die Fahrzeuge waren für uns damals nicht nur Statussymbole,

George Lazenby und Diana Rigg in: James Bond 007 – Im Geheimdienst Ihrer Majestät (1969).

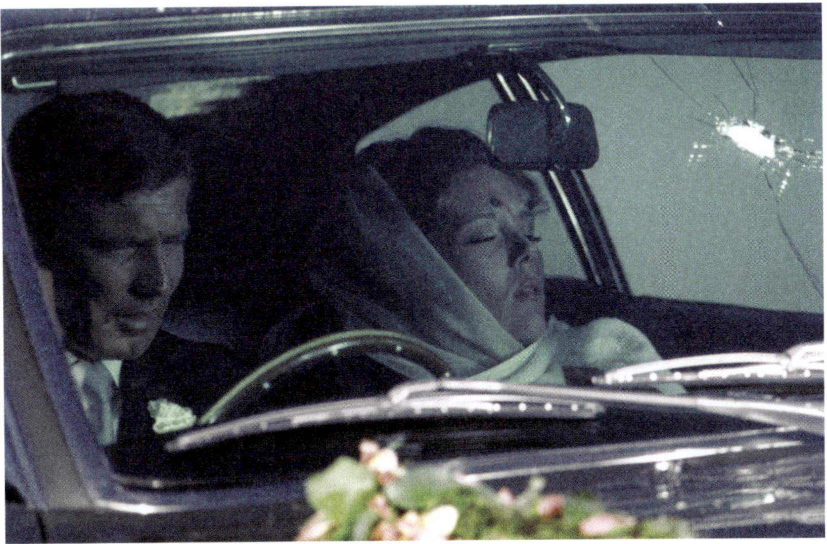

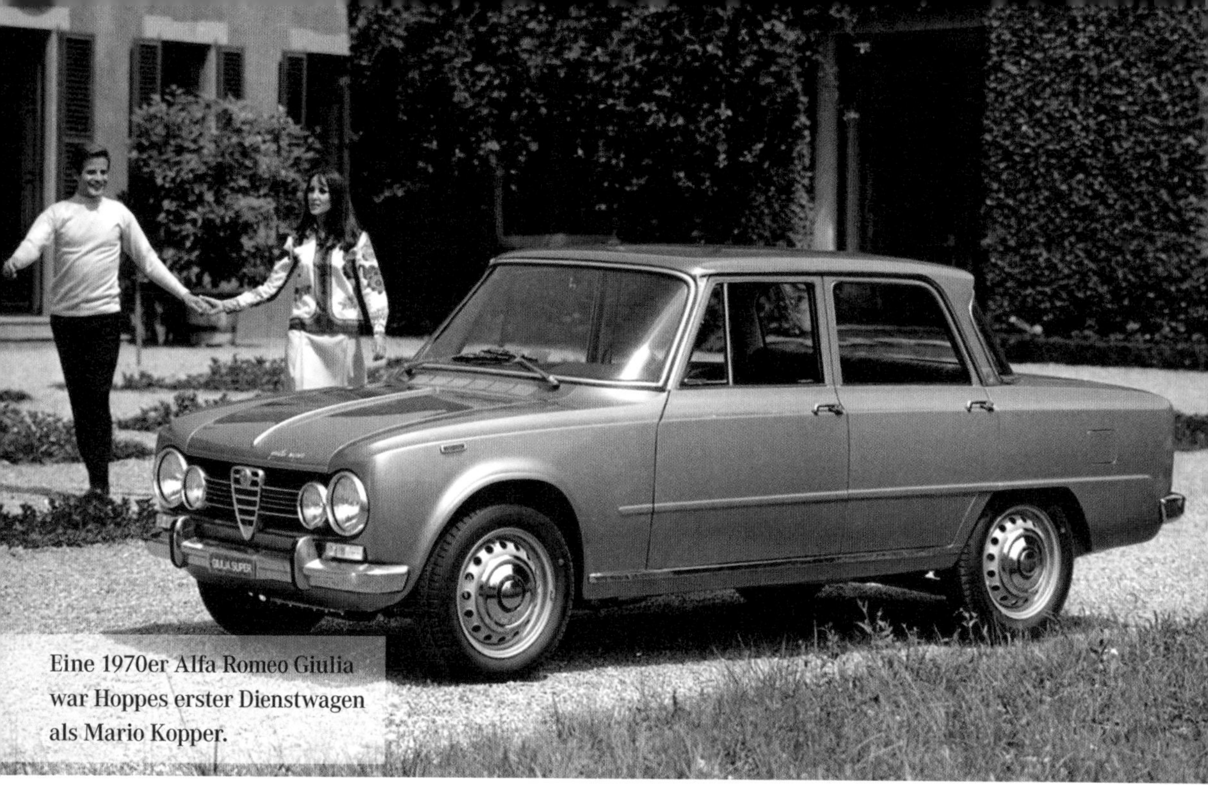
Eine 1970er Alfa Romeo Giulia war Hoppes erster Dienstwagen als Mario Kopper.

sie standen für eine Haltung, sie standen für Hoffnung und sie erzählten Geschichten. Es waren Geschichten vom Entkommen, und es fuhr immer die Hoffnung mit, dass uns unsere Gefährte einem unbekannten, aber traumhaften Ziel näherbringen sollten. In ferne Länder, in unbekannte Landschaften und zu Menschen mit anderer Lebenskultur. Wir wollten Veränderungen und positive Entwicklungen bewirken, Einfluss auf die Welt nehmen. Dabei erinnere ich mich an unsere ersten Autos: Renault R4, Simca Kastenwagen, VW Käfer oder der legendäre Mercedes /8. Damit unternahmen wir legendäre Reisen nach Frankreich und Spanien, später auch nach Italien - und Olivenöl, Espresso und Rohmilchkäse im Gepäck zurück.

Heute denke ich beim Fahren gerne an die Zeiten des Aufbruchs in ein erfülltes Leben zurück. Dabei erinnere ich mich an meinen mitternachtsblauen 88er-Buick Century, nach mehreren Kanadareisen mit nordamerikanischen Vehikeln erinnerte er mich bei meinen alltäglichen Fahrten in Deutschland an meine nordamerikanischen Freunden, Ureinwohner indianischer Herkunft, und ich dachte ich an die schwarzen Haare und die geflochtenen Zöpfe, die aus den offenen Fenstern wehten, auf den Ladeflächen ihrer Pickups standen ihre wilden Hunde, die Nase im Wind, und ich hörte die Trommeln und träumte von einem Abend am Lagerfeuer, von ihrem kehligen Gesang der teils uralten Lieder - dann fuhr ich manchmal einfach an meiner Wohnung vorbei und noch ein wenig

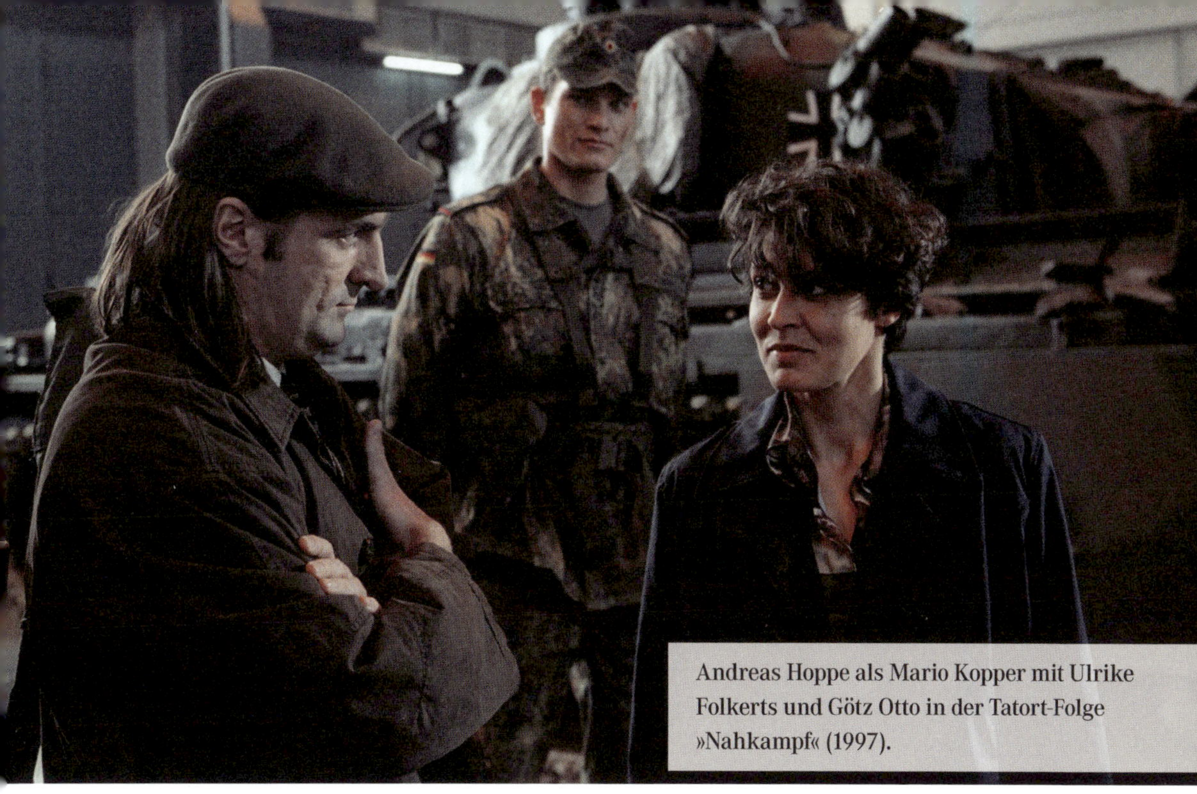
Andreas Hoppe als Mario Kopper mit Ulrike Folkerts und Götz Otto in der Tatort-Folge »Nahkampf« (1997).

dem Berliner Sonnenuntergang entgegen mit dem Album »Northern Frontiers« des kanadischen Musikers Tom Cochrane im Kassettenrecorder.

Das uns unsere »Traumtransporter« soweit bringen würden, hatten wir wohl selbst nie gedacht – die Flucht von zuhause war jedenfalls gelungen.

Als mein Berufswunsch klarere Konturen annahm und ich langsam mit den Dreharbeiten für meine ersten Fernsehproduktionen begann, gewann der Begriff »Traumtransporter« nochmals eine ganz neue Bedeutung: Ich durfte einige der legendärsten Fahrzeuge überhaupt lenken, Traumwagen allesamt und für mich ein Geschenk – und ein Privileg.

Und da sich bald herumsprach, dass ich Auto und Motorrad fahren könne, flogen diese Träume rasch ziemlich hoch: ein Rolls Royce aus den Fünfzigern, legendäre amerikanische Oldtimer der Marken Chevy, Dodge und Pontiac, eine hochversicherte neue Corvette oder auch eine Harley Knucklehead, um nur Einige zu nennen. Als 1996 mein Engagement für den »Tatort« an der Seite von Ulrike Folkerts begann, sollte ich ein eigenes Ermittlerfahrzeug bekommen. Meine Filmfigur hatte italienische Wurzeln. Und so starteten wir Mario Koppers Karriere mit einer 70er-Jahre-Alfa Romeo Guilia in der Farbe »Aubergine«. Der SWR kaufte das Auto. Doch alte italienische Schätzchen lieben keine Feuchtigkeit und so war die Idee, die Guilia zwischen den Drehs in die unterste Etage einer Tiefgarage zu stellen, auch schon der Anfang vom Ende. Die Garage glich einer Tropfsteinhöhle, während der mehrmonatigen Pausen zwischen den Drehs tropfte Wasser auf die empfindliche Giulia. Beschwerden der Kollegen über Schimmelgeruch und der Regisseur*innen über die unberechenbare Technik dieses Fahrzeugs blieben nicht aus. Aber wenn sie fuhr, war sie genial und ich hing an dem italophilen Image, das die Giulia meiner Figur verlieh – und den Zuschauern ging es ebenso. Doch irgendwann war die Giulia »durch«.

Dann kam jedoch ein besonders kluger Redakteur auf die Idee, dass wir die sich auflösende Giulia gegen einen Alfa Romeo Spider tauschen sollten. Ich warnte eindringlich davor, aber man wollte nicht auf mich hören. So musste ich vor der versammelten Filmcrew vorführen, wie ein ausgewachsener Mann mit Fakir- und Akrobatikausbildung versucht, sich in so eine Falle zu klemmen: Keine Chance! Ich kam nicht unter das Lenkrad und wenn die Knie daneben gebogen waren, dann kam ich mit den abgeknickten Beinen nicht mehr an die Pedale. Aber selbst, wenn ich irgendwie hineingepasst hätte, wäre ich bestimmt nicht schnell genug zur Gangsterverfolgung wieder hinausgekommen. Der Spider ist ein schönes Auto – aber wohl nur für Damen oder schlanke Jungs unter 1,75 Meter geeignet.

Der nächste Vorschlag war ein 130er Fiat, auch ein

»Der Spider ist ein schönes Auto – aber nur für Damen oder schlanke Jungs unter 1,75.«

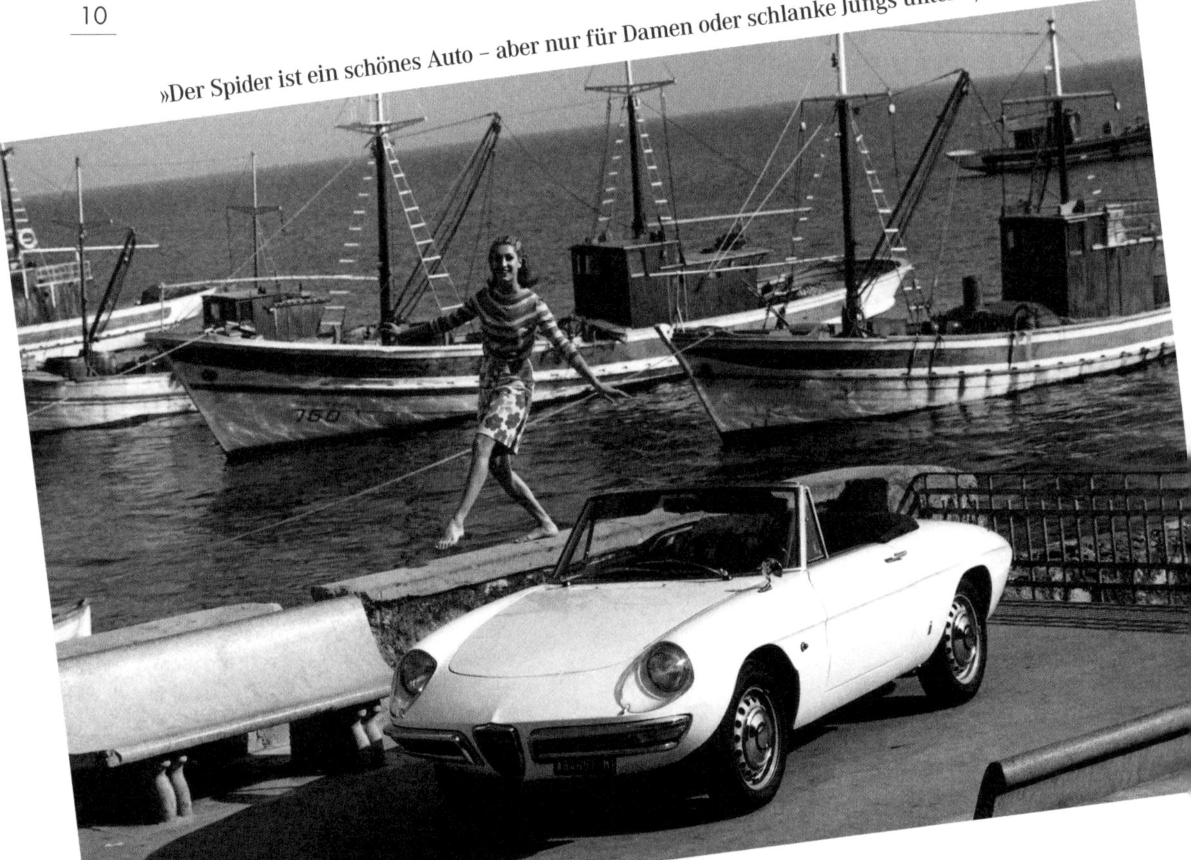

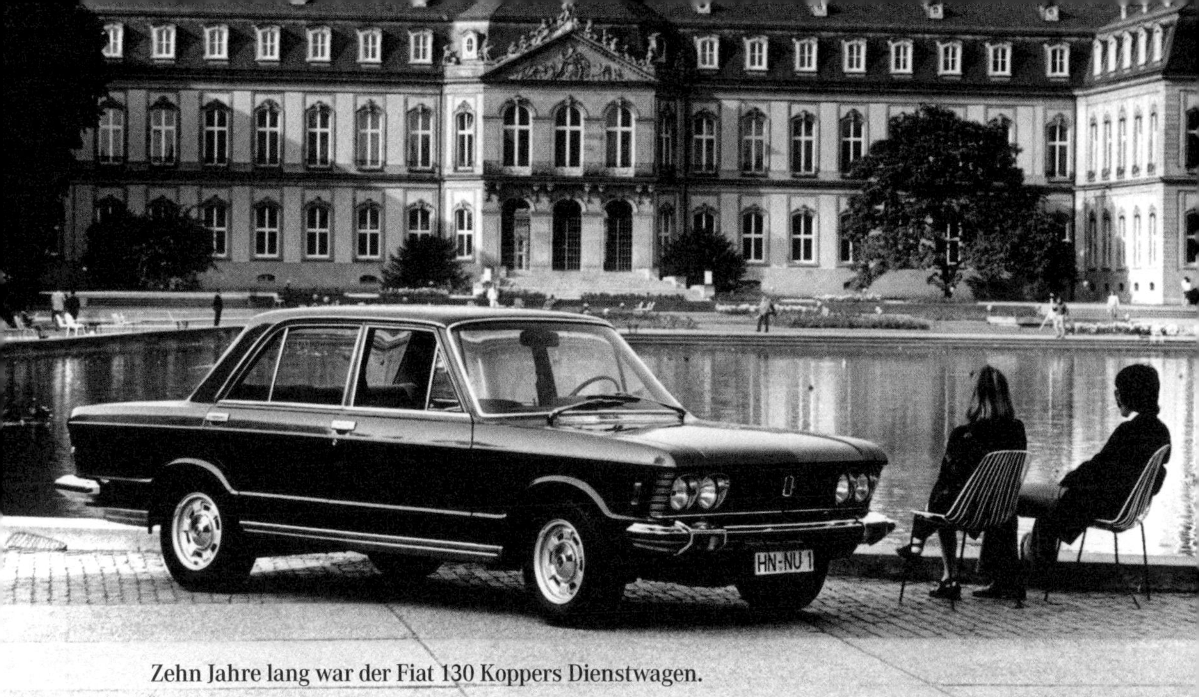

Zehn Jahre lang war der Fiat 130 Koppers Dienstwagen.

Klassiker aus den Siebzigern. Zuerst war ich skeptisch, doch dann sah ich mir das Auto genauer an: Der kantige Wagen war seinerzeit die eher unspektakuläre italienische Antwort auf die großen amerikanischen Limousinen. Er hatte ein Holzlenkrad, war großzügig und bequem gebaut und lief super – Das passte! Der Wagen ergab eine perfekte Verbindung zu einem deutschen Ermittler mit sizilianischen Wurzeln.

So wurde die Limousine für die kommenden zehn Jahre mein Dienstgefährt. In meiner letzten Tatort-Folge (Kopper, 2018) wurde der Wagen – zum Entsetzen vieler Oldtimer-Fans – in der Filmhandlung durch einen Unfall beschädigt. Ich musste mit dem Fiat einen Flüchtigen stoppen und durfte sogar selbst ein paar Beulen reinfahren. Aber später wurde der Fiat von einem Liebhaber erworben und steht heute wieder besser da als wohl jemals zuvor.

Auch nach meinem Tatort-Engagement blieb ich dem Thema Autos verbunden. Hervorheben möchte ich mehre Rallyes, zu denen ich eingeladen wurde, etwa von Berlin nach Hamburg oder auch im wunderschönen Trentino in einem legendären Käfercabrio mit meiner damaligen Freundin. Als legendär möchte ich die Teilnahme an einer Arctic Challenge im Yukon bezeichnen. Die Fahrt auf dem nächtlichen Dempsterhighway im Winter bei minus 50 Grad. Die Computer der deutschen Autos begannen bei diesen Temperaturen zu spinnen, das war gefährlich und um uns herum nur nächtliche Wildnis. Aber die »Traumtransporter« hatten mich ins Yukon geführt, auf den Spuren von Jack London und den Filmen, die ich mit meinem Vater geschaut hatte.

Andreas Hoppe, im Sommer 2023

KAPITEL 1

»DER KOMMISSAR« MIT ERIK ODE (1969–1976)

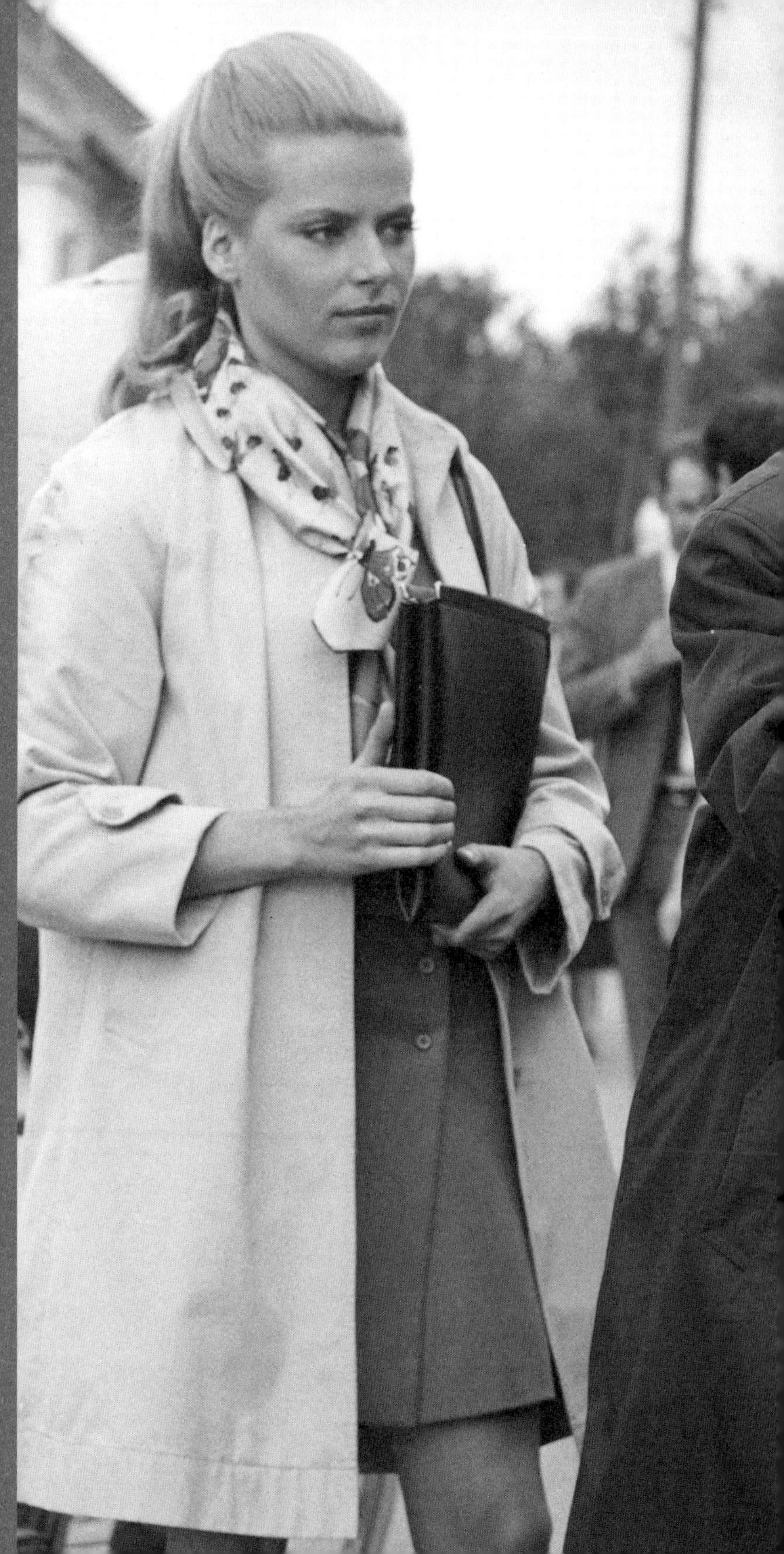

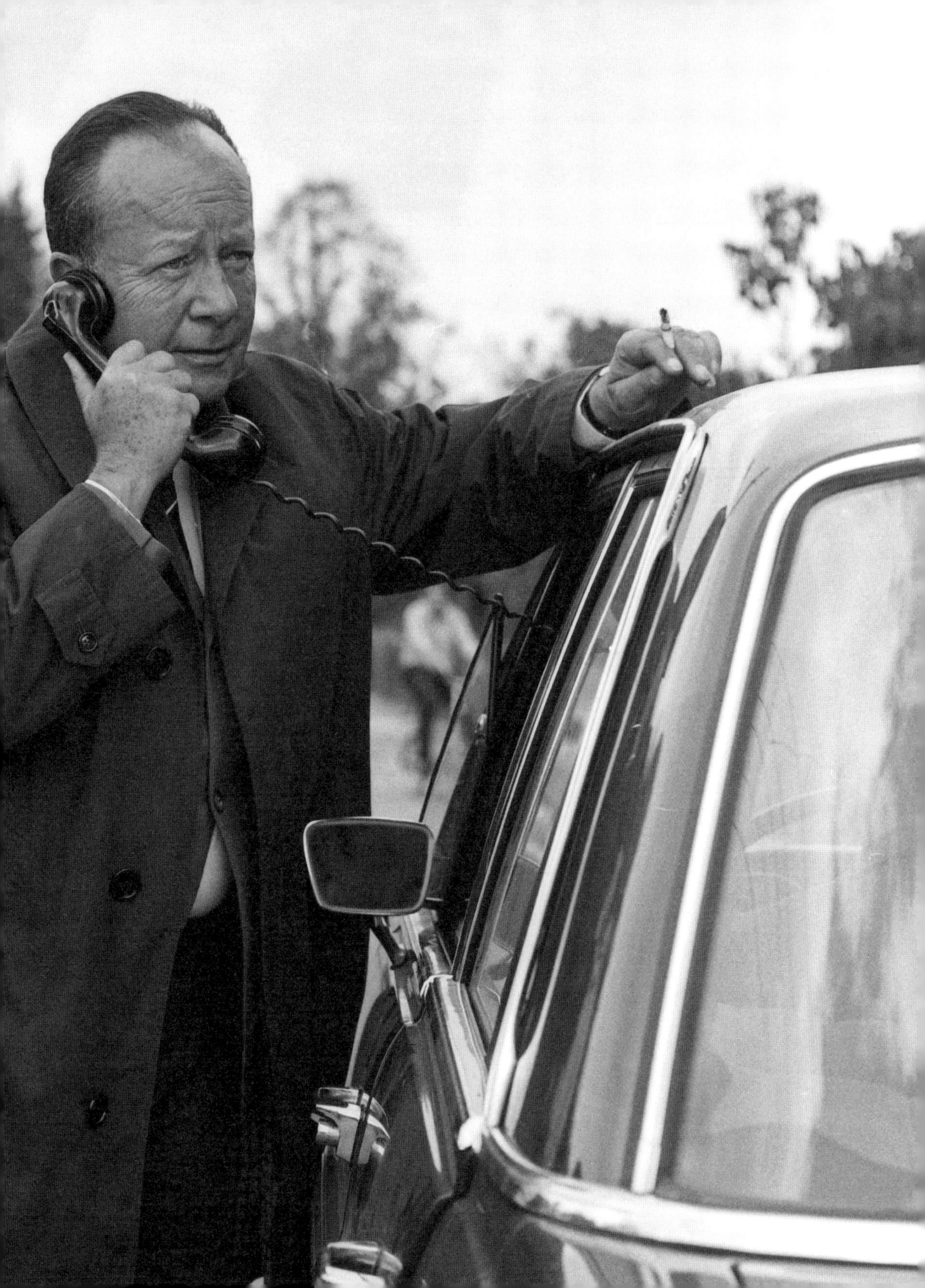

»DA IST ETWAS PASSIERT, WAS NICHT HÄTTE PASSIEREN DÜRFEN«

Sie ist die Mutter aller deutschen Krimiserien. Kommissar Keller, ihr wortkarger, introvertierter Protagonist, löst meist Fälle von tragischem Tiefgang.

Menschliche Abgründe, aber auch berührende Tragödien sind die Hauptmotive der Kommissar-Drehbücher von Herbert Reinecker. Über die Abgründe ist der Zuschauer entsetzt. Bei den Tragödien empfindet er sogar Mitleid mit dem Mörder, wenn sich tiefe Demütigung in einer Gewalttat entlädt. Schwarzweiß ist für beides ein großartiges Stilmittel. Eine Elite von Regisseuren und Schauspielern inszenierte den schweren Reinecker-Stoff überzeugend. Die aufwühlenden, 60 Minuten langen Episoden erzählen in einfachen, bewegenden Dialogen Ungeheuerliches. In der Folge »Der Tod der Karin W.« muss eine Schülerin sterben, die von ihrer Mutter gezwungen wird, ihren Liebhaber bei Laune zu halten. In »Der Tennisplatz« wird ein betrunkener Obdachloser von einem gelangweilten Playboy als menschliche Zielscheibe in

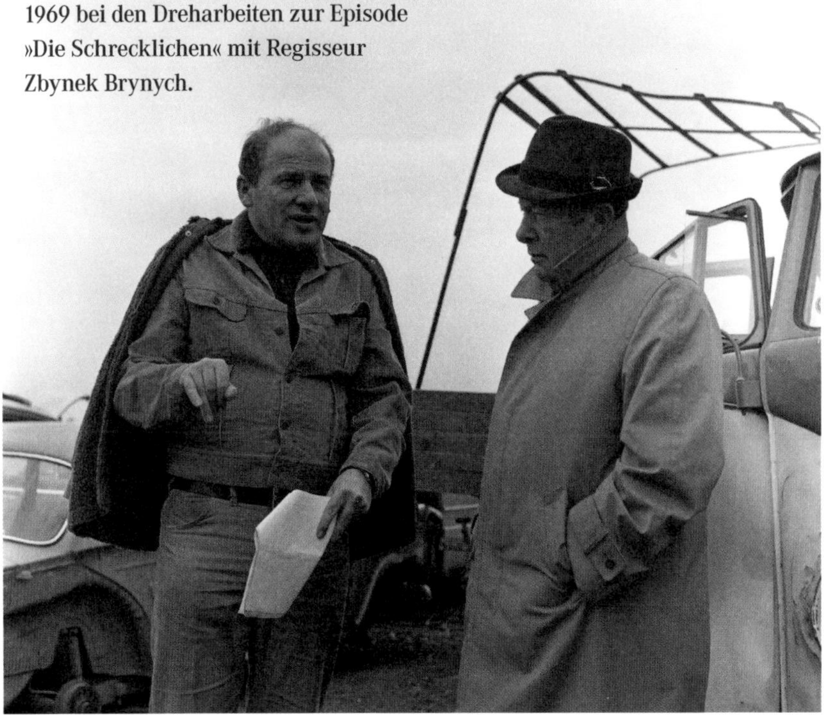

1969 bei den Dreharbeiten zur Episode »Die Schrecklichen« mit Regisseur Zbynek Brynych.

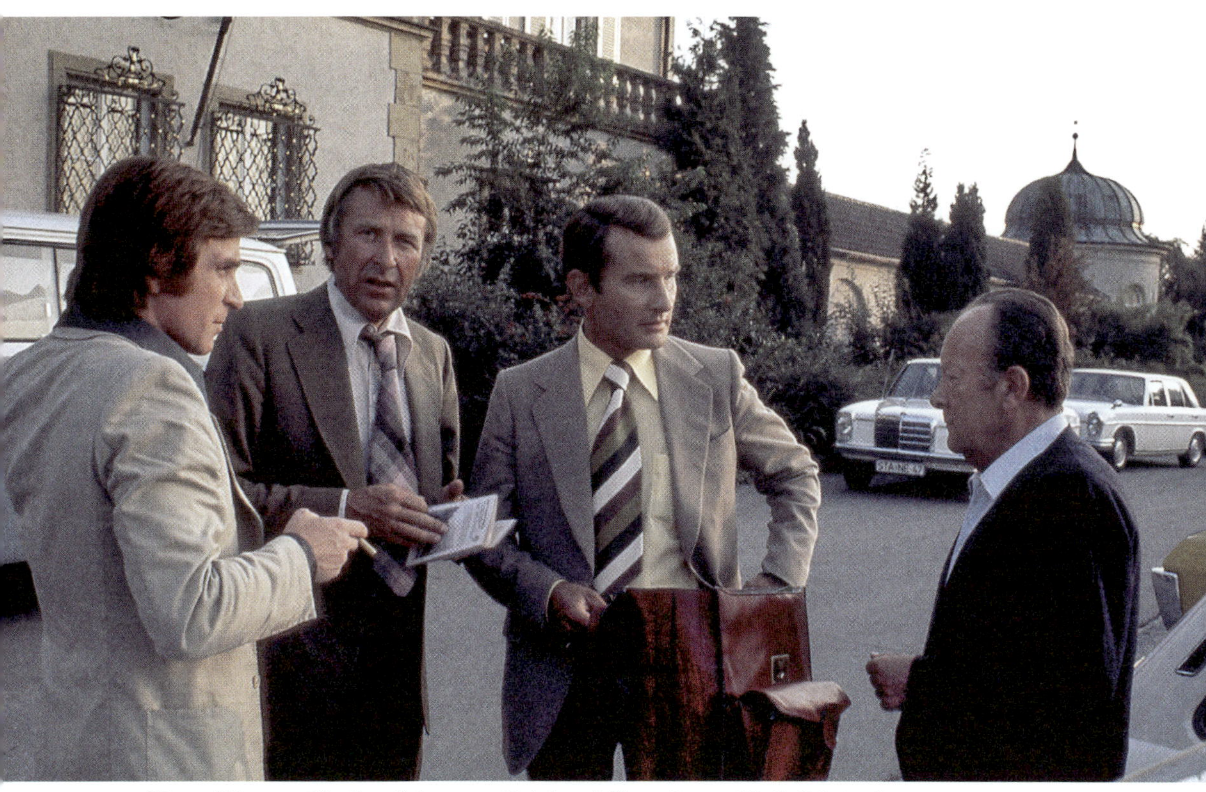

Elmar Wepper, Günther Schramm, Reinhard Glemnitz und Erik Ode in der Episode »Der Segelbootmord« aus dem Oktober 1973.

einem surrealen Tennisspiel getötet. In »Rudek« möchte ein Geschäftsmann nach einer Tagung noch etwas erleben und trifft auf seine minderjährige Tochter, die sich als Callgirl verdingt.

In »Jähes Ende einer interessanten Beziehung« führen eine Studienrätin und die Haushälterin eines Pfarrers ein ausschweifendes Doppelleben. Der Vater der Lehrerin erschießt ihren Liebhaber, um die Ehre seiner Tochter zu retten. Andere Folgen schaffen höchste Empathie für den Mörder. »Der Zuschauer hält das Geschehene schier nicht aus«, wie Erik Ode es treffend in einem Interview formulierte. In »Tod eines Buchhändlers« verliebt sich der Lehrling in die attraktive Frau des Inhabers, der sie schlägt und betrügt. Sie bittet den Jungen inständig, ihr zu helfen, nutzt seine Gefühle aus, spricht kryptisch von »einer Lösung, die uns beiden guttut«.

Als er seinen betrunkenen Lehrherrn schließlich in die Isar stößt, wird er mit der Tat nicht fertig, gesteht rasch. »Der Junge hat da etwas völlig falsch verstanden.« Dieser ungeheuerliche Satz der schönen Witwe gefriert im Nachspann. Die Kriminalserie »Der Kommissar« ist mehr als ein psychologisches Kammerspiel. Sie zeigt die vielen Gesichter

Münchens in zeitgeistigen Milieustudien, ob Villa oder Baracke. Autos spielen eine große Rolle, sie werden bewusst besetzt und in echten Fahraufnahmen inszeniert. Die Folge »Die Anhalterin« ist ein wahres Roadmovie, das an der A 8 zwischen Obermenzing und Augsburg spielt.

KEINE VERFOLGUNGSJAGDEN

Kommissar Keller, alias Erik Ode, fährt ab Folge 28 »Drei Tote reisen nach Wien« durchgängig einen BMW 2500 vom Typ E3. Oft ist beim scharfen Beschleunigen der klangvolle Sechszylinder zu hören. Seine Assistenten fahren Audi 100 LS, beide ergeben ein hübsches Paar, das optisch perfekt zusammenspielt.
Verfolgungsjagden gibt es so gut wie nie. Nur einmal, als in der Folge »Der Tod des Apothekers« Gefahr im Verzug ist, fordert der sonst so bedächtige Keller seinen Assistenten Klein im eleganten BMW auf, im nächtlichen München Gas zu geben: »Erwin, jetzt zeig mal, dass du Auto fahren kannst.

97 FOLGEN

»Der Kommissar« war von 1969 bis 1976 auf Sendung und erlebte bisher sechs Wiederholungsstaffeln, vor allem auf 3sat. »Anders fernsehen« heißt der Slogan des Kultursenders. Er verlieh damit der anspruchsvollen Kriminal-Reihe einen ganz besonderen Status.

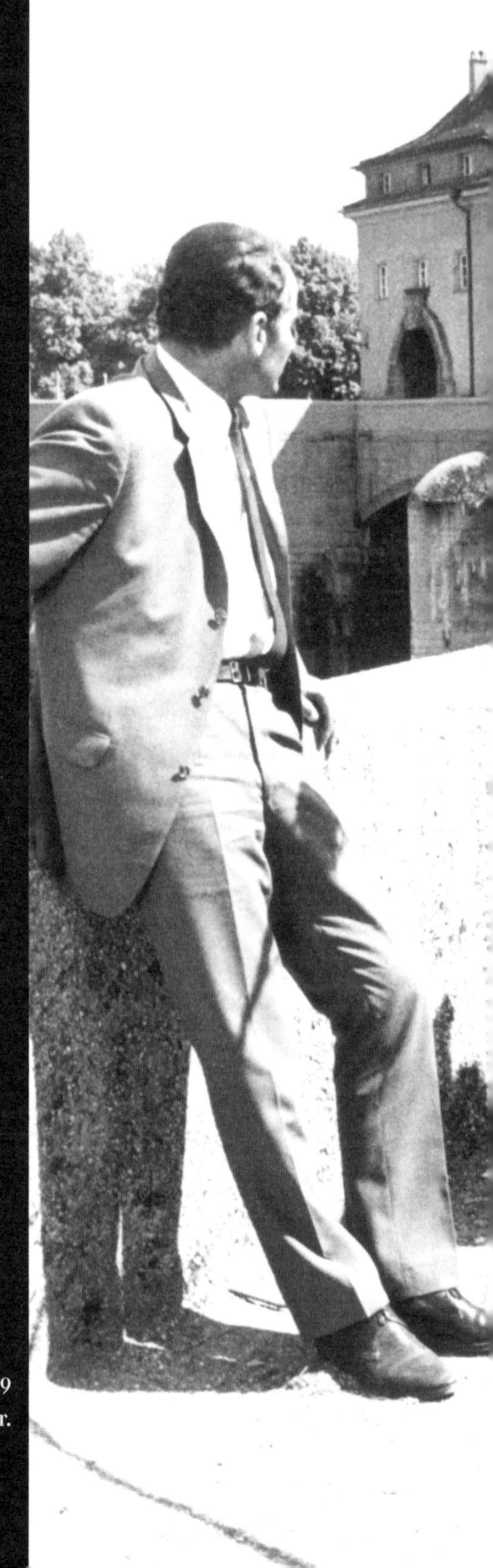

Darsteller Reinhard Glemnitz und Erik Ode 1969 während Dreharbeiten am Stauwehr an der Isar.

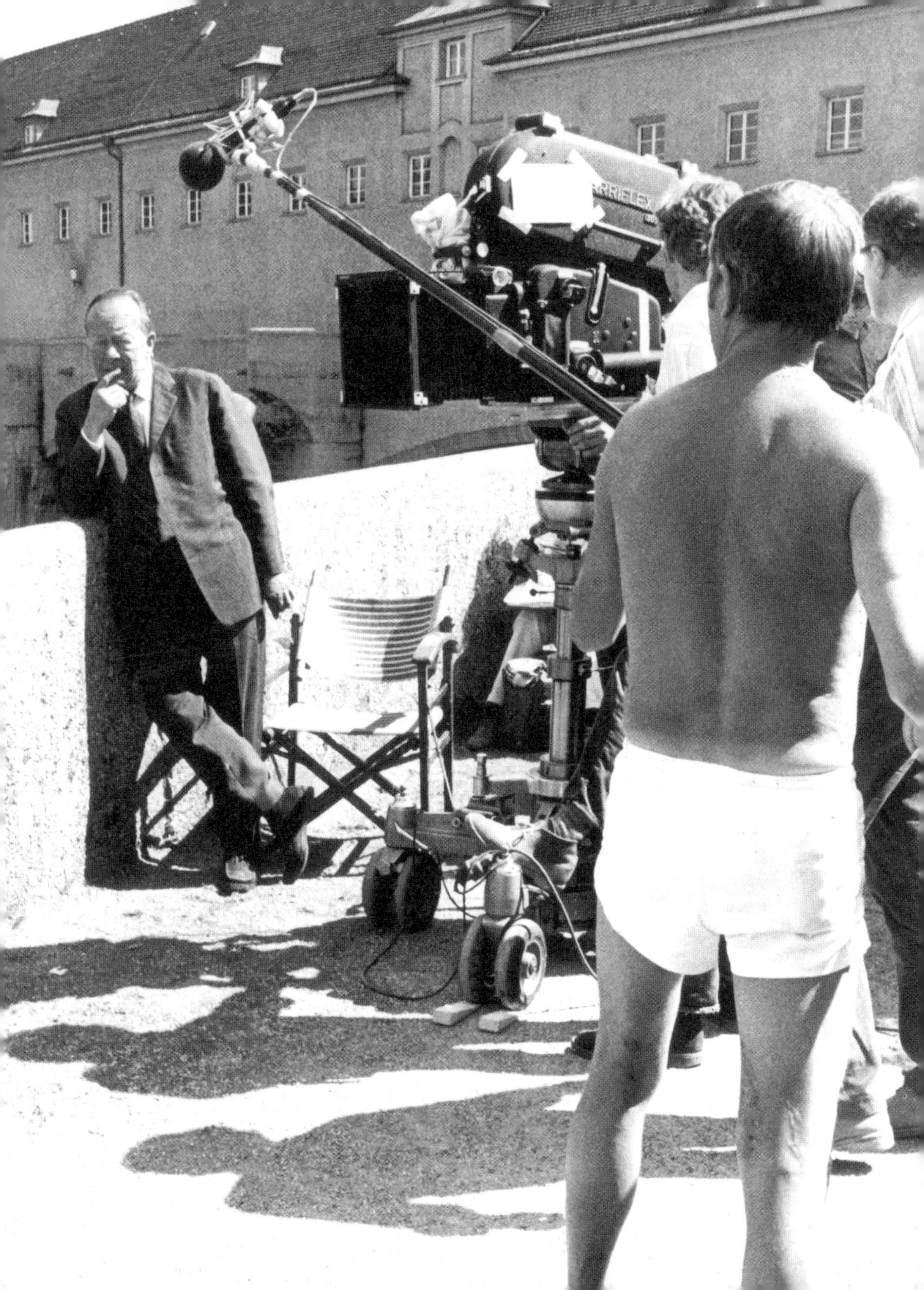

KAPITEL 2

»TAXI NACH LEIPZIG« DER ERSTE TATORT (1970)

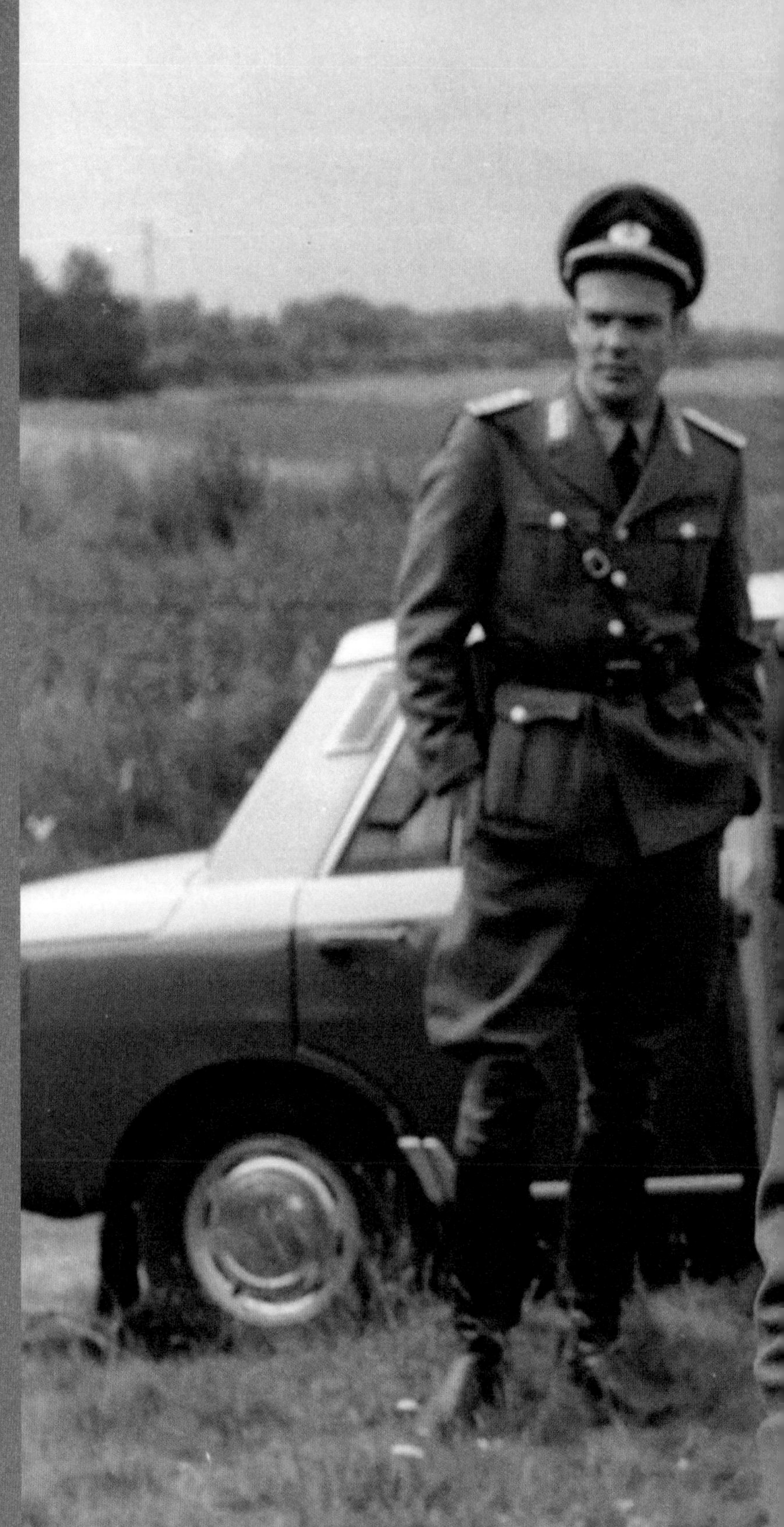

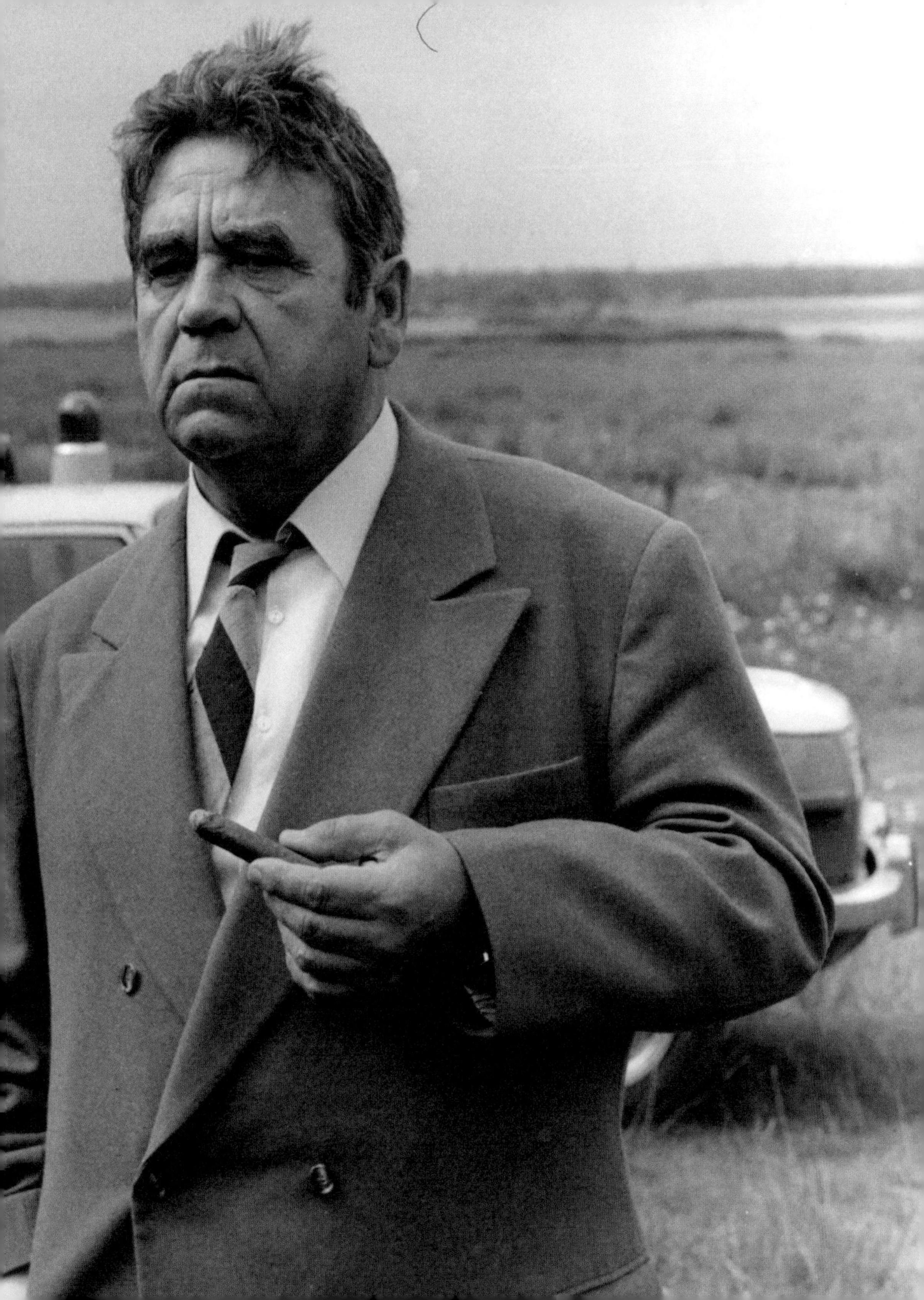

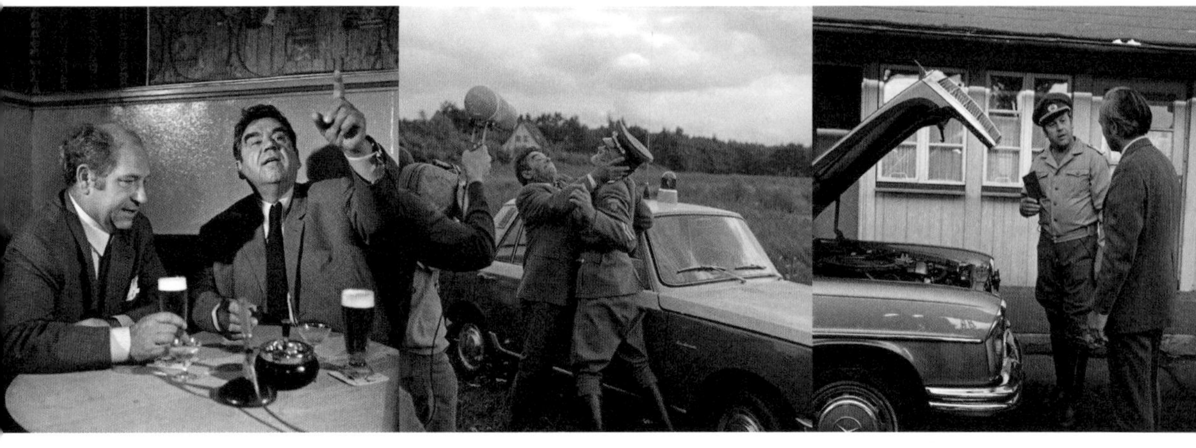

»RUFEN SIE MIR MAL EIN TAXI NACH LEIPZIG!«

Mit Walter Richter in der Rolle des Hamburger Kommissars Paul Trimmel startete 1970 die Tatort-Reihe. »Taxi nach Leipzig« war bereits der zweite Fernsehfilm um die Ermittler-Figur aus der Feder von Friedhelm Werremeier. Der erste Film »Exklusiv!« wurde später als neunte Folge in die Reihe integriert.

Der erste Tatort war eine gesamtdeutsche Angelegenheit: Der Generalstaatsanwalt der DDR richtet ein

»ZU EINEM MYSTERIÖSEN TODESFALL GEHÖRT LEIDER AUCH DIE VORGESCHICHTE.«

Amtshilfeersuchen an den Hamburger Kommissars Paul Trimmel. Auf einem Rastplatz der Transitautobahn nahe Leipzig wurde die Leiche eines kleinen Jungen gefunden, die Kleidung des Kindes führt die Ermittler auf eine Spur nach Westdeutschland. Als das Amtshilfeersuchen zurückgezogen wird, ist die Neugier von Kommissar Trimmel bereits geweckt. Er beschließt auf eigene Faust zu ermitteln. In Frankfurt trifft er auf den Geschäftsmann Erich Landsberger (Paul Albert Krumm), den unehelichen Vater des toten Jungen. Von dort aus macht er sich über die Transitautobahn auf zu Eva Billsing, der Mutter des Jungen in die DDR, vorgeblich auf dem Weg nach West-Berlin. Unterwegs täuscht er einen Schaden am Keilriemen seines Ford Taunus 17M vor. Er nutzt die Fahrtunterbrechung, um von der vorgeschriebenen Route abzuweichen und Eva aufsuchen, trifft sie aber nicht an, dafür ihren neuen Lebensgefährten, den

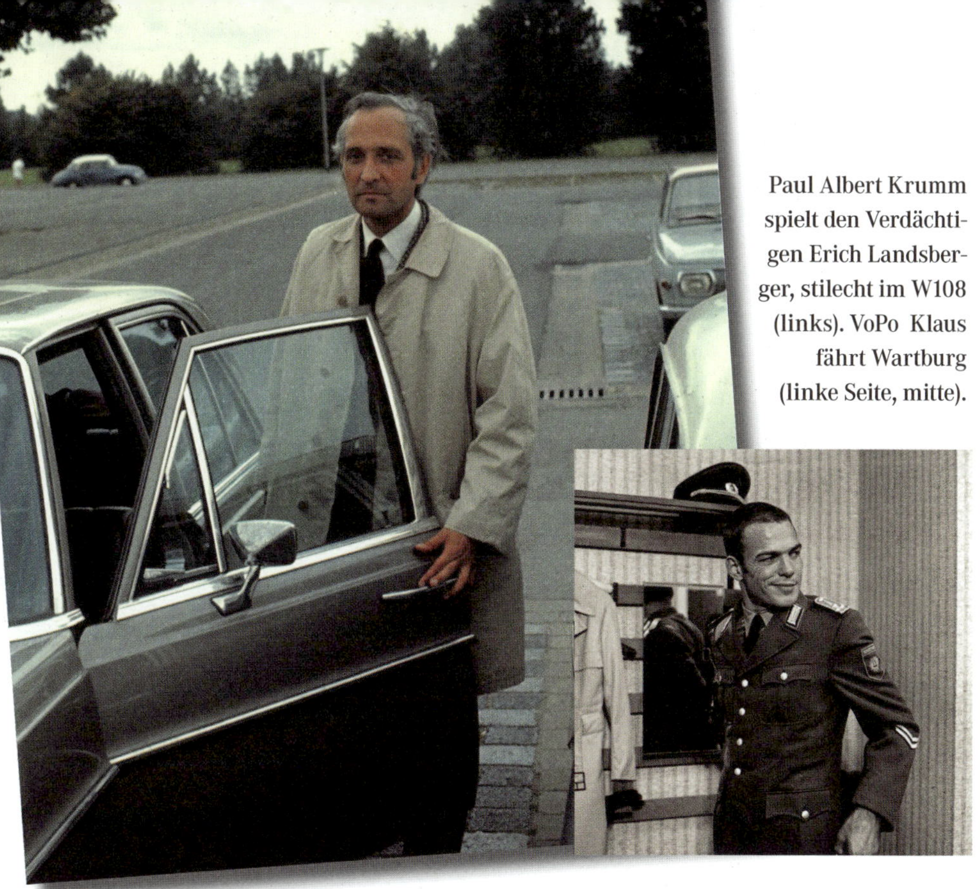

Paul Albert Krumm spielt den Verdächtigen Erich Landsberger, stilecht im W108 (links). VoPo Klaus fährt Wartburg (linke Seite, mitte).

Volkspolizisten Peter Klaus (Hans Peter Hallwachs).

Peter Schulze-Rohr inszenierte den allerersten Tatort als fein differenziertes psychologisches Kammerspiel auf den Transitstraßen der DDR. In der Rückschau verleihen die besonderen Umstände der Handlung eine besondere zeitgeschichtliche Brisanz, doch auch gerade die Automobil-Ausstattung der Charaktere trägt zur Wirkung des Streifens bei: Von Lansberger im W108, über den Wartburg 353 von Oberstleutnant Klaus (der bis zum Ende der DDR eines der meistgenutzten Dienstfahrzeug bleiben wird) bis zu Trimmels schon etwas biederem Ford Taunus. Zigarre rauchend am Steuer seines 17M wirkt der mal dominant-herausfordernd, mal väterlich-fürsorglich dargestellte Trimmel schon beinahe selbst wie ein Relikt der Wirtschaftswunderjahre. *red*

11 FOLGEN

Die Figur Kommissars Trimmel entstammt den Kriminal-Romanen des Schriftstellers Friedhelm Werremeier. Bis zu seinem Tod 1986 schlüpfte Walter Richter für elf Tatort-Folgen in die Rolle des knurrigen Ermittlers. Sechs Mal war er zudem als Gastermittler an der Seite anderer Tatort-Kommissare im Einsatz.

KAPITEL 3

»POLIZEIRUF 110« (1971-1991)

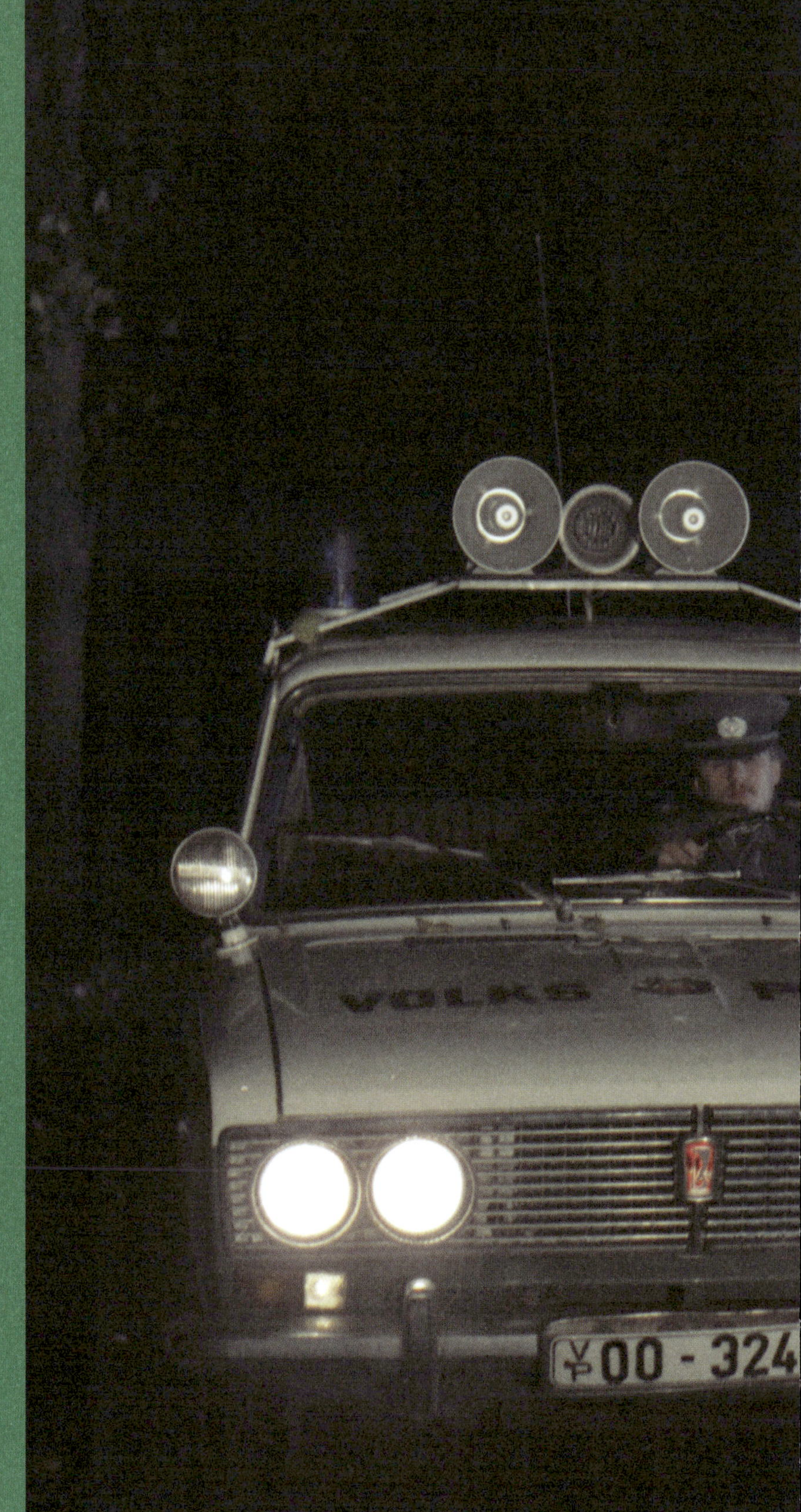

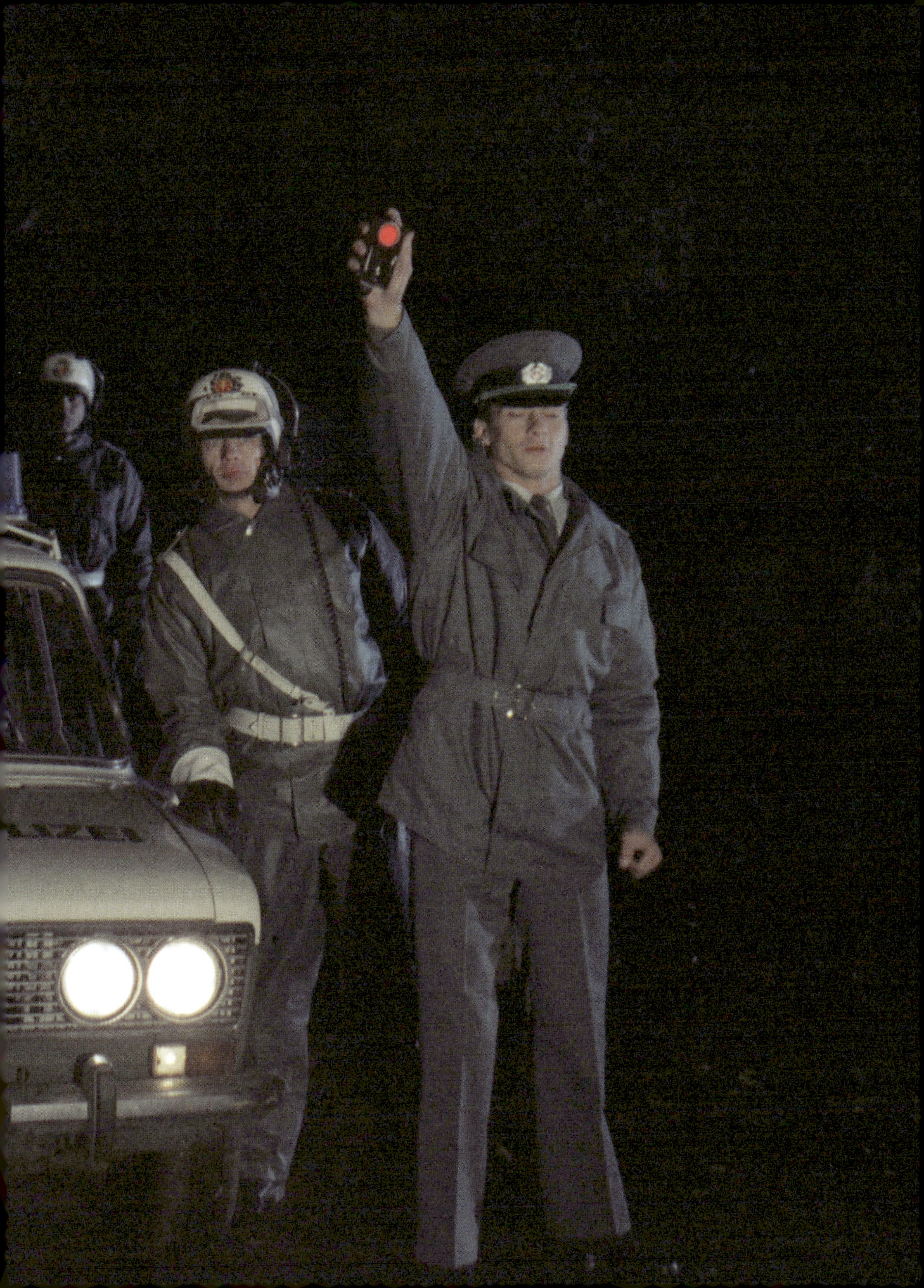

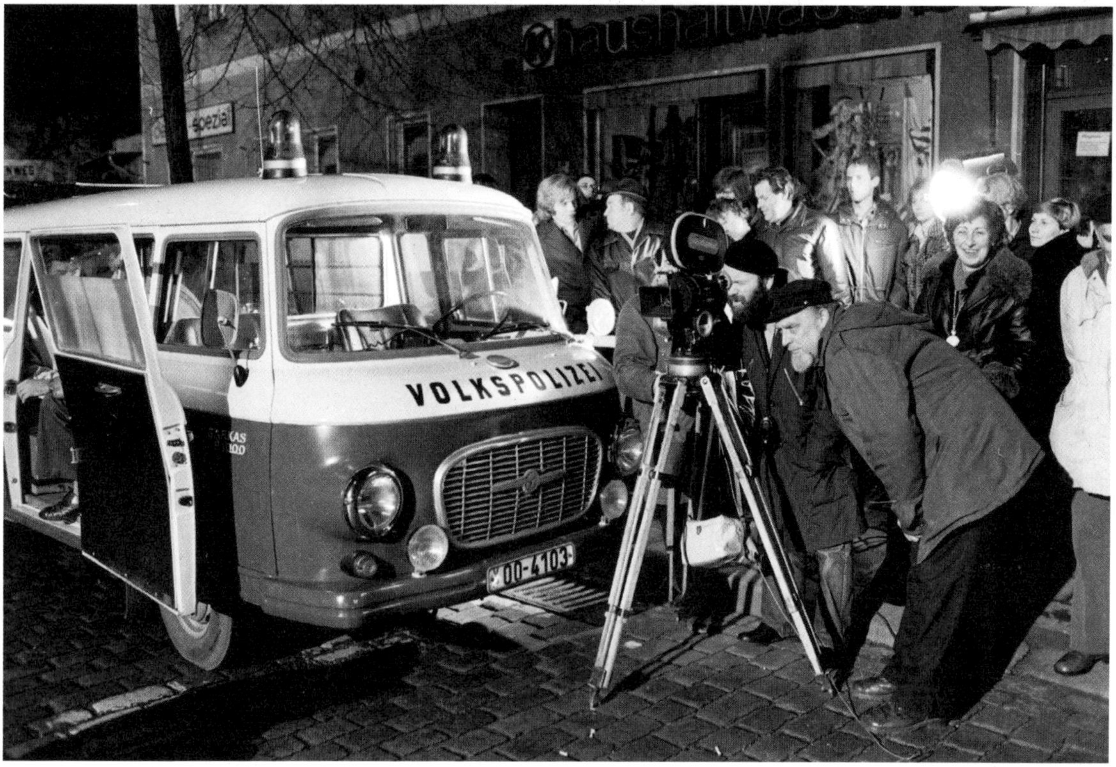

Unten: Peter Borgelt als Hauptmann Peter Fuchs (mit Lada) in der Folge »Mitternachtsfall« von 1989.

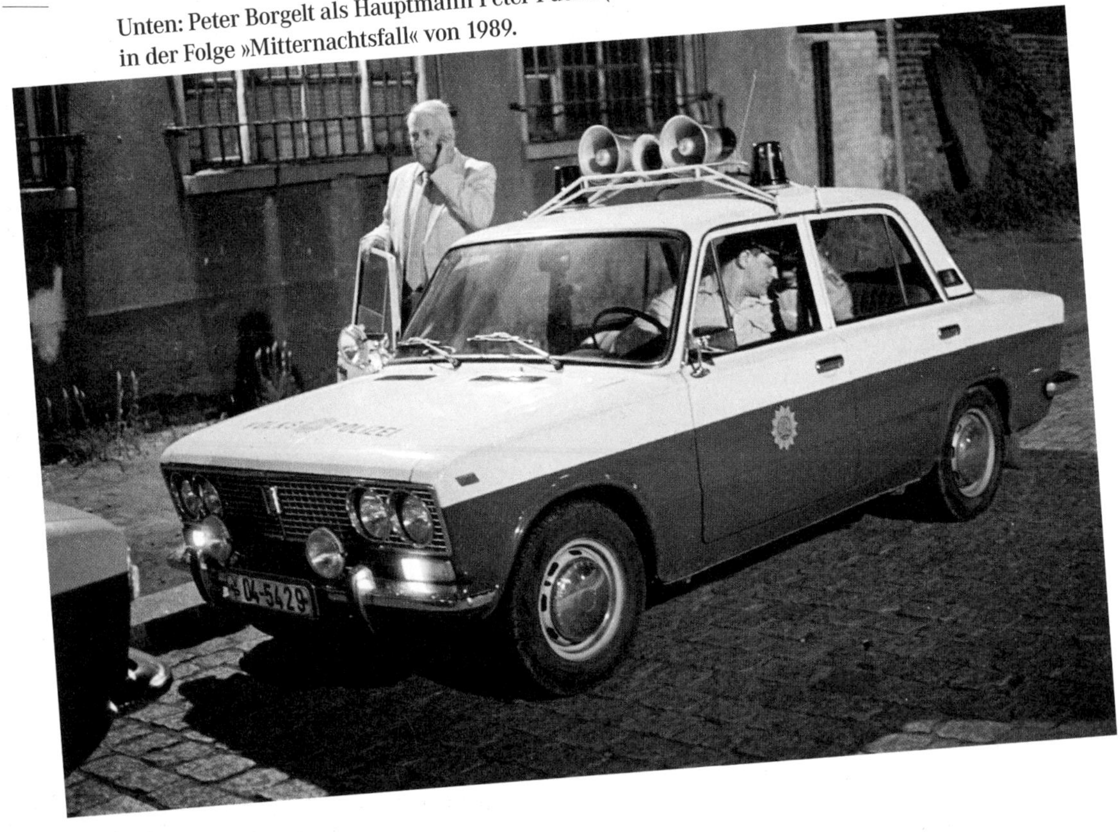

»BITTE DEN K-LEITER!«

In der DDR entstand als direkte Reaktion auf die Tatort-Reihe des westdeutschen Fernsehens der Polizeiruf 110. Standen im Westen bald die Ermittlerfiguren im Zentrum der einzelnen Filme, versuchte man im Osten, ein möglichst realistisches Bild der Polizeiarbeit zu vermitteln. Die Filmemacher standen stets im Spannungsfeld zwischen Realität und Politik.

Der Polizeiruf 110 zählte zu den erfolgreichsten Fernsehprogrammen der DDR. In den 80er-Jahren erreichte das Tatort-Pendant sagenhafte Einschaltquoten weit jenseits der 50 Prozent. Dabei war »Krimi machen« im Sozialismus stets eine Herausforderung, denn im idealen sozialistischen Weltbild hatte das Verbrechen eigentlich keinen Platz. So formulierte man von staatlicher Seite in Gestalt des Ministeriums des Innern (MDI) einen Erziehungsauftrag für die Reihe: Die Filme sollte vorbeugend und aufklärend wirken.

Das MDI unterstützte die Dreharbeiten im Gegenzug auch durch materielle Hilfeleistungen, man schickte Technik, Uniformen, Fahrzeuge – und sogar Personal. Es ging in erster Linie um Authentizität, die Polizeiarbeit sollte soweit möglich den Dienstvorschriften des MDI entsprechen. Damit war zunächst auch nicht der meist eigenwillige Detektiv-Typus aus dem Westfernsehen gefragt, sondern der geradlinige Ermittler im Kollektiv. Als solchen legte Drehbuchschreiber Eberhard Görner die von Peter Borgelt verkörperte Figur des Oberleutnants Peter Fuchs an: ein Kriminalist mittleres Alter, vertrauenswürdig, von eindrucksvoller Statur. Fuchs war als die ruhige Kraft in der geplanten Figuren-Konstellation konzipiert, jemand der nicht zuschlägt, sondern Fragen stellt. Im Gegensatz dazu sollte der von Jürgen Frohriep dargestellte Jürgen Hübner einen härteren Kriminalisten abbilden und damit für Spannung und Action sorgen. Der drahtige Frohriep

»SIE HABEN DOCH EINEN PRÄGENDEN BERUF, DER ERFORDERT MUT, SELBSTBEHERRSCHUNG UND DISZIPLIN.« – ZAHNARZT ZUM ÄNGSTLICHEN OBERLEUTNANT HÜBNER IM BEHANDLUNGSSTUHL

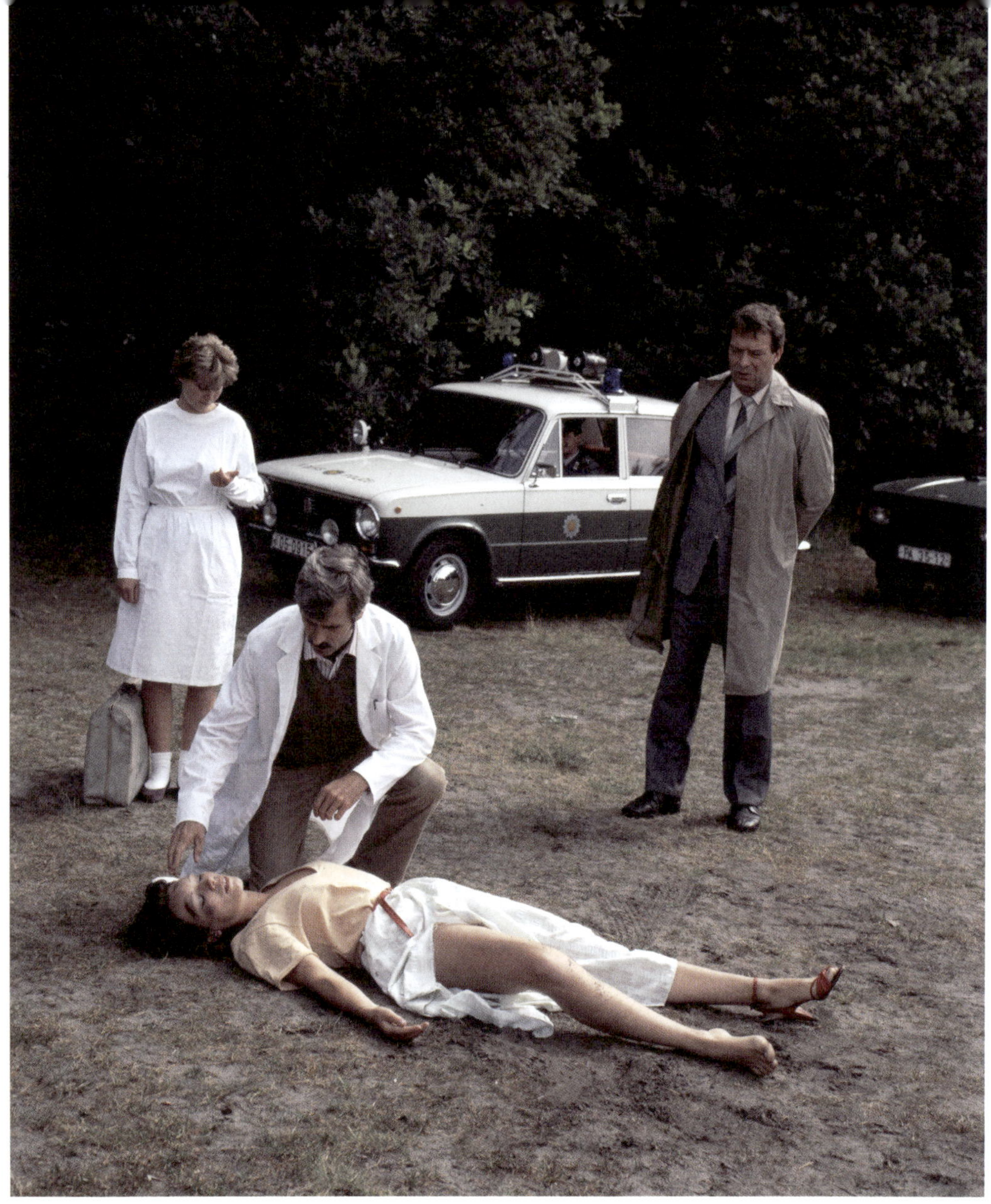

bildete auch optisch einen Gegenpart zum kräftiger gebauten Borgelt. Später stießen weitere Ermittlerfiguren hinzu, es gab allerdings keine festen Ermittlerteams, die Zusammenstellung der Kriminalisten änderte sich von Fall zu Fall.

Wachten die Offiziellen des MDI anfangs minutiös über die Dialoge, erkannte man doch bald, dass sich gestelztes Dienst-Deutsch mit inszenierter Spannung im Film nicht gut verträgt. Die Drehbuchschreiber bekamen etwas größere Freiheiten,

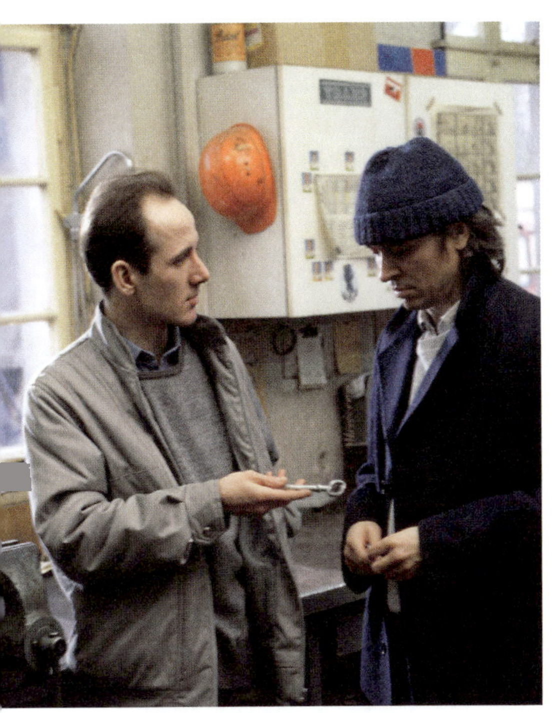

Szene aus »Flüssige Waffen« (1988) mit Ulrich Mühe (li.) und Henry Hübchen.

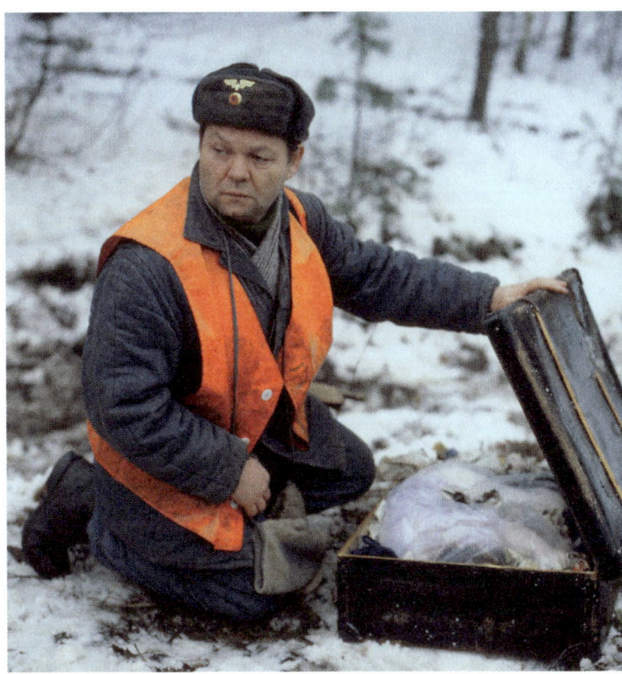

Auch reale Kriminalfälle wurden im Polizeiruf aufgegriffen, hier Ernst-Georg Schwill in der Folge »Kreuzworträtselfall« (1986).

dennoch wurden fast alle Textbücher nochmals durch das MDI »korrigiert«. Regisseure, Schauspieler und Drehbuchschreiber leisteten ihren Teil dazu, den Ermittlern trotz aller staatlicher Vorgaben menschliche Glaubwürdigkeit zu verleihen.

1974 übernahm Lothar Dutombé die Verantwortung für die Reihe. Das Konzept der Filme änderte sich, vom klassischen »whodunit«-Format (also der Frage »wer ist der Täter?«) wechselte man zum »whydunit«, also der Frage, weshalb ein Mensch zum Täter wurde. Dieser elegante Kunstgriff erlaubte es den Machern fortan, Missstände im Staat direkter anzusprechen und zu thematisieren.Die Kriminalisten traten demgegenüber weiter in den Hintergrund, wohl auch weil die starr im Korsett der Vorschriften agierenden Ermittlerfiguren wenig Raum für die Kreativität und Entwicklung der Personen ließen.

Großen Raum gab man dagegen den Konflikten und Beziehungen zwischen Tätern und Opfern. Dieser Blick in die dunklen Ecken und auf die düsteren Verhaltensweisen der Menschen passte so gar nicht zum sozialistischen Menschenbild, wie es parallel

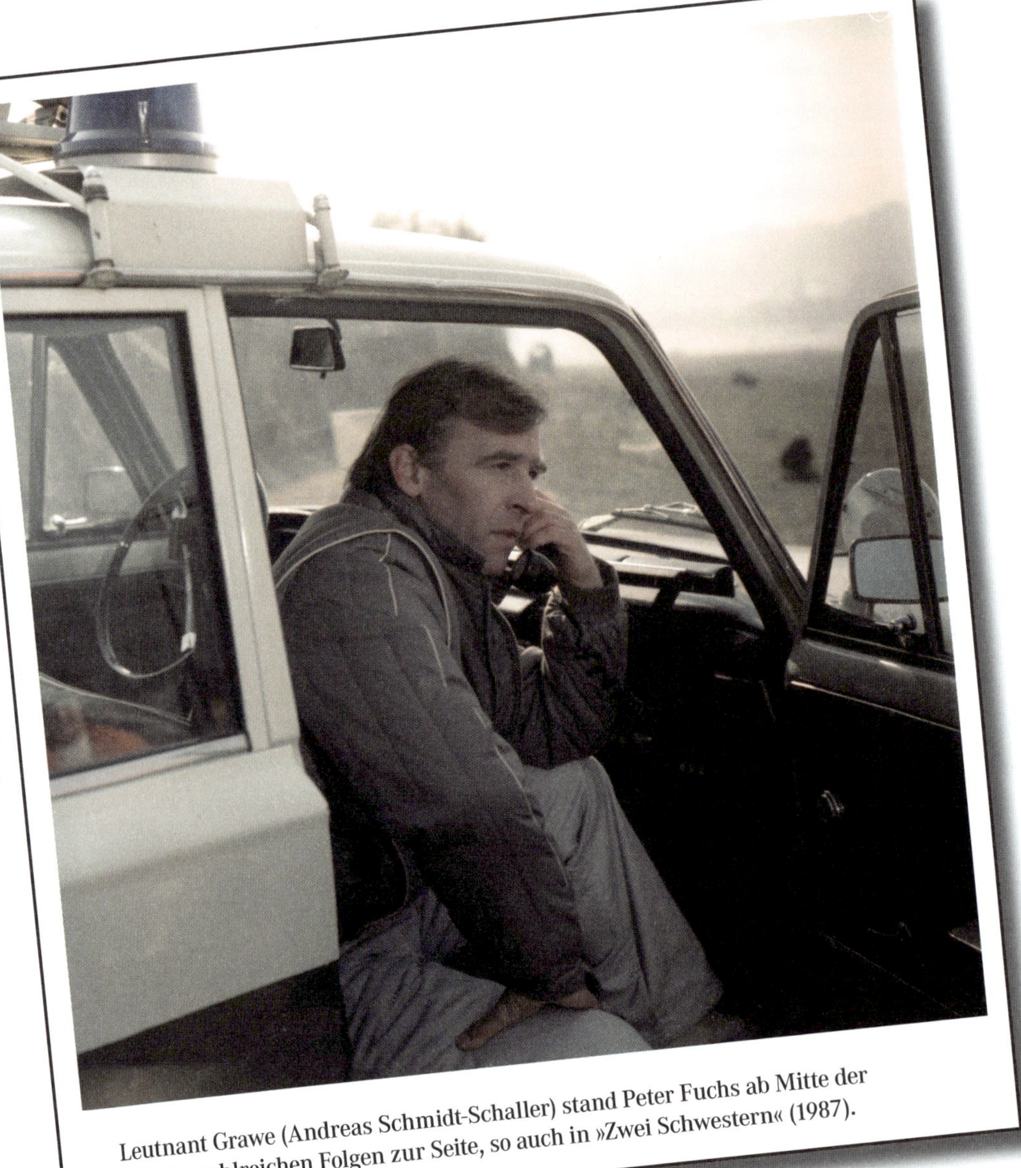

Leutnant Grawe (Andreas Schmidt-Schaller) stand Peter Fuchs ab Mitte der 80er in zahlreichen Folgen zur Seite, so auch in »Zwei Schwestern« (1987).

in den Hochglanz-Magazinen des DDR-Rundfunks propagiert wurde. Aufmerksame Zuschauer fanden im Polizeiruf immer wieder Anspielungen auf Alltagsprobleme und Mangelwirtschaft.

Die Fälle wurden nach Deliktvorgaben des MDI geplant, teilweise hatten sie auch reale Kriminalfälle zum Vorbild. Politische Straftaten, die mit zu den am härtesten bestraften Delikten in der DDR gehörten, wurden im

Film allerdings weitestgehend verschwiegen. Die Freiheit der Kunstschaffenden schwankte über die Jahre analog zu den wechselnden herrschenden Doktrinen. So folgte auf eine Phase relativer künstlerischer Freiheit in den 1970er-Jahren in den frühen 80ern wieder der Zwang zu größerer Konformität. Dennoch gelang es den Filmemachern durch geschicktes Lavieren zwischen den zuständigen Institutionen wiederholt auch kritische Themen unterzubringen. So gab es in der Folge »Auskünfte in Blindenschrift« 1983 erstmals einen Täter aus der Leitungsebene eines Betriebs. Die Leistung des Hauptdarstellers Dietrich Körner rettete den Film vor einem Verbot.

Mitte der 80er-Jahre verpasste man dem Polizeiruf nochmals ein neues Konzept. Die Ermittler (neu kam etwa Andreas Schmidt-Schaller als Leutnant Grawe hinzu) durften nun auch Ecken und Kanten zeigen und sogar gegen die Kleiderordnungen des Ministeriums verstoßen. Auch ein Privatleben gestand man ihnen zu. Bei alledem blieb den Filmen der realistische Blick auf die Lebensverhältnisse in der DDR erhalten.
Aus dieser Perspektive dokumentierte die Reihe in den Folgen »Unter Brüdern«, »Das Duell« und »Thanners neuer Job« auch auf außergewöhnlich direkte Art die Wende-Ereignisse, zeigte das Zusammenbrechen der alten Ordnung und die Orientierungslosigkeit und den Schmerz altgedienter Genossen, die »das, was war, für die beste Sache der Welt« gehalten hatten. Dazu passt, dass mit Kriminalhauptkommissar Thanner aus der Schimanski-Reihe des WDR bald auch ein westdeutscher Vorgesetzter mit an Bord war. Die alte Darstellerriege um Peter Borgelt wird daraufhin als Symbol für den untergegangenen Staat in den Ruhestand geschickt.

153 FOLGEN

... der Reihe Polizeiruf 110 entstanden zwischen 1971 und 1991. In zahlreichen Fällen stand auch Sigrid Göhler als Leutnant Vera Arndt den Ermittlern zur Seite. Später kamen die Figuren Leutnant Woltersdorf, Manfred Bergmann, Lutz Zimmermann, Thomas Grawe, Wolfgang Dillinger, Hauptmann Reger und Unterleutnant Becker hinzu.

Während Ehrlicher und Kain (Peter Sodann und Bernd Michael Lade) 1993 zum ersten Ostdeutschen Tatort-Team avancierten, erlebte bald darauf auch der Polizeiruf als Gesamtdeutsche Krimireihe eine Renaissance. 1997 verabschiedete man mit Günter Beck (Günter Naumann) den letzten Ermittler, der bereits zu DDR-Zeiten im Dienst gewesen war. Seinen ersten Auftritt hatte er 1988 in der Folge »Der Kreuzworträtselfall«. Becks Popularität hatte maßgeblich dazu beigetragen, den Polizeiruf über die Wendezeit hinweg zu retten. *red*

KAPITEL 4

»TATORT: HAFERKAMP« MIT HANSJÖRG FELMY (1974–1980)

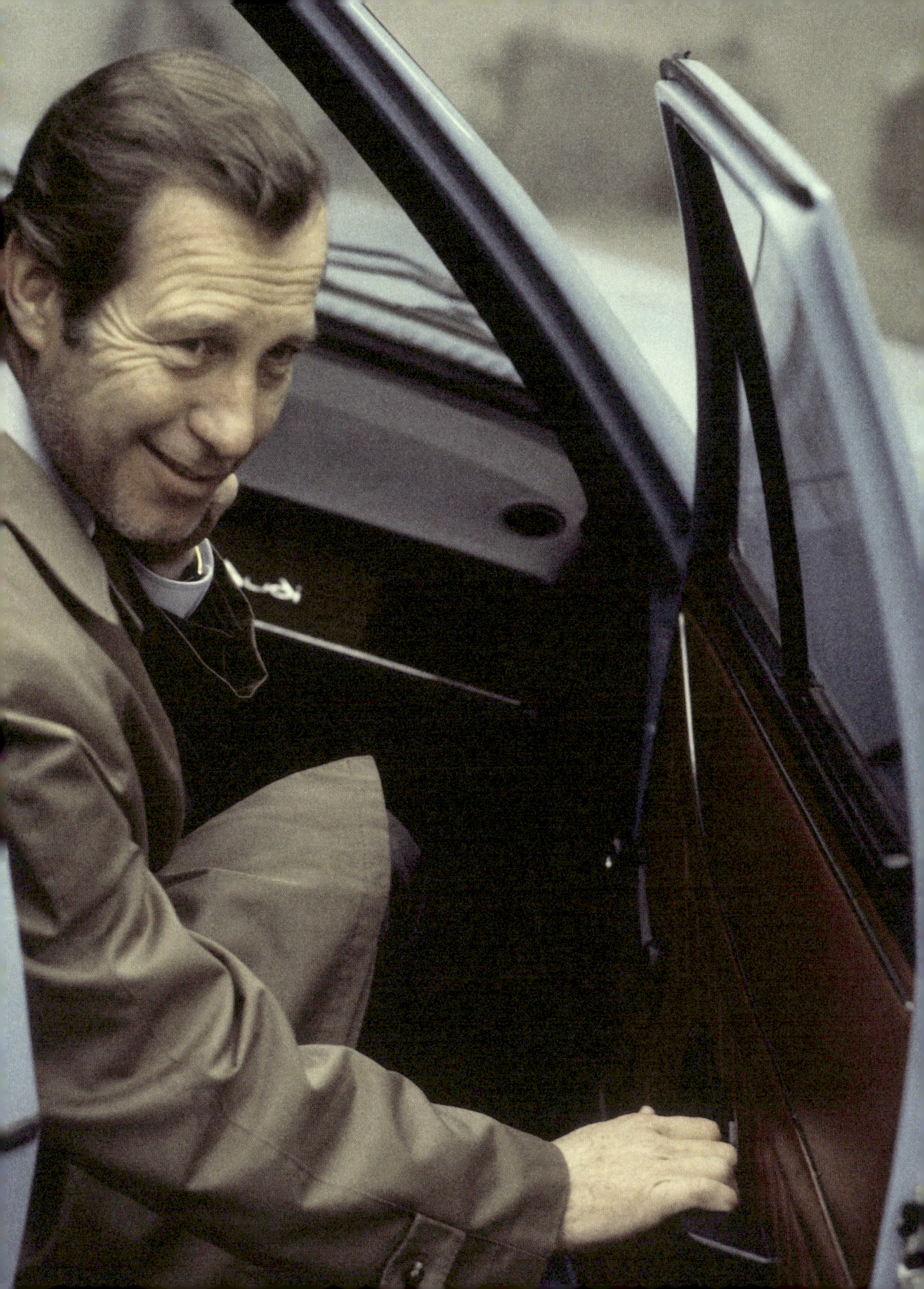

»HEINZ, KOMM ZU DIR, DU VERRENNST DICH DA IN WAS!«

Meist gab er den Analytiker, intellektuell und arrogant. Seine dunkle Seite jagte den Täter gnadenlos. Haferkamp wirkte nur äußerlich bieder.

Er trägt stets einen beigen Burberry-Trenchcoat, kreuzt gerne die Hände über dem Rücken und spricht langsam und bedächtig. Schon der geringste Nachdruck in der Stimme macht ihn zur Autorität, obwohl er nur Einssechsundsiebzig misst. Oft ist er ironisch, bisweilen zynisch, er wirkt dann von kühler, einschüchternder Arroganz. Seine Gegner verstricken sich dann in Widersprüche, geraten ins Stottern, verlieren die Fassung. Hansjörg Felmy verleiht seiner Rolle des Tatort-Kommissars Heinz Haferkamp einen facettenreichen Charakter.

AB FOLGE FÜNF »DIE ABRECHNUNG« TUT EIN BLAUER AUDI 80 LS DIENST - KENNZEICHEN E-MJ 957.

Er raucht, trinkt Altbier, isst leidenschaftlich gerne Frikadellen, was so gar nicht zu seinem elitären Habitus passen will. Genauso wenig wie der miamiblaue VW 1600 L Typ 3, den er dienstlich als zweiten VW Typ 3 fährt. In der Folge »Fortuna III« lässt er sogar einen renitenten Jungen ans Steuer des Langschnauzers. Mit dem Schwarzfahren will er sich das Vertrauen des 12-Jährigen erschleichen, der Zeuge einer Vergewaltigung wurde. Oft trifft er sich mit seiner geschiedenen Frau Ingrid und instrumentalisiert sie listig als Lockvogel für seine Fälle. Heinz Haferkamp ist trotz seines korrekten, oberlehrerhaften Aussehens kreativ in seinen Methoden. Er verlässt gern den Dienstweg und ignoriert die Anweisungen von Kriminalrat Scheffner.

BLAUER AUDI 80, E-MJ 957

Sein Assitent Willi Kreutzer muss oft unter den wortkargen Alleingängen seines Chefs leiden. Willi ist gutmütig und bodenständig, durchaus gewitzt, aber mitunter träge und denkfaul, weswegen ihn Haferkamp oft abwatscht. Kreutzer (Willy Semmelrogge) gibt dann oft die beleidigte Replik »Jawohl Herr Hauptkommissar« zum Besten.
Aber Willi ist auch der gute Geist, der seinen Chef Heinz vor den möglichen Katastrophen seiner Alleingänge

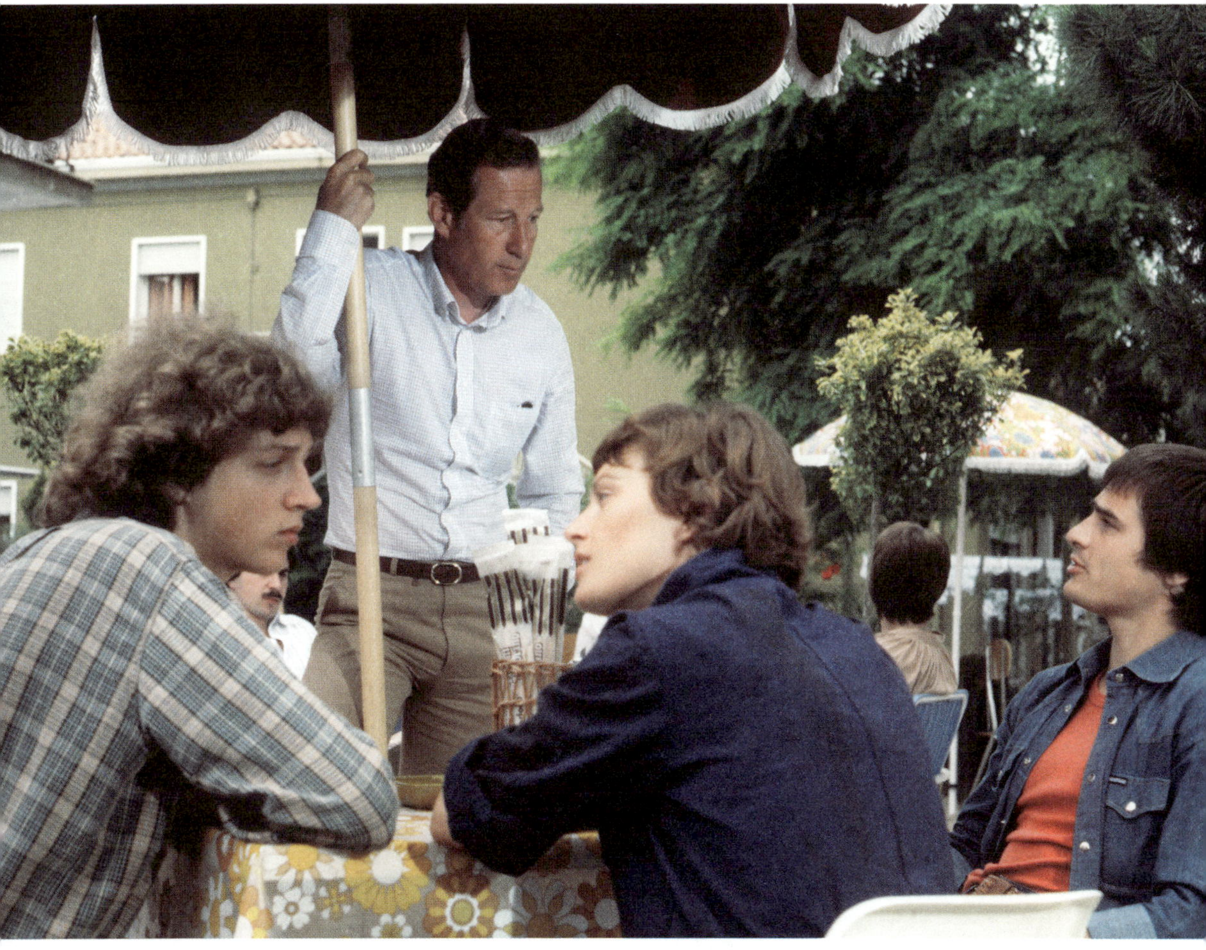

Kommissar Haferkamp (Hansjörg Felmy) mit Werner Eichhorn, Ilona Grübel und Hans Georg Panczak in »Die Kugel im Leib« von 1978.

bewahrt. Dann fällt der Satz: »Heinz, komm zu dir, du verrennst dich da in was.« Willi sitzt auch in den meisten Fahrszenen hinter dem Lenkrad des floridablauen Audi 80 LS, Kennzeichen E-MJ 957, der nach VW Typ 3, VW K70 und Audi 100, ab der fünften Folge »Die Abrechnung« in drei Modellvarianten brav Dienst tut. Das sonore Brummen des Audi begleitet die zu den Fahrszenen eingespielte Backgroundmusik von Genesis, Alan Parsons Project oder Exseption.

Nur bei Verfolgungsfahrten durchs Revier, die im Zeitraffertempo an Kühltürmen, Hochofen-Batterien und endlosen Gleisanlagen vorbeiführen, übernimmt Heinz. Dann quietschen die

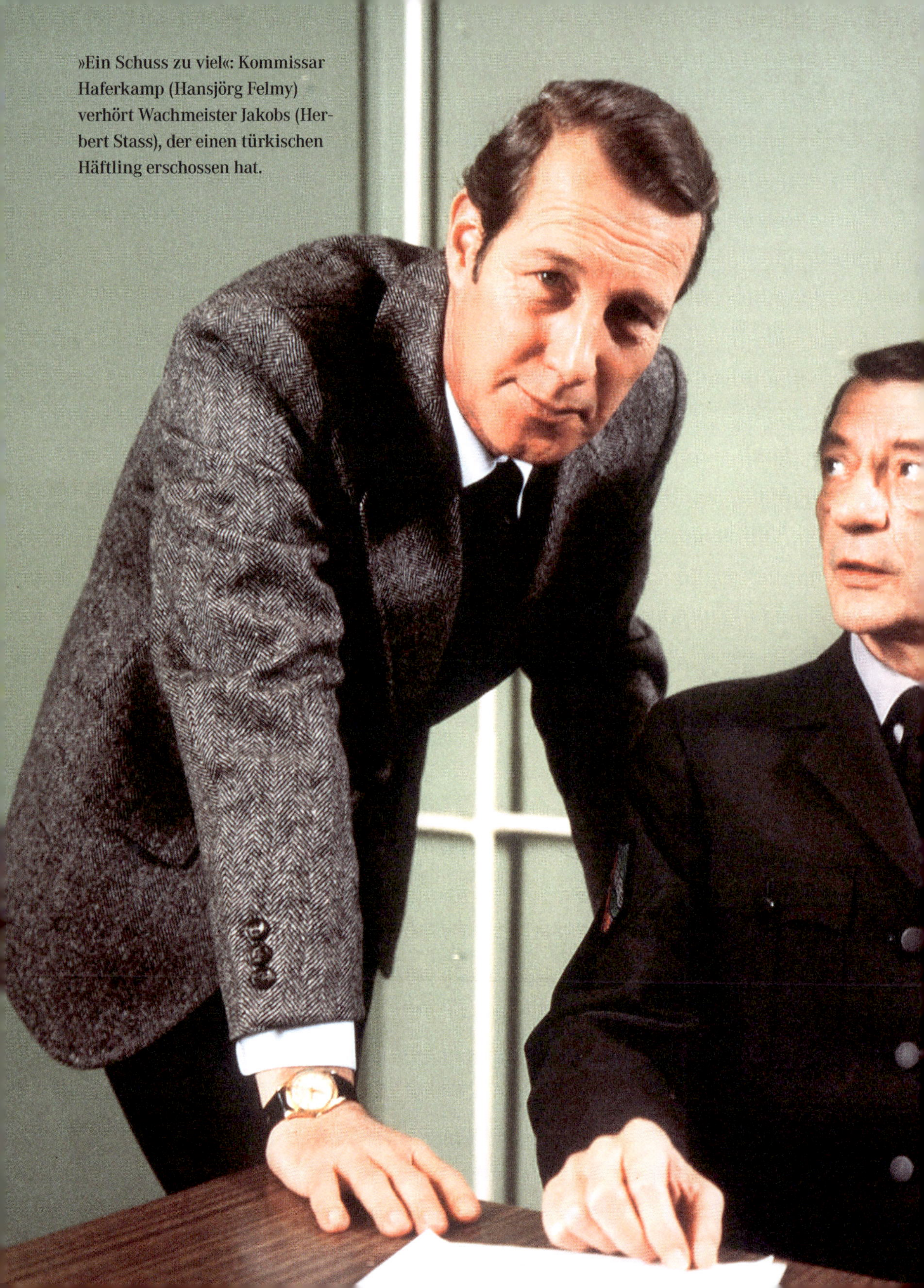

»Ein Schuss zu viel«: Kommissar Haferkamp (Hansjörg Felmy) verhört Wachmeister Jakobs (Herbert Stass), der einen türkischen Häftling erschossen hat.

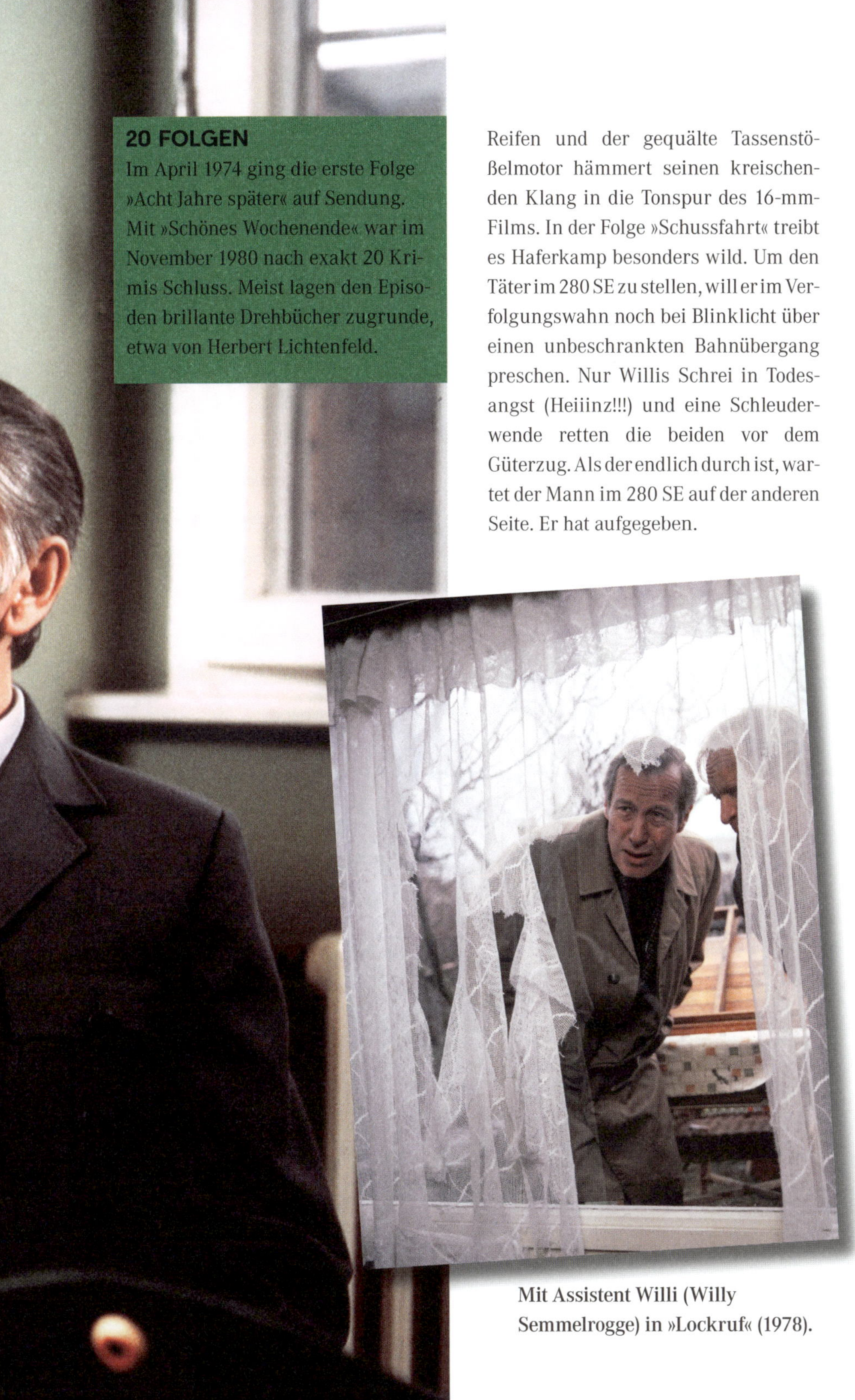

20 FOLGEN

Im April 1974 ging die erste Folge »Acht Jahre später« auf Sendung. Mit »Schönes Wochenende« war im November 1980 nach exakt 20 Krimis Schluss. Meist lagen den Episoden brillante Drehbücher zugrunde, etwa von Herbert Lichtenfeld.

Reifen und der gequälte Tassenstößelmotor hämmert seinen kreischenden Klang in die Tonspur des 16-mm-Films. In der Folge »Schussfahrt« treibt es Haferkamp besonders wild. Um den Täter im 280 SE zu stellen, will er im Verfolgungswahn noch bei Blinklicht über einen unbeschrankten Bahnübergang preschen. Nur Willis Schrei in Todesangst (Heiiinz!!!) und eine Schleuderwende retten die beiden vor dem Güterzug. Als der endlich durch ist, wartet der Mann im 280 SE auf der anderen Seite. Er hat aufgegeben.

Mit Assistent Willi (Willy Semmelrogge) in »Lockruf« (1978).

KAPITEL 5

»DERRICK« MIT HORST TAPPERT (1974–1998)

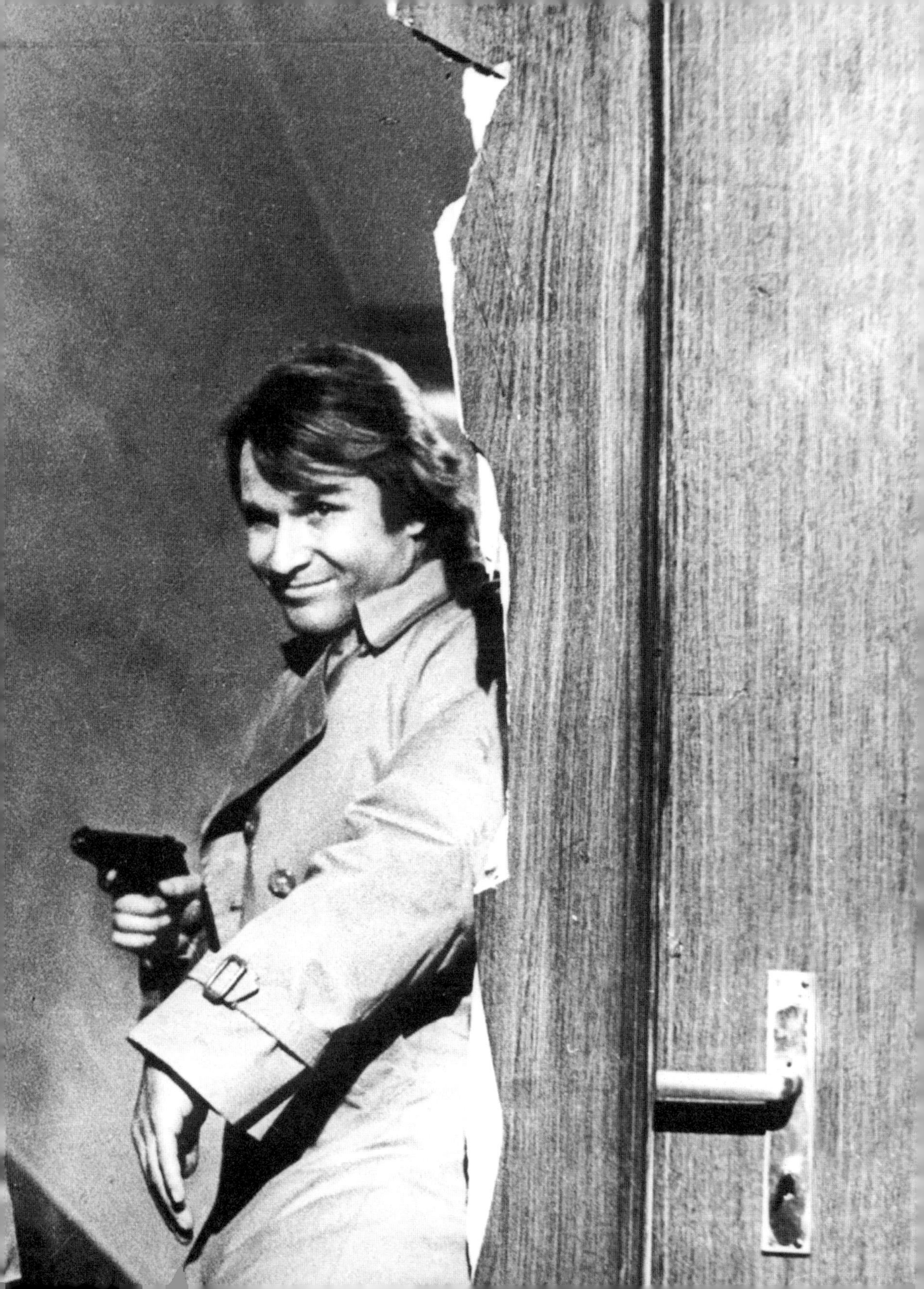

»HARRY, HOL SCHONMAL DEN WAGEN!«

Der Schauplatz München war 24 Jahre lang Programm. Bei allen 281 Folgen trat in der wichtigsten Derrick-Nebenrolle stets ein BMW auf.

Derricks Kollege, Hauptkommissar Erwin Köster; bekannt als »Der Alte«, musste unbedingt einen Mercedes 280 E fahren. Das war eine Vorgabe der Aufnahme-Leitung. Zu dreist härte sonst das BMW-ProductPlacement in den deutschen Krimi-Produktionen der Münchener Bavaria Filmstudios gewirkt. Denn schon »Der Kommissar« Herbert Keller, alias Erik Ode, fuhr BMW 2500. Und Oberinspektor Derrick, jünger und in seinem Ermittlungsstil viel forscher als der introvertierte, wortkarge Keller, tat es ihm nach. Dienstgradmäßig blieb Derrick mit seinem silbernen 520 eine Stufe drunter.

Den zweiten 5er gab es dann schon in der viel telegeneren Popfarbe Taiga-Metallic. Denn anders als der konservative Kommissar lief der dynamische Derrick schon farbig über den Bildschirm. Beide Krimi-Kultserien hatten den gleichen Autor, Herbert Reinecker, und den gleichen Produzenten, Helmut Ringelmann. Sie wurden von den gleichen Top-Regisseuren inszeniert und bis in die kleinsten Nebenrollen durch

Tappert in der Folge »Anruf in der Nacht« von 1987 mit Thomas Fritsch und Fritz Wepper.

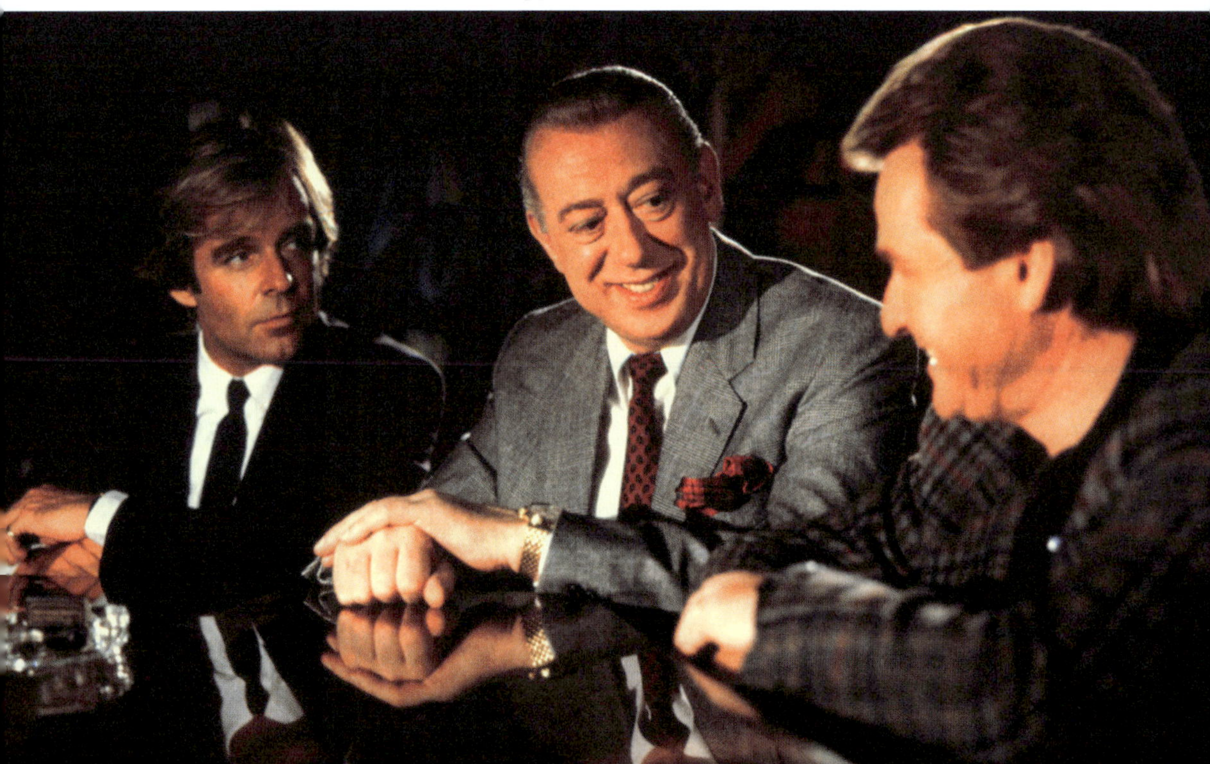

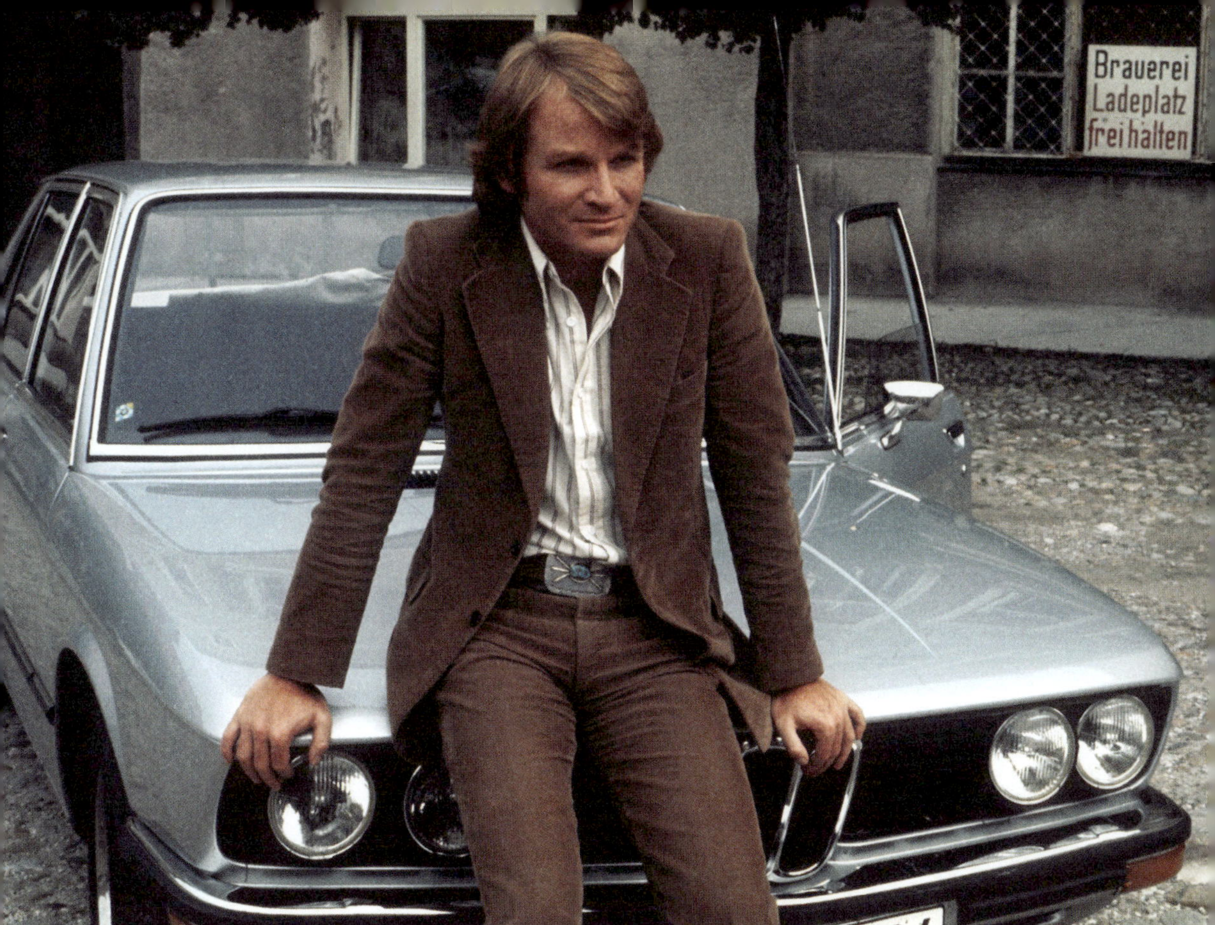

Fritz Wepper spielte die Rolle des Inspektors Harry Klein bereits zuvor in der Serie »Der Kommissar«.

erstklassige Schauspieler besetzt.
Es gibt noch weitere Verbindungen zwischen den Serien, die zwei Jahre parallel liefen. Anders als die Amerikaner setzte der deutsche Fernseh-Krimi auf subtile Psychologie statt auf spektakuläre Action. Der Begriff »Derrick« kommt aus dem Englischen und heißt Bohrturm. Als Rollenname, ausgerechnet für einen Zuhälter, taucht er erstmals in der Kommissarfolge »Rudek« auf. Kriminalassistent Harry Klein, gespielt von Fritz Wepper, wechselt nach 71 Kommissar-Folgen ins DerrickTeam und wird die rechte

DER BEGRIFF »DERRICK« KOMMT AUS DEM ENGLISCHEN UND HEISST BOHRTURM.

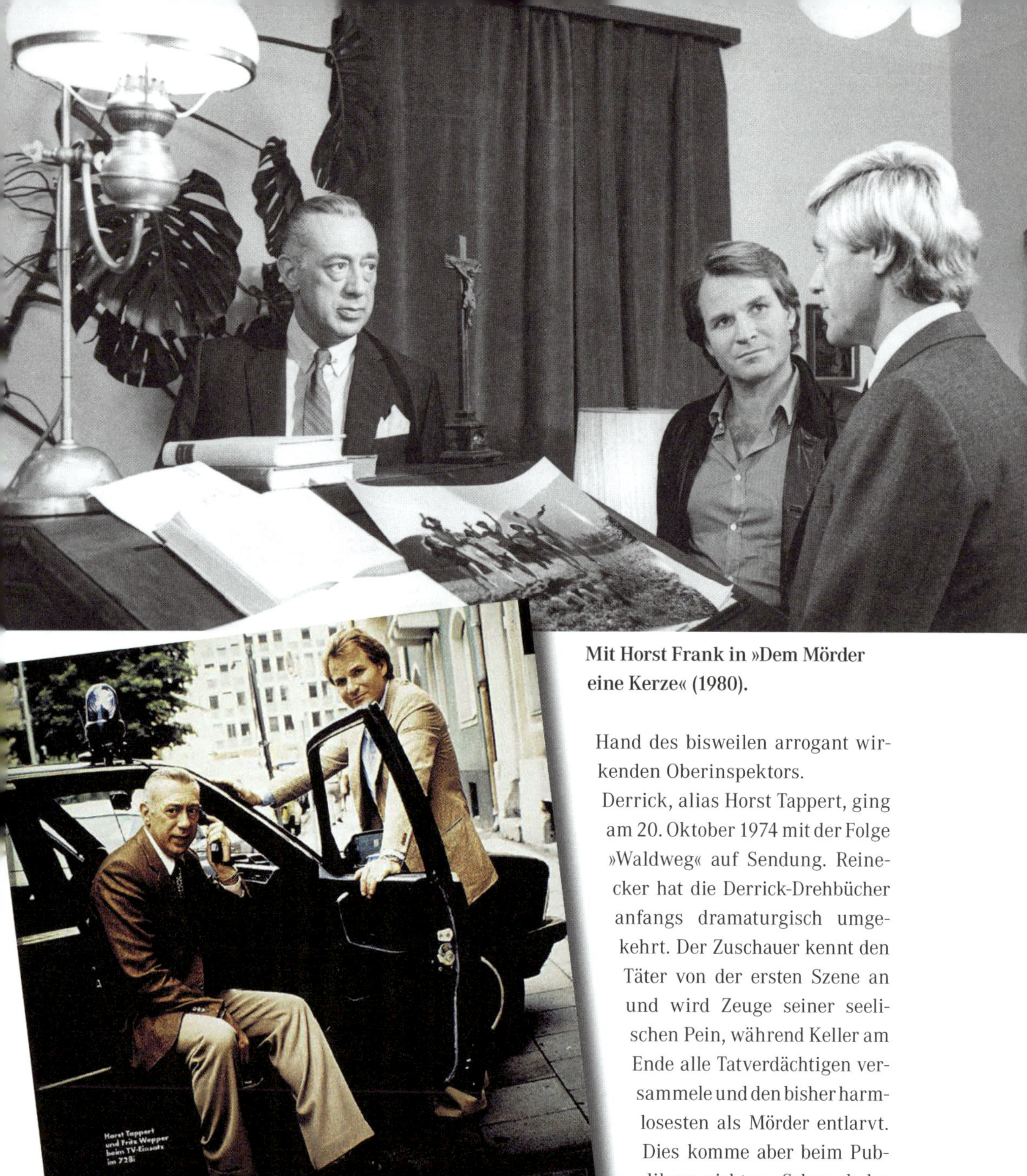

Horst Tappert und Fritz Wepper beim TV-Einsatz im 728i

Beförderung nach drei 525. Der 728i E23 mit Blechnase diente nur zwei Jahre

Nach dem facegelifteten E23 wurde der neue 730i E32 Dienstwagen Nummer 6

Von 1994 bis 1998 fuhren Stephan und Harry zwei 7er E38 – 730i und 735i

YOUNGTIMER 3/2013 97

Mit Horst Frank in »Dem Mörder eine Kerze« (1980).

Hand des bisweilen arrogant wirkenden Oberinspektors.

Derrick, alias Horst Tappert, ging am 20. Oktober 1974 mit der Folge »Waldweg« auf Sendung. Reinecker hat die Derrick-Drehbücher anfangs dramaturgisch umgekehrt. Der Zuschauer kennt den Täter von der ersten Szene an und wird Zeuge seiner seelischen Pein, während Keller am Ende alle Tatverdächtigen versammele und den bisher harmlosesten als Mörder entlarvt. Dies komme aber beim Publikum nicht an. Schon ab der fünften Folge »Tod am Bahngleis« vom 9. Februar 1975

Derrick machte den 5er-BMW populär.

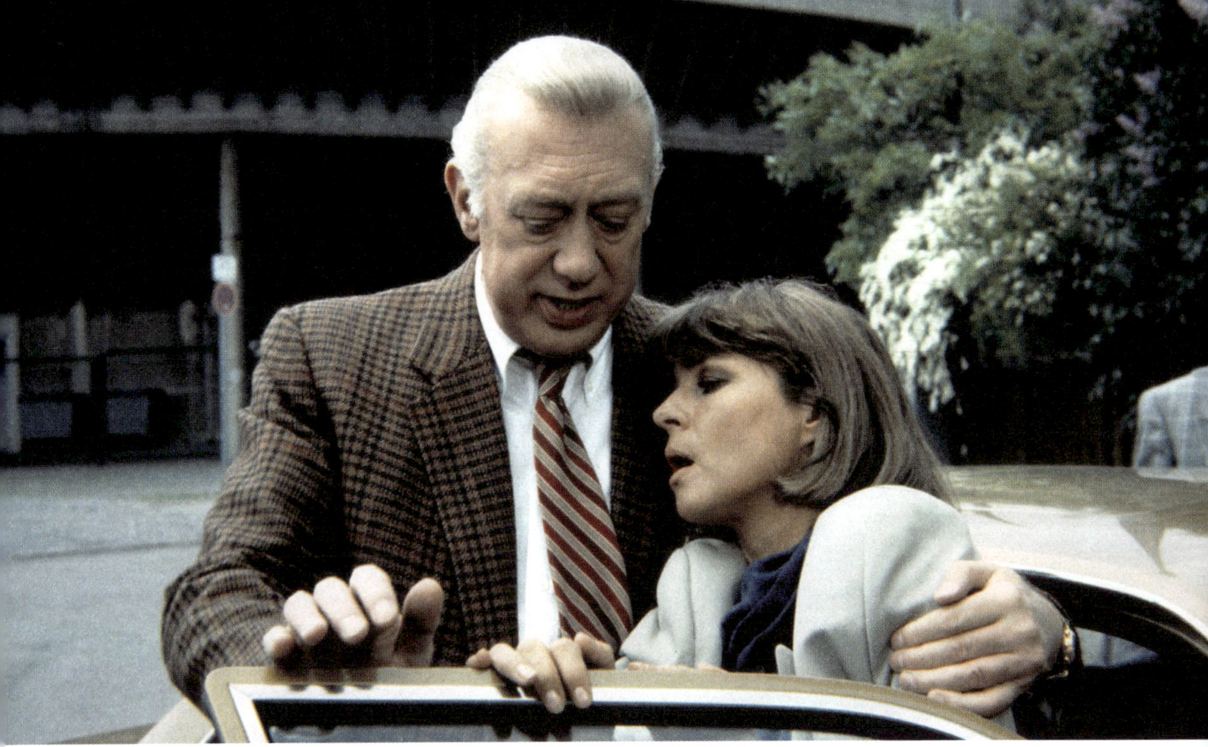

Horst Tappert stützt Cornelia Froboess in »Das Ende einer Illusion« von '88. Froboess war mit Gassenhauern wie »Zwei kleine Italiener« auch als Schlagerstar bekannt.

folge Derrick dem klassischen »Whodunit«-Prinzip. Stephan und Harry fahren da bereits einen 525 – BMW riet zum Sechszylinder, weil der auf der Tonspur besser klingt.

BEFÖRDERUNG ZUM 7ER

Derrick selbst wurde in 281 Folgen nie befördert, seine automobile Karriere jedoch ging steil nach oben. Schon ein Jahr nach der Markteinführung des 5ers der Modellreihe E28 stiegen Horst Tappert und Fritz Wepper vom 525i auf einen noblen 728i um, eine in Polizeikreisen völlig unrealistische Besetzung. Beim opulenten 7er, der jedoch perfekt zur imposanten Statur und zum exklusiven Kleidungsstil Tapperts passte, blieb es bis zum Schluss über drei Modellgenerationen lang.

Aber nicht nur die Autos, die Mode und das Straßenbild sind in der riesigen Zeitspanne eines knappen Vierteljahrhunderts sehenswert. Vor allem die bisweilen surrealen Reinecker-Dialoge sowie die hohe Schauspielkunst der Darsteller zeichnen diese niveauvolle Kultserie aus.

24 JAHRE

Von 1974 bis 1998 ermittelten Oberinspektor Stephan Derrick und Assistent Harry Klein in 281 Folgen der ZDF-Kultserie. Die Derrick-Episoden sind auch in Sachen Mode und Autos ein aufschlussreiches Spiegelbild der Zeitgeschichte.

KAPITEL 6

»KOTTAN ERMITTELT« (1976–1984)

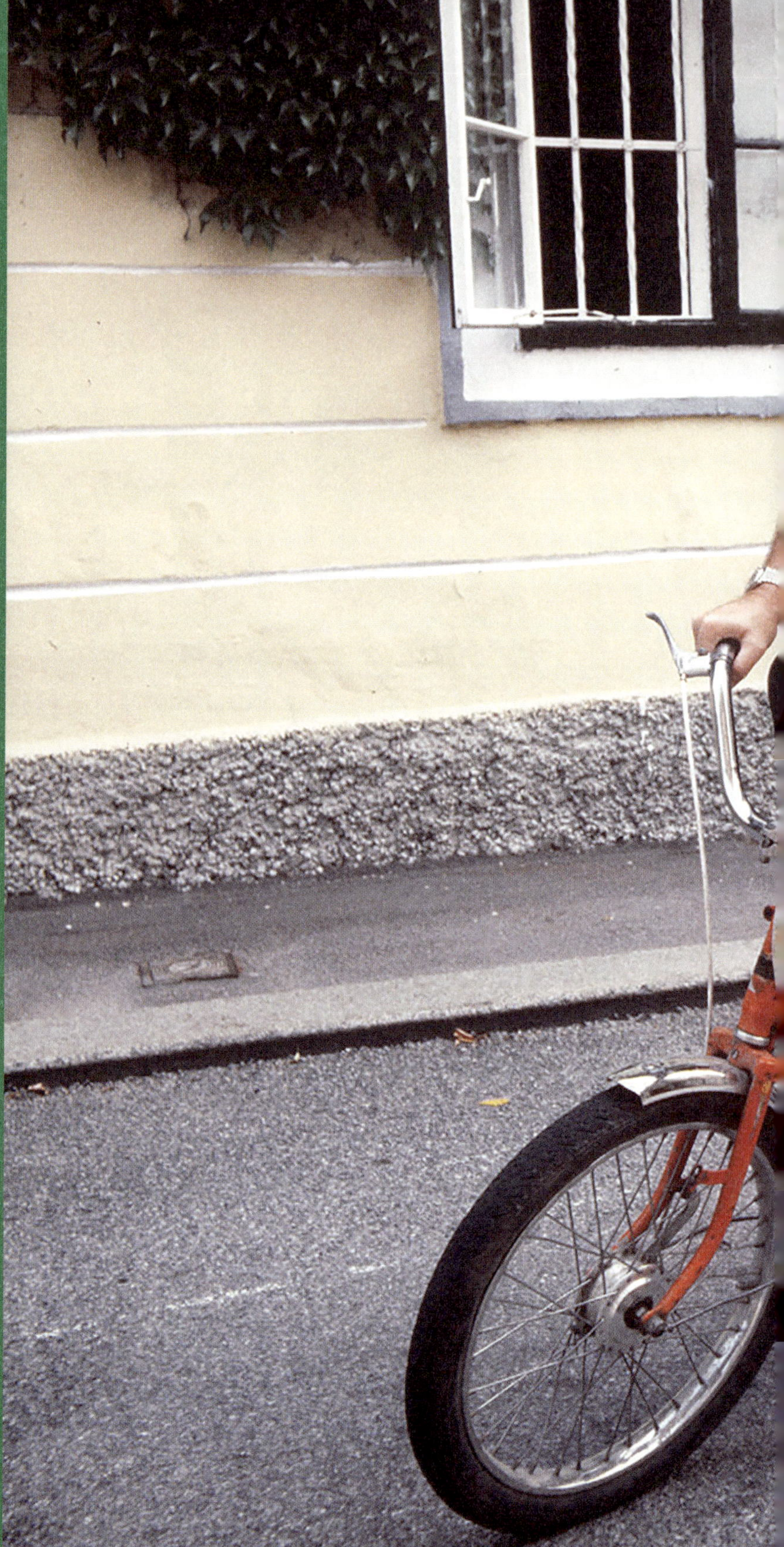

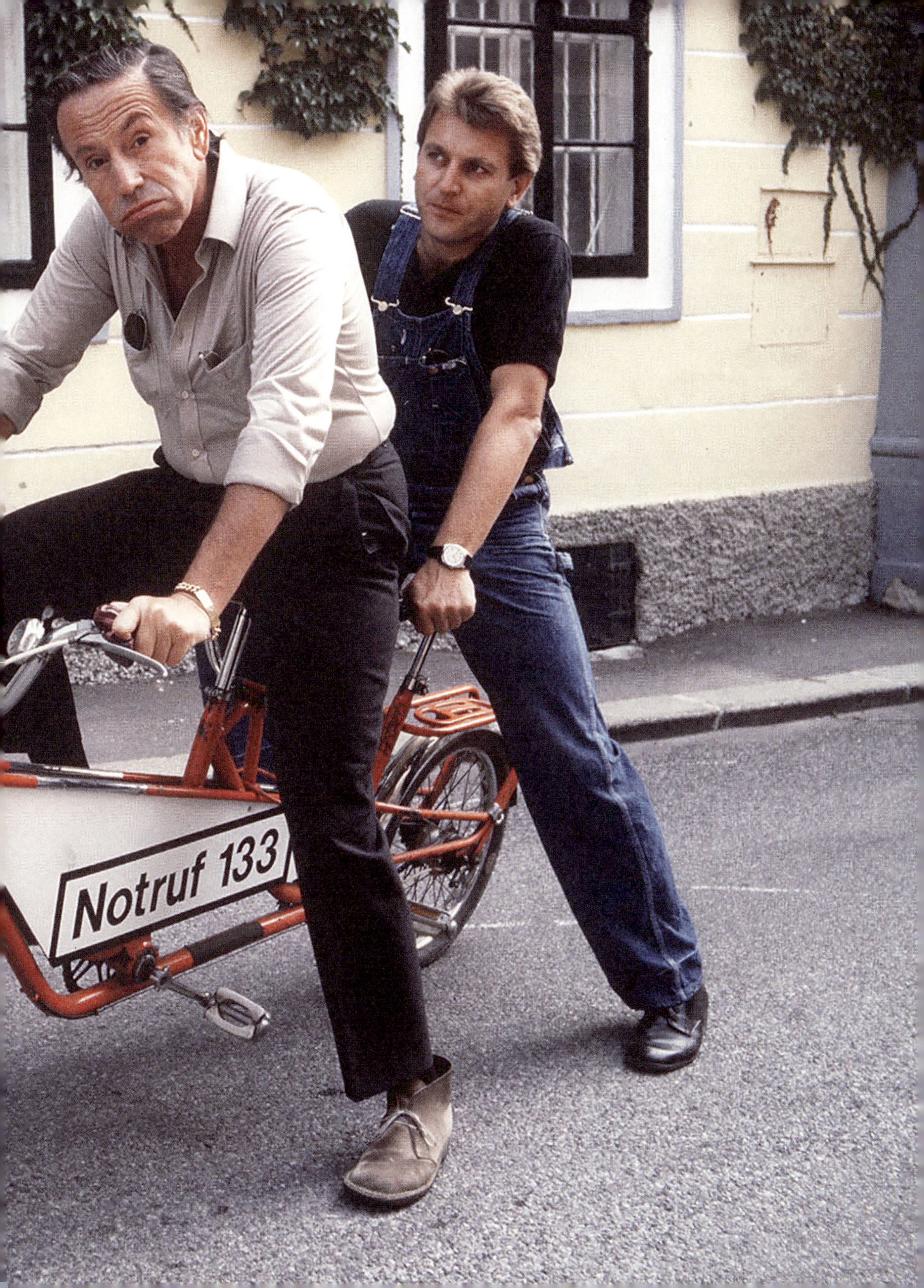
Notruf 133

»INSPEKTA GIBT'S KAN!«

Als bizarre Kriminalsatire schrieb die Serie TV-Geschichte. Das Absurde ist Trumpf, das Abgründige allgegenwärtig, der Running Gag unverzichtbar.

Leute um die fünfzig müssen sich die »Kottan«-DVDs (»alle 19 Folgen in einer Box«) gar nicht erst beim ORF-Shop bestellen. Wer will, kann natürlich seine »lange Inspekta-Nocht« damit bestreiten, um dialogtechnisch wieder auf dem Laufenden zu sein. Doch nur eine Fernsehwiederholung der sechs Staffeln reicht, um viele der unvergesslichen »Kottan«-Szenen wachzurufen. Es wimmelt in der Serie nur so von Anspielungen, versteckten Botschaften und stets wiederkehrenden Pointen. Die Serie zitiert sich sogar selbst im Fernsehen.

Nie werden wir den zickigen Kaffeeautomaten, die interaktive Fernsehansagerin Chris Lohner oder den Schrebergarten-Discjockey vergessen, der immer »Spiel mir das Lied vom Tod« auflegt, wenn sein Erzfeind durchs Türl spaziert. Nie werden wir den abgefahrensten aller Running Gags mit den demolierten Autotüren vergessen. Im

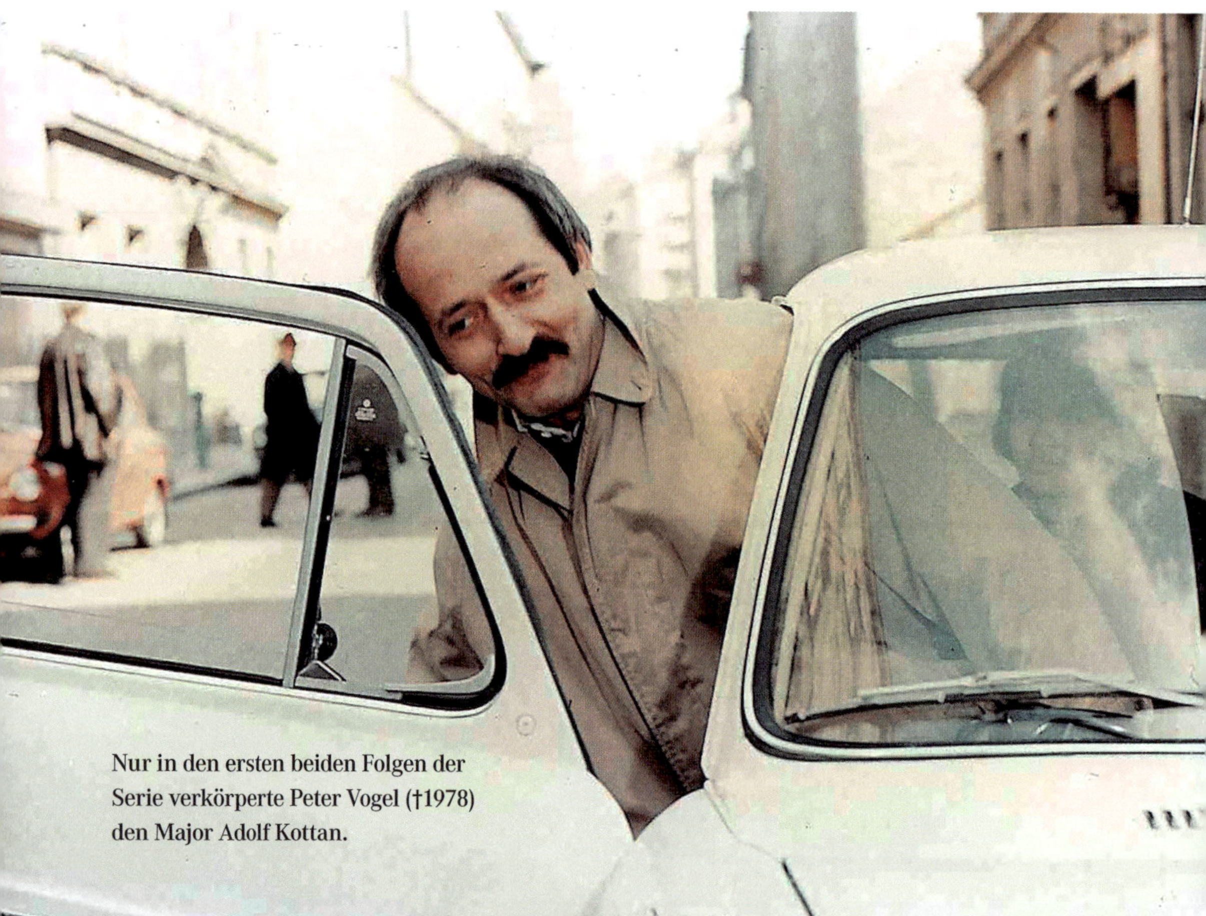

Nur in den ersten beiden Folgen der Serie verkörperte Peter Vogel (†1978) den Major Adolf Kottan.

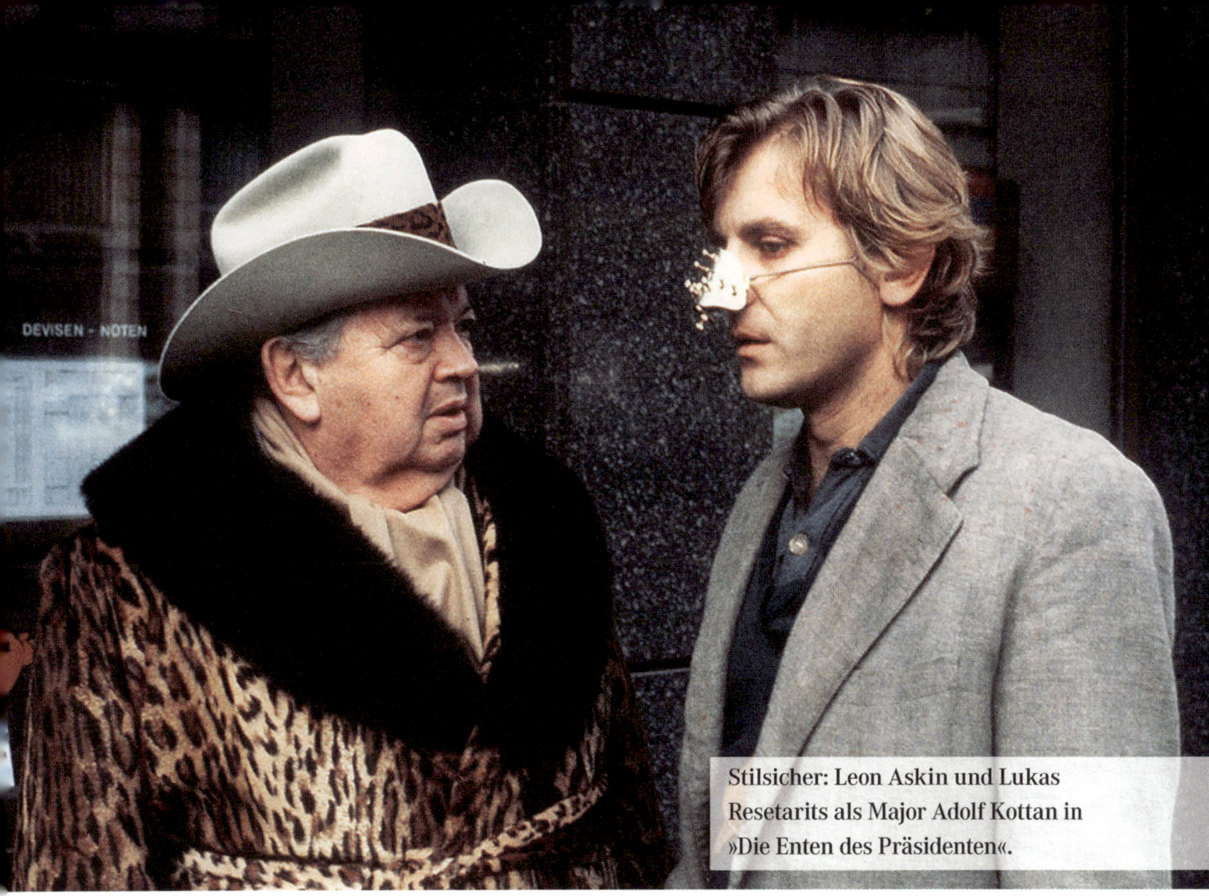

Stilsicher: Leon Askin und Lukas Resetarits als Major Adolf Kottan in »Die Enten des Präsidenten«.

Moment des Aussteigens nähert sich plötzlich aus dem Hinterhalt ein Mercedes 608 D, ein Wolga GAZ-24 oder ein Austin 3 Litre Saloon, um gegen die geöffnete Tür zu donnern. Dann fliegen zwar die Blechfetzen, aber verletzt wird keiner. Major Adolf Kottan, der von Ehefrau Ilse stets zuckersüß »Dolferl« genannt wird, fährt in allen 19 Folgen billige Schüsseln älteren bis uralten Baujahrs. Die Autos – ob ein fossiler Käfer in Mattlack, ein Langschnauzer-Variant mit geklauten Rädern oder eine ganze Flotte verhärmter Renault-Modelle von R4 über R6 bis zum R10 Major – konterkarieren selbigen Dienstgrad und sein autoritär-ruppiges Auftreten: »Inspekta gibt's kan!«

»PASS AUF MIT DER TÜR, SONST KUGELT UNS WIEDER EIN RADFAHRER UMEINANDER.«

DIE VERSTECKTE BOTSCHAFT

Auch Kottans Team trägt skurrile Züge. Neben dem herrischen Major, der zu Hause ein kleinlauter Pantoffelheld ist

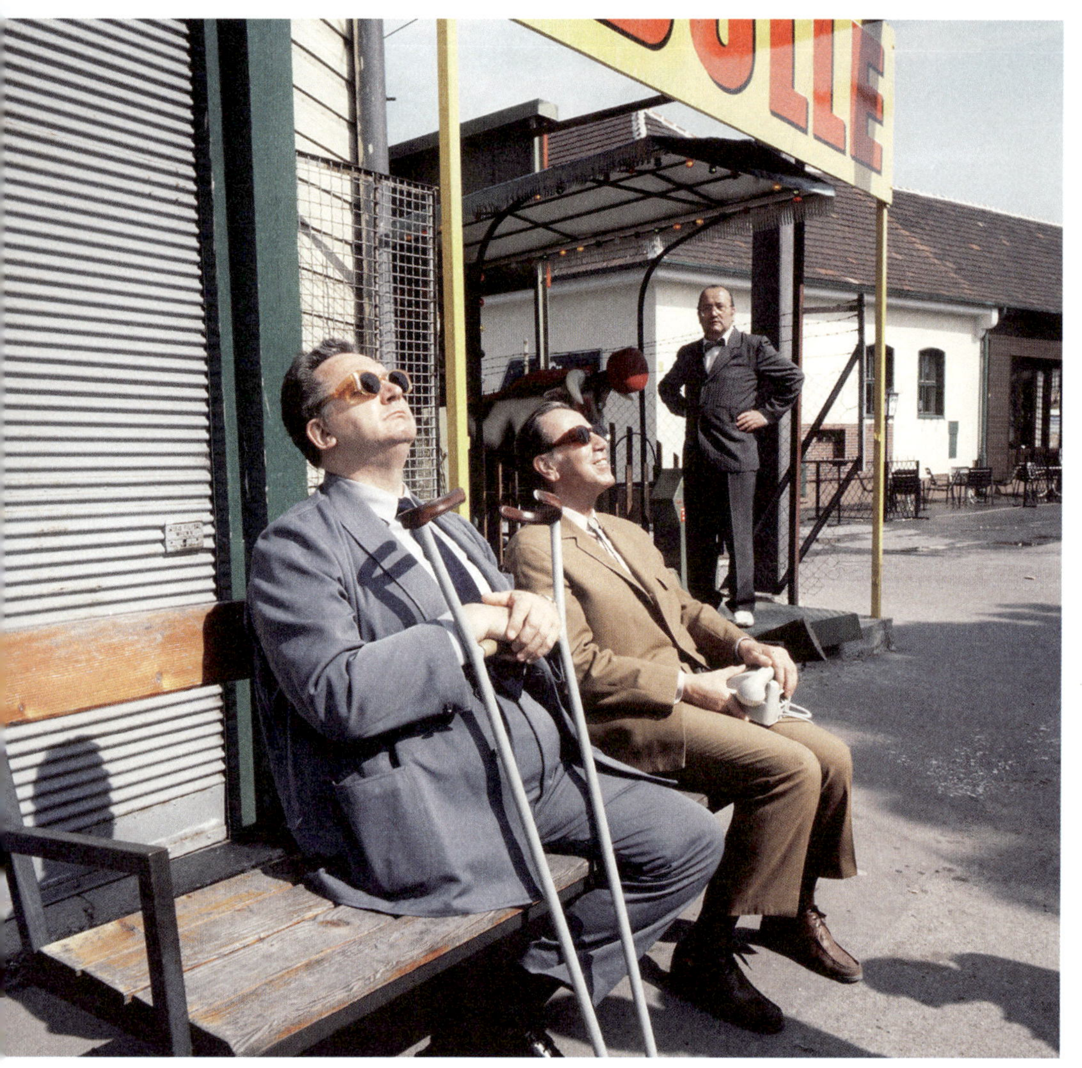

Die Sonnenbrillen zählen noch zu den weniger skurrillen Motiven der letzten Folge »Mabuse kehrt zurück«, hier Walter Davy, Curt A. Tichy und Kurz Weinzierl.

und sich auch gegen seine halbwüchsige Tochter nur bedingt durchsetzen kann, gibt es noch den Dezernatsleiter Paul Schremser und den Kriminalassistenten Alfred Schrammel. Der genial kombinierende Schremser, gespielt von Walter Davy, ist trotz einer Beinamputation weiter im Dienst.

Schrammel wird von C. A. Tichy als gutmütiger Trottel dargestellt. Dienstbeflissen will er Kottan mit seinen Ausführungen zum Tathergang imponieren, scheitert aber stets an seiner schlichten Auffassungsgabe. Der Major berichtet direkt an Kriminalrat Pilcher, in den meisten Folgen in brillante Überzeichnung von Kurt Weinzierl als

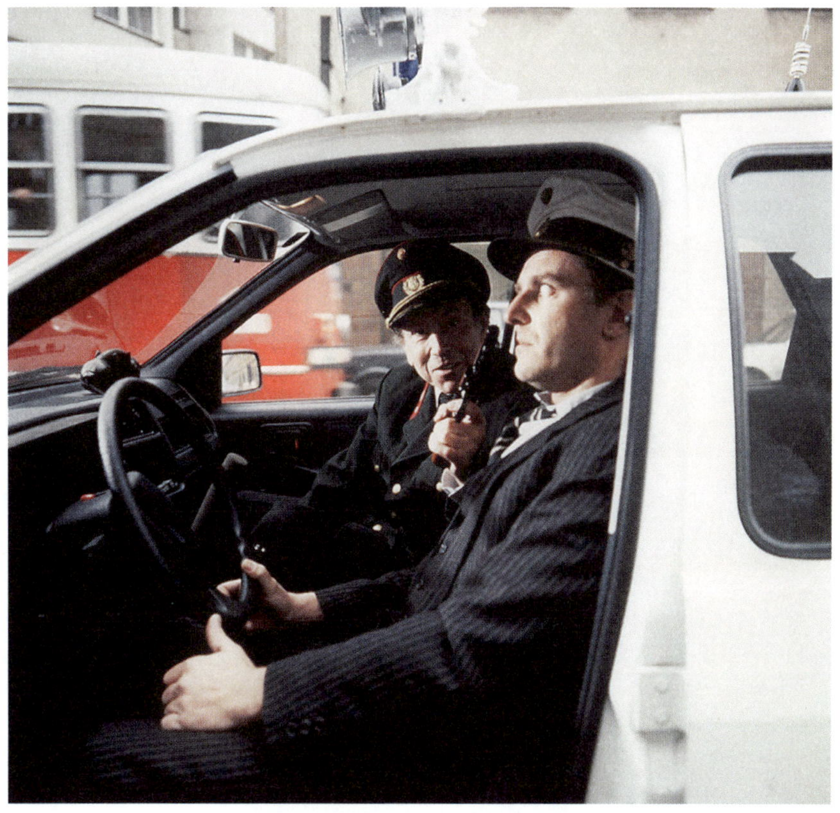

»Pass auf mit der Tür!« Curt A. Tichy mit Lukas Resetarits als Major Adolf Kottan in »Mein Hobby: Mord«.

neurotischer Choleriker gespielt. Pilcher hadert mit sich, den Stubenfliegen, die er inbrünstig bekämpft, und mit dem Kaffeeautomaten, der ihn zermürbt. Weil er sich nur bei ihm weigert, das zu tun, was Tausende Kaffeeautomaten machen: Becher ausklinken, Pulver ausschütten und heißes Wasser draufgießen.

Kottans Mordfälle spielen meist im Milieu der Unterschicht, ein Sandler findet oft die Leiche – und ohne eine grelle Prostituierte, die lügt wie gedruckt, kommt kaum eine Folge aus. Der Reiz der Drehbücher liegt an der satirischen Überzeichnung. Sie weicht jedoch in den letzten Folgen entfesseltem Slapstick, dem jede raffinierte Anspielung oder versteckte Botschaft abhandenkommt. »Kottan« lebte bis dahin vom Wiener Schmäh, von der Coolness und dem beißenden Sarkasmus der Zentralfriedhof-Österreicher.

Die beste Folge, die geradezu ikonografisch für das anspruchsvolle »Kottan«-Strickmuster steht, heißt »Drohbriefe« und spielt im Schrebergartenmilieu. Bester Kottan-Spruch zum sparsam blickenden Schrammel: »Pass auf mit der Tür, sonst kugelt uns wieder ein Radfahrer umeinander.«

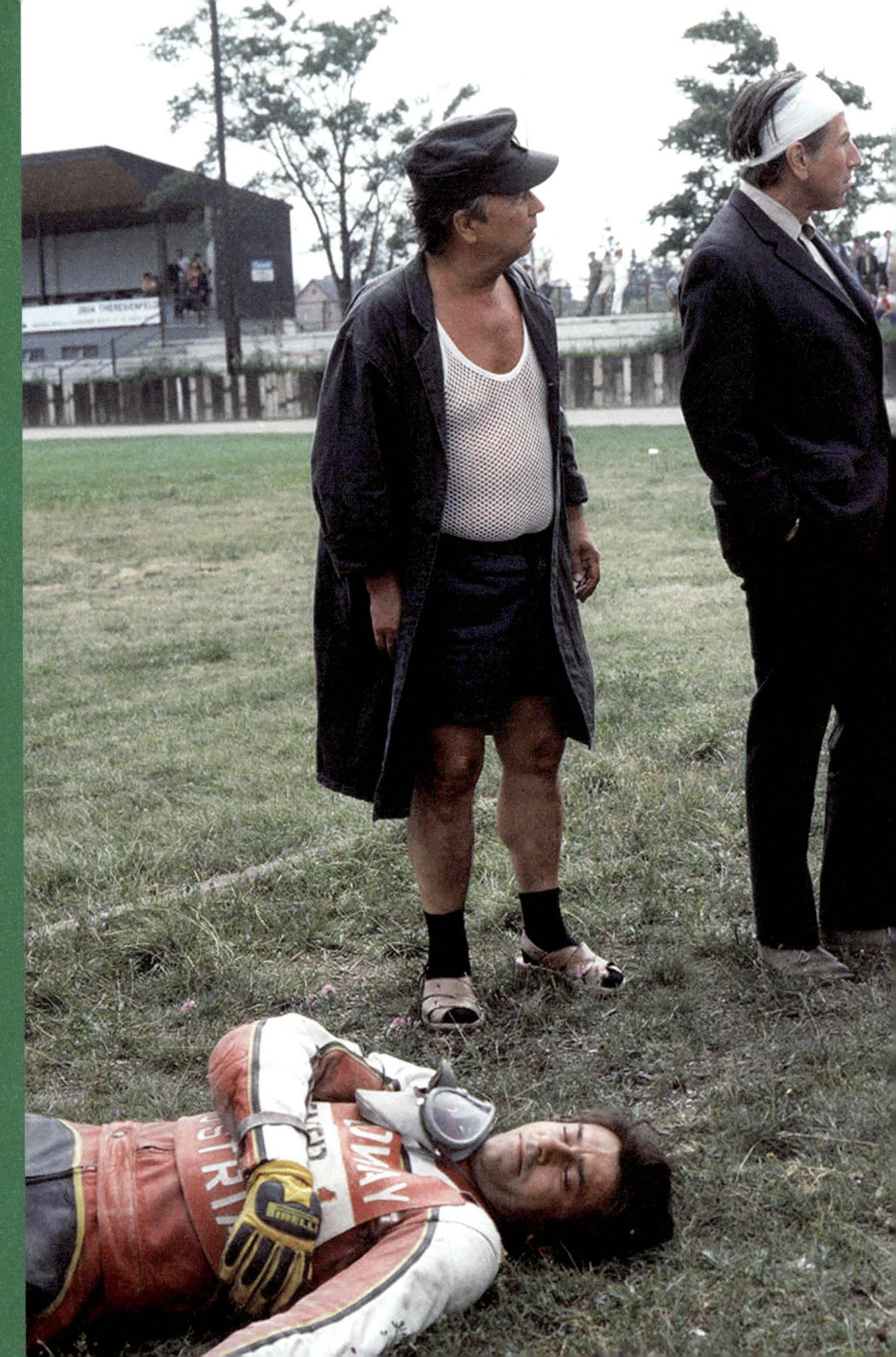
PIRELLI

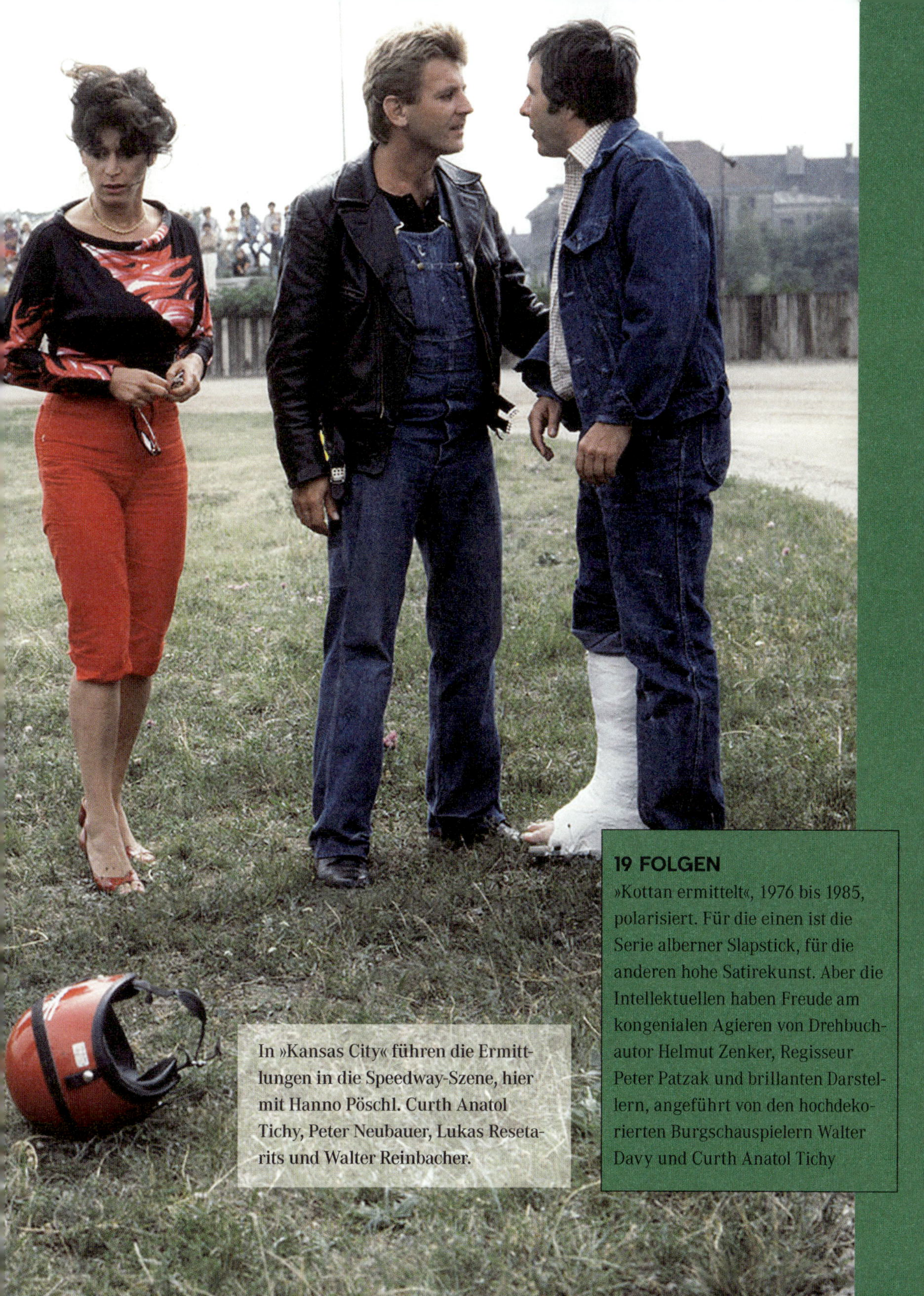

In »Kansas City« führen die Ermittlungen in die Speedway-Szene, hier mit Hanno Pöschl. Curth Anatol Tichy, Peter Neubauer, Lukas Resetarits und Walter Reinbacher.

19 FOLGEN

»Kottan ermittelt«, 1976 bis 1985, polarisiert. Für die einen ist die Serie alberner Slapstick, für die anderen hohe Satirekunst. Aber die Intellektuellen haben Freude am kongenialen Agieren von Drehbuchautor Helmut Zenker, Regisseur Peter Patzak und brillanten Darstellern, angeführt von den hochdekorierten Burgschauspielern Walter Davy und Curth Anatol Tichy

KAPITEL 7

»DER ALTE« MIT SIEGFRIED LOWITZ (1977–1986)

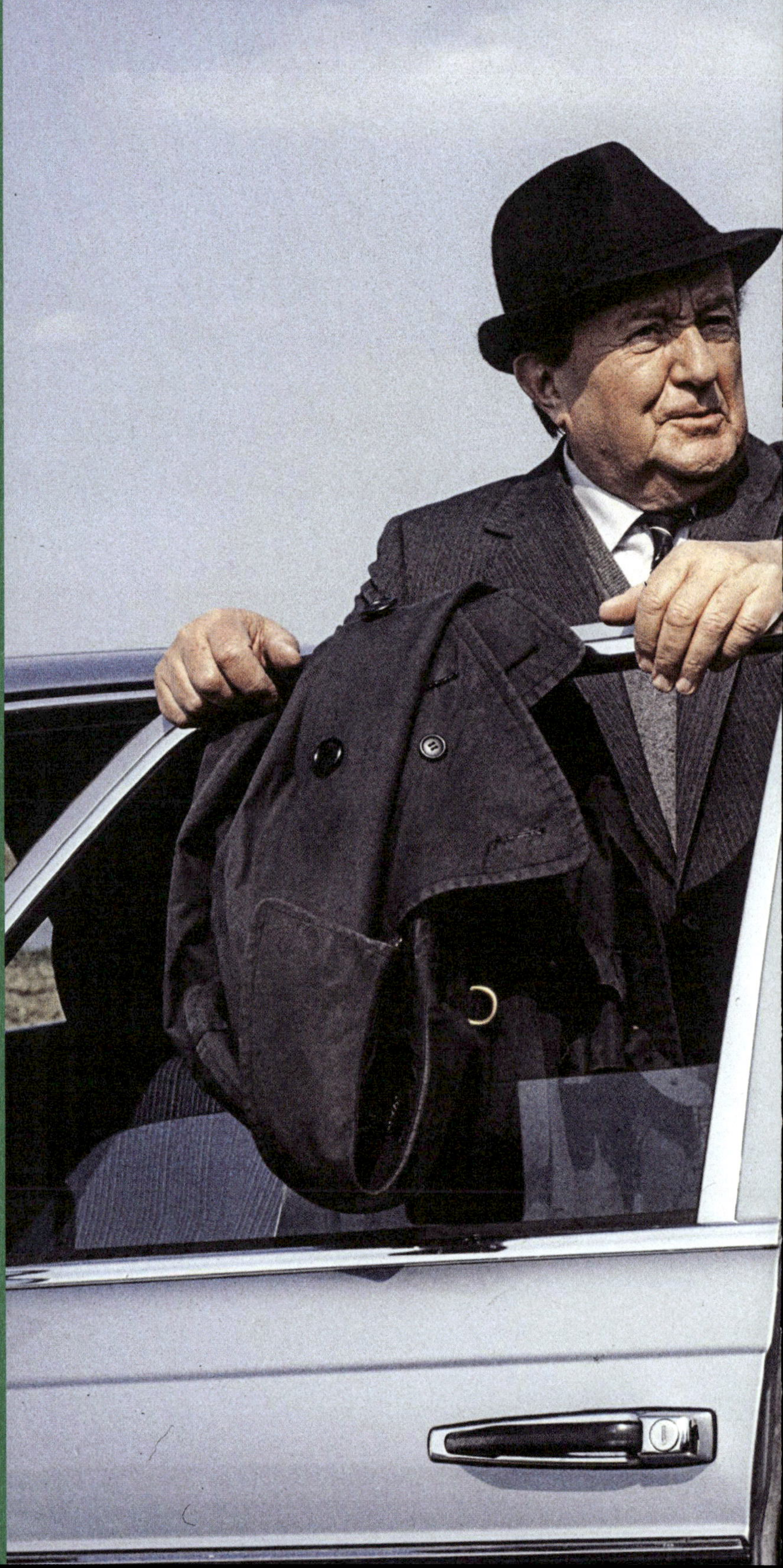

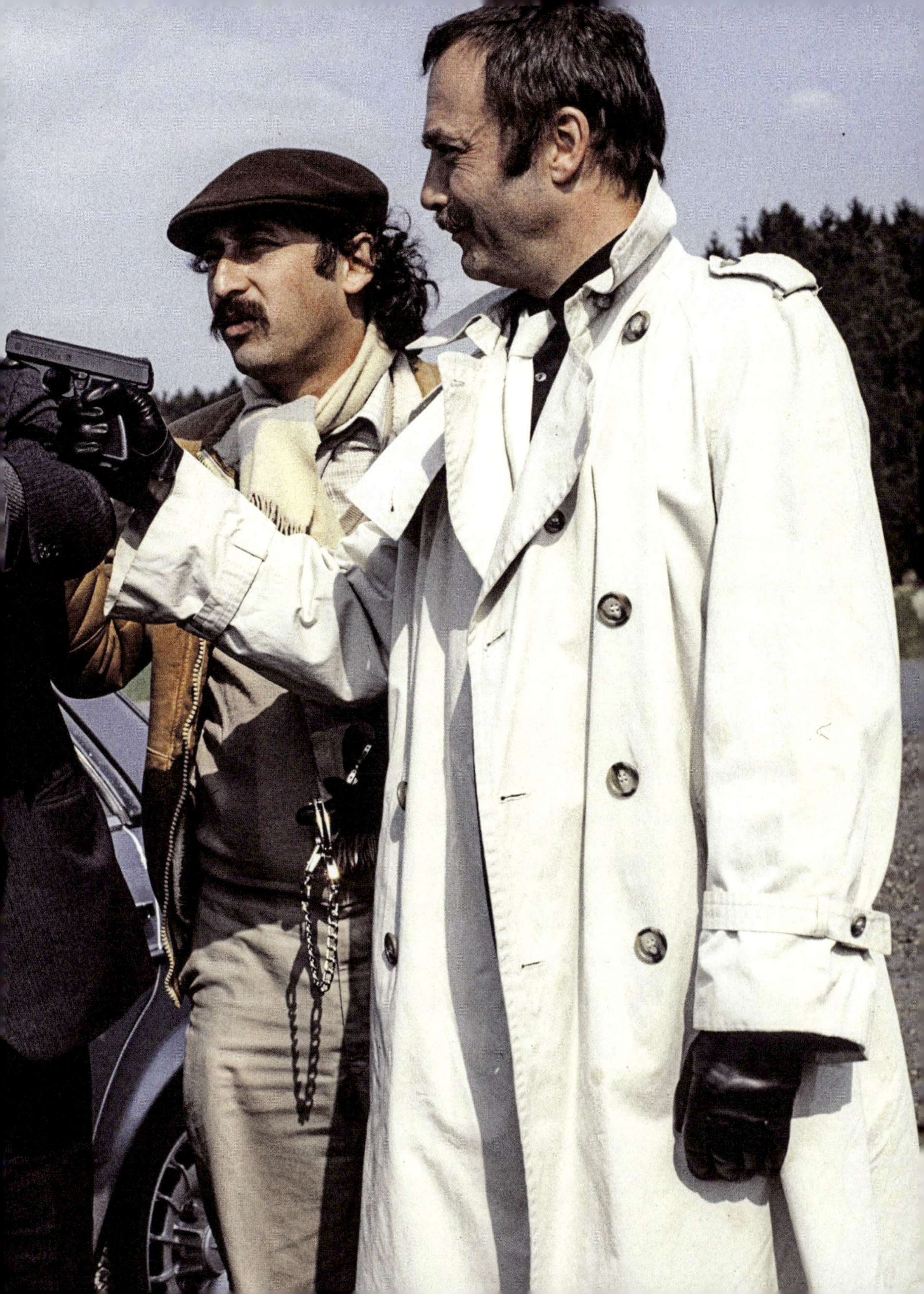

»DAS IST WIE IM SCHACHSPIEL, BAUER SCHLÄGT DAME«

Die Figur des Alten, gespielt von Siegfried Lowitz, brilliert durch intellektuelle Verschlagenheit. Erwin Köster ist ein gewiefter Stratege, der zu kreativen Alleingängen neigt.

Erwin Köster ist ein ganz anderer Typ als sein ZDF-Serienkollege Stefan Derrick. Köster, langgedienter Kriminalhauptkommissar im Morddezernat II, ist schlicht gekleidet, wirkt nach außen zurückhaltend und zeigt sich, wenn es darauf ankommt, erstaunlich eloquent und gebildet. Die kühle Arroganz des Kollegen Oberinspektor ist ihm ebenso fremd wie dessen herrisches Auftreten. Weil er zehn Jahre älter ist als Derrick, nennt man Köster im Münchener Polizeipräsidium an der Ettstraße schlicht den Alten. Köster entspricht in seinem unscheinbaren Naturell viel eher seinem Vorgänger Herbert Keller alias Erik Ode, den er als Kommissar 1977 ablöst. Köster spielt Schach, raucht gelegentlich Pfeife, spricht fließend Englisch und Französisch, hört gerne klassische Musik. Köster ist eben der Typ, den man leicht unterschätzt. Feine Lebensart ist ihm, dem kultivierten Genießer, nicht fremd. Später, ab der neunten Folge mit dem Titel »Verena und Annabelle«, wird er seine profane Rolex Datejust ablegen und eine extravagante Patek Philippe Nautilus tragen, die sogar von Kennern verkannt wird.

Lowitz mit Peer Augustinski in der Folge »Umsonst ist der Tod« von 1983.

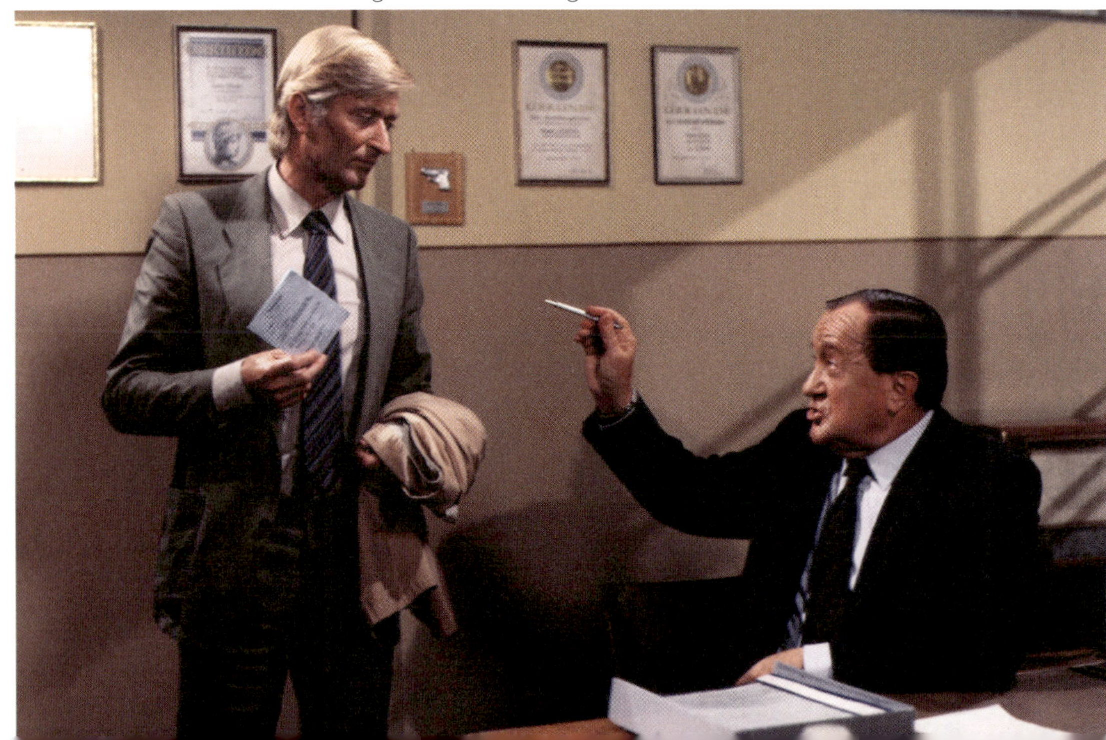

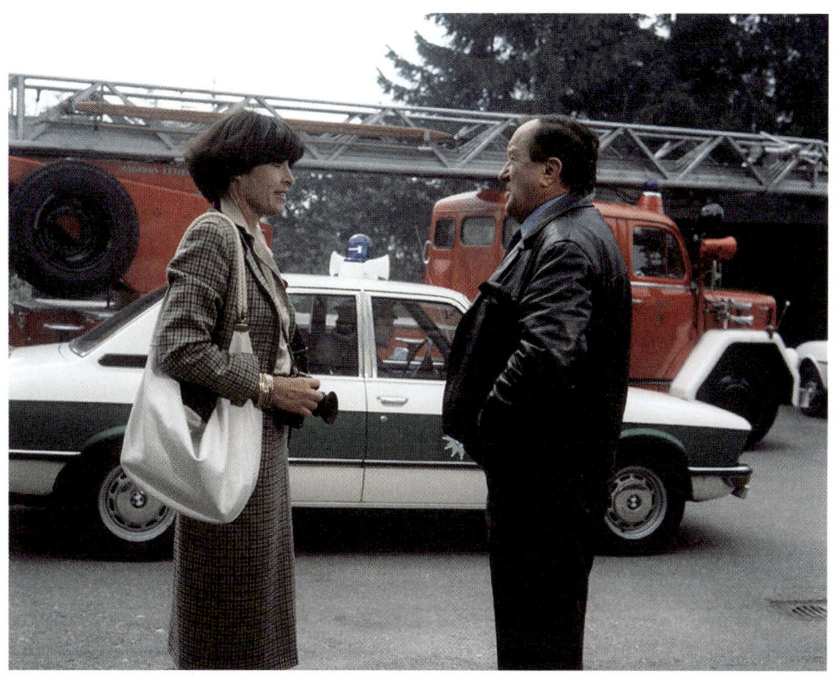

Als begleitende Streifenwagen dienten stets ein BMW 520 E12 und zwei Audi 80, hier in der Folge »Der Neue« mit Barbara Rütting als Journalistin Beate Wallner.

Nur selten spielt der Bildungsbürger Köster mit grinsendem Übermut den Oberlehrer, dann schulmeistert er seine engen Mitarbeiter Gerd Heymann, Martin Brenner oder Meyer Zwo, wenn sie sich mal nicht mit Pferderassen auskennen, ein berühmtes Gemälde für einen Flohmarktfund halten oder Klassizismus nicht von Renaissance unterscheiden können.

MORDE IN DER OBERSCHICHT

Kösters hohe Allgemeinbildung zahlt sich aus. Drehbuchautor Volker Vogeler lässt die Morde des Alten oft in der gehobenen Gesellschaft spielen. Da parliert er dann bei Whisky, Bordeaux oder Chablis auf Augenhöhe mit den potenziellen Tätern, die oft Kunsthändler, Pferdezüchter, Medizinprofessoren, Juweliere oder Fabrikanten sind. Auto König steuert zur Schickeria gerne hochkarätige vierrädrige Requisiten bei. In Folge 26 mit dem Titel »Neue Sachlichkeit« spielt ein Maserati Quattroporte III die fahrende Hauptrolle, und in der Folge »Kalt wie Diamant« fährt Klausjürgen Wussow einen Lamborghini Espada. Köster selbst zeigt sich in der Wahl seines Dienstwagens ähnlich geschmackssicher wie bei seiner Armbanduhr, denn auch sein Mercedes trägt den Nerz nach innen. Zum Listenpreis von 28 100 Mark gesellen sich bei M-WW 2637 noch ein paar unscheinbare Extras im Wert von

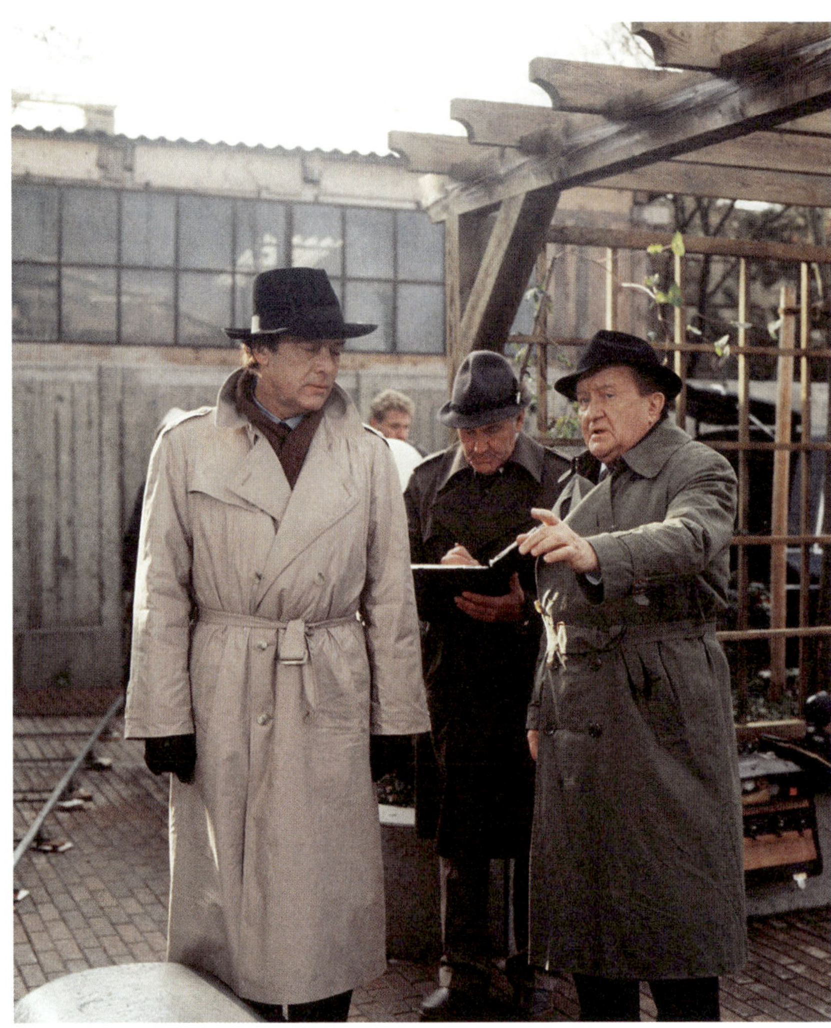

Bei den Dreharbeiten für »Fluchthilfe«, Klausjürgen Wussow (li.) gab den Ehemann des Mordopfers.

geschätzten 13 000 Mark.
Mit den in vielen Kameraeinstellungen gut sichtbaren Sonderausstatttungen bietet der 280 E alles auf, was die Preisliste hergibt, ob Alu-Räder oder Velourspolster. Fahraufnahmen mit dem Mercedes sind in den 91 Folgen abendfüllend zu sehen. Häufig öffnet Heymann die Klappe des Handschuhfachs, um nach dem diskret versteckten Hörer des Polizeifunk-Telefons zu greifen. Manchmal wurden für Kamera-Takes auf Köster und Heymann die vorderen Kopfstützen abgenommen.
Stets gibt die Tonspur des 16-mm-Farbfilms den sonoren Auspuffklang des

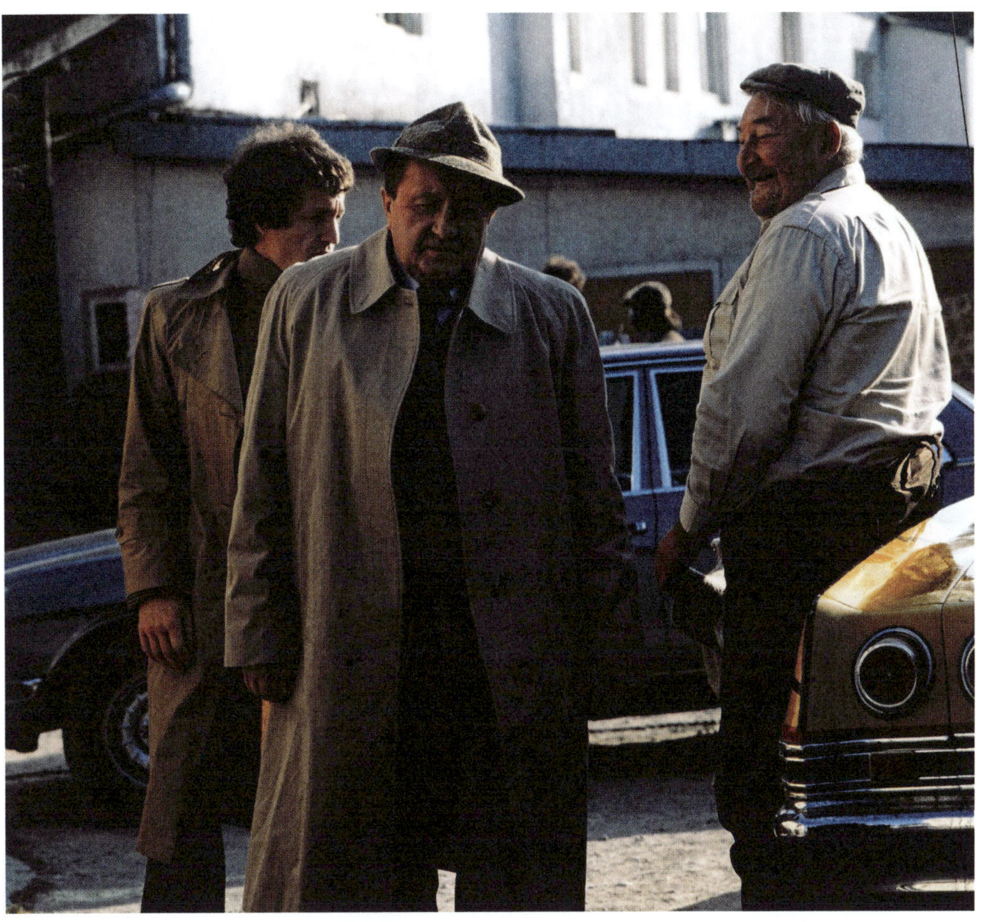

Anders als viele Kollegen aus anderen Serien bewegten Köster und seine Assistenten den 280 E geradezu liebevoll-behutsam, Szene aus »Magdalena« mit Wolfgang Zerlett (li.)

»KÖSTER SELBST ZEIGT SICH IN DER WAHL SEINES DIENSTWAGENS ÄHNLICH GESCHMACKS-SICHER WIE BEI SEINER ARMBANDUHR [...]«

123er-Topmodells ebenso authentisch wie stimulierend wieder. Im Gegensatz zu anderen Krimiserien fällt auf, dass Köster und sein Lieblingsassistent Gerd, gespielt von Michael Ande, den hellblauen 280 E behutsam bewegen. Zwar äußerst sich die gesunde Drehfreude des Doppelnockers regelmäßig, aber es gibt keine materialmordenden Verfolgungsjagden oder spektakulären Stunts. Vielleicht ist dies auch die

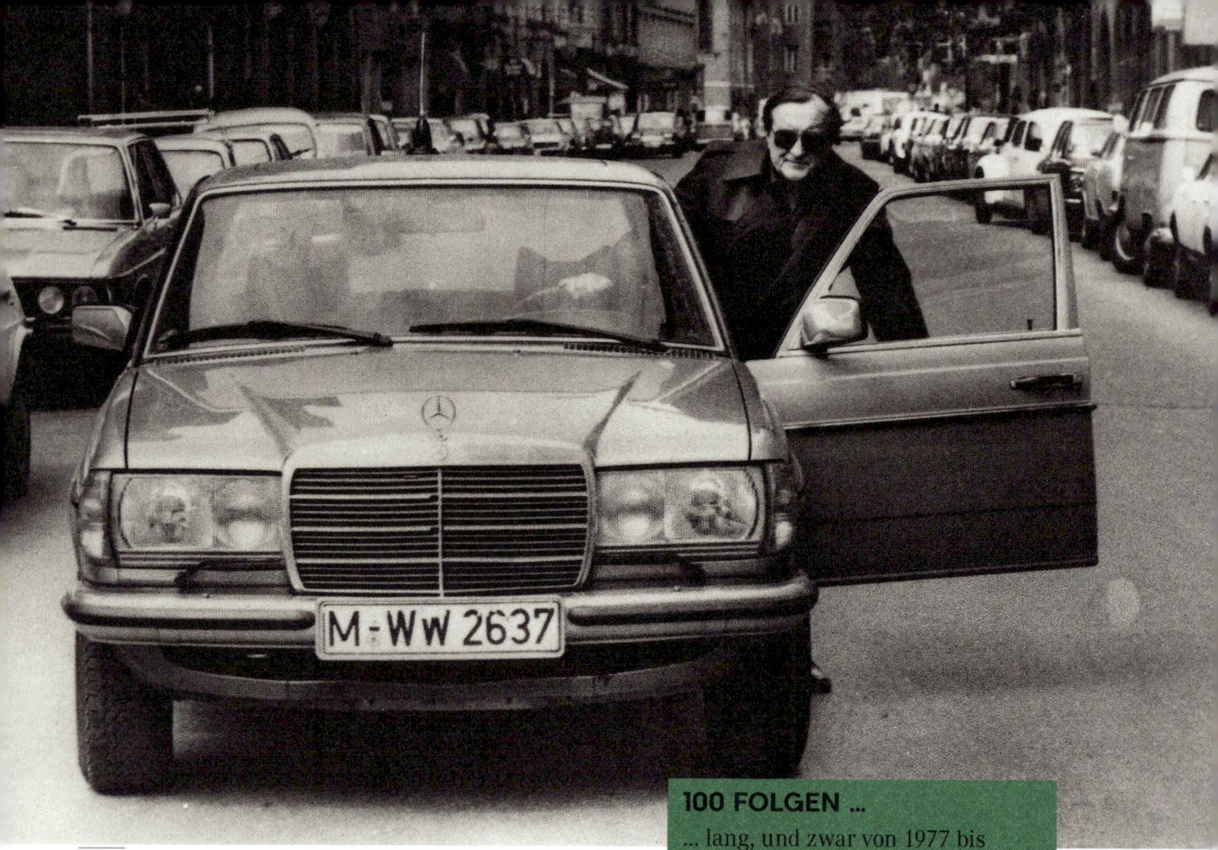

Stilsicher: Siegfried Lowitz spielte den Kriminalhauptkommissar Erwin Köster bis zu dessen Serientod in der 100. Folge 1986.

100 FOLGEN ...

... lang, und zwar von 1977 bis 1985, spielte Siegfried Lowitz den Hauptkommissar Erwin Köster. Er hatte drei Nachfolger.

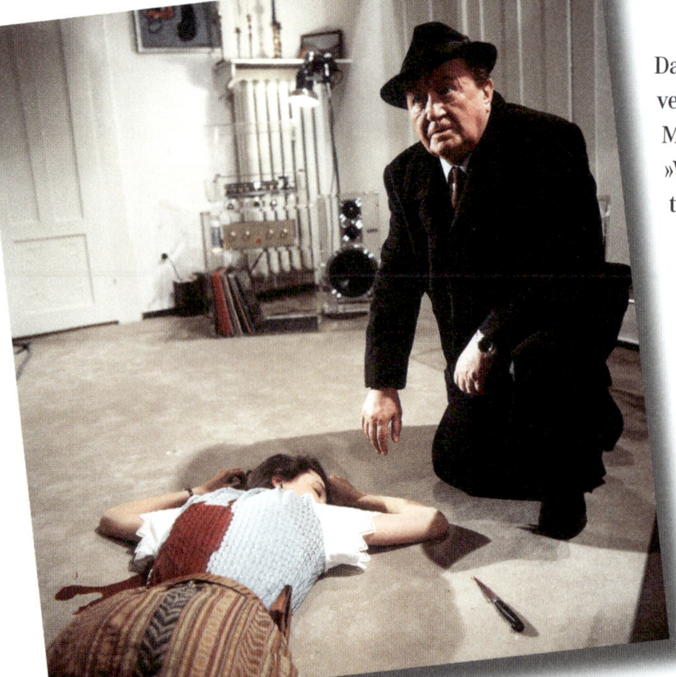

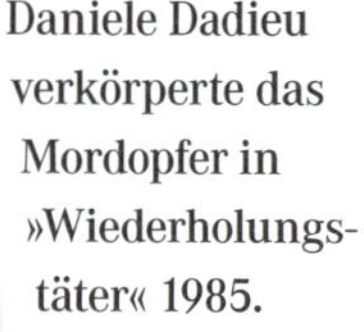

Daniele Dadieu verkörperte das Mordopfer in »Wiederholungstäter« 1985.

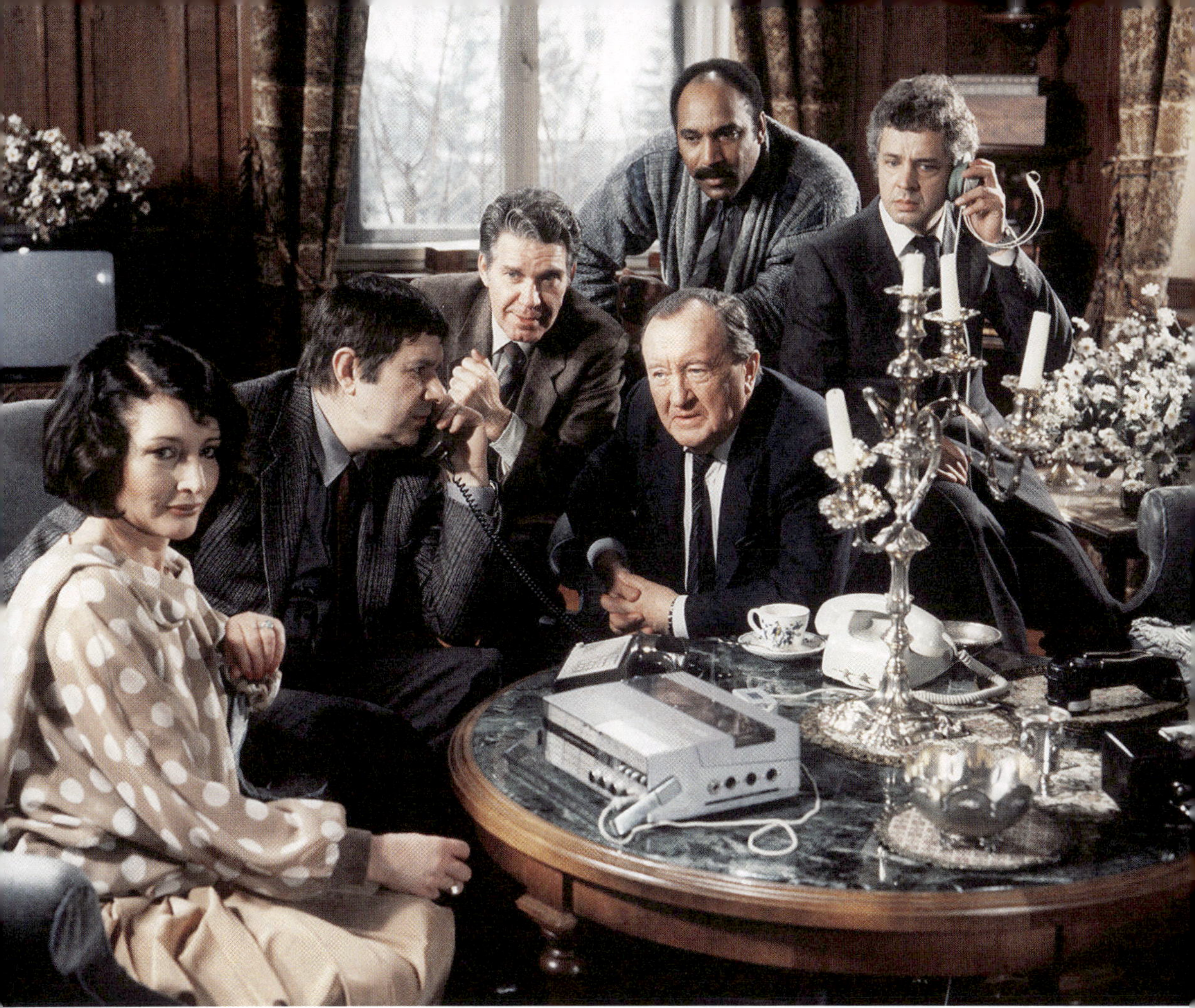

In »Der Leibwächter« ermittelt Erwin Köster 1985 in einem Entführungsfall. Dem Anruf des Erpressers lauschen (v.l.n.r.) Christine Wodetzky, Gerd Baltus, Jan Hendriks, Ron Williams, Siegfried Lowitz und Michael Ande.

Erklärung dafür, dass der silberblaue Erstserien-280 E, gut erkennbar an den Katzenohren-Kopfstützen, bis zu seiner Ablösung durch den Nachfolgetyp 300 E in 92 Folgen derselbe bleibt.

Köster ist wie sein Vorgänger Keller kein wirklicher Team-Player. Seine Mitarbeiter lässt er lange im Unklaren über seine Taktik. Er mimt gerne den stillen Denker, der auf dem Dienstschreibtisch versonnen mit Streichhölzern rumspielt, bis ihm der Geistesblitz kommt, der das Alibi zerplatzen lässt. Erwin Köster stirbt fürs Drehbuch in Folge 100, die ausgerechnet den Titel »Zwei Leben« trägt. Sein neuer 300 E, ein exaktes Pendant zum Vorgänger, parkt wie hingeworfen neben dem Bootshaus, auf dessen Steg ihn die Kugel trifft. Die Türen sind weit aufgerissen.

KAPITEL 8

»TATORT: SCHIMANSKI« MIT GÖTZ GEORGE (1981–1991)

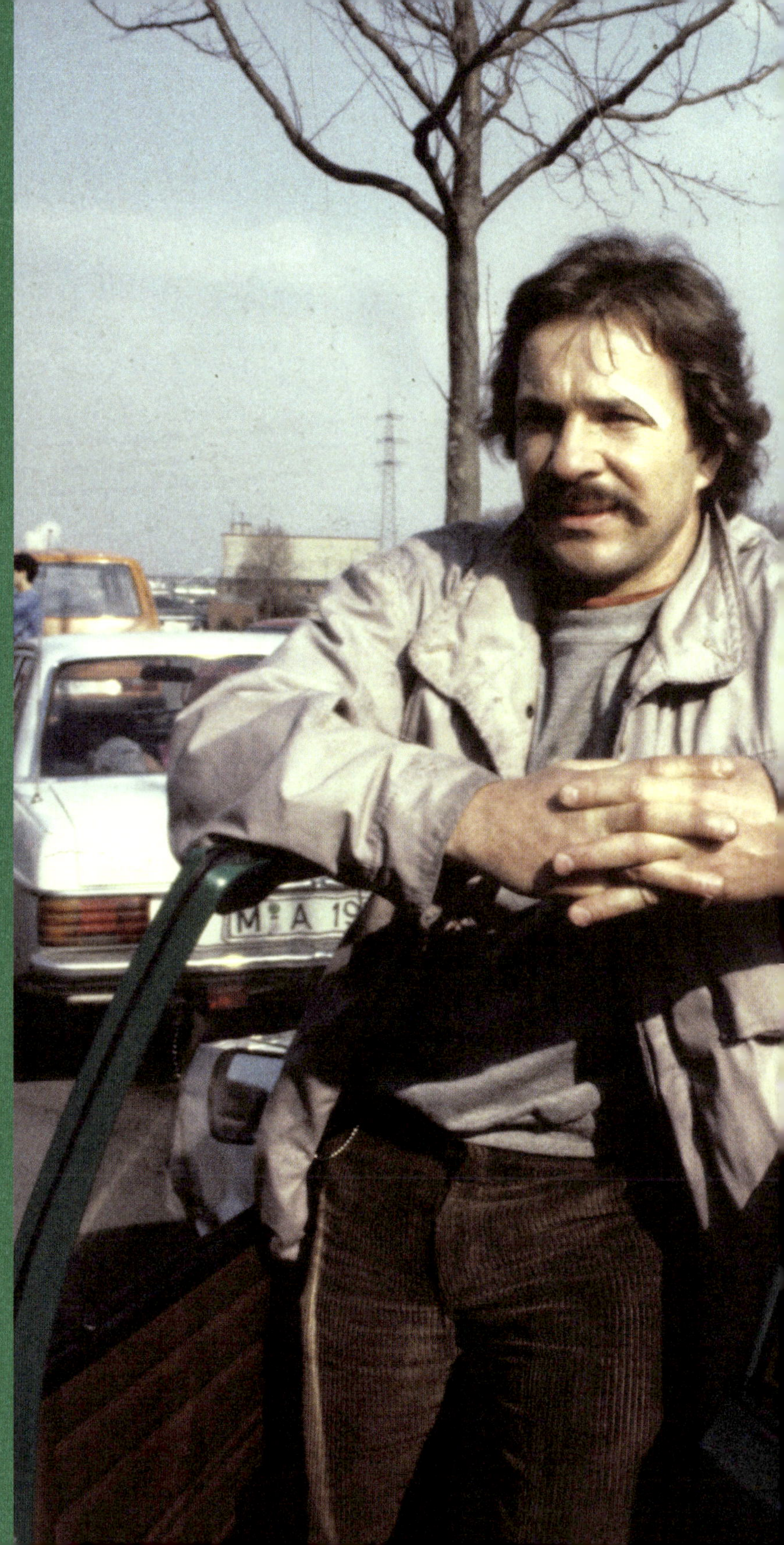

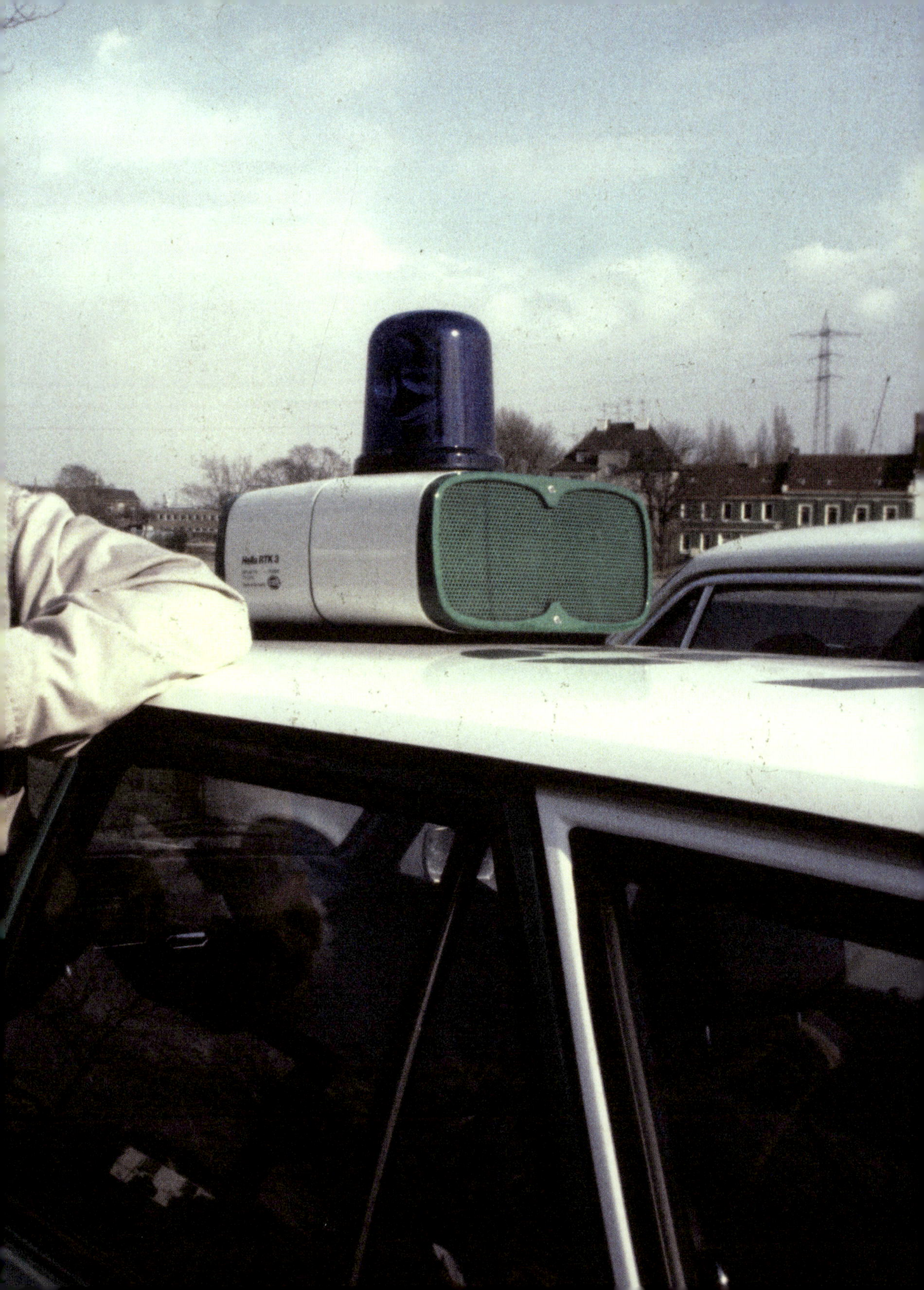
RTK 3

»MENSCH HORST, DAS HAT DOCH KEINEN SINN!«

Durch 29 Tatort-Folgen fluchte, prügelte und raste Horst Schimanski. Duisburg, eine Militär-Jacke und ein Citroën CX gaben die perfekte Kulisse.

Wer zum Teufel ist Wolfram Erwin Ott? Eine Frage, die Horst Schimanski genauso in seinem kotzigen Tonfall hätte stellen können. Ein Satz, der genauso in einem der 23 Schimanski-Drehbücher von Martin Gies stehen könnte. Und eine Szene, die sein Bruder, der Regisseur Hajo Gies, nur einmal spielen lässt, weil sie auf Anhieb sitzt.

RUPPIGER RUHRPOTT-RAMBO

Beide kennen sich, Wolfram-Erwin Ott und Götz George, beide trennen Welten. George, der gefeierte Star, der mit dem ruppigen Ruhrpott-Rambo Anfang der Achtziger eine Kult-Rolle besetzte, die bis heute mit ungebremster Strahlkraft nachwirkt. Ott, der Abgestürzte, den eine Scheidung aus der Bahn warf, der sich erst wieder fangen musste. Er steht im Hausanzug an einer Trinkhalle in der Duisburger Kaiser-Wilhelm-Straße. Wir trafen ihn zufällig, unser Ford Granada parkt um die Ecke, die Rückleuchten spiegeln sich blassrot im nassen Rinnstein. Statt Bier trinkt Ott Kaffee, statt Korn gibt es hinterher einen Espresso. Seit Stunden nieselt es leise, der schweflige Dampf der Thyssen-Kokerei in Duisburg-Bruckhausen wabert langsam näher.

»HORST, DU KANNST DICH DOCH NICHT NUR VON CURRY-WURST UND BIER ERNÄHREN!«

Er verhüllt die monumentale Montan-Kulisse mit den vier großen Kühltürmen und dem gigantischen rostroten Rohrdickicht. Der unscheinbare Ott erinnert sich lebhaft und wortgewandt an fünfzehn Sekunden, von denen er heute noch, 23 Jahre später, zehrt. Es waren 15 Sekunden Berühmtheit als Statist in der Schimanski-Folge »Das Mädchen auf der Treppe«. In einer erhitzten Kneipenszene mit aufgebrachten Gästen, schrie er den einen Satz: »Schimmi, hau doch ab nach Monte Carlo«.

Mit Ott verschwimmen Realität und Fiktion. Wer heute nach Ruhrort, Beeck oder Bruckhausen fährt, über Ölinsel und Stahlinsel, im Rückspiegel das Haus der tausend Fenster, vorbei an der König Pilsener-Brauerei, an der schäbigen Gastwirtschaft »Schwarzer Diamant«, wo Ott seinen Auftritt hatte, der

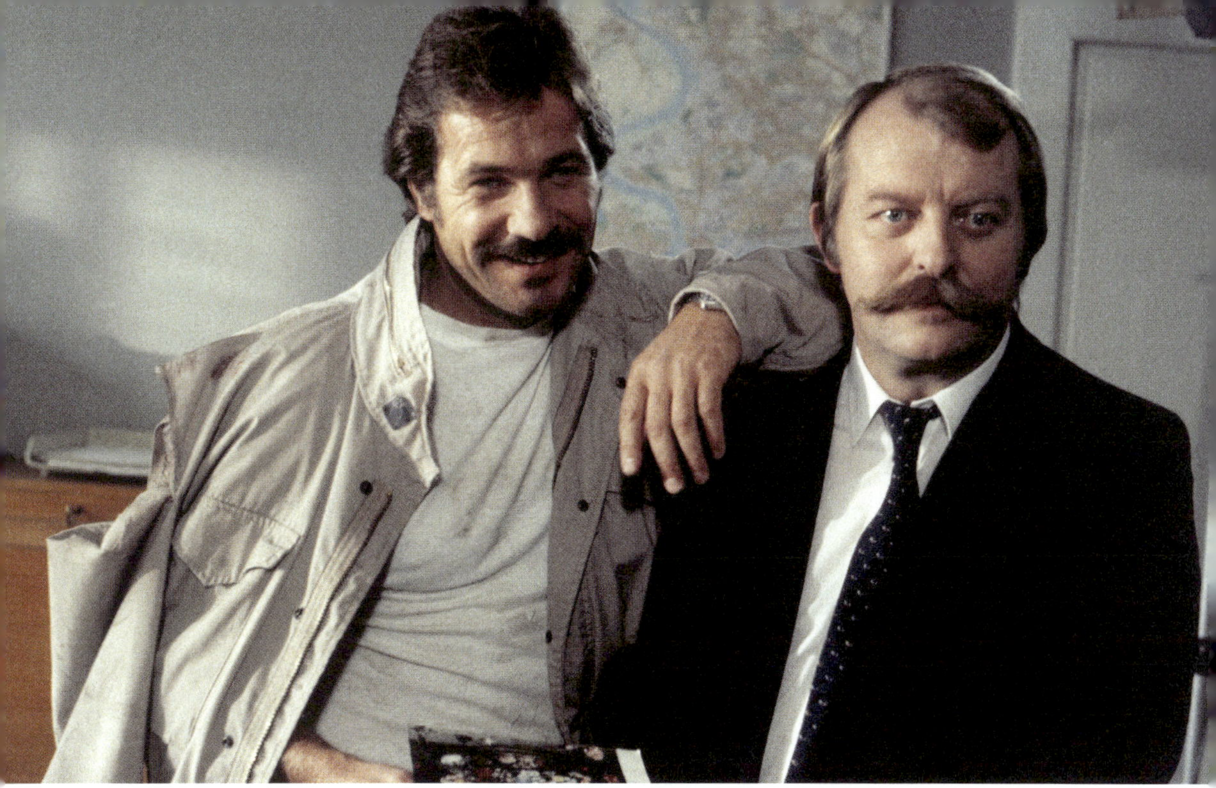

Thanner (Eberhard Feik) war bis ins Detail als Schimanski Gegenpart angelegt (»Das Haus im Wald« 1985).

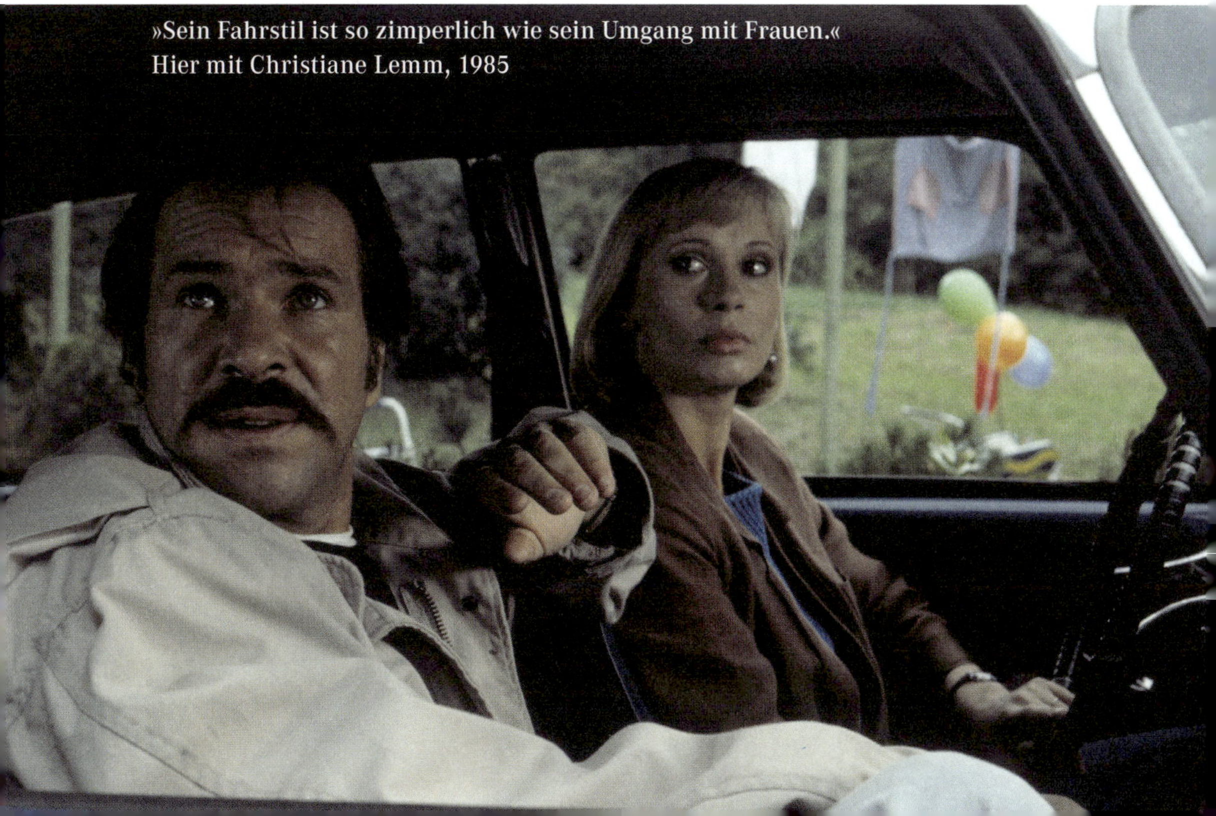

»Sein Fahrstil ist so zimperlich wie sein Umgang mit Frauen.«
Hier mit Christiane Lemm, 1985

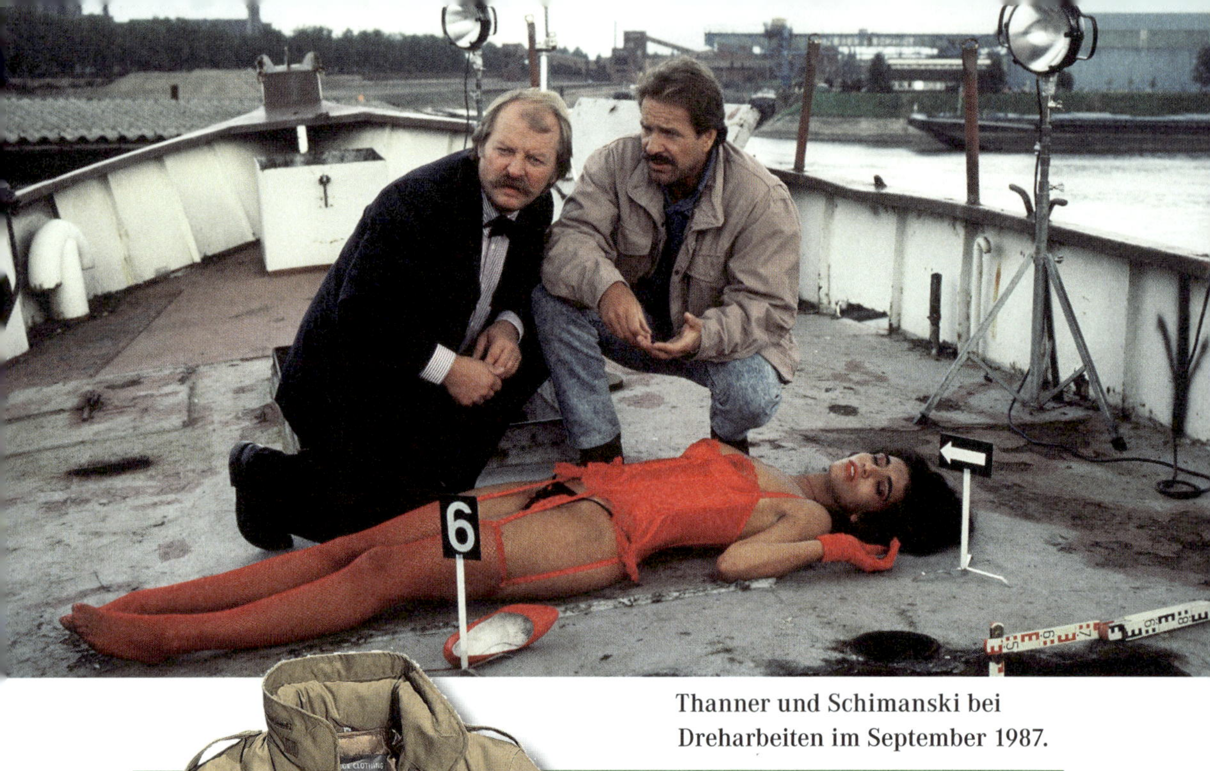

Thanner und Schimanski bei Dreharbeiten im September 1987.

M65 FIELD JACKET

Seit 1965 gehört die Feldjacke M65 zur Standardausrüstung der US-Army. Ihre Robustheit und Bequemlichkeit sind legendär. Kapuze im Kragen, aufgesetzte Taschen, Ausknöpf-Futter, Baumwoll-Mischgewebe. Für 49,95 Euro im bw-online-shop.com

erlebt das hochverdichtete Kopfkino aller 29 Schimanski-Tatorte auf einmal. Duisburg war für diese Reihe die perfekte Kulisse mit seinen vielen Lost Places, mit seiner morbiden Melancholie, die ein stillgelegtes Stahlwerk ausstrahlen kann, aber auch ein regenbogenschillernder Ölfleck in einer schmutzigen Pfütze.

Ford passt zum Revier Die unangepasste, rebellische, ja proletige Figur Schimanski ist eine Erfindung der Gebrüder Gies. Er benimmt sich wie ein Stadtguerillero im Häuserkampf sozialer Brennpunkte von Hochfeld bis Marxloh. Schimanski wacht gerne morgens verkatert in einem fremden Bett auf,

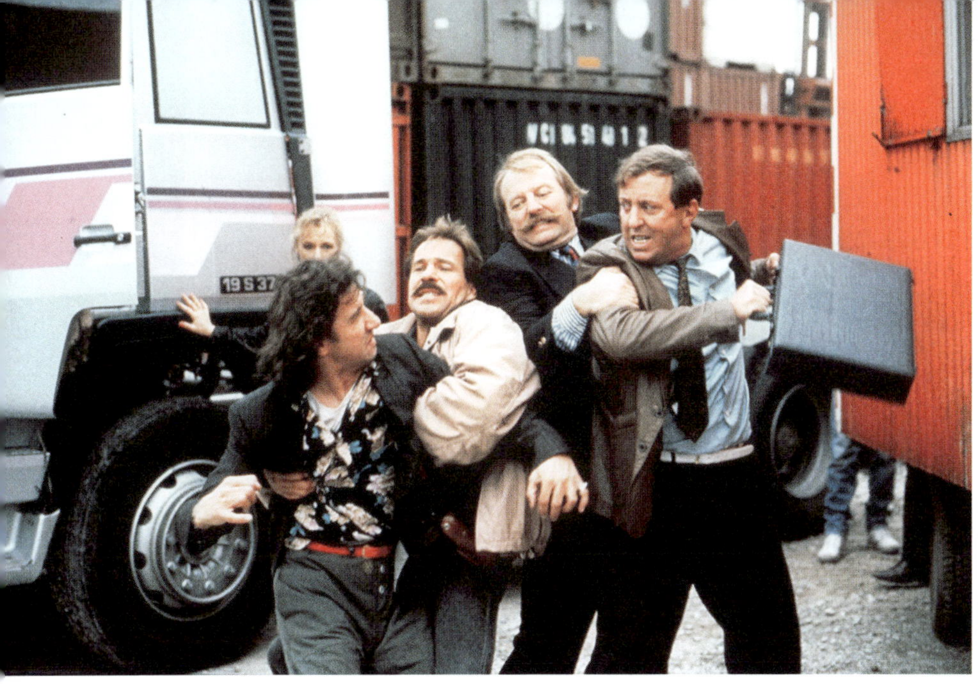

»Blutspur« von 1989 zählte zu den blutigsten Tatort-Folgen überhaupt. Die Episode landete im Giftschrank, erst 1999 wurde sie wiederholt.

»Moltke« mit Hubert Kramer, Erstausstrahlung im Dezember 1989, wurde als erste Tatort-Folge mit einem Grimme-Preis ausgezeichnet.

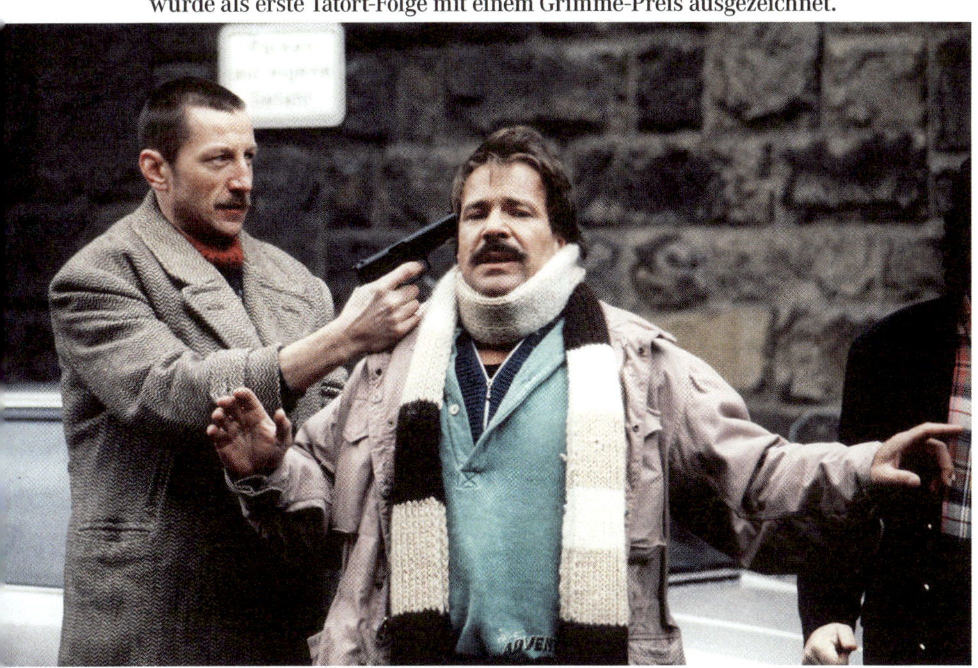

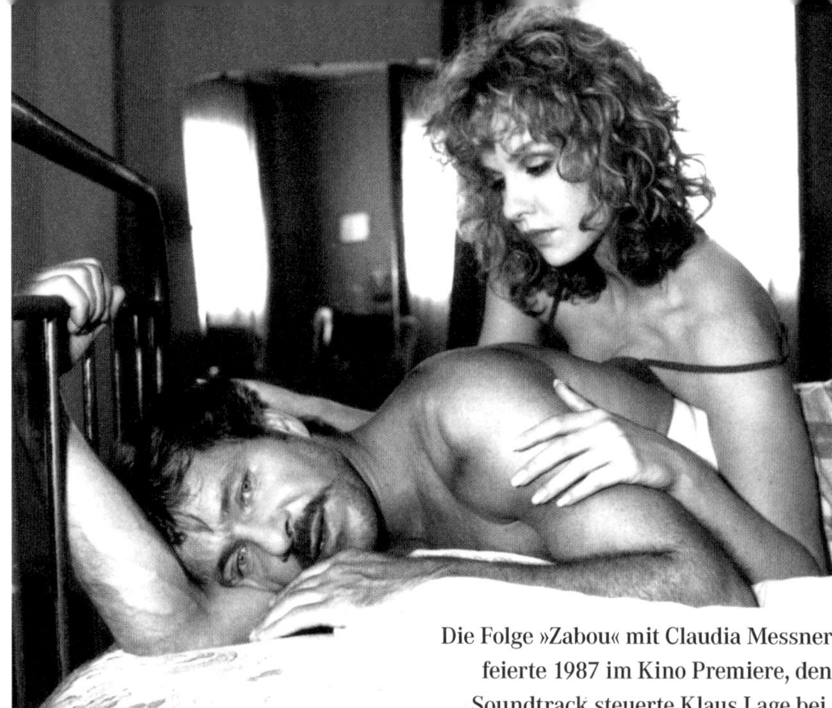

Die Folge »Zabou« mit Claudia Messner feierte 1987 im Kino Premiere, den Soundtrack steuerte Klaus Lage bei.

ernährt sich ausschließlich von Cola und Currywurst, muss ständig beim Alten (Kriminaldirektor Königsberg) antanzen, schrammt oft haarscharf an einem Disziplinarverfahren vorbei.

»HÖR AUF MIT DER SENTIMENTALEN SCHEISSE, THANNER!«

Schimanskis Wortwahl ist nicht zimperlich, »Scheiße« sagt er so oft wie andere »Wie geht's?« Sein Fahrstil ist so zimperlich wie sein Umgang mit Frauen. Ford ist anfangs seine Marke, privat fährt er einen vernachlässigten 17 M. Im Dienst macht er zuerst einen Granada 2.0 in einer Kiesgrube zur Schnecke, besorgt es später einem 2.3 GL in Champagner-Metallic so richtig bei einer wüsten Verfolgungsfahrt durch den rostschwitzenden Maitena-Tunnel. Immer wenn es brenzlig wird, muss Thanner auf den Beifahrersitz rutschen. Überhaupt Thanner – Christian Thanner, sein feingeistiger, frauenverstehender, korrekt gekleideter, die Vorschriften achtender Maximalantagonist, macht Schimanski in seiner rüpelhaften Machohaftigkeit erst so richtig unmöglich. Thanner muss in »Zweierlei Blut« auf Scorpio umsteigen, weil Schimanski den geliebten Granada kaputtgefahren hat.

Thanners Sätze sind legendär: »Horst, du kannst dich doch nicht nur von Currywurst und Bier ernähren!« oder »Mensch Horst, du kannst doch nicht einfach mit der Zeugin pennen, das kostet dich deinen Job!« oder fast gebetsmühlenhaft: »Mensch Horst, das hat doch keinen Sinn.« Schimanski kontert dann schon mal gefühlvoll: »Hör auf mit der sentimentalen Scheiße, Thanner.«

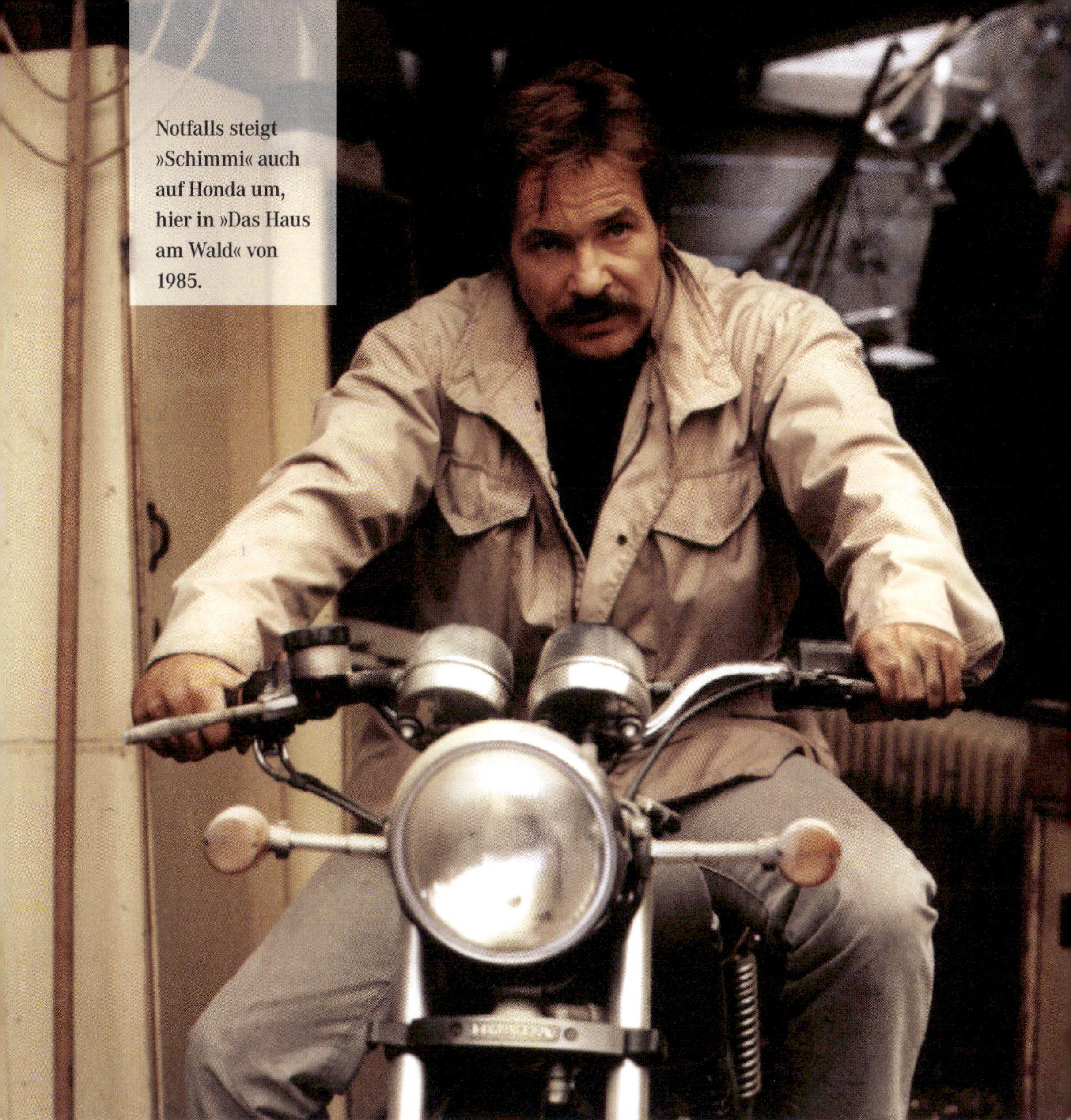

Notfalls steigt »Schimmi« auch auf Honda um, hier in »Das Haus am Wald« von 1985.

In »Zahn um Zahn« endet die Ford-Ära der Granada, Taunus und Sierra. Schimanski fährt ab jetzt Citroën CX GTi Turbo – erst silber, dann schwarz, dann rotmetallic. Ein für diesen Grobian völlig fehlbesetztes Intellektuellen-Auto. Er nimmt es wohl nur, weil es mit seinem biegsamen Kunstturner-Fahrwerk alle mörderischen Fahrstunts, an denen die Ford steifbeinig zerschellten, ganz locker wegsteckt.

»HAU DOCH AB NACH MONTE CARLO!«

Hauptkommissar Horst Schimanski schmiss 1997 hin. 15 Jahre später kauften wir uns einen Ford Granada, führen nach Duisburg und gingen wie beim Tatort auf Spurensuche.

Privat fährt er 17 M und im Dienst Ford Granada. Dem besorgt er es so richtig in einer Kiesgrube am Hafen, gleich in der ersten Folge mit dem Titel Duisburg-Ruhrort. Verzweifelt untersteuernd wehrt sich die hellblaue Limousine gegen die hochtourigen Drifts, die Kriminal-Hauptkommissar Horst Schimanski ihm gnadenlos abringt. Es ist ein Zweiliter-Vierzylinder -der Citroen CX kam erst später. Der spießige Ford, so ganz ohne Ghia-Glamour und SechszylinderSound, ein Held der Facharbeiter-Klasse, passte einfach besser zum Revier als französische Avantgarde.

So einen Granada für kleines Geld kaufen und damit nach Duisburg fahren, auf Currywurst-Tour, kulinarische Hommage an den unsterblichen Horst mit der Knitterjacke, das wär's. Und wir erzählen nichts den Frauen. Internetrecherche, in Köln steht einer – bei Auto Mobile Cuffaro in Deutz, 590 Euro, fahrbereit, TÜV bis Juni. Es ist unser Kandidat, wir riskieren es, Kaufzusage per Fax. Mein Freund Christoph kommt mit, er kann schrauben, falls was passiert. Er ist Schimanski-Fan, hat alle Folgen auf Video. Mag am liebsten Zabou in der Kinofassung, findet aber auch »Zweierlei Blut« ganz toll.

Was soll schon passieren: Vergaser, null Elektronik, Hinterradantrieb, keine Extras außer Servolenkung. Und wo nichts ist, kann auch nichts kaputtgehen. Salvatore spricht bedenkenlos vom Nordkap oder Sizilien, dagegen wäre Duisburg-Stuttgart geradezu ein Klacks. Dass der brummige OHC-Motor zunächst keinen Leerlauf hat, entschuldigt er mit dem Wetter. Wir finden das Auto prima.

WOLFRAM-ERWIN OTT WAR STATIST IN EINER SCHIMANSKI-FOLGE. »DER GÖTZ HAT UNS DANACH ZUM ESSEN EINGELADEN.«

Es regnet in Strömen, der Vierzylinder-OHC-Motor klingt mürrisch, als hätte man ihn aus dem Tiefschlaf gerissen. Widerwillig saugt er die kalte, feuchte Luft durch seinen Weber-Doppelvergaser. Gegenüber an der Esso-Tankstelle reißen wir erst einmal die Schonbezüge runter und saugen die Zigarettenkippen und Kronkorken auf, die noch in den Türtaschen liegen.

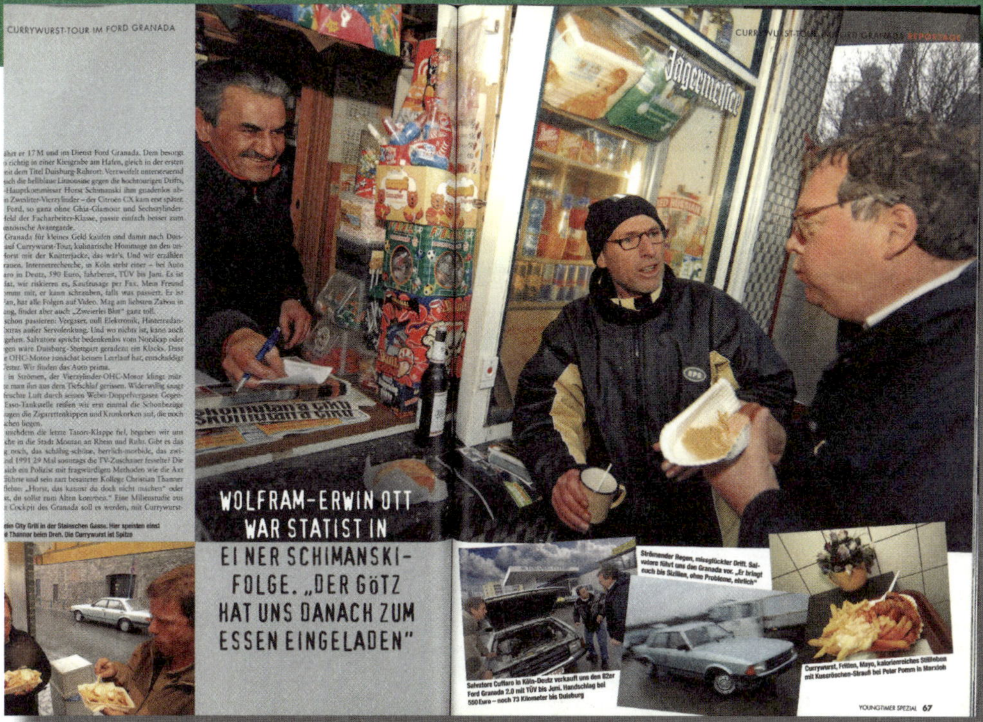

CURRYWURST-TOUR IM FORD GRANADA

WOLFRAM-ERWIN OTT WAR STATIST IN EINER SCHIMANSKI-FOLGE. „DER GÖTZ HAT UNS DANACH ZUM ESSEN EINGELADEN"

Die Reportage erschien erstmals in der Youngtimer-Ausgabe 2/2006.

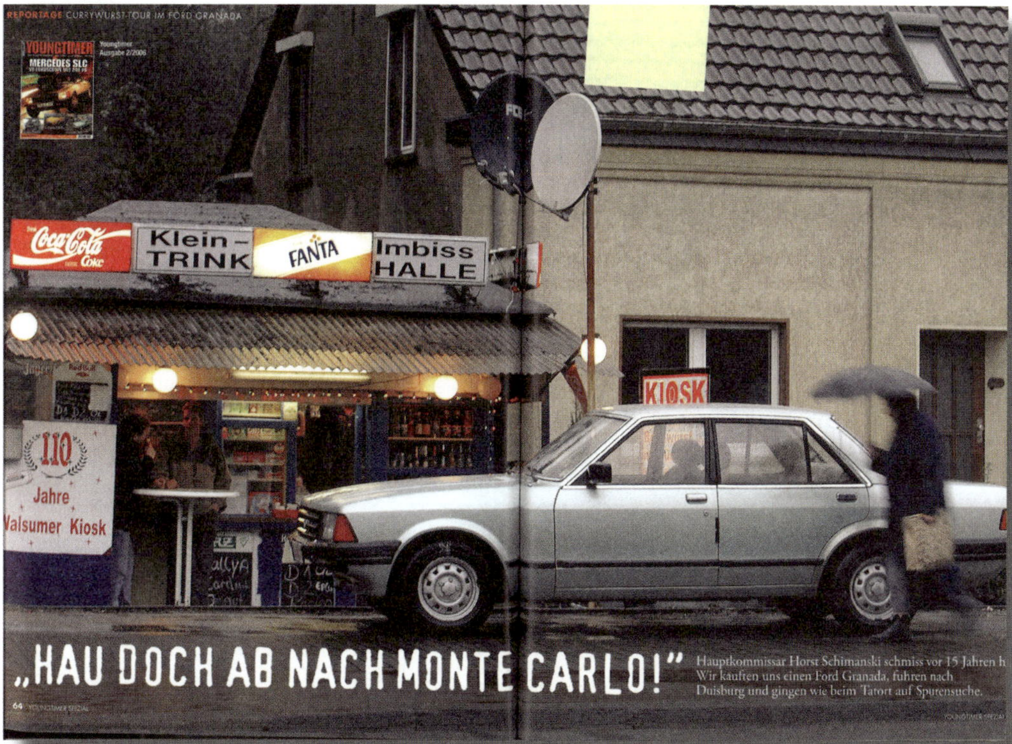

REPORTAGE CURRYWURST-TOUR IM FORD GRANADA

„HAU DOCH AB NACH MONTE CARLO!"

Hauptkommissar Horst Schimanski schmiss vor 15 Jahren h… Wir kauften uns einen Ford Granada, fuhren nach Duisburg und gingen wie beim Tatort auf Spurensuche.

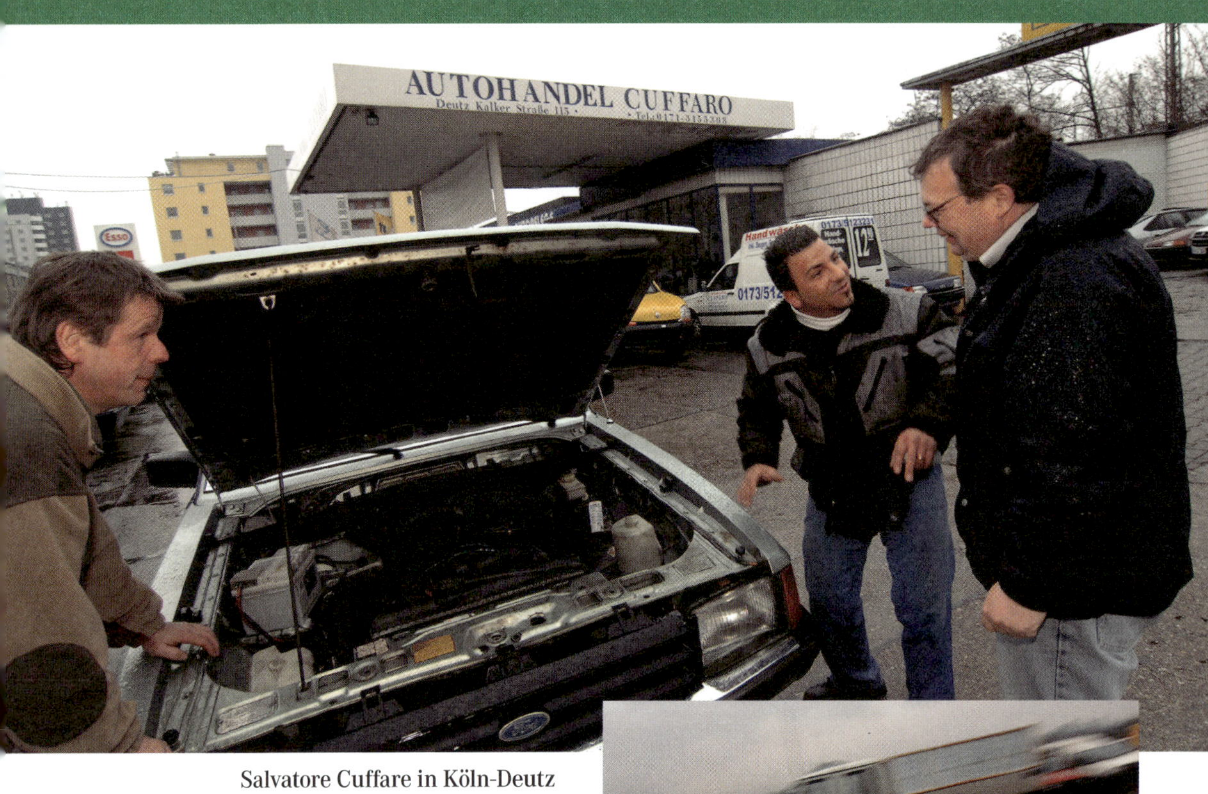

Salvatore Cuffare in Köln-Deutz verkauft uns den 82er Ford Granada 2.0 mit TÜV bis Juni. Handschlag bei 550 Euro.

15 Jahre nachdem die letzte Tatort-Klappe fiel, begeben wir uns auf Spurensuche in die Stadt Montan an Rhein und Ruhr. Gibt es das alte Duisburg noch, das schäbig-schöne, herrlich-morbide, das zwischen 1981 und 1991 29 Mal sonntags die TV-Zuschauer fesselte? Die Stadt, in der sich ein Polizist mit fragwürdigen Methoden wie die Axt im Walde aufführte und sein zart besaiteter Kollege Christian Thanner nicht selten flehte: »Horst, das kannst du doch nicht machen« oder drohte »Horst, du sollst zum Alten kommen.« Eine Milieustudie aus dem kantigen Cockpit des Granada soll es werden, mit Currywurst-Buden, Trinkhallen, Hafenanlagen und Kokereien. Schweflige Luft in Bruckhausen, türkische Brautmoden in Marxloh, graubraunes Wasser um die Schrottinsel in Ruhrort und ein paar Straßen weiter der Erotikpalast von Porno-Queen Helen Duval.

Auf der A3 wissen wir noch nicht, was uns erwartet. Der Ford nimmt jetzt das Gas sauber an, erklärt wie sein eigener

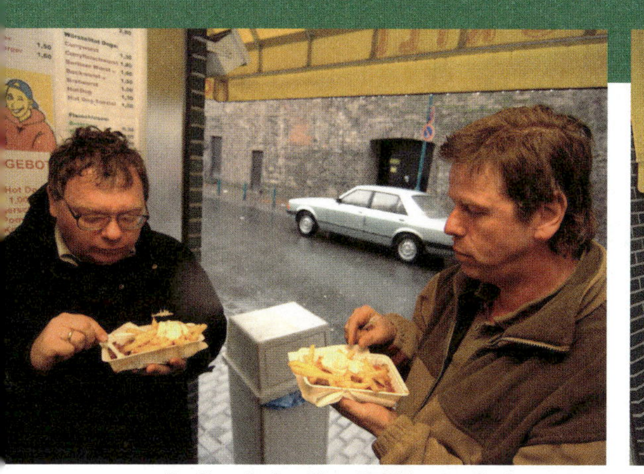

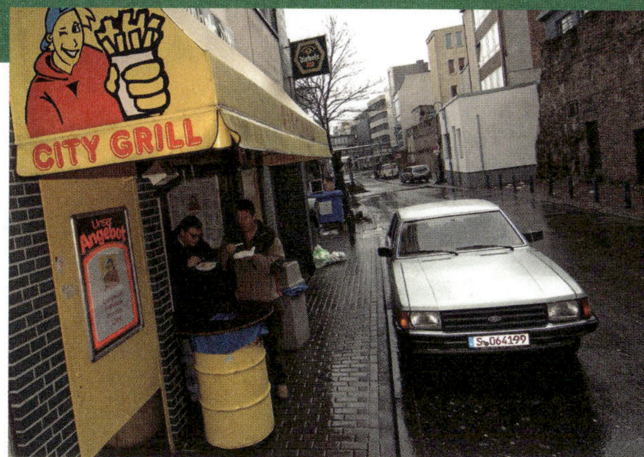

Zu Gast beim City Grill in der Steinschen Gasse. Hier speisten einst Schimanski und Thanner beim Dreh. Die Currywurst ist Spitze.

MATENASTRASSE. EIN TUNNEL UNTER DEM THYSSENWERK BRUCKHAUSEN. DIE WÄNDE SCHWITZEN ROSTIGES WASSER.

Tempomat 120 km/h zum Lieblingstempo – Viergang, versteht sich. Duisburg ist trotz Strukturwandel nach wie vor der größte Stahlstandort Europas, Thyssen-Krupp hält die Werke Beeckerwerth, Bruckhausen und Ruhrort weiter unter der feurigen Glut der Thomasbirne.

Duisburg ohne Stahl, das wäre wie Paris ohne Eiffelturm. Auf der A40 nehmen wir die Abfahrt Kasslerfeld, einziger

Melancholie hat eine Adresse: Duisburg-Zollhafen. Ideale Kulisse für eine Verfolgungsjagd im Ford Granada.

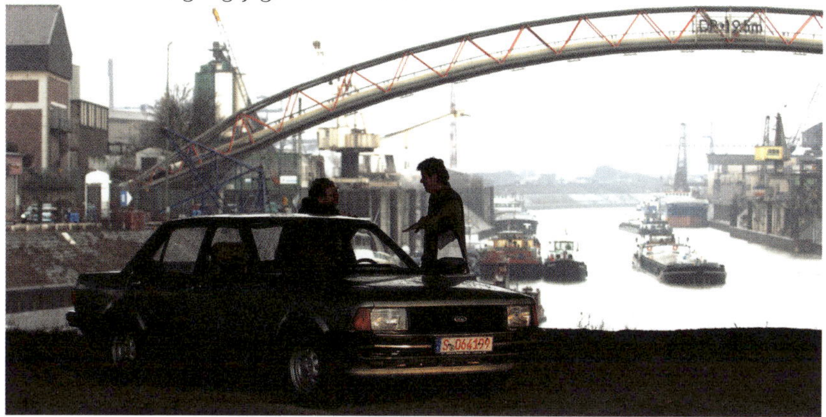

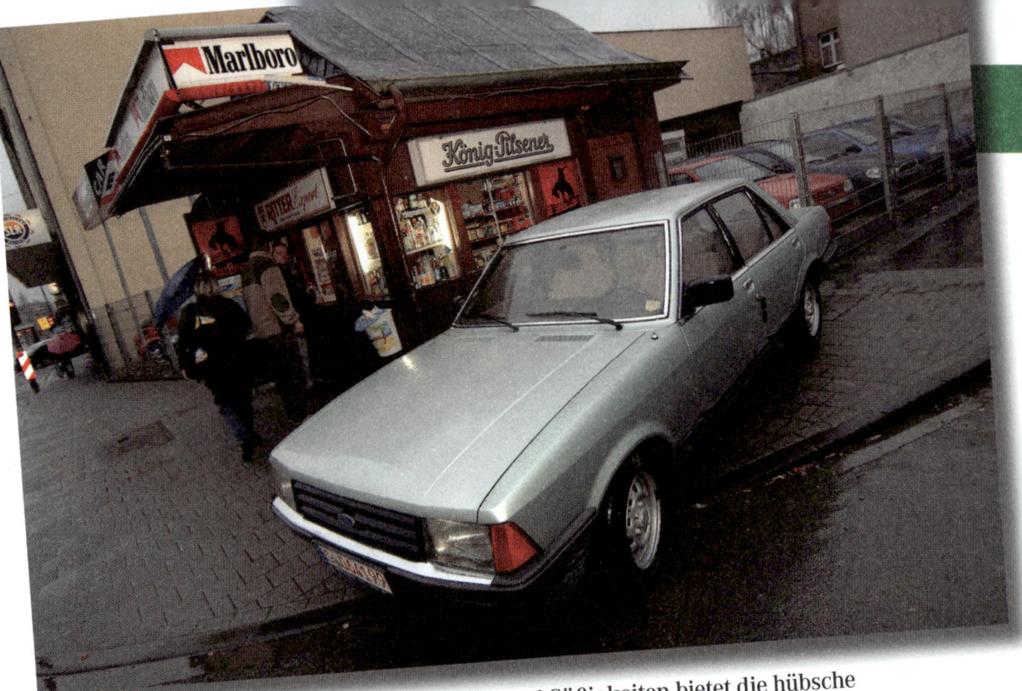

Keine Currywurst, nur Getränke, Zeitungen und Süßigkeiten bietet die hübsche Trinkhalle von Sema in Duisburg-Marxloh.

Farbfleck in dieser spätwinterlichen Hafentristesse ist das zarte Grün der Motorhaube. Wie Schimanski haben wir entschieden, uns nur von Currywurst zu ernähren. Aber das Duisburg von heute ist nicht mehr das Duisburg der achtziger Jahre. Es ist schöner, anders, riecht nicht mehr so nach Maloche. Die Lücken abgeräumter Industrieanlagen sind größer geworden, der Hafen hat zwischen Schwanentorbrücke und Schifferstraße sein Gesicht verändert. Türme aus Glas und Aluminium haben die morbiden Silos und Kontore verdrängt. Aus alten Backsteinbauten wurden teure Lofts.

Der City-Grill in der Steinschen Gasse ist unser erstes Ziel. Gepflegter Imbiss-Stand, großes Angebot, freundliche Bedienung, man spricht deutsch: Zweimal Currywurst mit Pommes und Mayo bitte. »Macht Vierneunzig, große Gabeln zehn Cent extra«, hallt es aus der Küche. Schon stehen drei Mann Schlange – der Laden brummt, der Regen schüttet. Die harten M+S-Reifen ließen den Granada vorhin auf Pflaster unfreiwillig driften.

»Ja, Schimanski, der war damals oft hier mit dem ganzen Filmteam, war 'ne tolle Zeit«, erkärt die ältere der beiden Damen vom City Grill, während sie die Pommes im Edelstahlbottich wirbelt und salzt. »Der fuhr auch son alten Ford, zwanzig Jahre is dat locker her – da war ich noch jung. Und Charme hat der schon, der Götz George, dat is nich nur der prollige Macho, den der spielt.«

Wir wählen die Nordroute. Über Ruhrort, Laar, Beeck. An der König-Brauerei vorbei führt uns der Weg Richtung Bruckhausen nach Marxloh und Walsum. Der Granada vermittelt

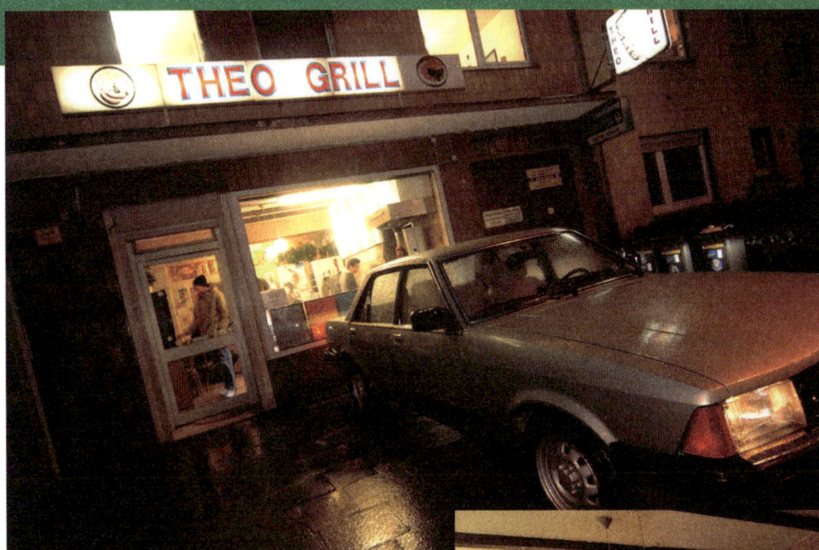

Theo Grill in der Ruhrorter Straße 37, Currywurst mit Pommes Spezial zum Hieressen für Dreisiebzig. Theo ist Grieche, er empfiehlt statt Wurst Souvlaki-Teller.

Geborgenheit in dieser gar nicht so heilen Welt mit ihren schäbigen Häusern, grottigen Straßentunnels und dampfenden Kühltürmen. Man sitzt bequem, das Raumgefühl ist viel besser als in den neuen Autos, die Übersichtlichkeit ist perfekt. Der sparsame Vierzylinder läuft jetzt freier, Christoph dreht ihn munter, manchmal rupft die Kupplung.

In Bruckhausen vor der imposanten Kulisse des Thyssen-KruppStahlwerks halten wir in der Kaiser-Wilhelm-Straße an einer Trinkhalle. »Gibt's hier auch Currywurst?« »Nein, nur Bockwurst«, antwortet Demir, der türkische Kiosk-Besitzer freundlich. »Aber sehr gut und sehr dick«. Also zweimal Bockwurst mit Brötchen. Herzhaft beißen wir rein, der scharfe Senf treibt einem die Tränen in die Augen. »Wat habt ihr denn da fünne alte Karre?« fragt ein älterer Mann in Freizeitkleidung sehr direkt, während er nebenan seinen Kaffee schlürft.

Hier sind die Menschen so, in drei Minuten wird er uns das Du anbieten und später mit dem Kopf schütteln, wenn er hört, dass wir auf Currywurst-Tour durch Duisburg sind. Plötzlich blüht der Mann im Hausanzug auf. Wortgewandt schildert Wolfram-Erwin Ott, dass er in der Schimanski-Folge »Das Mädchen auf der Treppe« eine Statistenrolle hatte. »Du, dat stimmt wierklich.«

In einer Kneipenszene mit aufgebrachten Bürgern, schrie er den einen Satz, der ihn leider nicht berühmt gemacht hat: »Schimmi, hau doch ab nach Monte Carlo!« Fassungslos hören wir zu und gehen erst, als er anhebt von seinem Leben zu erzählen, dass er früher sehr wohlhabend war. Das Wort »Millionär« fällt, bevor er von Scheidung und Absturz redet. Den Statisten glauben wir ihm, nicht nur weil er den Granada plötzlich toll findet.

In Marxloh neben dem Srehtisch von Peter Pomms Pusztettenstube holt uns Schimanskis langer Schatten wieder ein. An der gefliesten Wand über zwei Portionen Currywurst mit Pommes hängt eine Autogrammtafel mit grobkörnigen Farbfotos von Götz George und Eberhard Feik: »Damals waren die öfter hier, als wir noch unsere Filiale auf der Weseler Straße hatten«, ruft Christine aus ihrer brodelnden Edelstahlküche.

Drei Kilometer weiter stranden wir auf der Römerstraße in Duisburg-Farn vor einer tristen Trinkhalle, weiter nach Norden wollen wir nicht – Hochfeld und Rheinhausen warten noch. Wurst gibt es im Walsumer Kiosk keine, stattdessen ein Cornetto-Erdbeer und ein Snickers. Für eine Horde Jungs in Fußballtrikots geben wir eine Runde Süßigkeiten aus. Die meisten sprechen Ruhrpott-Dialekt: »Schimanski, nie gehört, wer soll dat denn sein? Aber die alte Karre, die is geil.«

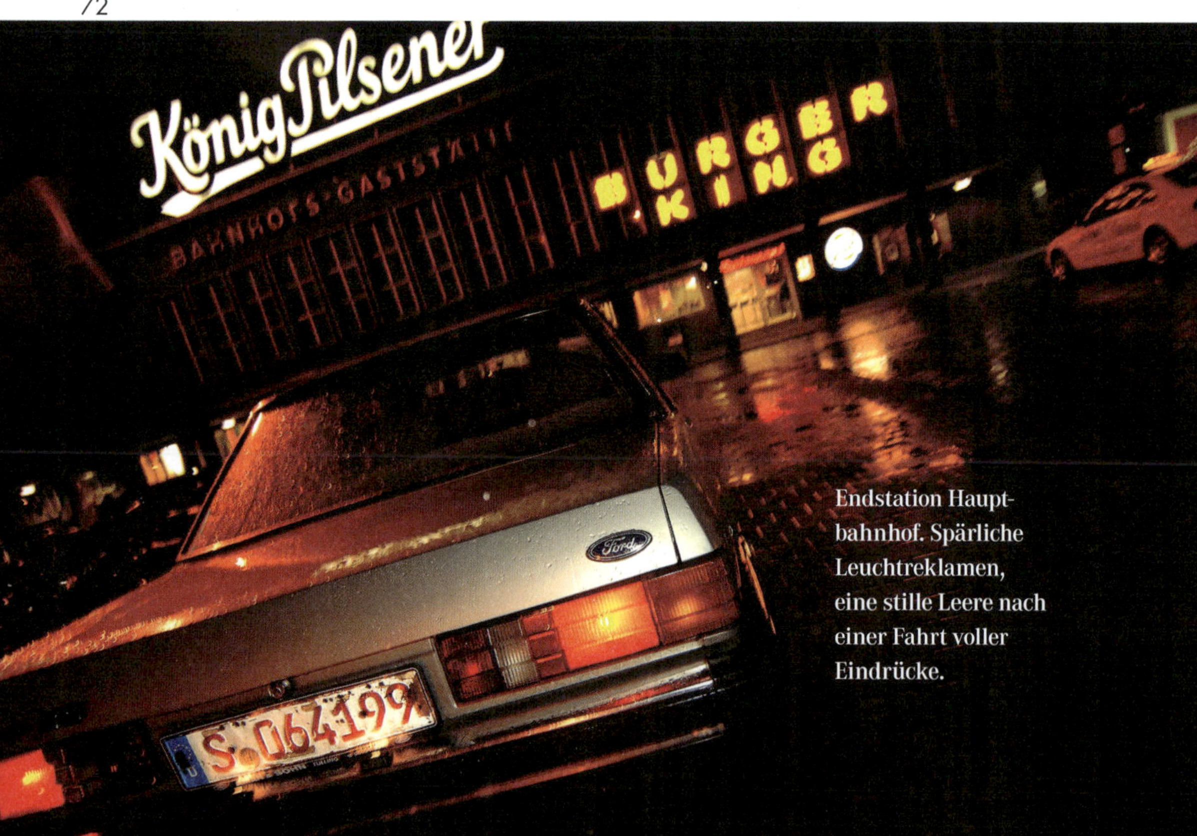

Endstation Hauptbahnhof. Spärliche Leuchtreklamen, eine stille Leere nach einer Fahrt voller Eindrücke.

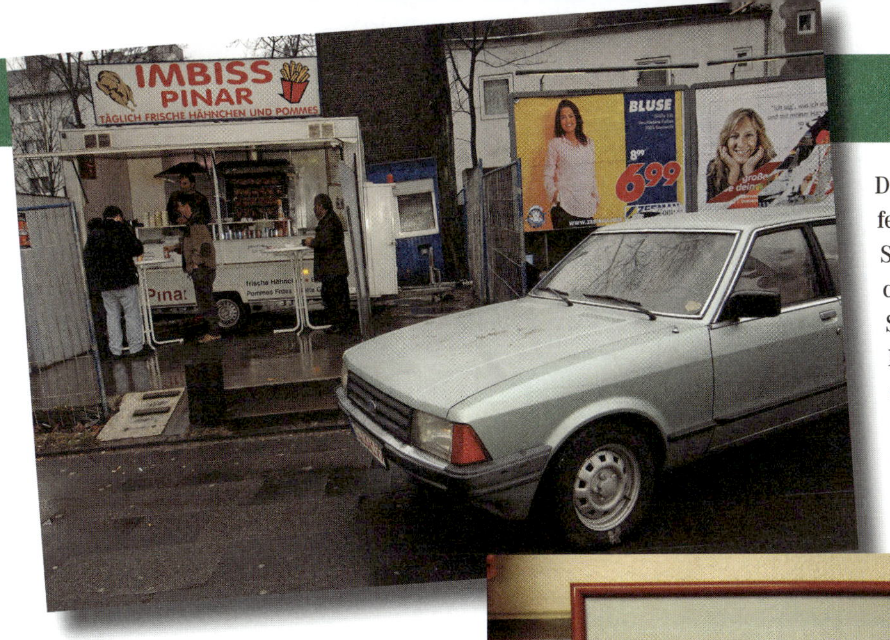

Duisburg-Hochfeld, Karl-Jarres-Straße. Hähnchen sind die Spezialität von Pinar, aber er serviert auch eine ordentliche Currywurst.

Wolfram-Erwin Ott war Statist in einer Schimanski-Folge. »Der Götz hat uns danach zum Essen eingeladen.«

Matenastraße. Ein Tunnel unter dem Thyssenwerk Bruckhausen. Die Wände schwitzen rostiges Wasser.

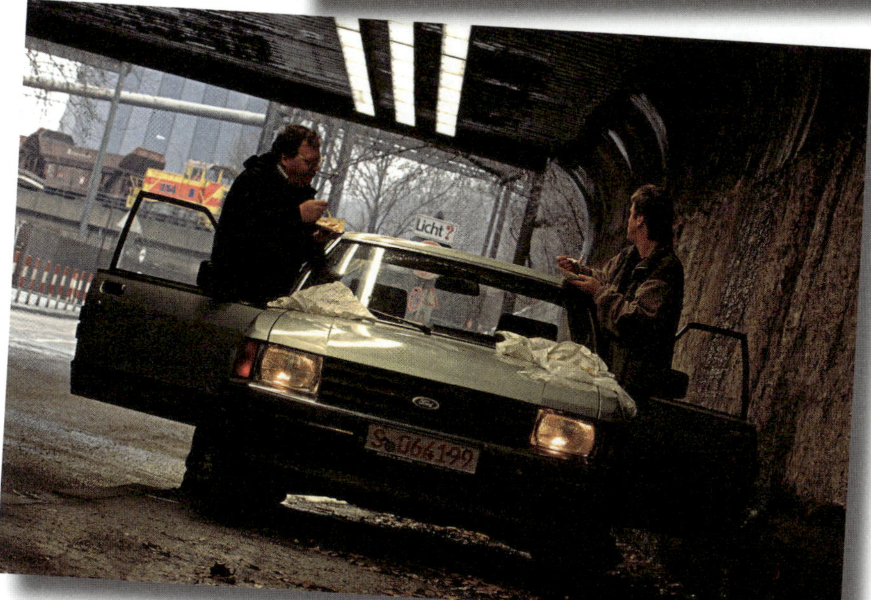

KAPITEL 9

»EIN FALL FÜR ZWEI« MIT CLAUS THEO GÄRTNER (1981–2013)

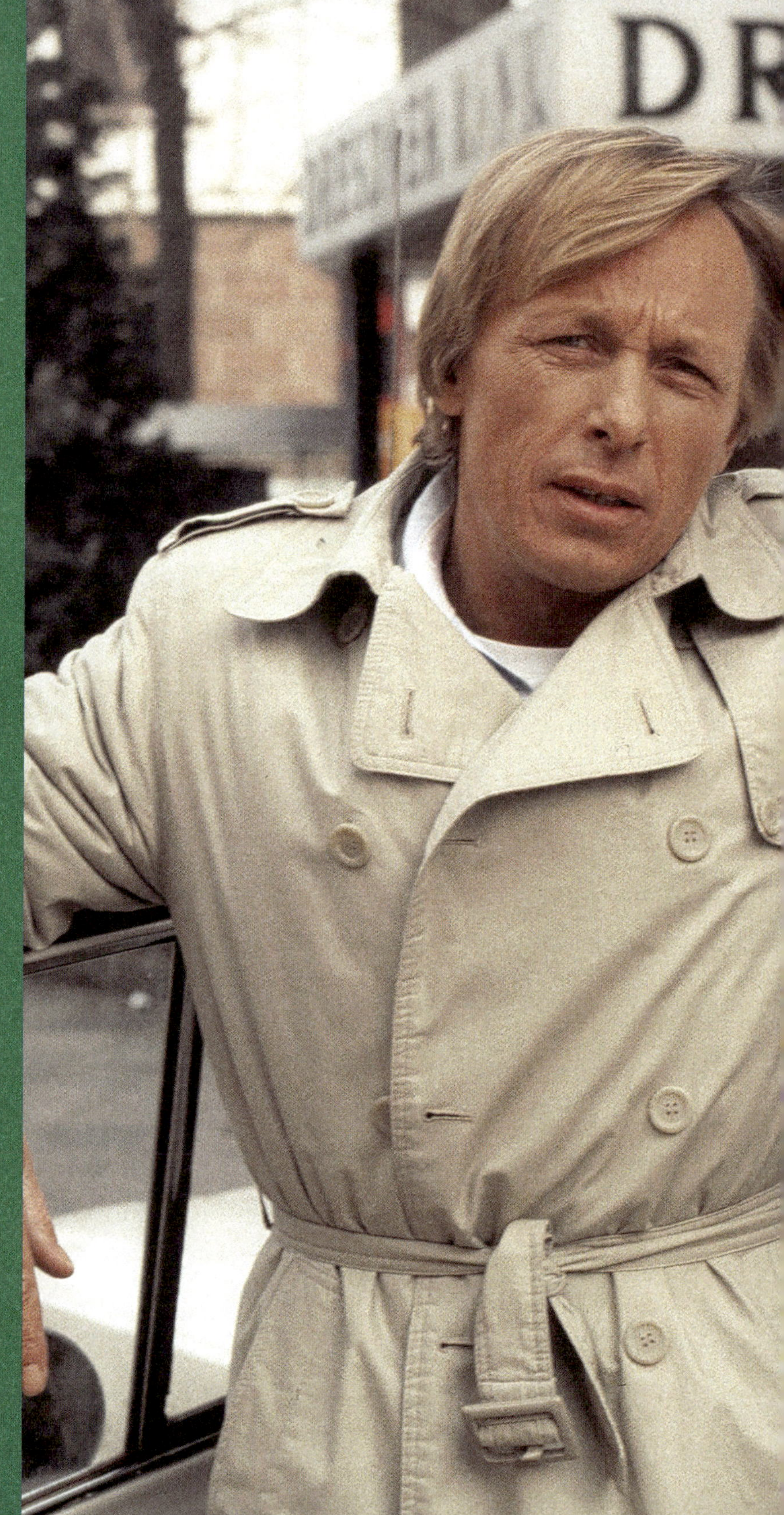

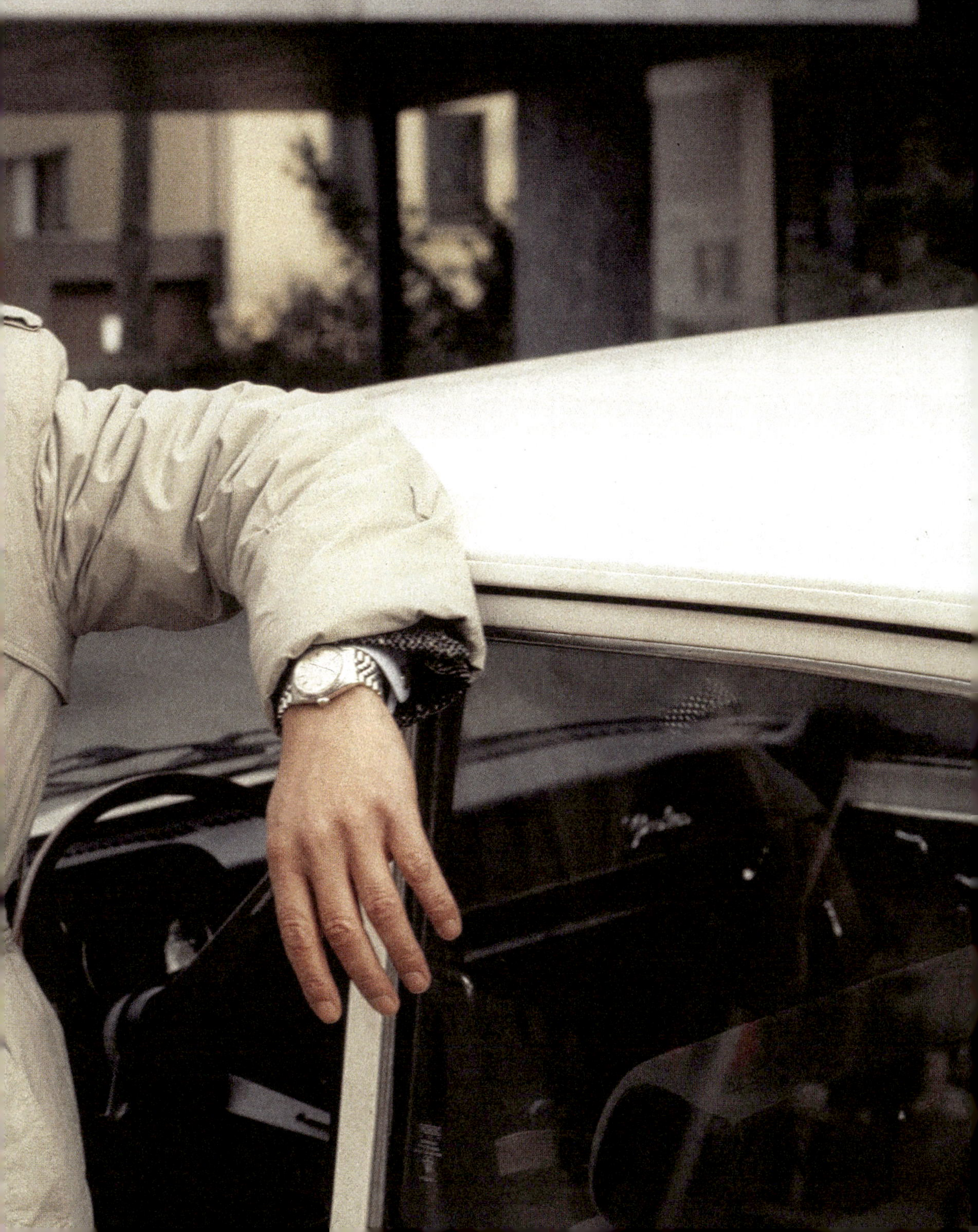
ESDNER BANK

»OHNE VORSCHUSS LÄUFT BEI MIR GAR NICHTS!«

Josef Matula ist Detektiv und arbeitet für einen prominenten Anwalt. Er ermittelt oft im Frankfurter Milieu, seine Prügelszenen sind legendär.

Die Figur des Josef Matula in der Serie »Ein Fall für zwei« ist klar umrissen und ohne intellektuelle Verkopftheit. Matula ist kein Philosoph, der über die Abgründe der Menschen sinniert. Der Ex-Polizist und Privatdetektiv mag es direkt, offen und schlagfertig. Letzteres nicht nur mit Worten, sondern häufig auch in handgreiflicher Mission. Oft raufhändelt er in Notwehr gegen eine Übermacht aus der Frankfurter Unterwelt und kriegt dabei fürchterlich eins auf die Mütze.

Aber Matula hat sieben Leben wie eine Katze und ist auch nach heftiger Schlägerei am Tag danach wieder fit. Claus Theo Gärtner blieb sich in der Rolle seines Lebens 300 Folgen lang so bewundernswert treu, dass man sein Älterwerden kaum bemerkte.

MATULA SCHLIESST SEINE AUTOS NIE AB, PARKT STETS IM HALTEVERBOT, LIEBT VERFOLGUNGSJAGDEN EBENSO WIE SCHLÄGEREIEN.

MATULA IST EIN KUMPELTYP

Der Trenchcoat im Aufmacherbild ist die Ausnahme, welche die Regel bestätigt. Matula trägt sonst immer eine schwarze Lederjacke, Bluejeans und schwarze Stiefeletten. Matula trinkt Bier aus der Flasche, während er in seinem Lagerhallen-Loft mit Schiebetür Billard spielt, Matula kommt ziemlich direkt auf den Punkt, auch wenn er mit Frauen anbandeln will. Oder wenn er mal wieder einen Vorschuss braucht.

Gespräche mit Mandanten oder mit seinem Rechtsanwalt-Freund, für den er meist ermittelt, leitet der ständig klamme Ermittler auf zweierlei Weise ein: »Zweihundert am Tag plus Spesen« oder »Ohne Vorschuss läuft bei mir gar nichts«. Matulas gebildeter, kultivierter Gegenpart ist stets ein promovierter Top-Anwalt mit Skyline-Kanzlei und First-Class-Klientel. Im ersten Jahrzehnt waren es Günter Strack und Rainer Hunold, die Claus Theo Gärtner zur Seite gestellt wurden.

Jenseits fantasieloser vorverurteilender Polizeiermittlung soll Matula mit seinen nicht immer ganz legalen Methoden die Unschuld des Mandanten beweisen. Dabei nutzt der ehemalige Polizist gerne

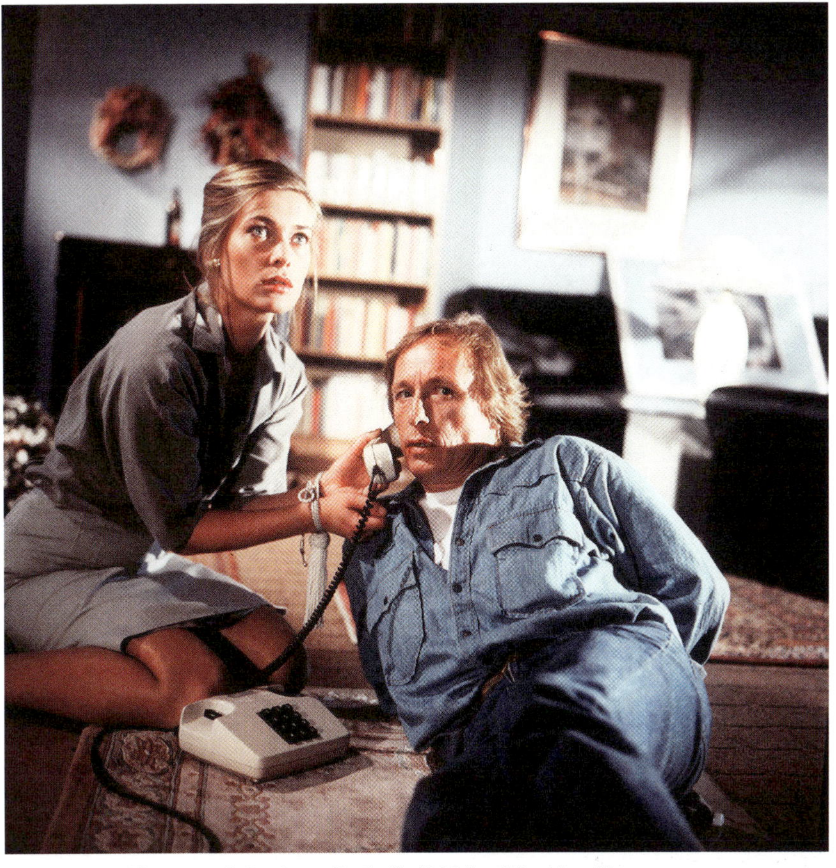

Claus Theo Gärtner mit Barbara Rudnik 1988 in »Die Akte Kramm«.

sein Netzwerk bei Ex-Kollegen und im Frankfurter Rotlichtmilieu. In vielen Folgen sieht man, während sein Informant auspackt, heiße Striptease-Szenen im Hintergrund.

Matula bedankt sich hinterher gerne mit einer gerollten Banknote, die er mit zwei Fingern lässig rüberreicht. Lässig ist auch sein Fahrstil. Er schließt seine Autos nie ab, parkt stets im Halteverbot, liebt Verfolgungsjagden ebenso wie Schlägereien. Claus Theo Gärtner musste für beide Stunt-Situationen nicht gedoubelt werden. Er war körperlich topfit und fuhr sogar selbst Tourenwagen-Rennen auf Alfa Romeo. Das ist auch seine Marke in der Serie. Es begann mit der weißen Giulia Nuova, die 1985 bei einem Überschlag zerschellte. Daraufhin sahen die Fernsehproduzenten für ein Jahr einen Audi 90 Quattro vor, später fuhr Matula in vier Folgen den damals neuen Aerodynamik-Audi 80, bis er mit den Typen 75, 155 und 156

In 60 Folgen spielte Günter Strack den Anwalt Dr. Dieter Renz, zuletzt 1988.

wieder zu Alfa zurückkehrte. Gegen Ende der Serie wurde es schließlich ein Alfa 159 2.4 JTDM Sportwagon. Eine neue Giulietta oder gar ein Mito für Matula? Undenkbar. Da hört er lieber ganz auf.

459 FOLGEN

Der erfolgreichste Freitagabend-Krimi heißt »Der Alte«. Von 1977 bis heute wurden 380 Folgen ausgestrahlt. »Ein Fall für zwei« brachte es von 1981 bis 2013 auf 300 Episoden, stets mit Claus Theo Gärtner. »Derrick« belegt mit 281 Folgen Platz drei.

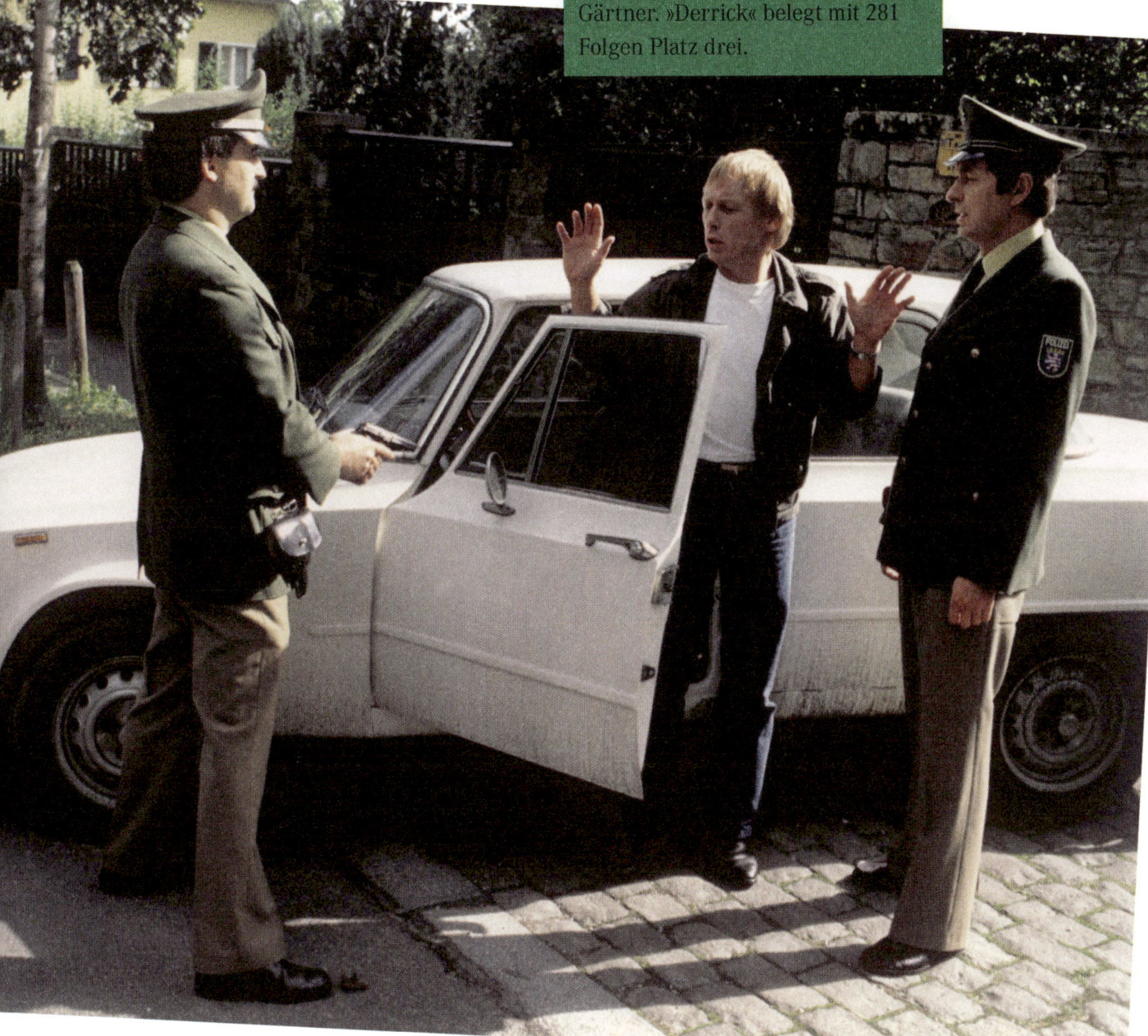

Matula gerät oft zwischen die beiden Fronten Polizei und Unterwelt. Dabei war die Giulia bis 1985 seine ständige Begleiterin. Dann überschlug sie sich bei einem Stunt.

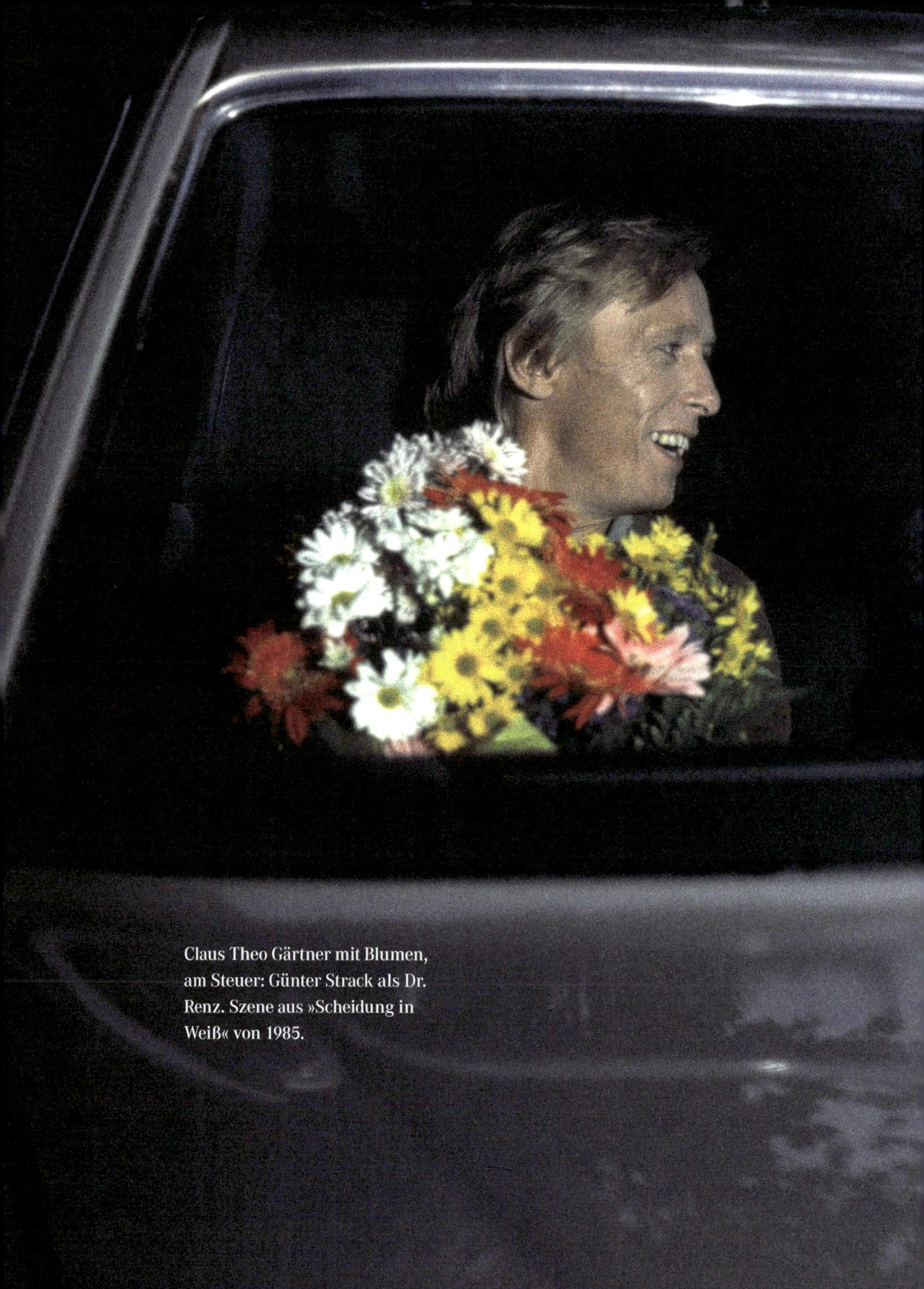

Claus Theo Gärtner mit Blumen, am Steuer: Günter Strack als Dr. Renz. Szene aus »Scheidung in Weiß« von 1985.

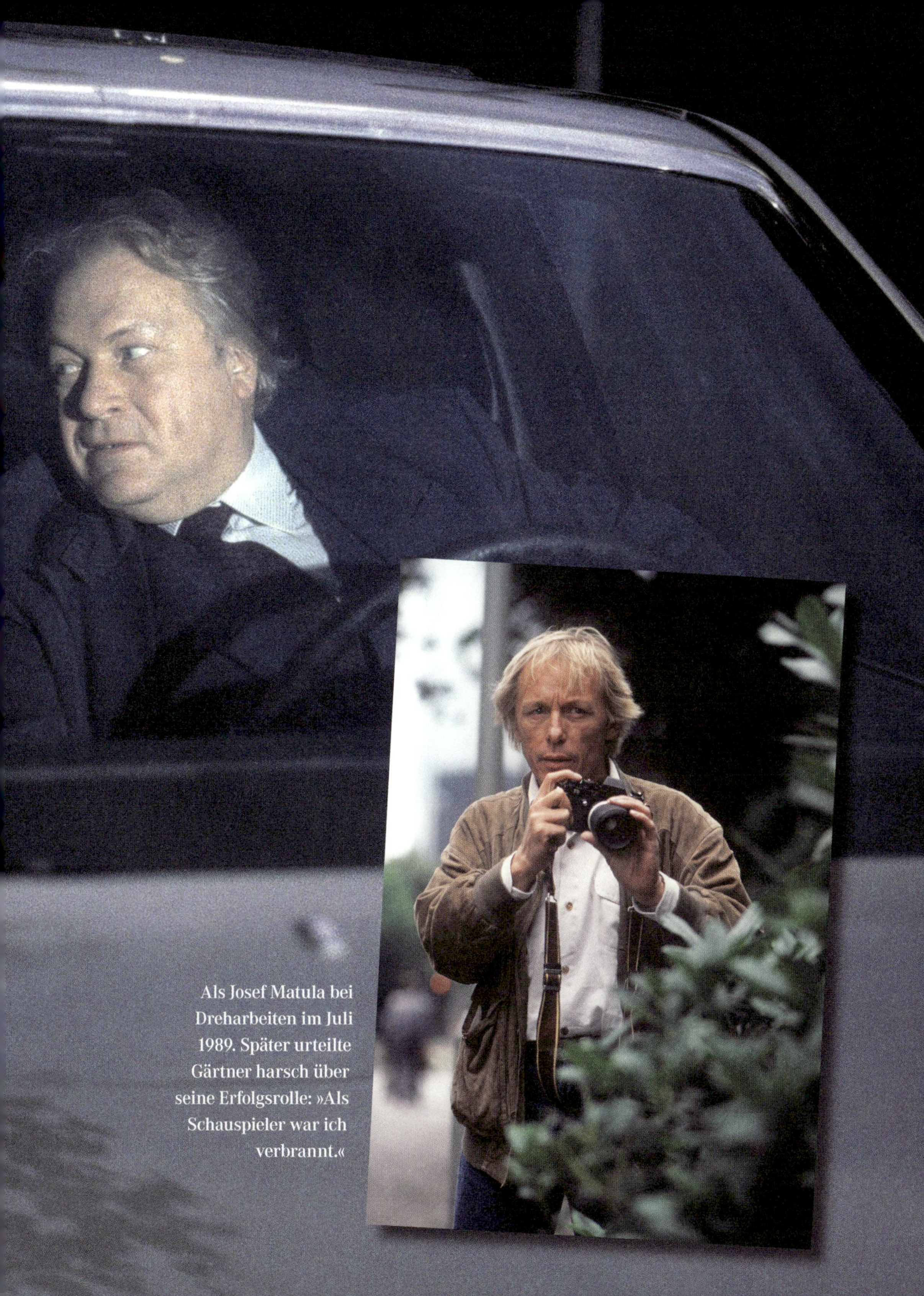

Als Josef Matula bei Dreharbeiten im Juli 1989. Später urteilte Gärtner harsch über seine Erfolgsrolle: »Als Schauspieler war ich verbrannt.«

KAPITEL 10

»DER FAHNDER« MIT KLAUS WENNEMANN (1983–1993)

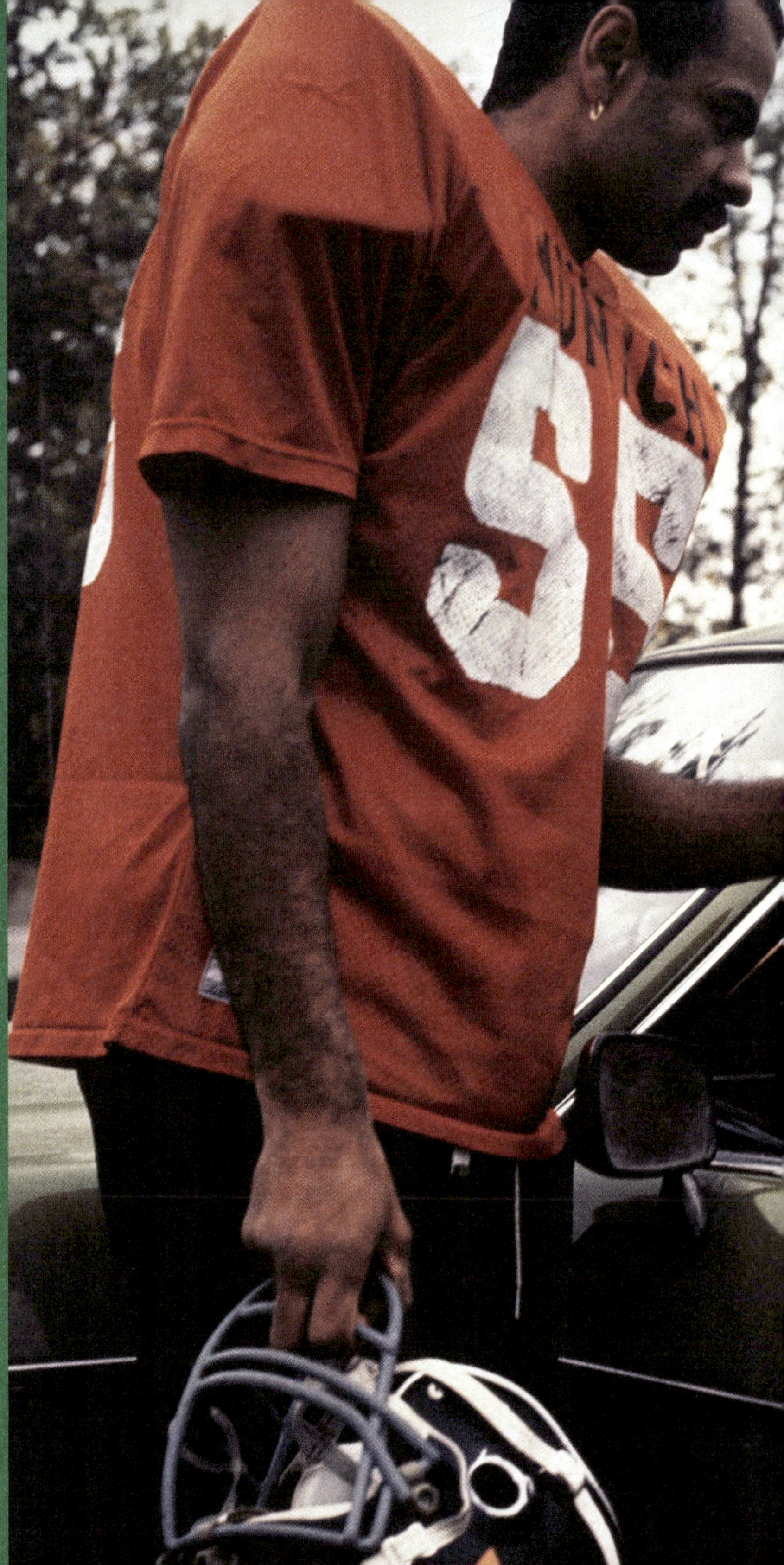

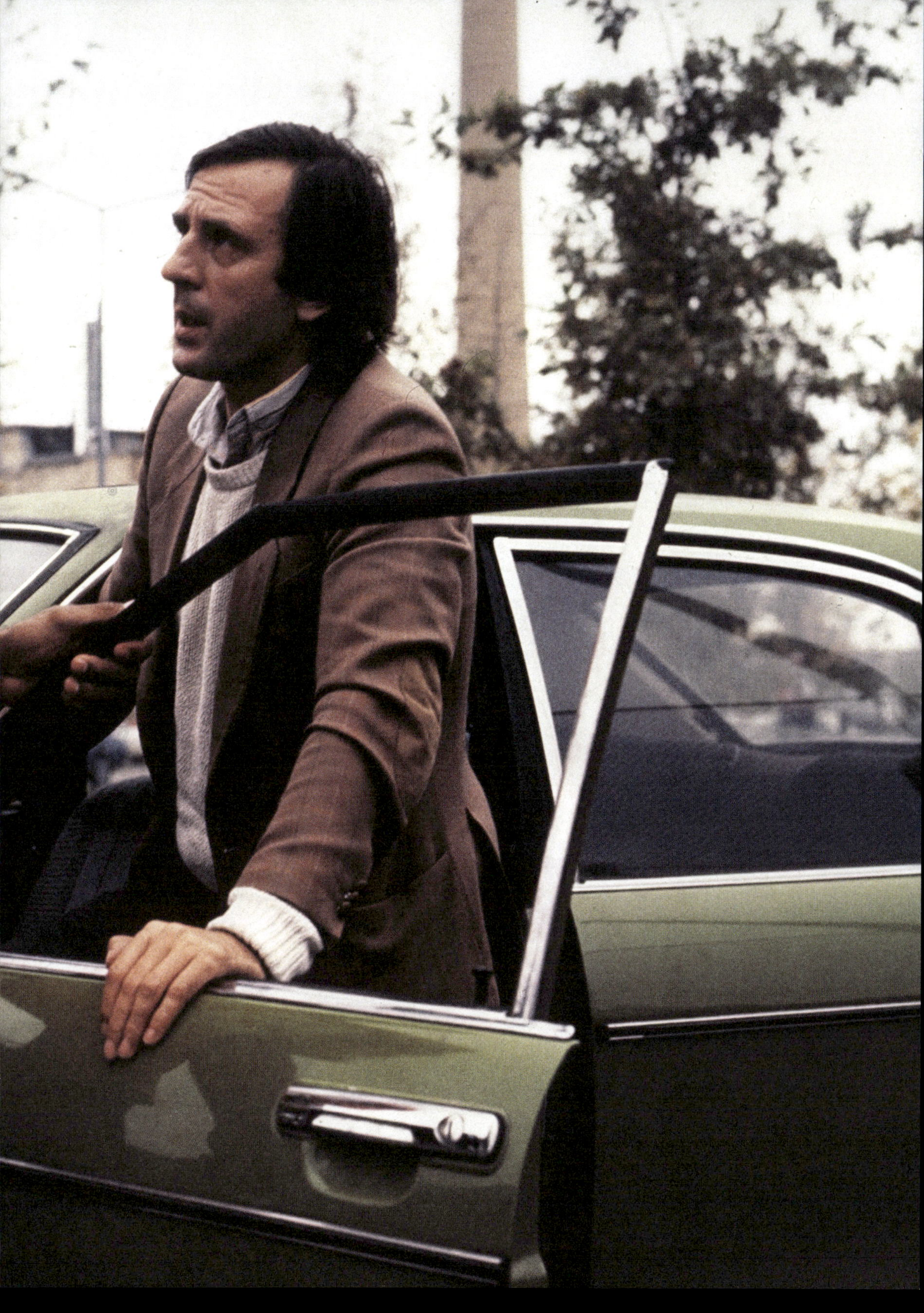

»FABER, ICH WILL ERGEBNISSE SEHEN, KEINE AUSREDEN HÖREN!«

Der Fahnder liebt eigenwillige Methoden. Doch sein blindwütiger Chef Rick und der penible Assistent Kühn machen ihm das Ermitteln schwer.

So ein Granada wird in Krimi-Serien gerne hart rangenommen. Schimanski triezte ihn bis zur CX-Ära aufs Blut, und Fahnder Faber besorgte es der großen Ford-Limousine so richtig. Vielleicht liegt es an der legendären Robustheit des Kölner Flaggschiffs, das bei Verfolgungsjagden und Kiesgruben-Stunts nicht gleich mimosenhaft die Grätsche macht. In der Vorabendserie »Der Fahnder«, die sich der intellektuelle Filmkünstler Dominik Graf ausdachte, stößt der Ford ständig an seine Grenzen. Dann heult der V6 kreischend auf, die Hinterräder werfen mit Steinen, und Schleuderwenden statt U-Turns zeigen, wo es langgeht.

Zwei tropicgrüne Granada 2.3 GL mit

Mit Peugeot 204 in der Folge »Phantom Isabelle«.
Vorne: Beate Jensen und Hans-Jürgen Schatz.

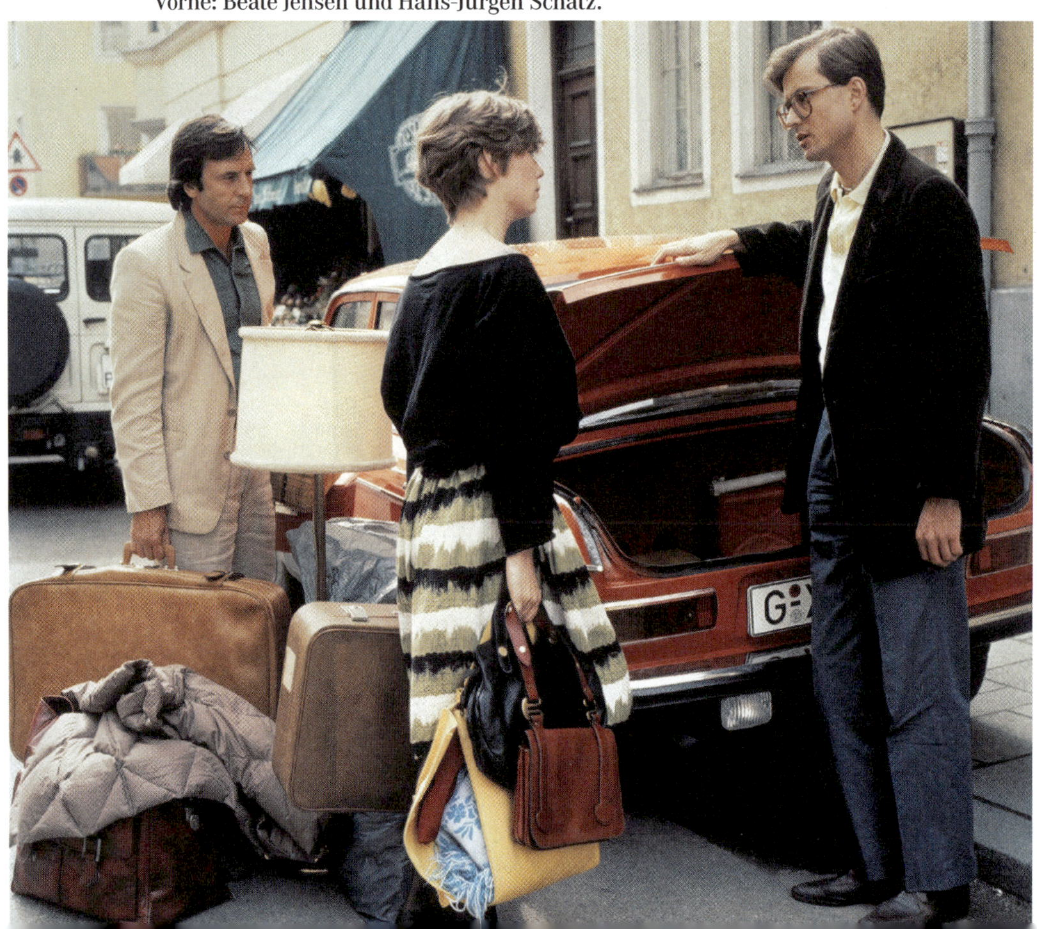

Schiebedach und schwarzen Polstern kommen in den »Fahnder«-Folgen abwechselnd zum Einsatz. Der zweite als Reserve, wenn bei den Fahr-Stunts etwas schiefgeht, und als Entlastung, um die Drehzahlfestigkeit des braven Stoßstangenmotors nicht ständig herauszufordern. Unterscheiden kann sie der Kenner an den Rädern: Schicke GL-Sportfelgen trägt der Hauptdarsteller, sein Double die langweilige L-Garnitur mit Radzierringen.

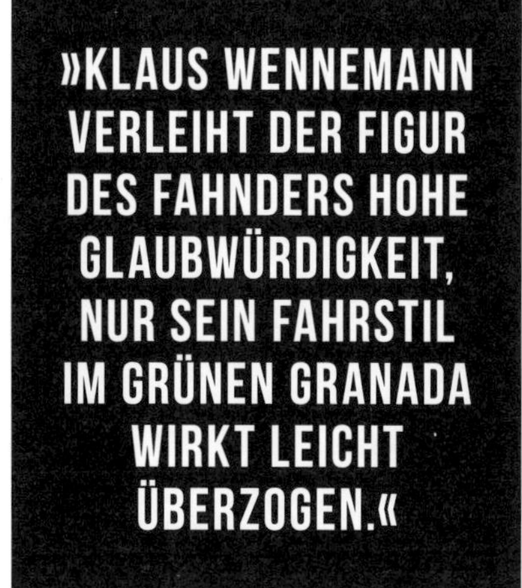

RUHRPOTT-FLAIR AN DER ISAR

»Der Fahnder« ist wie die meisten deutschen Krimiserien eine Bavaria-Produktion. Sie spielt in der fiktiven deutschen Großstadt G, in Wirklichkeit aber in München. G hat durch trashige Schauplätze, die es auch an der Isar gibt, Ruhrpott-Flair. Aufgelassene Fabrikgebäude, triste Garagenhöfe und rostige Gleislandschaften werden als Kulisse gerne genommen. Die Fahr- und Straßenszenen spielen häufig in den damals heruntergekommenen, längst noch nicht gentrifizierten Vierteln Westend und Schlachthof.

Des Fahnders Freundin Susanne betreibt eine Imbissbude. Kriminalhauptkommissar Hannes Faber und sein Assistent, der übereifrige, neunmalkluge Polizeischulabsolvent Max Kühn alias Hans-Jürgen Schatz, kehren als Running Gag in jeder Folge auf Pommes Rot-Weiß mit Currywurst oder Frikadelle dort ein. Manchmal ist auch Otto mit von der Fritten-Partie, der einzige Uniformträger im Team. Otto bietet ständig vom Lastwagen gefallene Restposten an, die keiner braucht. Mal sind es elektrische Zahnbürsten oder Ferngläser, dann wieder Rohrzangen oder Klappspaten, Mindestabnahmemenge fünf, besser zehn Stück.

Die Rolle des Fahnders ist die des Machers, der nicht lange zögert, weil der Zweck die Mittel heiligt. Instinkt und Verstand führen ihn rasch auf die richtige Fährte. Assistent Max Kühn und sein Vorgesetzter Norbert Rick, gespielt von Dietrich Mattausch, bremsen Hannes Faber mit Bedenkenträgerei und übertriebenem Aktionismus. Rick will immer die große Bühne, denkt nur in raschen Fahndungsergebnissen und wichtigen Pressekonferenzen. Klaus Wennemann verleiht der Figur des Fahnders hohe Glaubwürdigkeit, nur sein Fahrstil im grünen Granada wirkt leicht überzogen.

91 FOLGEN

Wirklichen Kult-Charakter hat nur die erste Granada-Staffel mit Klaus Wennemann alias Faber. Die 91 Folgen waren 1992 abgedreht. Seine Nachfolger hießen Jörg Schüttauf, Michael Lesch und Martin Lindow. 2005 war nach der 201. Folge Schluss.

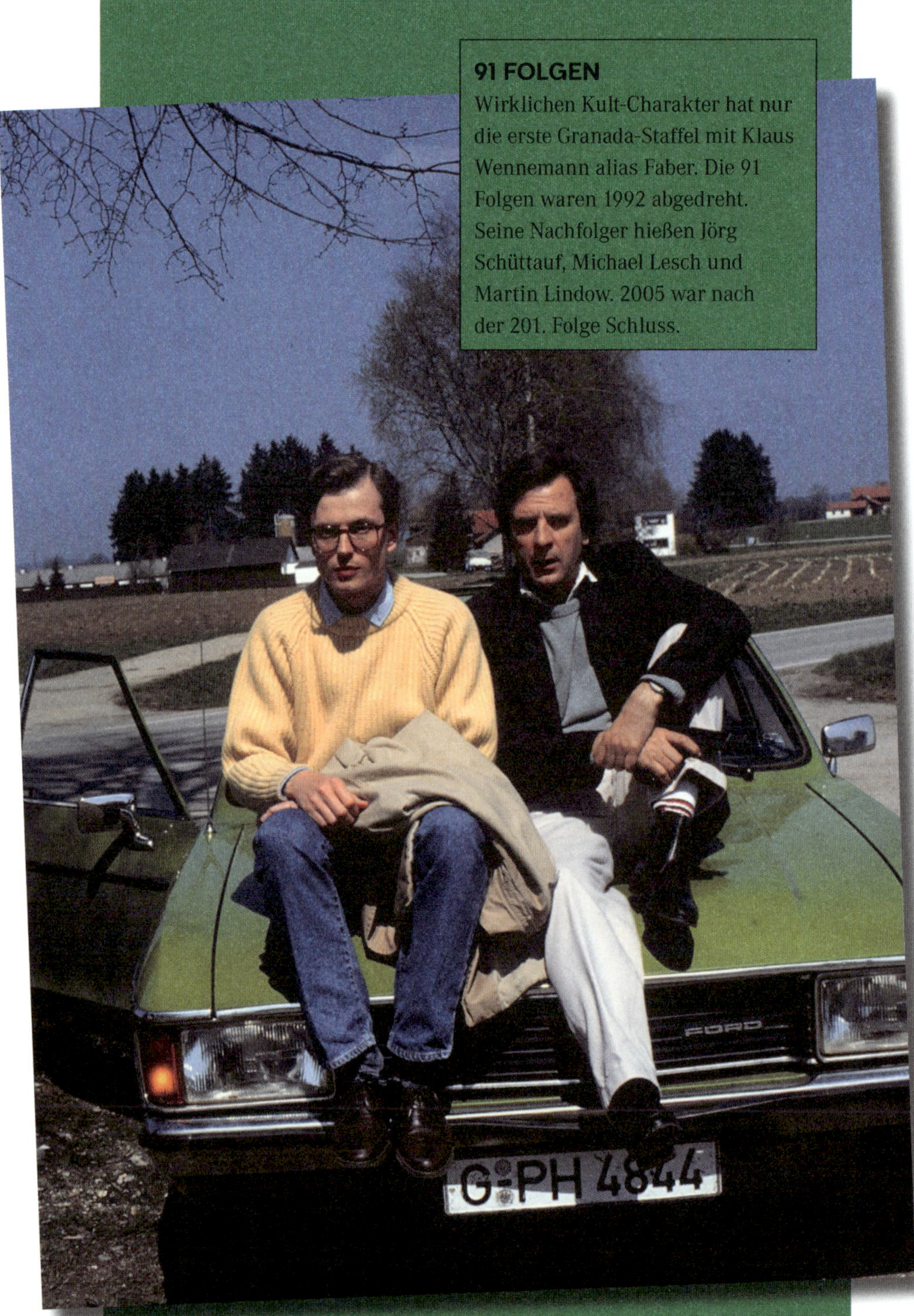

Faber und sein Assistent Max Kühn (Hans-Jürgen Schatz) nutzten den Ford notfalls als Parkbank.

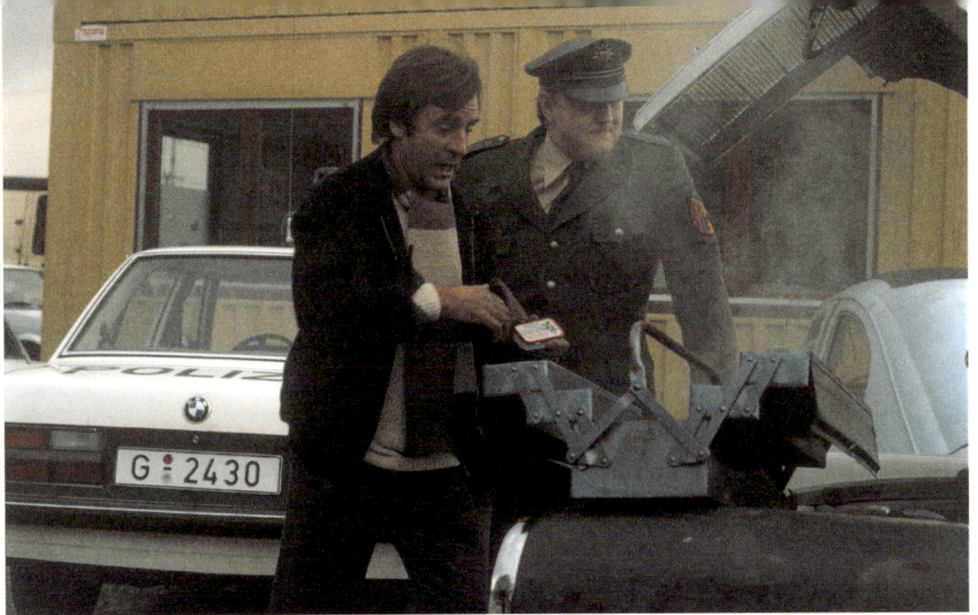

Der Fahnder als Schrauber, 1985 in »Eine Tasche voller Geld« mit Dieter Pfaff.

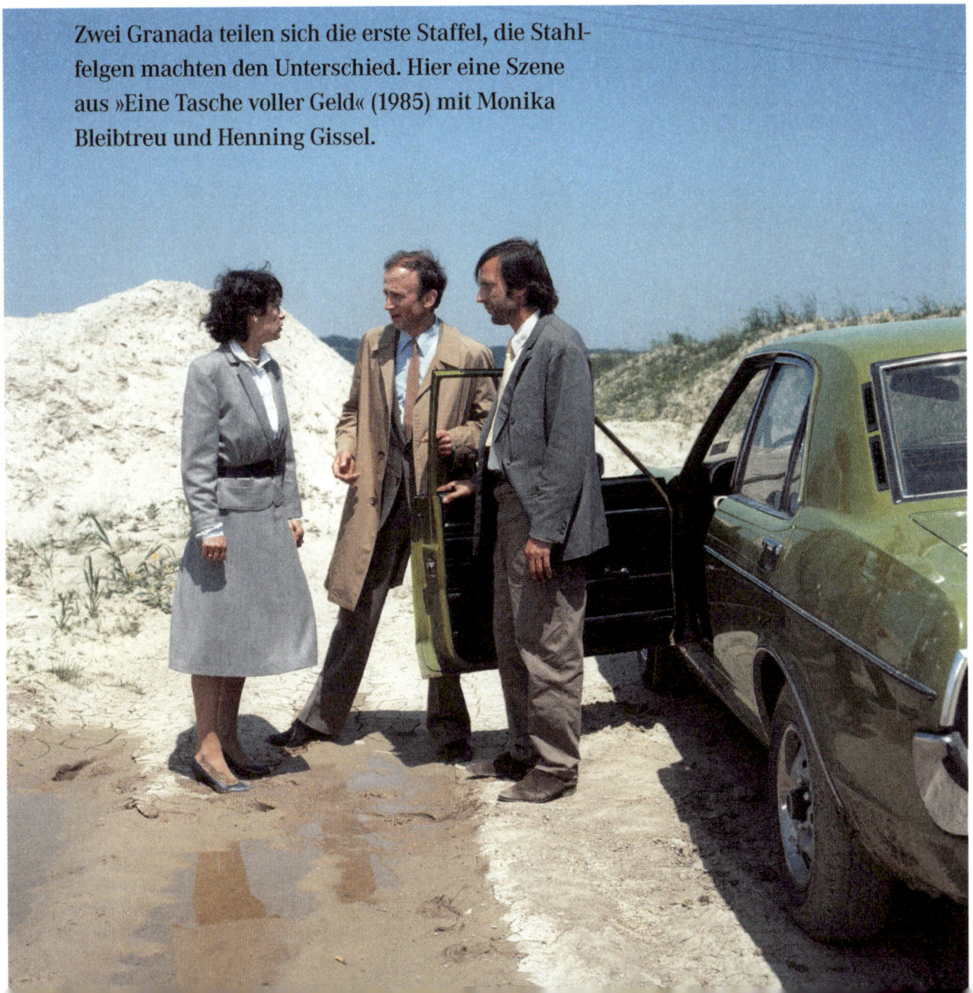

Zwei Granada teilen sich die erste Staffel, die Stahlfelgen machten den Unterschied. Hier eine Szene aus »Eine Tasche voller Geld« (1985) mit Monika Bleibtreu und Henning Gissel.

KAPITEL 11

»GROSSSTADTREVIER« (SEIT 1986)

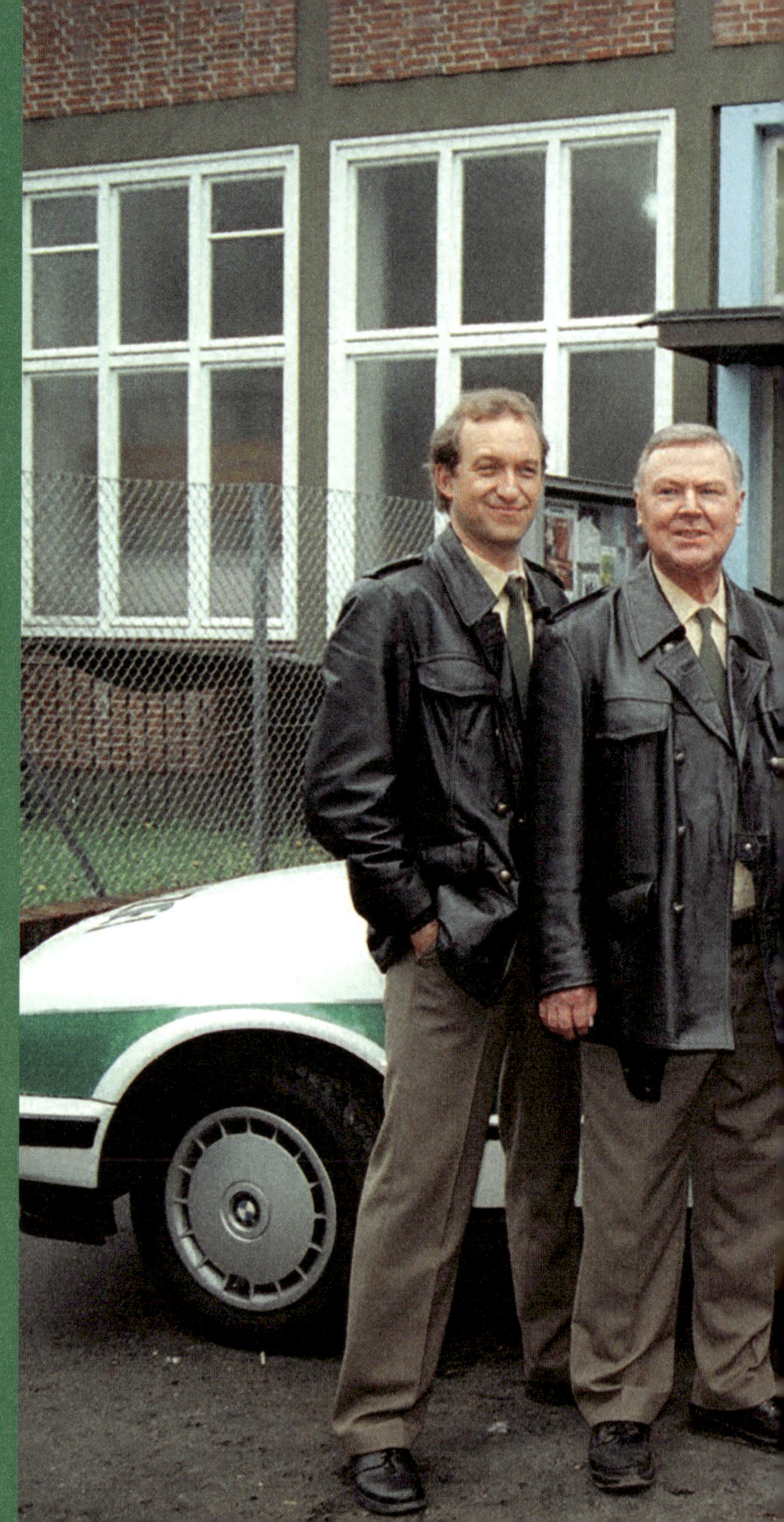

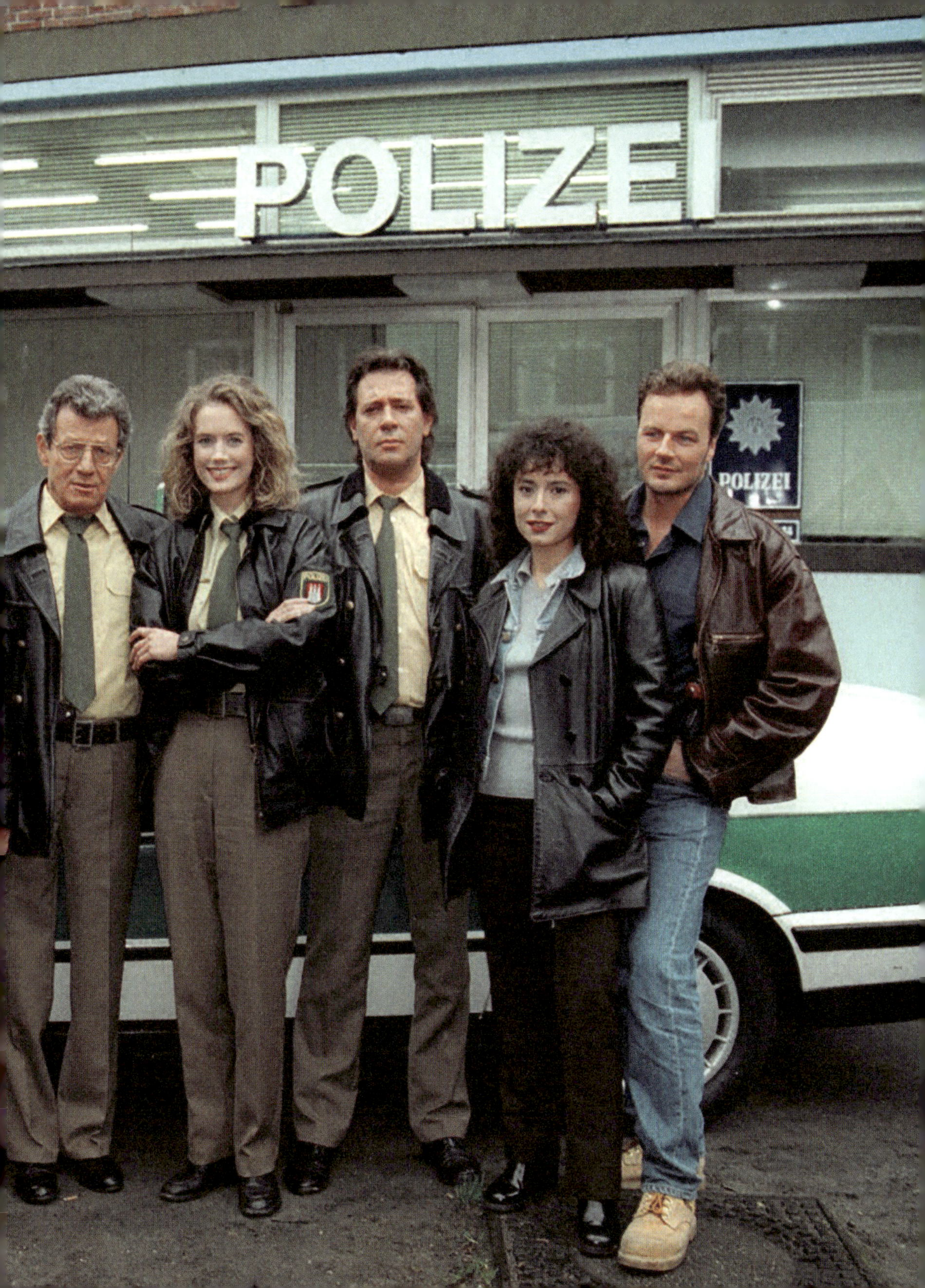
POLIZE
POLIZEI

»MENSCH, DER BULLE IST 'NE FRAU!«

Seit 30 Jahren läuft in der ARD die Serie »Großstadtrevier«. Die Geschichten vom Hamburger Kiez sind subtile Milieustudien und dazu eine Chronik des Fünfer-BMW.

Der Konflikt ist unausweichlich, auf den Vordersitzen des BMW 520i Automatik kommt es nicht selten zu heftigen Wortgefechten zwischen der jungen Polizeiaspirantin Ellen Wegener und dem erfahrenen Kiez-Bullen Polizeihauptmeister Richard Block. Macho Block, gespielt vom herben Arthur Brauss, der vor seiner Rolle als Streifenpolizist oft Schurken mimte, und die zart besaitete Ellen Wegener, wunderbar authentisch mit Mareike Carrière besetzt, haben differente Auffassungen über den Umgang mit Kleinkriminellen in den sozialen Brennpunkten St. Georg und St. Pauli, zwischen Hauptbahnhof und Altona.

Regisseur und Autor Jürgen Roland, der in den ersten vier Jahren die Drehbücher zu »Großstadtrevier« mit ganz viel Hamburger Lokalkolorit schrieb, hat die beiden Hauptfiguren bewusst antagonistisch angelegt. Aber bevor es knistert, rappelt es im Karton. Arthur Brauss macht in der ersten, 13-teiligen Staffel keinen Hehl daraus, dass er Frauen im Polizeiberuf für eine Fehlbesetzung hält. Er weiß fast alles besser und greift auf der Straße gerne hart durch. Das wissen auch seine Kollegen und Vorgesetzten im 14. Polizeirevier, dem Heimathafen der Streifenpolizisten. Sie agieren in der Serie

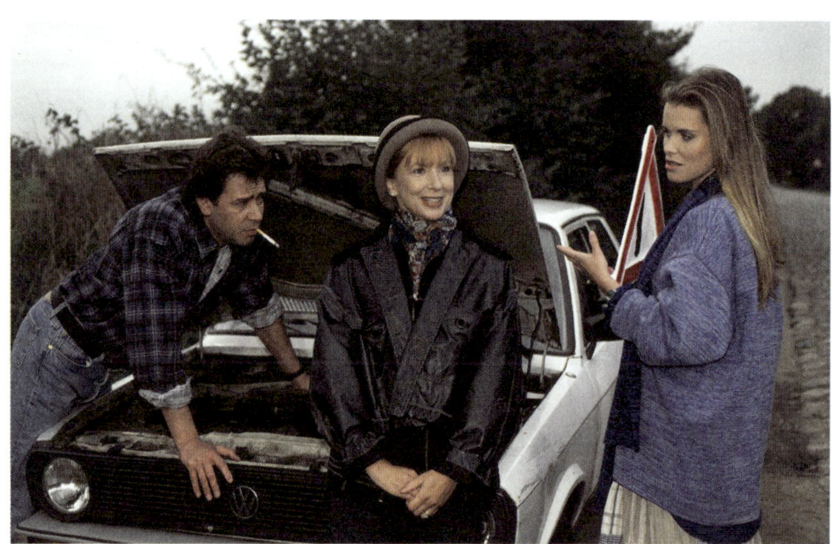

Jan Fedder, Ursula Monn und Andrea Lüdke in »Das zweite Gesicht« (1997).

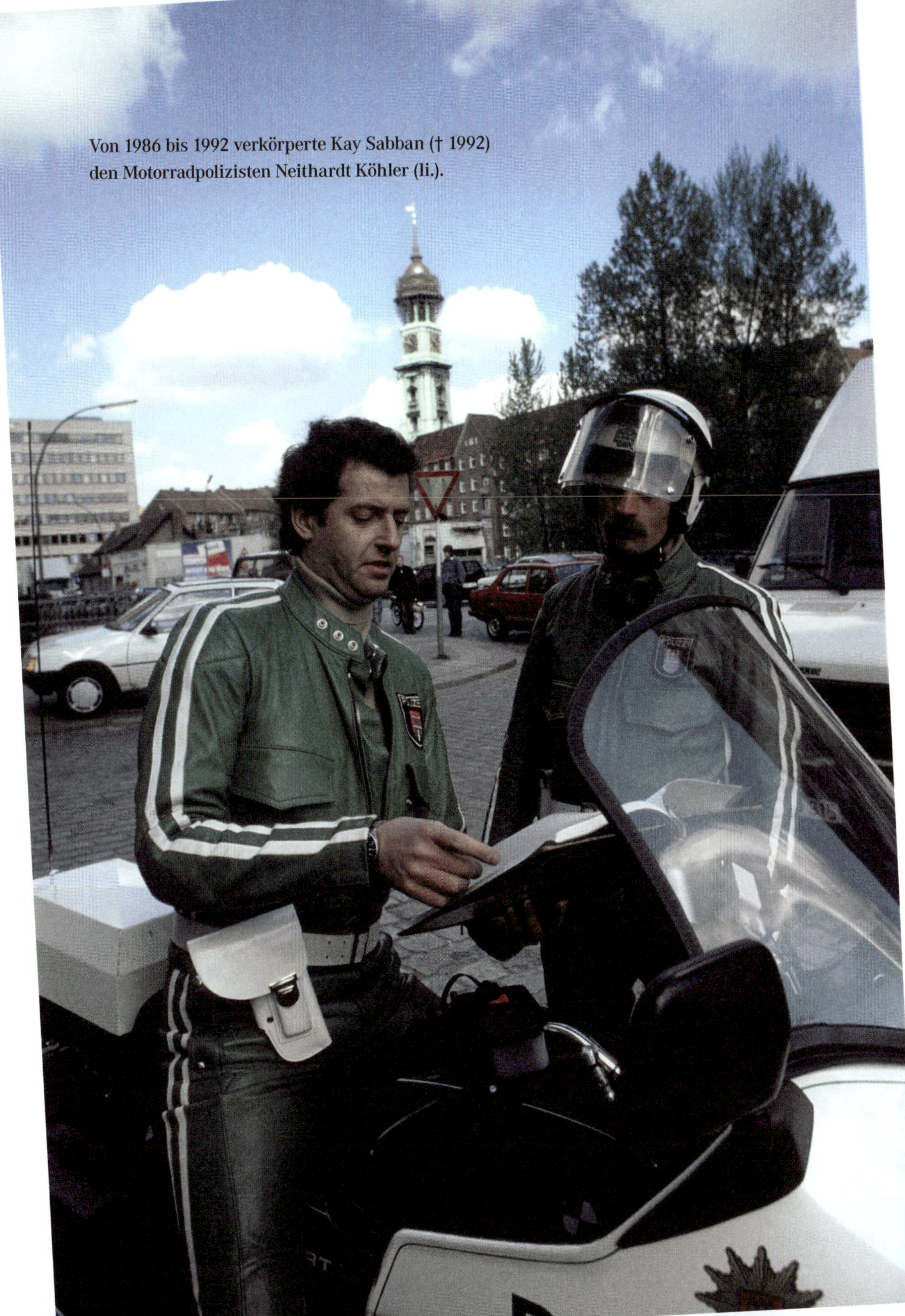

Von 1986 bis 1992 verkörperte Kay Sabban († 1992) den Motorradpolizisten Neithardt Köhler (li.).

wie eine große Familie, in der es stark menschelt. »Kleine Fische« lässt man schnell wieder laufen. Hehlerei, Betteln von Obdachlosen, Taschendiebstahl, Körperverletzung und Dealen »mit ein bisschen Gras« sind Kavaliersdelikte, die »hier bei uns im Großstadtrevier« eher pädagogisch als strafrechtlich behandelt werden.

Aber nicht mit Brauss, der gnadenlos den Law-and-Order-Mann ohne Zwischentöne gibt. Der 22 Jahre Ältere hält von den differenzierten Methoden seiner jungen Kollegin nicht viel, obwohl sie es damit rasch zur Polizeiobermeisterin bringt. Weibliche Intuition ist für ihn »Psycho-Kram«.

IM SCHEIN DES BLAULICHTS

Doch im Laufe der Zeit nähern sie sich an. Mareike Carrière wird in ihrer Rolle taffer, Arthur Brauss zeigt aufrichtige Anflüge von Selbstreflexion. Sätze wie dieser fallen später nicht mehr: »Nun treten Sie mal aufs Gas, Ellen, sonst haut uns der noch ab, ein Glück, dass die Automatik schaltet und nicht Sie.«

Jürgen Roland will die vertrauensvolle Enge im Streifenwagen und das eingespielte Agieren der beiden allein gegen den Rest der Welt in eine zarte Liebesbeziehung im Schein des Blaulichts münden lassen. Doch das wird Brauss wegen des Altersunterschieds zu unglaubwürdig, er steigt nach der 36. Folge aus. Sein Nachfolger ist Polizeihauptmeister Dirk Matthies, gespielt von Jan Fedder. Matthies gibt den jovialen, bauernschlauen Kumpeltyp, mit Ellen ist er gleich per Du.

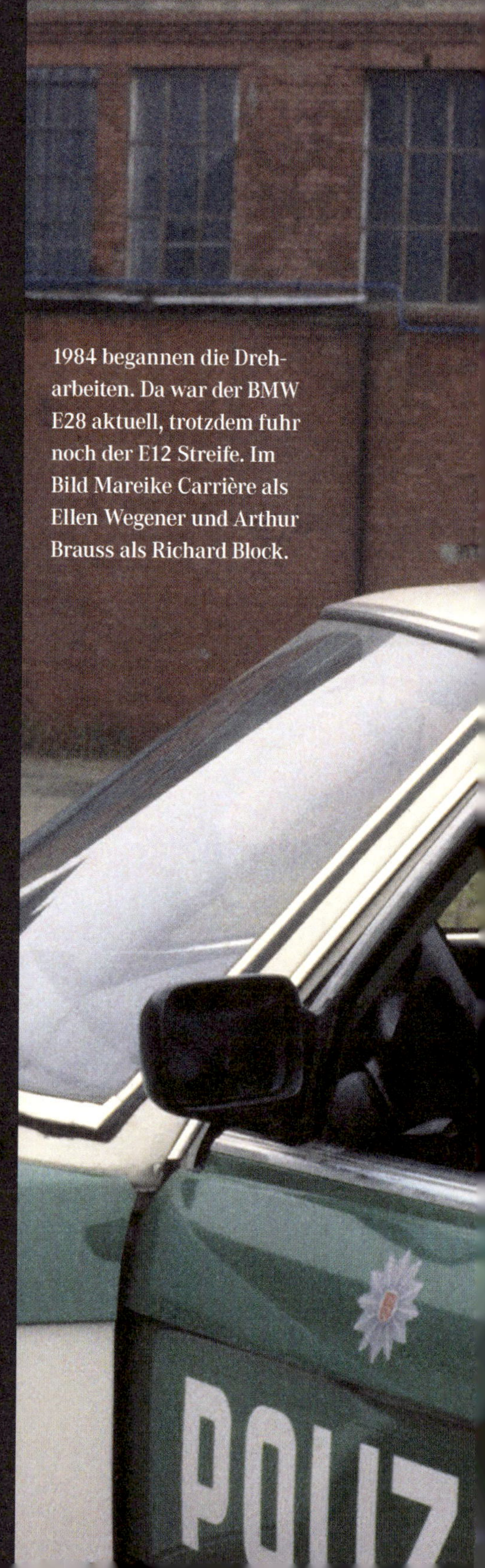

1984 begannen die Dreharbeiten. Da war der BMW E28 aktuell, trotzdem fuhr noch der E12 Streife. Im Bild Mareike Carrière als Ellen Wegener und Arthur Brauss als Richard Block.

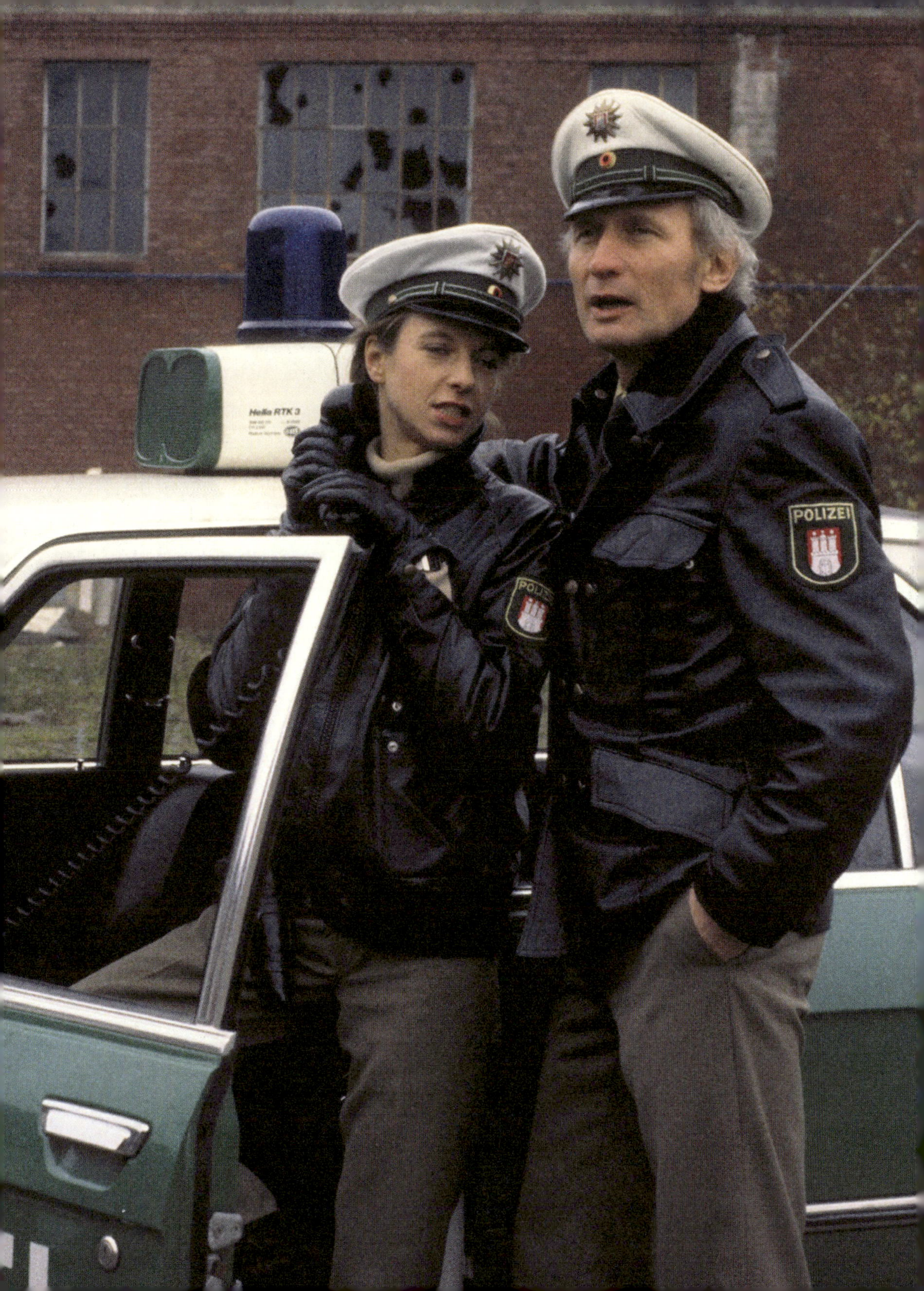
Hella RTK 3
POLIZEI

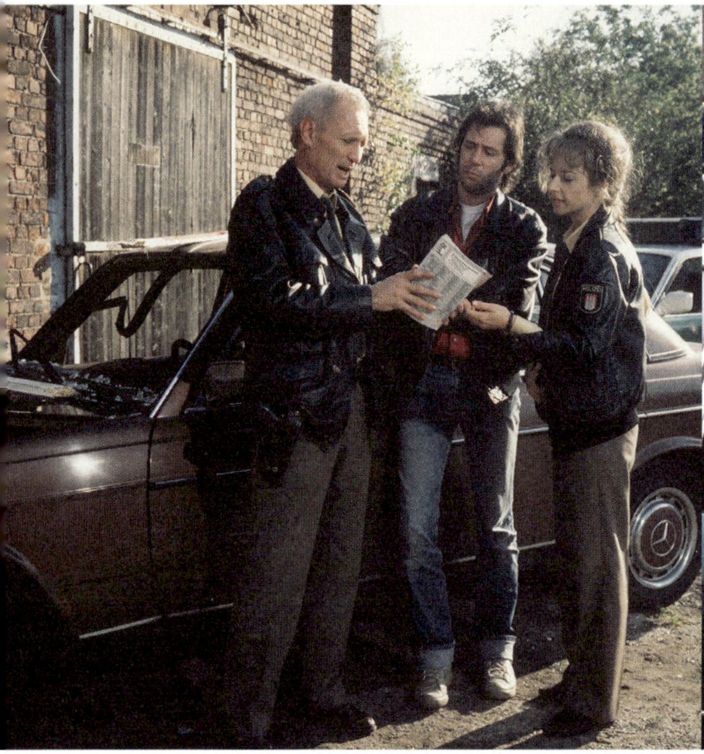

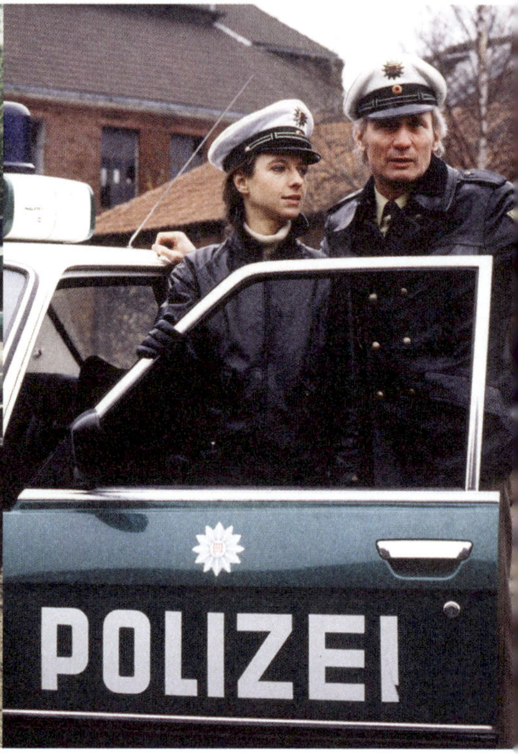

Brauss und Carrière in »Lauter ehrenwerte Leute«, 1991 bereits mit Jan Fedder als Dirk Matthies. / Brauss und Carrière mit BMW in »Späte Reue«, 1993.

Aber er hat weder den Zynismus noch den Tiefgang seines Vorgängers. Routiniert lösen Dirk und Ellen ihre Fälle, immer noch keine Kapitalverbrechen wie Mord und Totschlag. Es ist immerhin schon mal ein Amateur-Bankraub

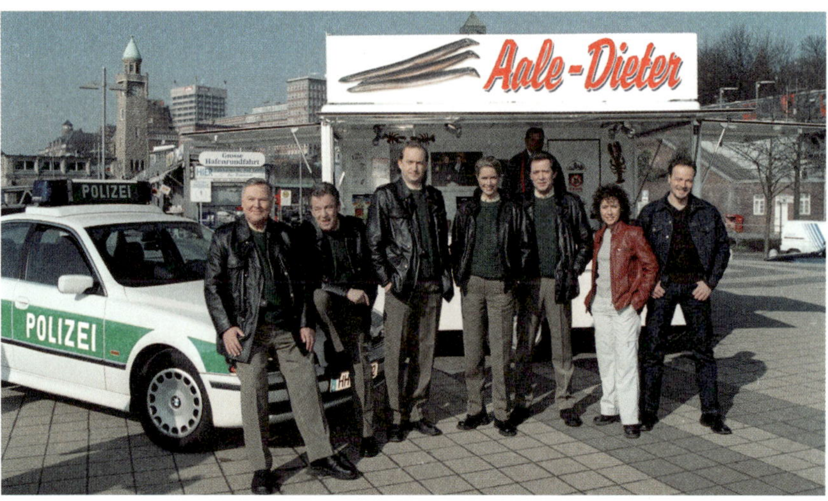

Die Serie ist auch ein Schaulaufen für den 5er-BMW, hier der E39. Den Leinwandrekord hält allerdings das Vorgängermodell E34: Es ist als 520i Automatik in 92 Folgen als Streifenwagen zu sehen.

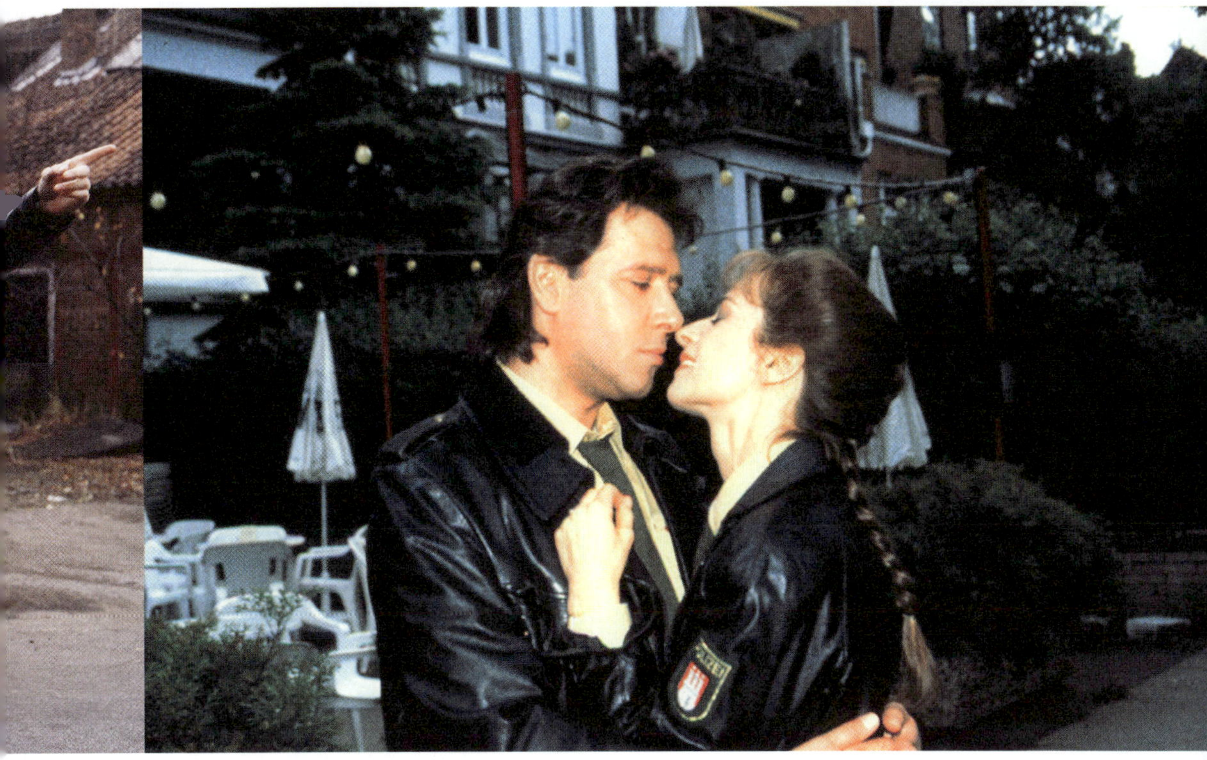

Ein Heiratsantrag bildet das zentrale Motiv der Doppel-Folge »Ellens Abschied« – mit tragischem Ausgang.

oder eine Messerstecherei aus Eifersucht darunter.

Im Laufe der vierten Staffel steigen die beiden auf den Fünfer E34 um, aus Sympathie wird ernste Zuneigung. Knistern darf es jetzt offiziell, aber es bestimmt die Handlung nicht, der Zuschauer spürt es nur unterschwellig. Ein Happy End vereitelt Ellens früher Tod in Folge 62, sie wird vergiftet, ist tragisches Opfer einer Verwechslung.

So spannend und glaubwürdig wie in den frühen Jahren mit Mareike Carrière und Arthur Brauss wird die Serie nie wieder sein, sie bleibt aber mit Jan Fedder und Tanja König kurzweilig und unterhaltsam. Und immer noch fährt ein Fünfer-BMW mit Blaulicht durchs Bild.

Aktuell ist bereits die 36. Staffel abgedreht. Damit ist nun auch der Rekord der »Der Alte« eingestellt. Damit ist »Großstadtrevier« nun die folgenreichste und erfolgreichste Krimiserie in der deutschen Fernsehgeschichte.

486 FOLGEN

Die Idee zur Serie »Großstadtrevier« stammte von Autor und Regisseur Jürgen Roland, der bereits in den 50er-Jahren mit der Reihe »Stahlnetz« deutsche Fernsehgeschichte schrieb. Von 1986 bis heute wurden 35 Staffeln und mehr als 480 Folgen des sehr beliebten NDR-Dauerbrenners ausgestrahlt.

KAPITEL 12

»PETER STROHM« MIT KLAUS LÖWITSCH (1989–1996)

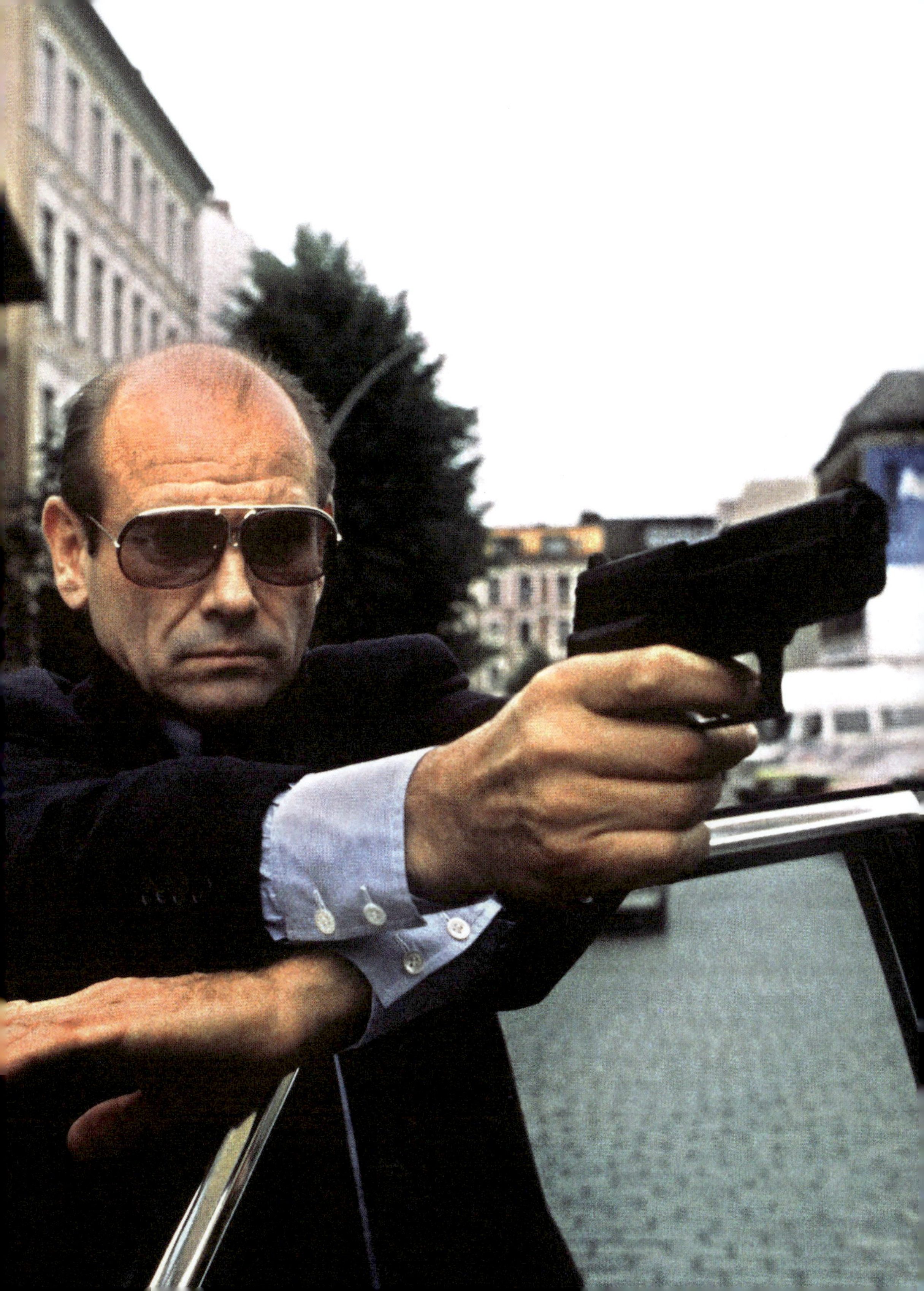

»ICH KENNE DIE SCHMUTZIGEN TRICKS DES LEBENS«

Peter Strohm, eine raffinierte Mischung aus Detektiv und Agent, bedient oft das grelle Krimi-Klischee: schöne Frauen, schnelle Autos, schwere Fälle.

Er galt Anfang der 90er-Jahre für die Boulevardpresse als deutscher James Bond. Peter Strohm hatte zwar die gleichen Leidenschaften wie der britische Geheimagent – schnelle Autos und schöne Frauen –, aber nicht dessen feine Manieren. Strohm poltert rum, fackelt nicht lange, oft rutscht ihm die Hand aus. Seine Wortgewandtheit beschränkt sich auf zynische Monologe. Mit diabolischer Stimme demütigt er seine Gegner. Peter Strohm, gespielt vom Unvergessenen großartigen Klaus Löwitsch, ist eine Mischung aus verschlagenem Privatdetektiv und Geheimagent auf hoher Ebene. Mal hilft er einem alten Freund aus der Patsche, der wegen eines Seitensprungs erpresst wird, mal geht es um einen Waffenschieber, dem selbst Interpol nicht beikommt. Strohm liebt aussichtslose Fälle, vor allem wenn die Polizei kapituliert und deshalb ihn beauftragt.

SCHWIERIGER CHARAKTER

Strohm ist Ex-Polizist, der aufbrausende Hamburger Kriminalkommissar gilt nach einem tätlichen Ausrutscher gegen einen Verdächtigen als untragbar im Amt. Er verdingt sich nach dem

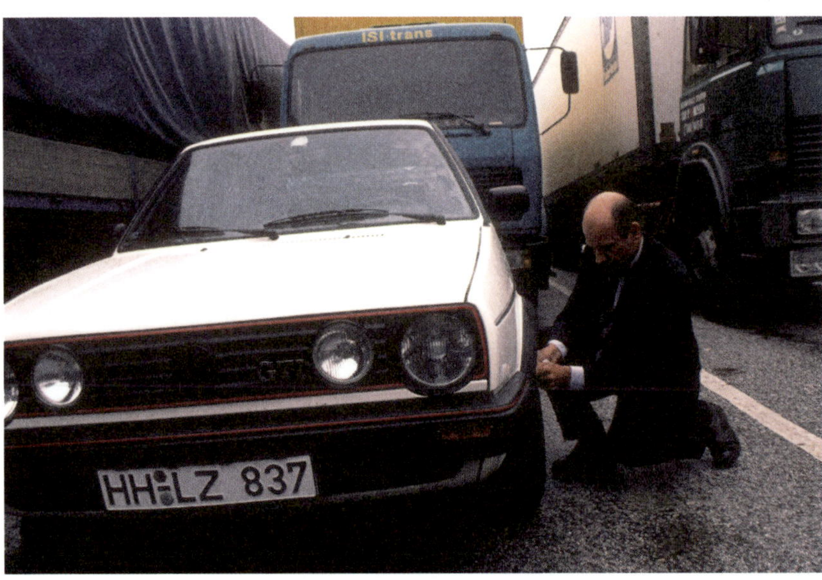

Mit Golf II GTI in »Fracht für Mailand« (1989).

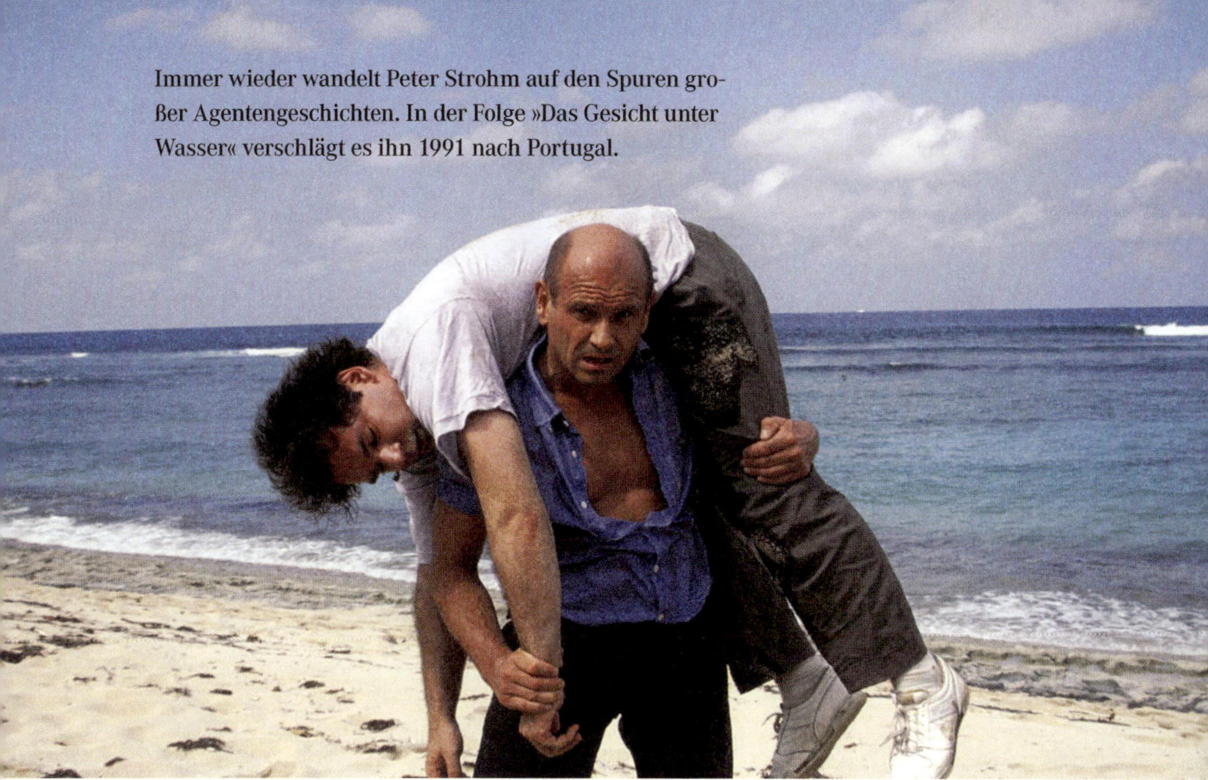

Immer wieder wandelt Peter Strohm auf den Spuren großer Agentengeschichten. In der Folge »Das Gesicht unter Wasser« verschlägt es ihn 1991 nach Portugal.

Karriereknick als Detektiv und sucht sich dabei meist lukrative Fälle aus dem Bereich der Wirtschaftskriminalität oder des organisierten Verbrechens. Da geht es um große Summen. Sein Standardsatz lautet: »Ich nehme zehn Prozent, die erste Hälfte sofort, den Rest bei Erfolg.«

Genau diese zehn Prozent verhelfen

»ICH NEHME ZEHN PROZENT, DIE ERSTE HÄLFTE SOFORT, DEN REST BEI ERFOLG.«

Peter Strohm zu einem guten Leben. Er wohnt großzügig in Hamburgs bester Gegend zwischen Harvestehude und Eppendorf. Er hat eine Vorliebe für Luxusautos. Und zeigt sich dabei zunächst so promiskuitiv wie bei seinen zahlreichen Liebschaften. Strohm ist ein Macho, wie er im Buche steht, was junge, schöne Frauen in der Serie auf geheimnisvolle Weise anzieht.

Strohm fährt noch als Bulle einen BMW 528i E28, darf den seltsamerweise in sein privates Ermittlerleben mitnehmen. Wechselt dann Schlag auf Schlag zu Jaguar XJ12, Serie III, und Cadillac Seville, dann folgt zwischendurch ein 7er BMW, den die Tonspur als Sechszylinder outet. Später wird zum Zwölfzylinder-BMW 750iL aufgesattelt. Erst ab Folge 21 mit dem verheißungsvollen

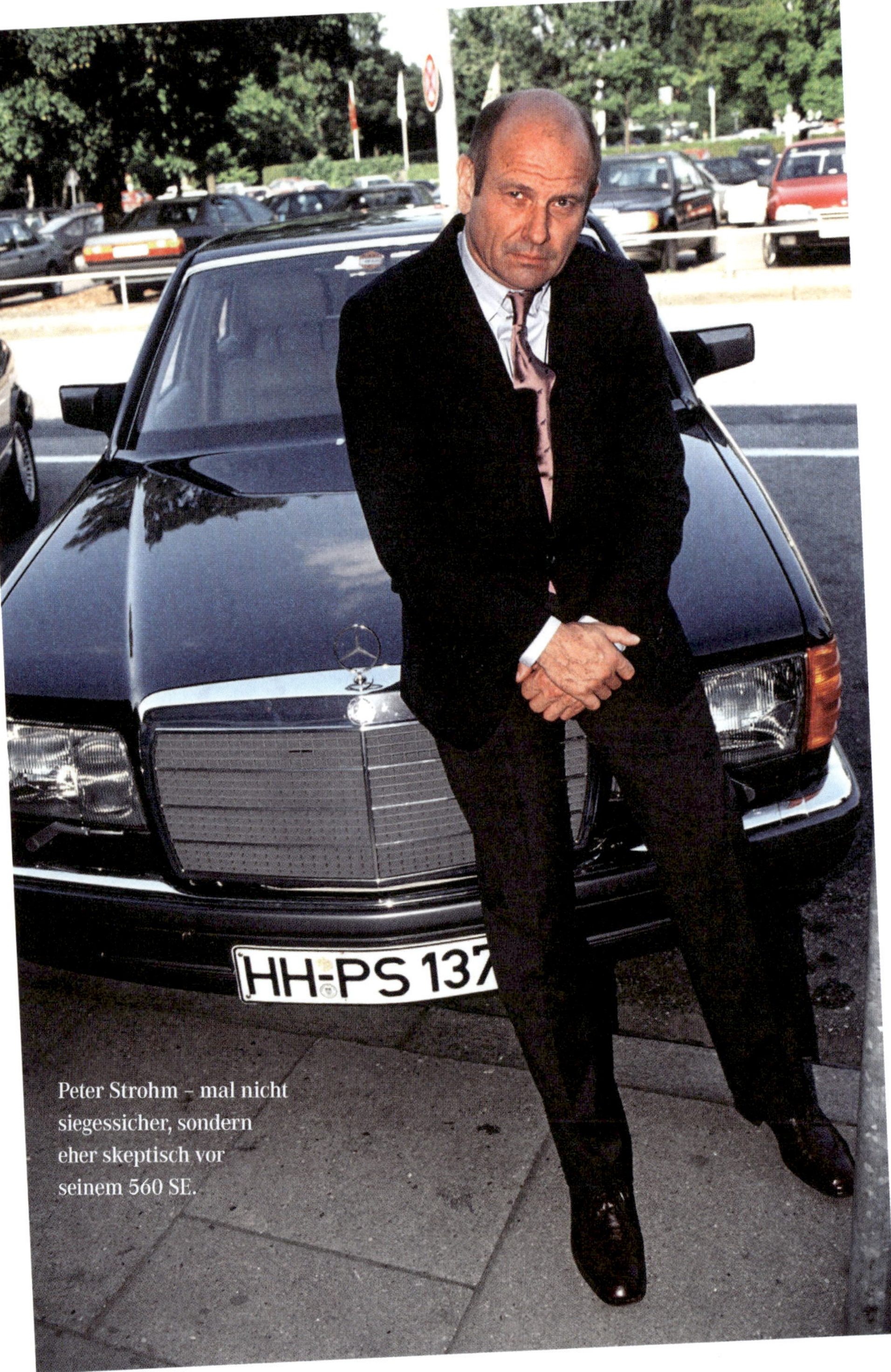

Peter Strohm – mal nicht siegessicher, sondern eher skeptisch vor seinem 560 SE.

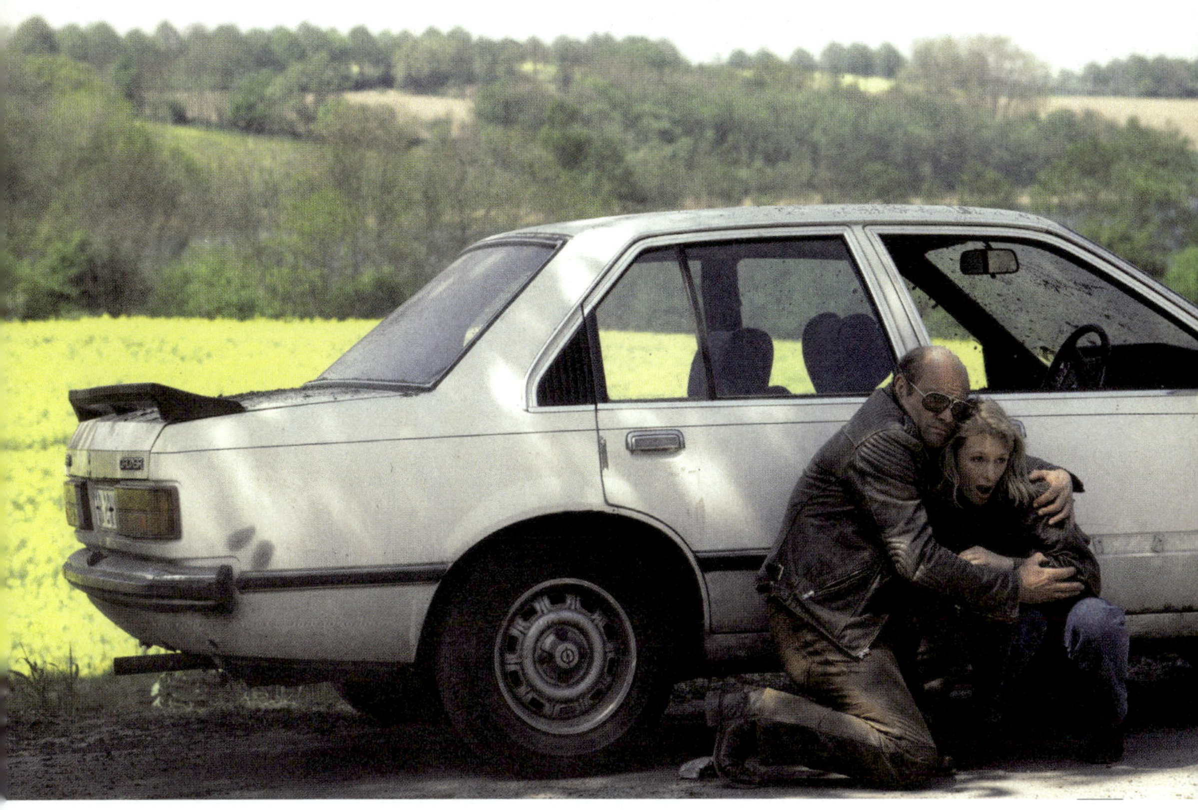

Pyrotechniker haben bei Peter Strohm viel zu tun. In »Noch drei Minuten bis Himmelfahrt« erwischt es den Rekord 2.0 S (mit Marita Marschall).

Titel »Melancholie einer Blondine« wird der vorher nur sporadisch eingesetzte Mercedes 560 SE zu seinem ständigen Begleiter, bis Strohm in der 48. Folge (»Natasha«) in einen 560 SEC umsteigt. Die beiden Mercedes sind in der Serie sehr präsent. Aus ihnen wird lange observiert, Treffen mit Informanten finden häufig im Wagen statt.

»Peter Strohm« will nicht mehr sein als eine unterhaltsame Action-Serie. Doch in vielen Folgen finden sich auch leise, feinfühlige Töne. Da wird deutlich, dass der raubeinige Macho Klaus Löwitsch auch die sanfte Tour beherrschte. Er gab den imposanten Charakterdarsteller in Theater, Film und Fernsehen. Sein Lebenswerk ist mehr als eindrucksvoll, er spielte bei Fassbinder und in den anspruchsvollen Filmen des deutschen Autorenkinos. Auch privat fuhr Löwitsch Mercedes, zuletzt einen 600 SL.

63 FOLGEN

»Peter Strohm« wurde von 1989 bis 1996 dienstags zur besten Sendezeit ausgestrahlt. In fünf Staffeln entstanden 63 Folgen, die bekannte Regisseure wie Martin Gies, Peter Kahane oder Urs Egger inszenierten. Klaus Löwitsch schmiss wegen schlechter Drehbücher hin.

KAPITEL 13

»DER BULLE VON TÖLZ« MIT OTTFRIED FISCHER (1996–2009)

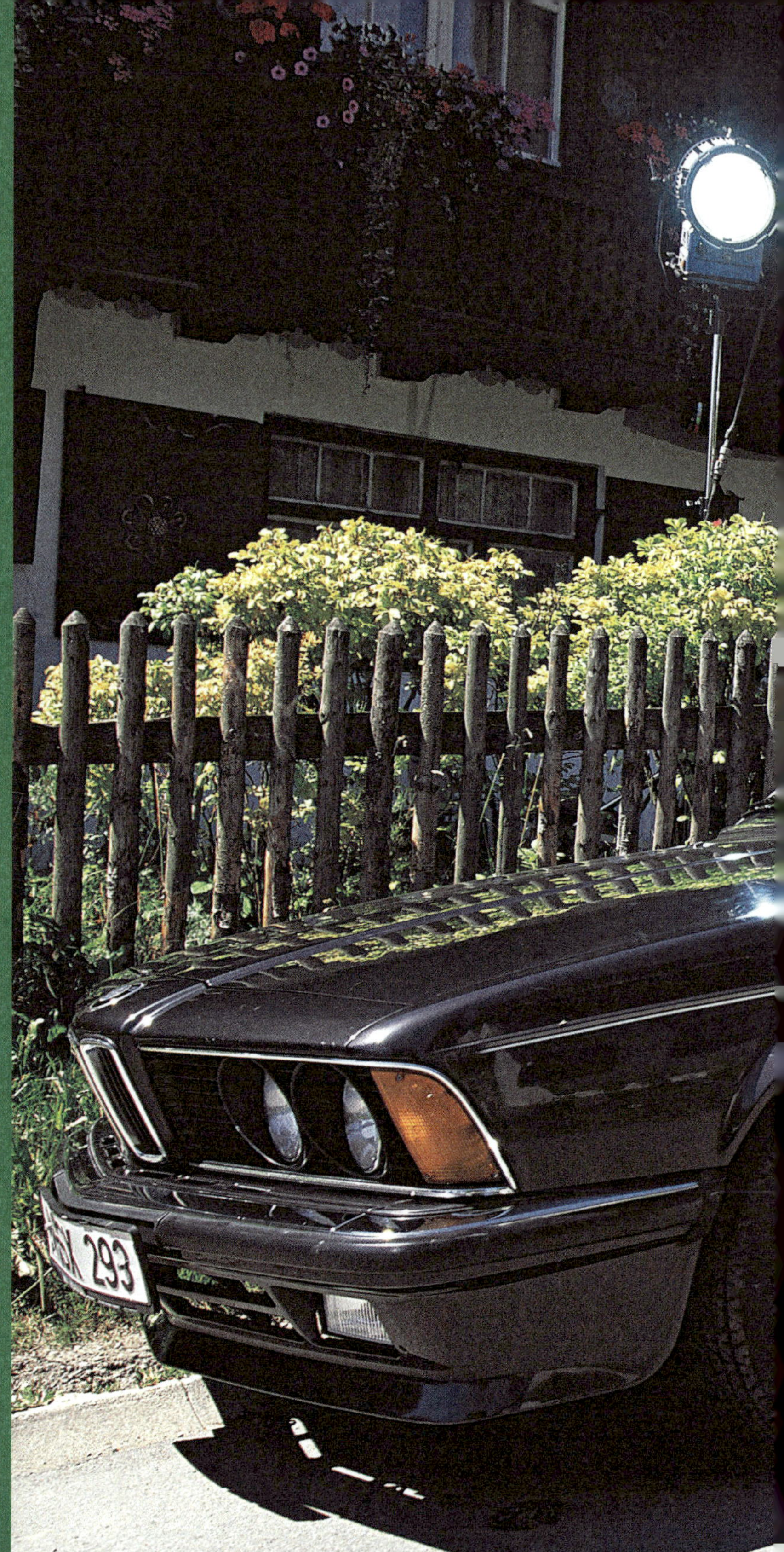

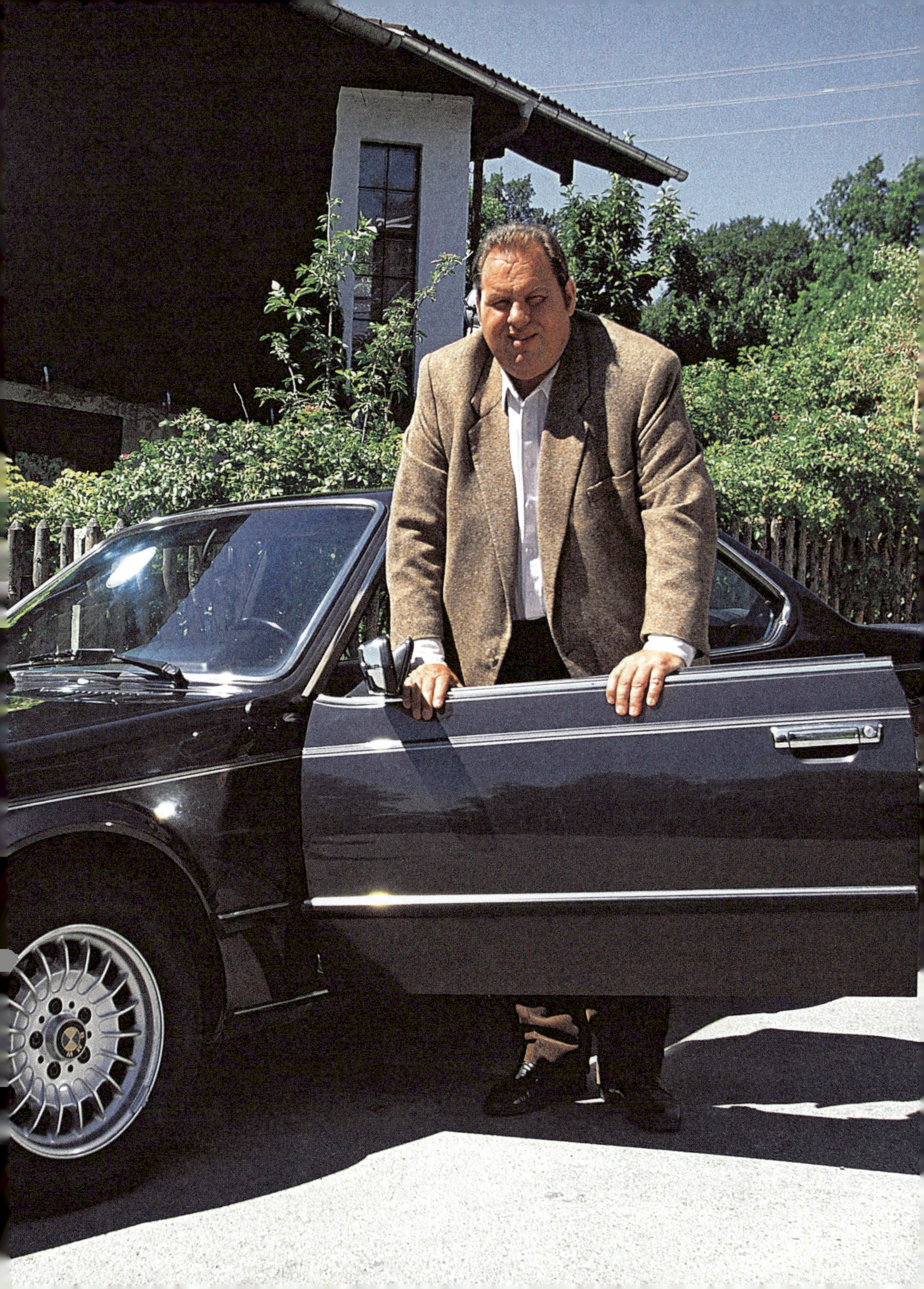

»SCHLEICH DICH AUS MEINER GALAXIE!«

»Der Bulle von Tölz« – der erste Heimatkrimi – spielt mit Lokalkolorit und Klischees. Berghammers satirischer Humor entlarvt die bayerischen Amigos.

Das Rezept der Krimiserie »Der Bulle von Tölz« ist einfach, aber wirkungsvoll: Man nehme als Hauptdarsteller einen kauzigen Junggesellen, der noch bei der Mama wohnt und dessen verschlagene Intelligenz zu einer hundertprozentigen Aufklärungsrate führt. Man stelle ihm eine jüngere, recht fesche Kollegin zur Seite, die in vielen Belangen den charakterlichen Gegenpart spielt: Sie gibt sich bisweilen provokant und liefert ihm stets taktisch kluge Steilvorlagen zur Überführung der Täter.

Der nicht gerade als Womanizer durchgehende Bulle nimmt sie, die Preußin aus Berlin, zunächst nicht ernst. Er inszeniert kleine Machtspielchen, denn beide stehen im Rang eines Hauptkommissars. Dann ertappt sich Berghammer dabei, wie er mit Sabrina Lorenz techtelmechtelt. Der klotzige Bayer entwickelt plötzlich Charme. Aber es kommt nicht zum Äußersten, obwohl Mama Resi, in ihrer naiven

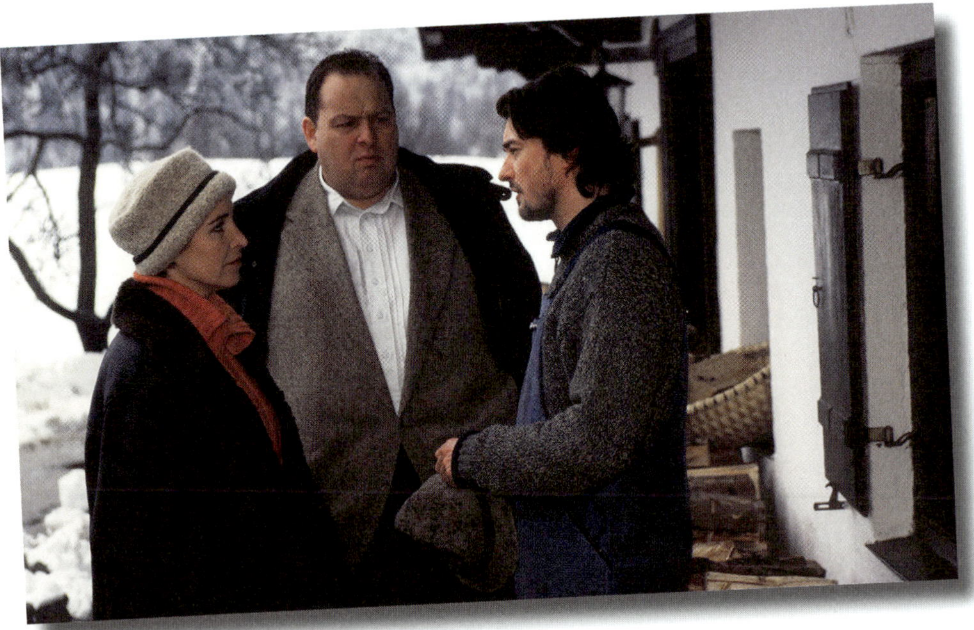

Berghammers Ermittlungen fördern regelmäßig die dunklen Seiten der oberbayerischen Idylle zu Tage, etwa den Kampf um die Erweiterung eines Skigebiets in »Berg der Begierden« (mit Katarina Jacob und Pascal Breuer).

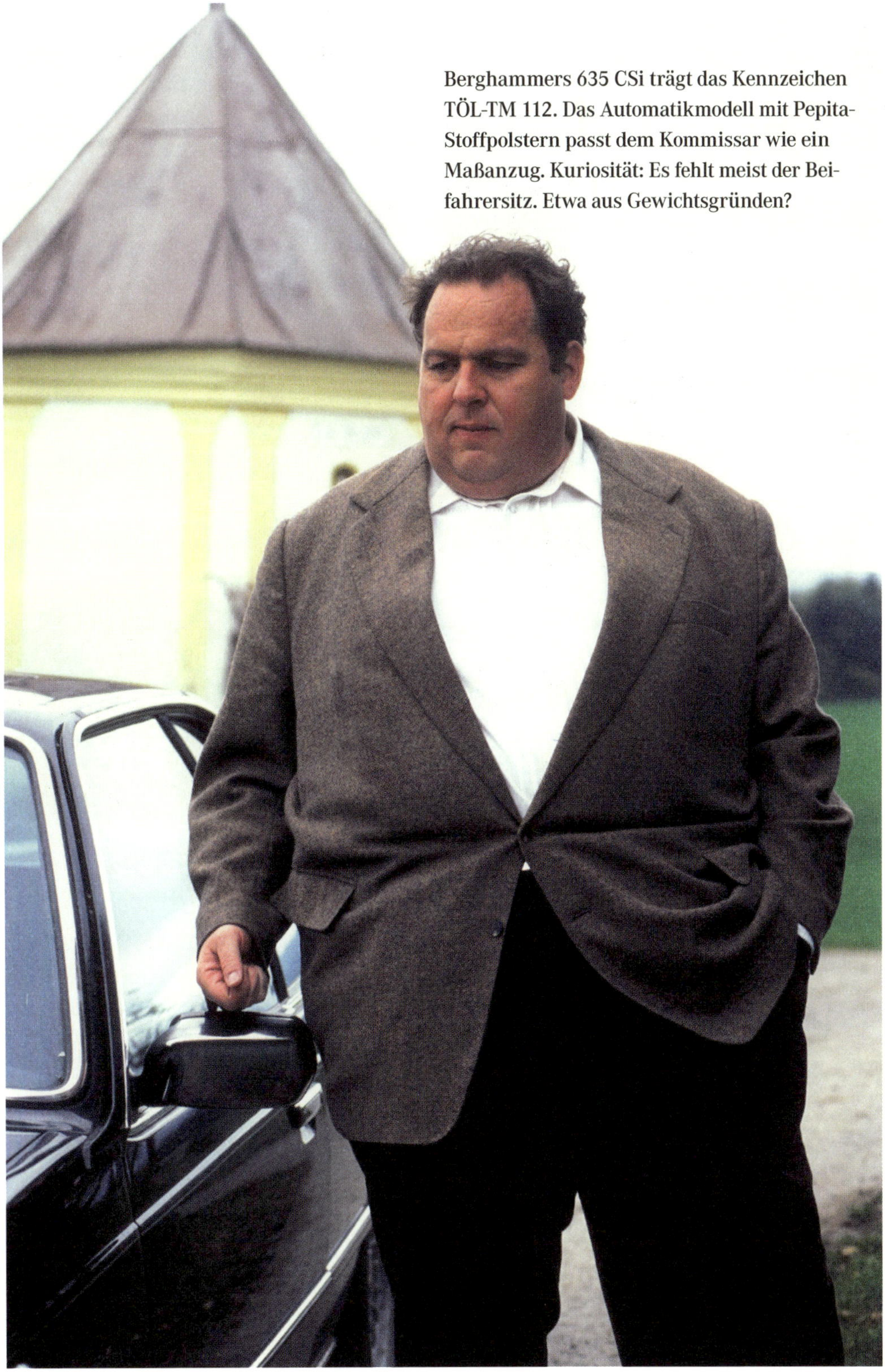

Berghammers 635 CSi trägt das Kennzeichen TÖL-TM 112. Das Automatikmodell mit Pepita-Stoffpolstern passt dem Kommissar wie ein Maßanzug. Kuriosität: Es fehlt meist der Beifahrersitz. Etwa aus Gewichtsgründen?

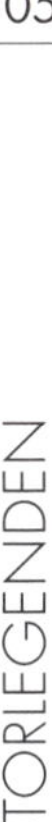

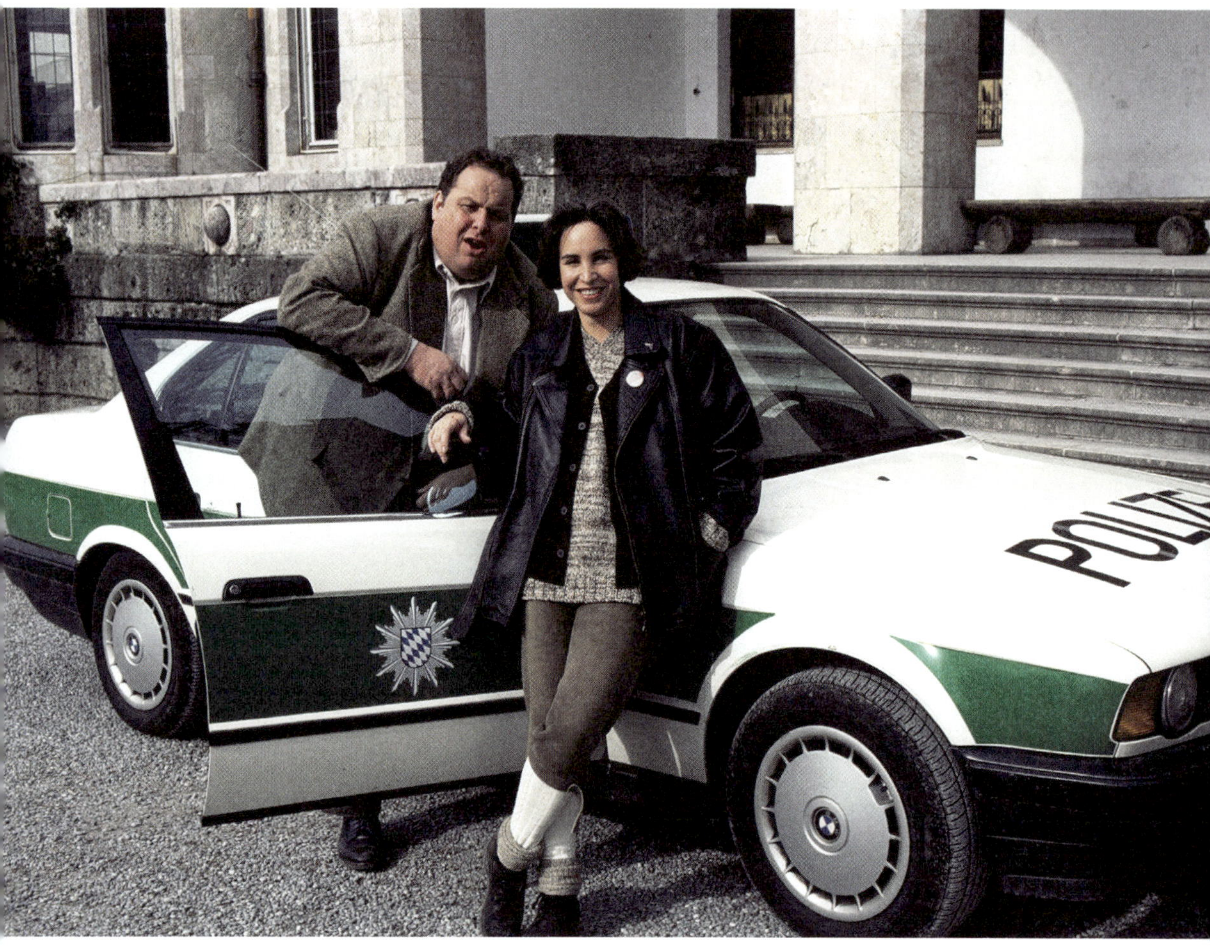

Streifenwagen-Klassiker E34: Berghammer mit Assistentin Sabrina Lorenz (Katerina Jacob) 1995 in der Folge »Tod im Internat«.

Bauernschlauheit genial gespielt von Ruth Drexel, es gern hätte.

Auch in der heilen Zwiebelturm-Welt des Bullen geht es um Mord. Oft sind die Honoratioren des Alpenkurortes Bad Tölz, ein bigotter Prälat, ein schlitzohriger Bürgermeister und ein korrupter Bauunternehmer, in die kriminellen Ereignisse rund ums bayerische Idyll verstrickt, ohne jemals Täter zu sein. Aber in diesem sumpfigen Isar-Milieu sich gegenseitig reinwaschender Amigos gedeihen eben Straftaten vortrefflich.

KOMÖDIE STATT KRIMI

Doch die Serie »Der Bulle von Tölz« erhob niemals Anspruch auf eine auch nur halbwegs realistische Darstellung von Polizeiarbeit zwischen Ermittlung und Festnahme. Ähnlich wie die aktuelle Serie »Die Rosenheim-Cops« hat sie reinen Unterhaltungswert und arbeitet deshalb auch gerne

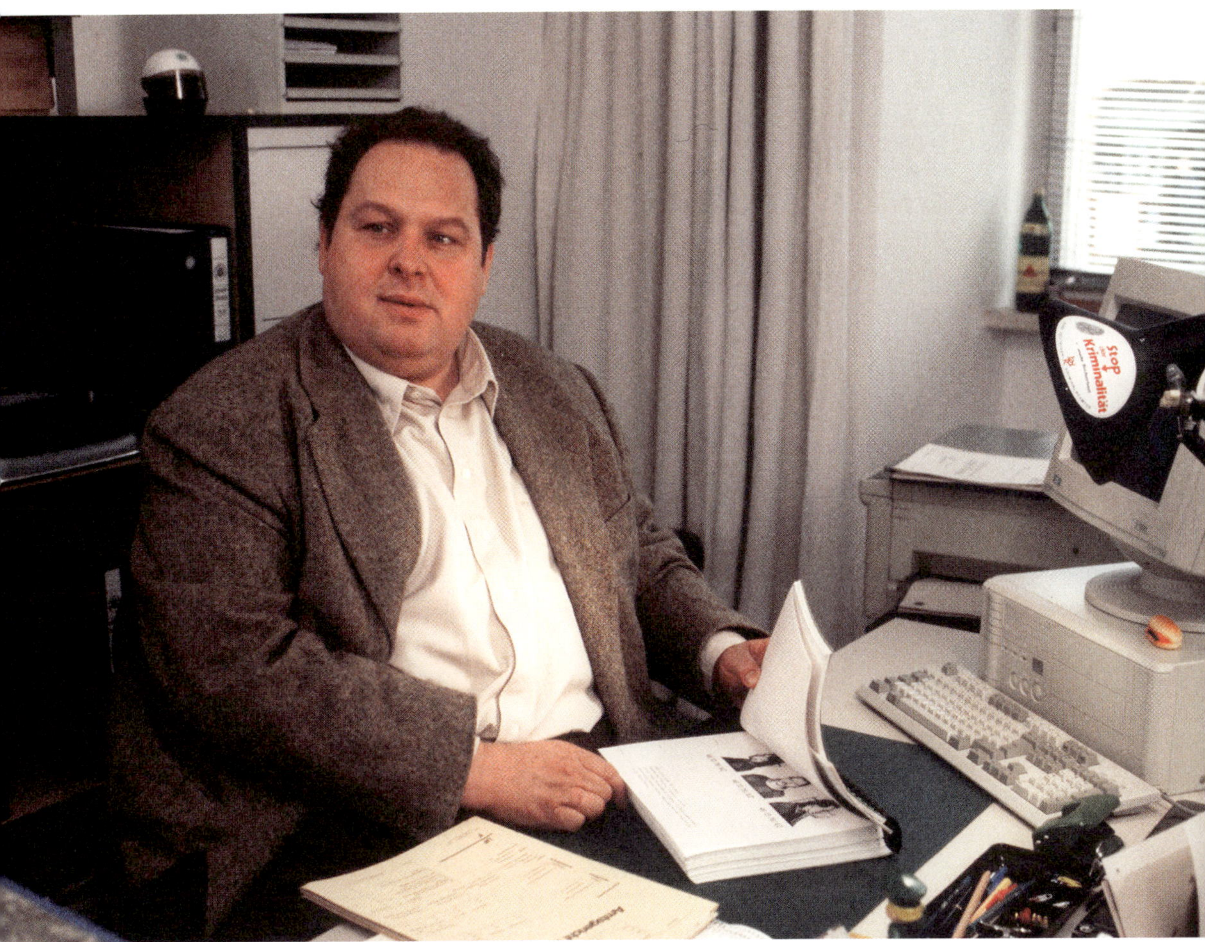

In der Folge »Palermo ist nah« hält die Mafia 1996 Einzug in Bad Tölz.

mit Klischee-Charakteren. Beim »Bullen von Tölz« gibt es davon viele, doch Hauptwachtmeister Anton Pfeiffer übertrifft alle.Der Mann, der anfangs einen grünweißen Audi-80-Streifenwagen vom Typ 81 fährt und schon am Tatort ist, bevor Benno Berghammer und Kollegin Sabrina eintreffen, ist von eher schlichtem Gemüt. Ein tollpatschiger, aber gutmütiger Kerl, der manche Spur verwischt und dessen hanebüchene Rekonstruktionen des Tathergangs Berghammer zur Weißglut bringen. Der Dicke spricht seinen Wachtmeister nur im Imperativ an: »Pfeiffer!«, bellt Benno dann los, und oft fügt er dem hingeworfenen Namen noch ein »Bei Ihnen ist Hopfen und Malz verloren!« zu.

Benno Berghammer bleibt der eindrucksvolle, souveräne Protagonist der Serie. Der begnadete Komödiant und Kabarettist Ottfried Fischer verleiht ihm nicht nur formatfüllende

Figur, sondern auch ein authentisches Gepräge mit messerscharfem Geist. Kein anderer Schauspieler kann so beiläufig und unaufgeregt zynisch bis sarkastisch sein. Oft ist seine naive, an das Gute im Menschen glaubende Mutter Resi, die im Kurort eine kleine Pension betreibt, Zielscheibe hämischer Benno-Attacken. Mama nervt ihren Sohn nicht nur mit ihren ständigen Kuppelei-Absichten: »Wäre die nicht was für dich?« Sie entwickelt fortwährend neue Spleens, mal ist es Esoterik, mal vegetarisches Kochen, oder sie entdeckt exzessiv die Aquarellmalerei, was der grantige Sohn mit dem Satz kommentiert: »So viele Wände haben wir selbst in der Pension nicht, dass du dein buntes Dilettanten-Geraffel überall aufhängen kannst.« Was im bayerischen Originalton viel derber klingt. Vor dem hölzernen Tölzer Pensionsbalkon parkt regelmäßig Bennos Dienstwagen, ein BMW 635 CSi mit Automatik und Stoffpolstern aus feinem Pepita. Die wuchtigen US-konformen Stoßstangen kennzeichnen die späten Modelle, Leder gab es nur noch gegen Aufpreis. Bennos 6er hat freilich eine ganz spezielle Besonderheit: Der Beifahrersitz fehlt. Tribut an die Leibesfülle des Hauptdarstellers? Wohl kaum, denn die wuchtige Mittelkonsole wäre dann immer noch im Weg.

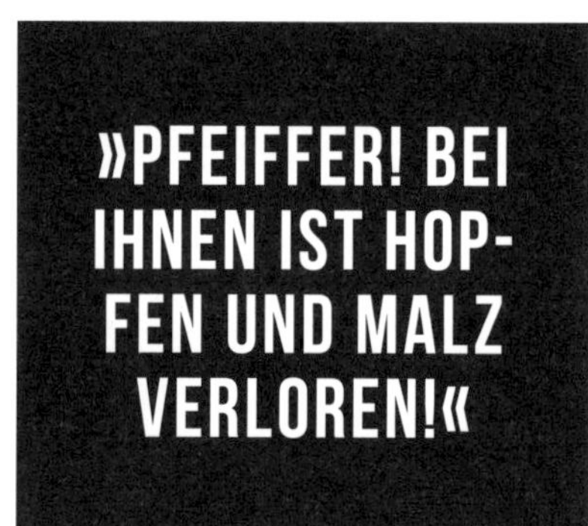

Zwei weit plausiblere Erklärungen kursieren im lebhaften Forum der »Bulle von Tölz«-Fans. Die erste besagt, dass der trottelige Pfeiffer ein Glas Weißbier über den Sitz gekippt hat und Benno zu faul war, ihn nach der Reinigung wieder einzubauen. Die zweite gibt der Mama die Schuld, ihre ständigen Nörgelein an Bennos Fahrstil nebst übergriffigen Lenkrad-Attacken waren der Auslöser, sie zwangsweise in den Fond zu befördern.

Ottfried Fischer selbst begründete den bayerischen Dreisitzer als Hommage an die Bogner-Kultserie »Irgendwie und Sowieso«: »Da kam eine Alfa Giulia mit fehlender Rückbank vor.« Fischer feierte in der Bayern-Saga in der Rolle des Sir Quickly seinen Durchbruch als Schauspieler.

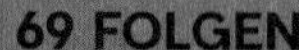
69 FOLGEN

Die Kult-Reihe »Der Bulle von Tölz« war die bislang erfolgreichste Serie von SAT 1. Fast 13 Jahre lang, von 1996 bis 2009, lief sie als anspruchsvolles Unterhaltungsfernsehen. Die beiden Hauptdarsteller Ottfried Fischer und Ruth Drexel bereicherten sie mit Charisma und hintergründigem Humor.

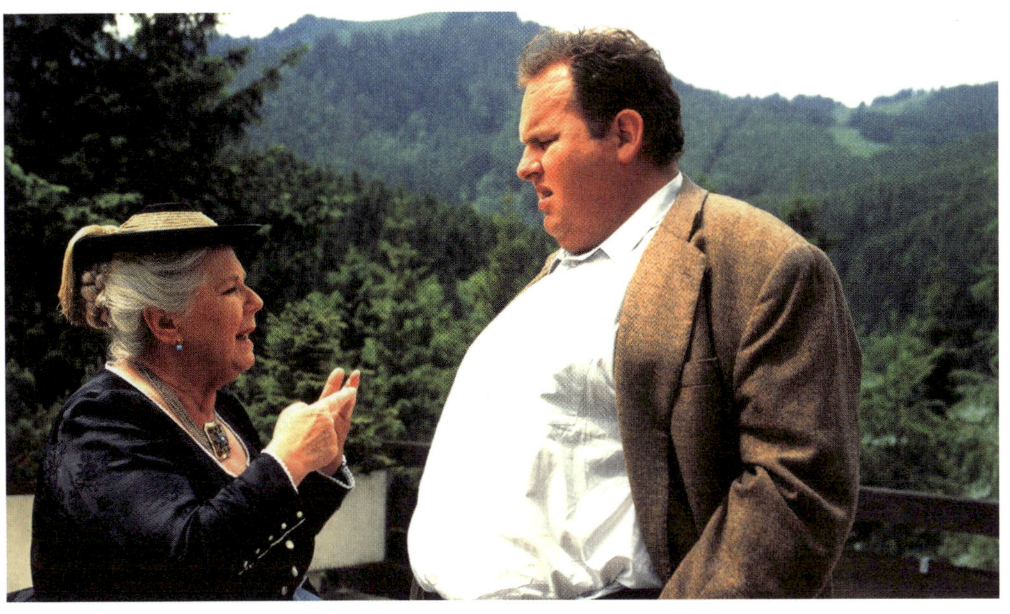

Ruth Drexel verkörperte die resolute Resi Berghammer bis zu ihrem Tod 2009, danach endete auch die Produktion des »Bullen von Tölz«. »Servus, Mamma!«, kondolierte Ottfried Fischer.

Hauptkommissar Berghammer ist tief in seiner bajuwarischen Heimat verwurzelt, hier mit Diana Körner und Axel Bauer in der Folge »Bauernhochzeit«.

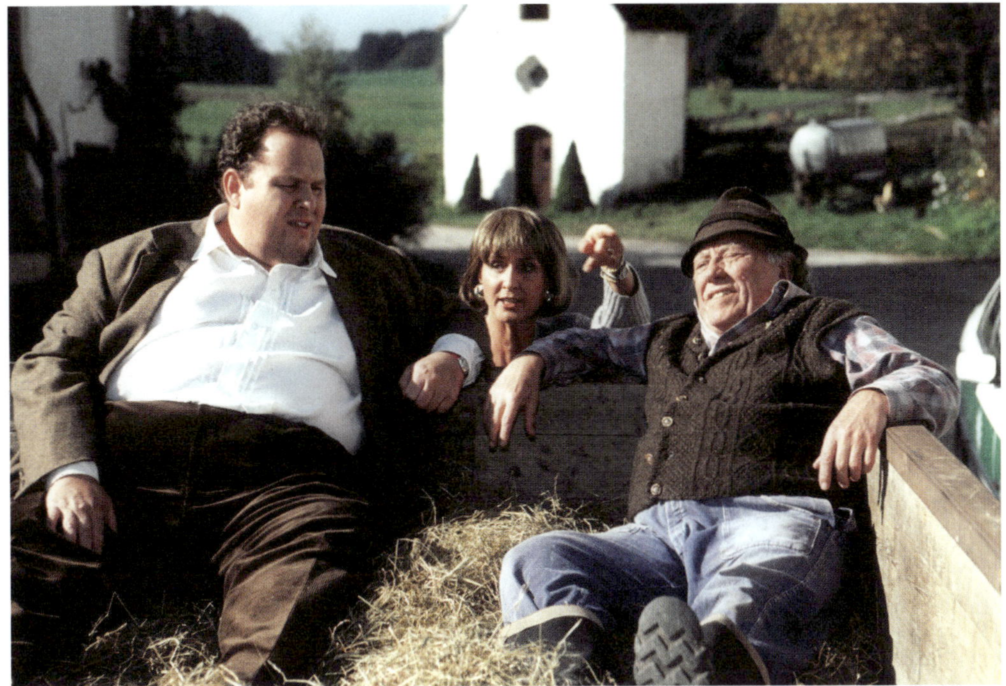

KAPITEL 14

»POLIZEIRUF 110: SCHMÜCKE UND SCHNEIDER« MIT J. SCHWARZ UND W. WINKLER (1996–2013)

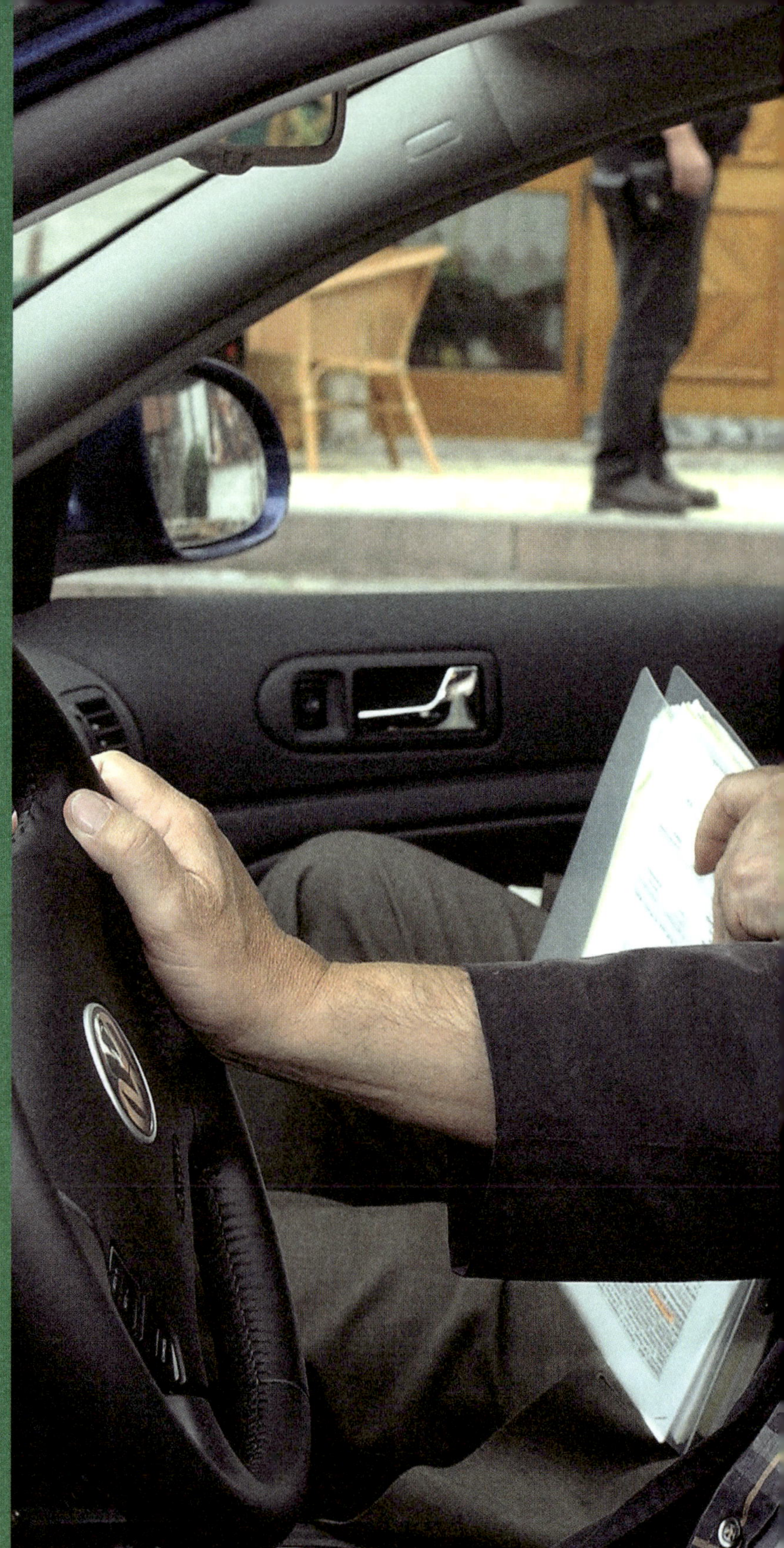

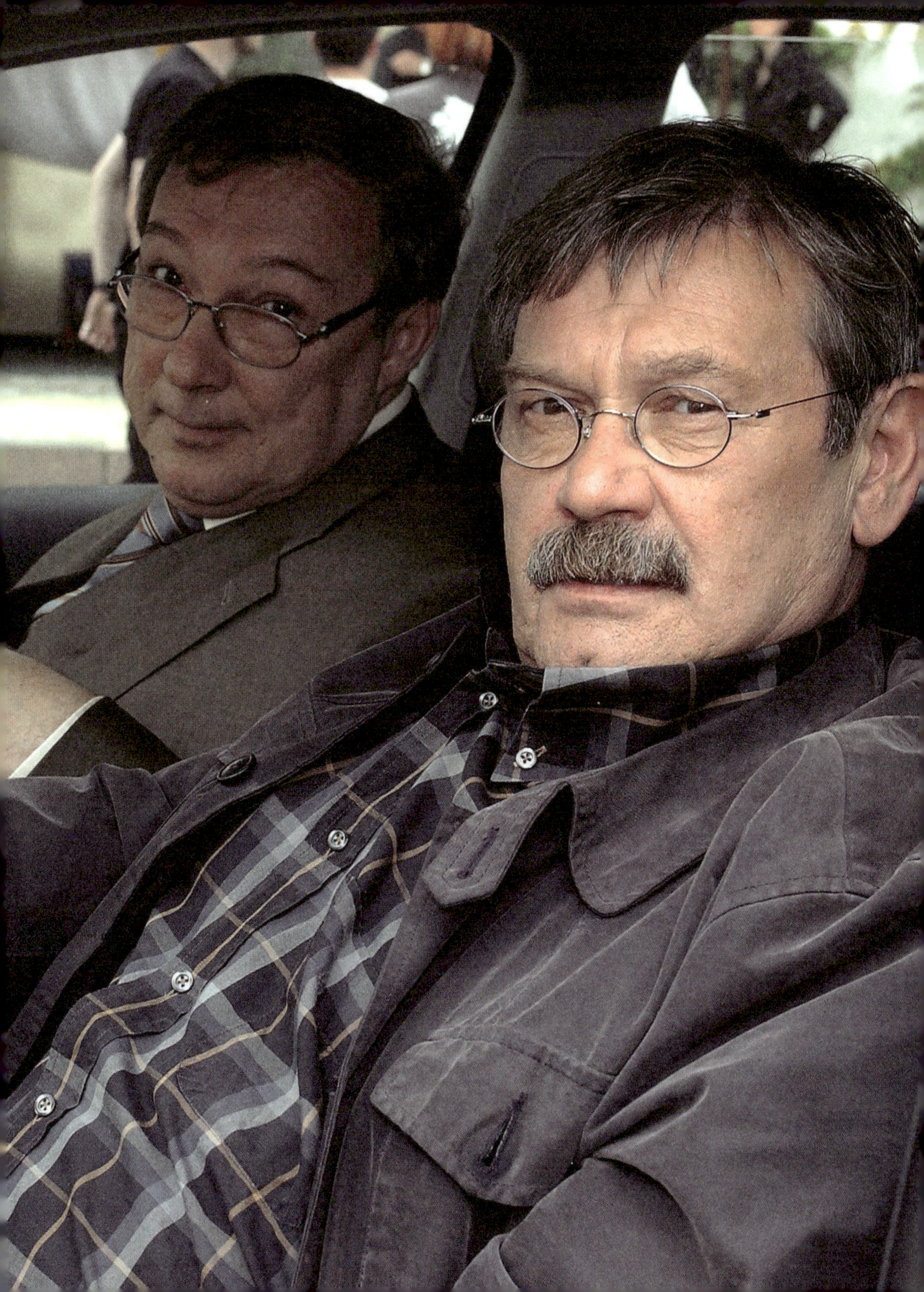

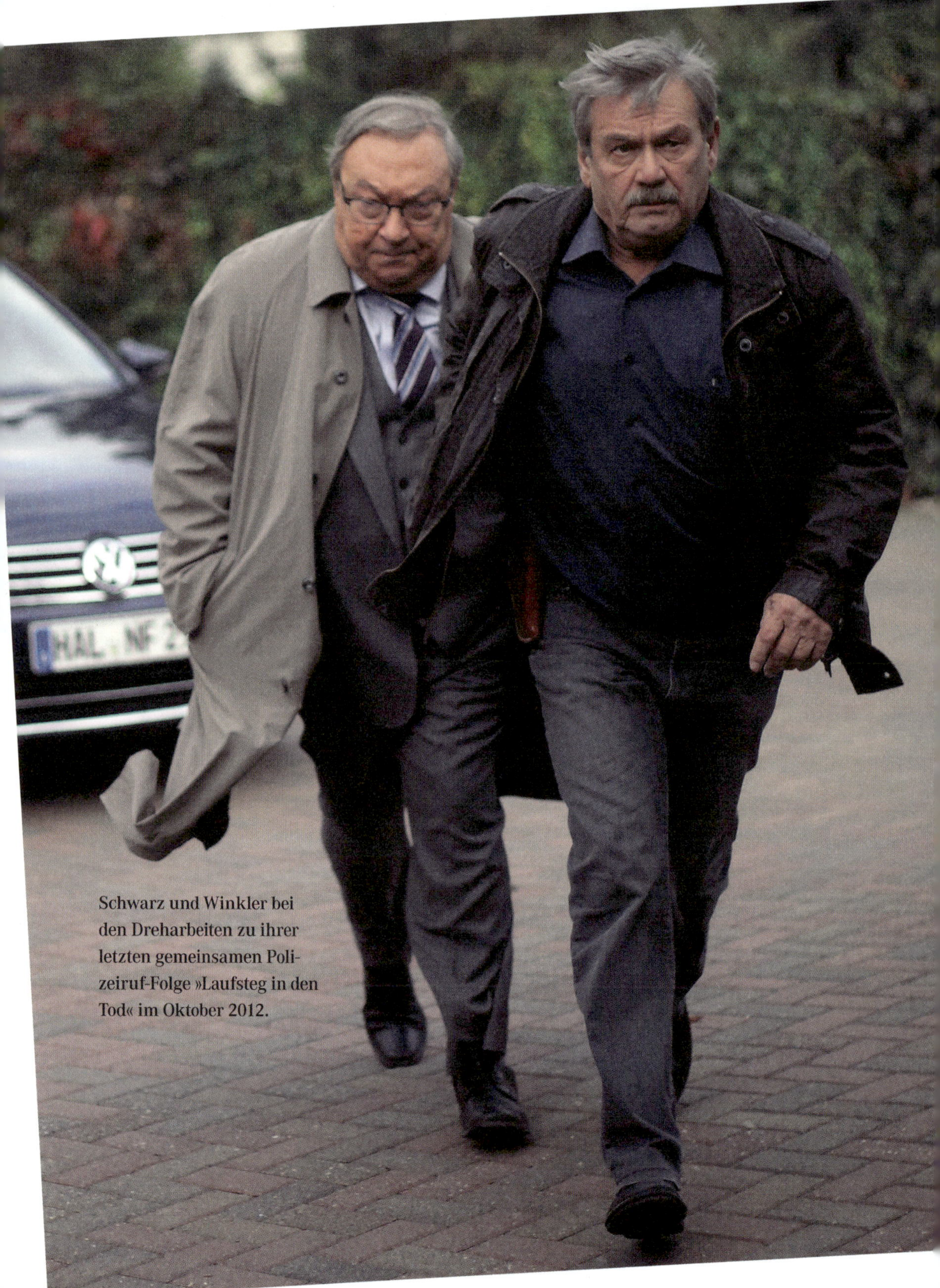

Schwarz und Winkler bei den Dreharbeiten zu ihrer letzten gemeinsamen Polizeiruf-Folge »Laufsteg in den Tod« im Oktober 2012.

»MENSCH HERBERT, DAFÜR MUSSTE DICH ABER BEI IHR ENTSCHULDIGEN!«

Schmücke und Schneider teilen sich nicht nur den Vornamen: Sie sind seit Polizeischul-Tagen befreundet und lösen ihre Fälle unter liebevollen Frotzeleien.

Durch Zufall trifft Hauptkommissar Herbert Schmücke in seinem ersten Fall »Der Pferdemörder« 1996 auf seinen alten Freund Herbert Schneider. Kurzerhand bietet er Schneider die Zusammenarbeit an, fortan gehen die beiden gemeinsam auf Verbrecherjagd und kultivieren dabei auf liebevolle Art ihre Altherren-Marotten. Auch fachlich ergänzen sich die beiden altgedienten Ermittler: Während sich Schneider – ganz der analytische Kriminalist – am liebsten an die Fakten hält, spürt Gemütsmensch Schmücke den Verflechtungen und Zusammenhängen nach, die zur Tat geführt haben. Schmückt, der Zeugen und Täter versiert in einen harmlosen Plausch verstricken kann, gibt den Genießer, schätzt gutes Essen und edlen Wein. Dass sein Freund Schneider auch mit »einer Bratwurst am Stand« glücklich sein kann, ist für ihn unverstellbar.

Genauso unprätentiös und unaufgeregt wie die beiden Kommissare erscheinen auch ihre Dienstwagen. Sind die beiden in den frühen Fällen noch im

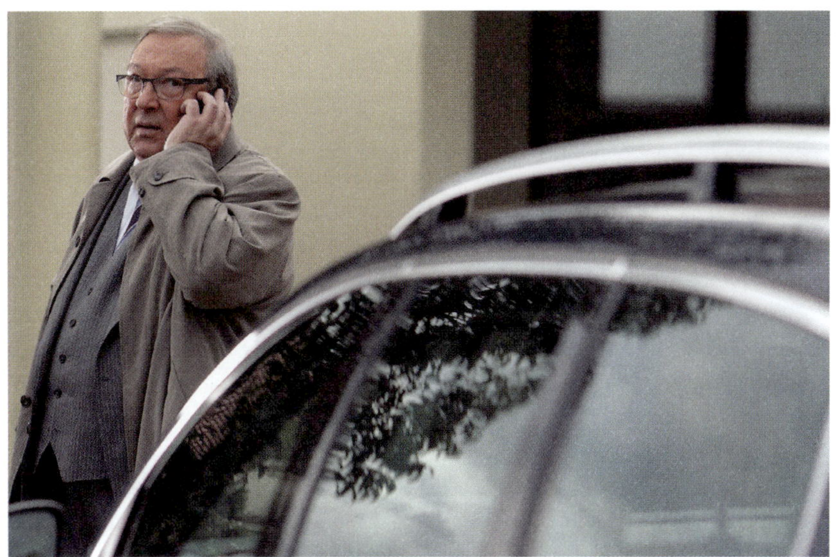

Im Gegensatz zu vielen anderen Ermittlern sind Schwarz und Winkler in authentischen Dienstwagen unterwegs, hier 2012 im damals aktuellen VW Passat B7 Variant.

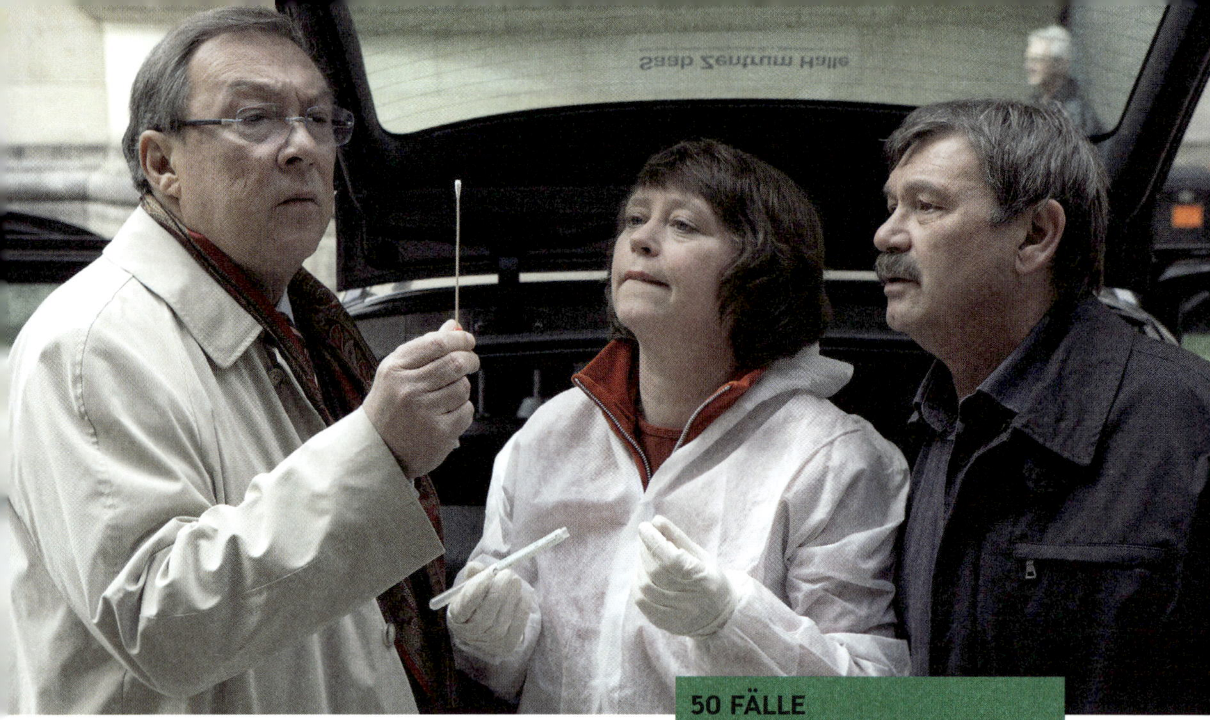

2005 mit Rosamunde Weigand als Kriminalistin Marie Gruber in »Die Tote aus der Saale«.

silberfarbenem BMW E36 unterwegs, folgt bald der Umstieg auf VW Passat Variant. Bis zuletzt werden die beiden mit den Autos aus Wolfsburg ausgestattet, zunächst fahren sie Typ B5, später B7. Die praktischen Familien-Kombis waren stets im unauffälligen Dunkelblaumetallic lackiert. *red*

»WARUM GEBE ICH BLOSS IMMER NACH?« - J. SCHNEIDER

50 FÄLLE

Von 1996 bis 2013 ermittelten Kriminalhauptkommissar Herbert Schmücke und Kriminalhauptkommissar Herbert Schneider mit biederer Beharrlichkeit in der Saale-Stadt, manche Einsätze führten die beiden bis nach Erfurt (»Rot ist eine schöne Farbe«, 1998). Die gemeinsame Arbeit schweißte die beiden Schauspieler auch privat zusammen, sie bestanden auf gemeinsamen Garderoben-Räumen und lasen zusammen Zeitung, Winkler den Sportteil und Schwarz das Feuilleton. 2013 schickte der MDR ein neues Team um Kriminalhauptkommissarin Doreen Brasch, gespielt von Claudia Michelsen, in Magdeburg auf Streife. »Laufsteg in den Tod«, die Abschiedsfolge von Schmücke und Schneider, erzielte rekordverdächtige Quoten.

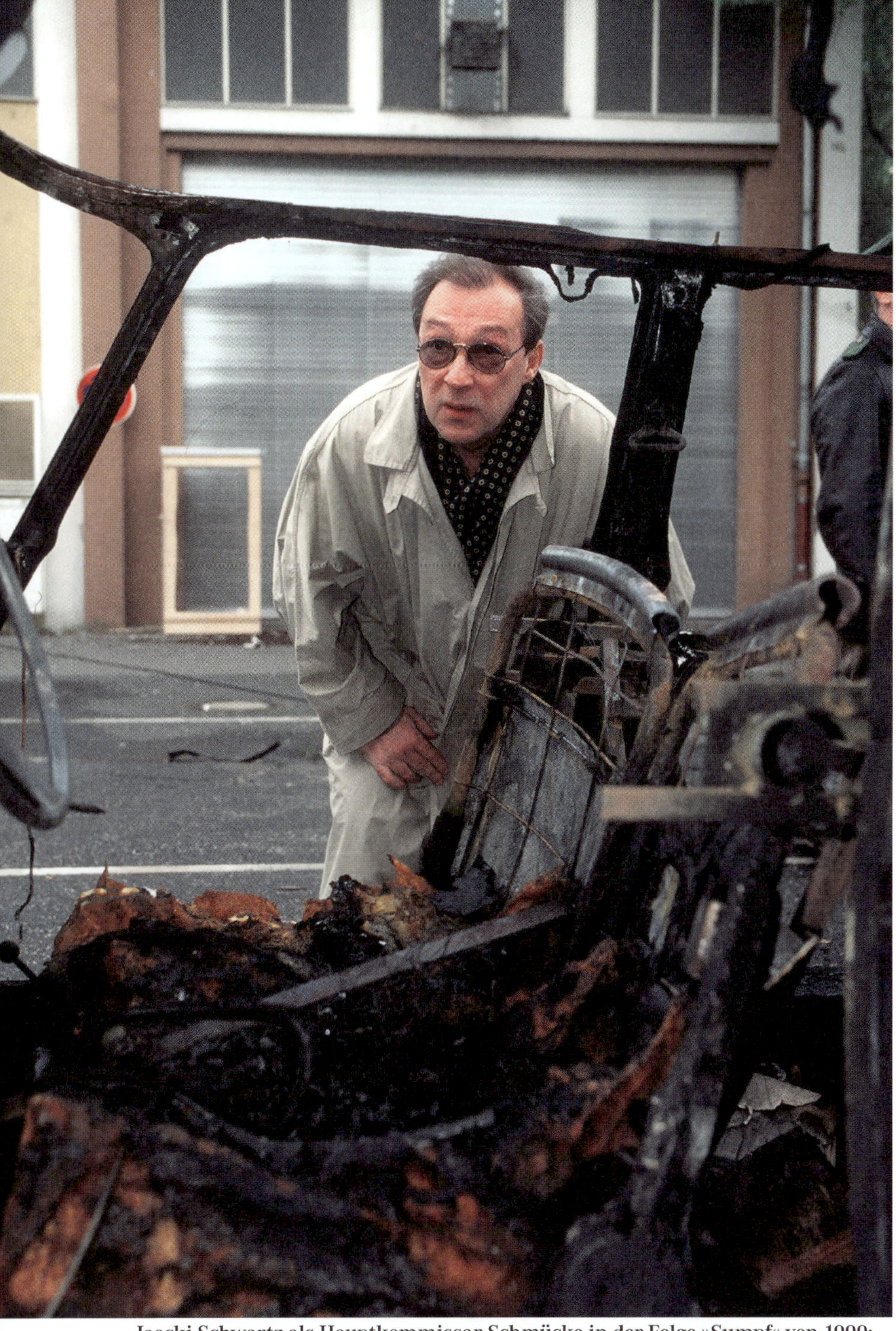

Jaecki Schwartz als Hauptkommissar Schmücke in der Folge »Sumpf« von 1999: Der Journalist Jürgen Loock wurde durch eine Autobombe getötet.

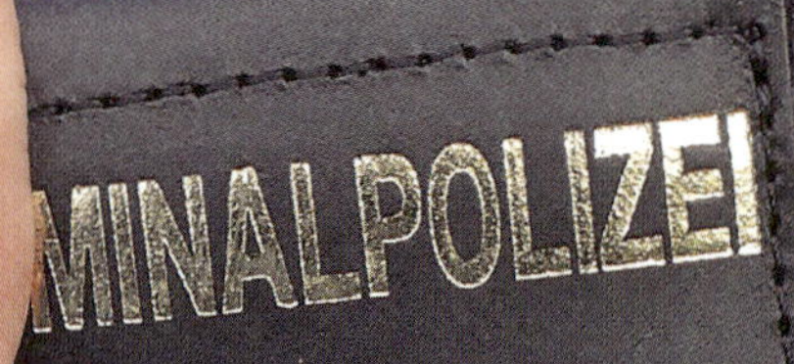
MINALPOLIZEI
KRIMINAL
POLIZEI
DIN A 9, 37 x 52 mm
Eigenhändige Unterschrift des Inhabers

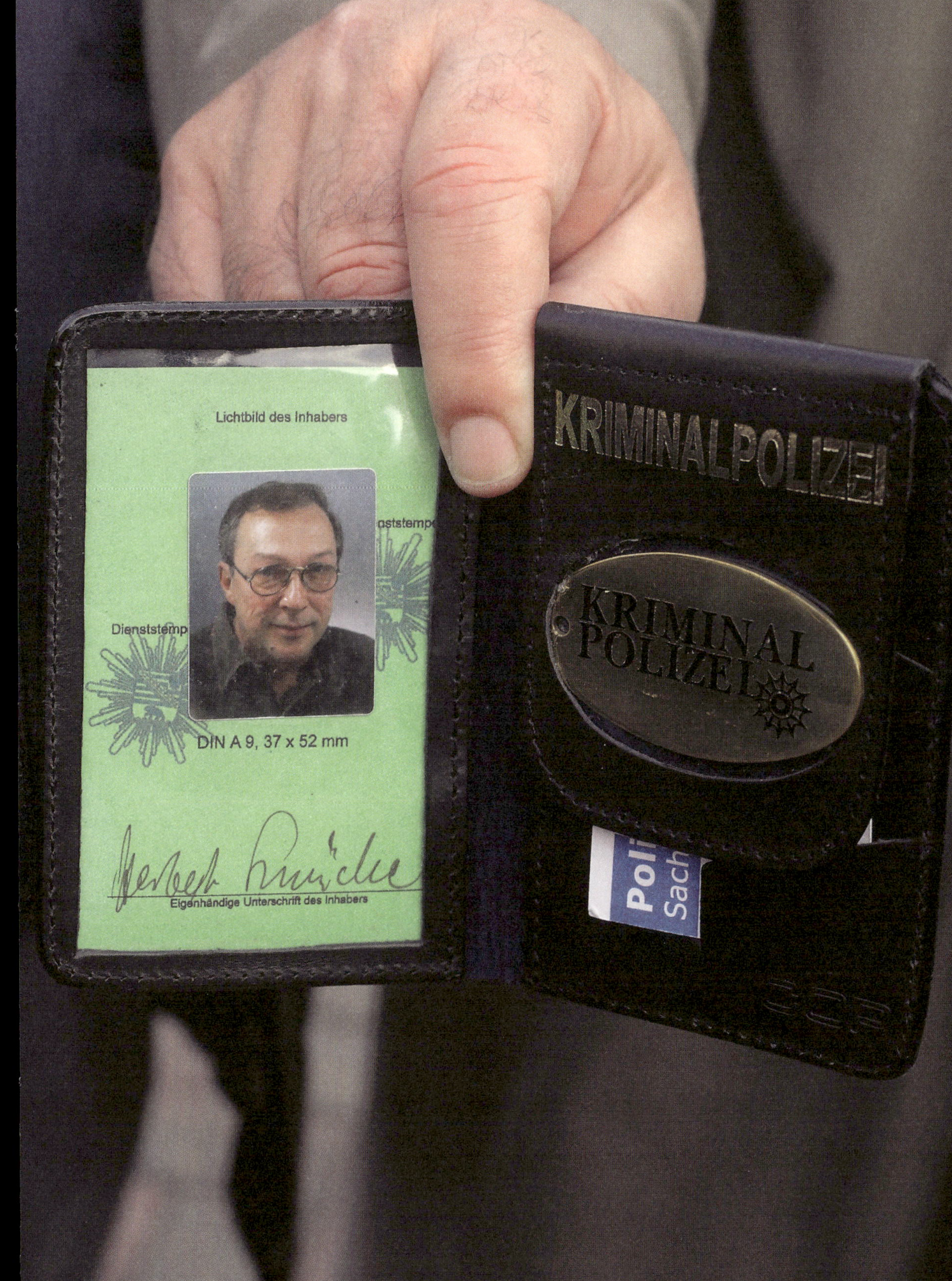
Lichtbild des Inhabers
DIN A 9, 37 x 52 mm
Eigenhändige Unterschrift des Inhabers
KRIMINALPOLIZEI
KRIMINAL
POLIZEI

KAPITEL 15

»TATORT: ODENTHAL UND KOPPER« MIT ANDREAS HOPPE (1996–2018)

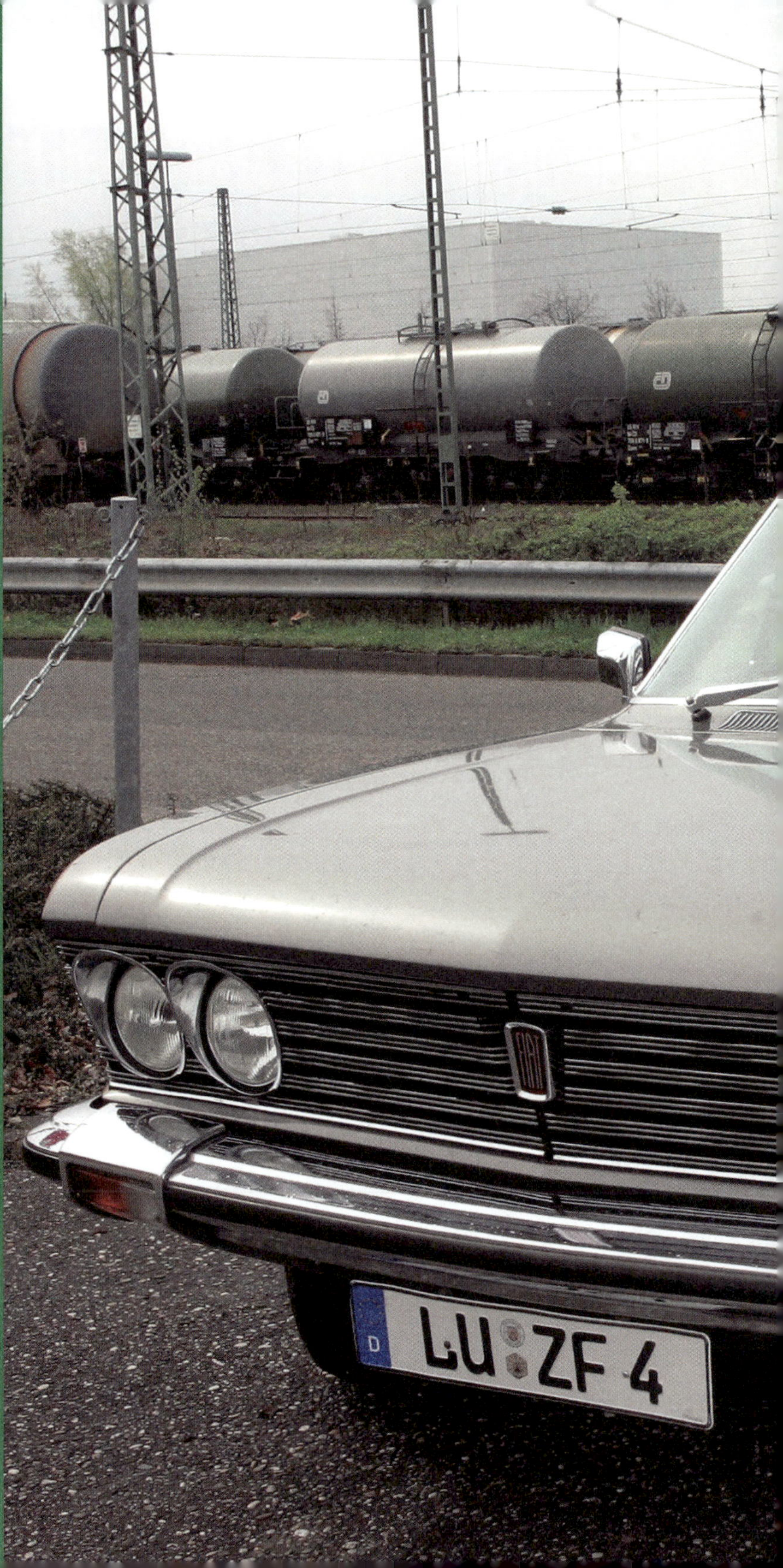

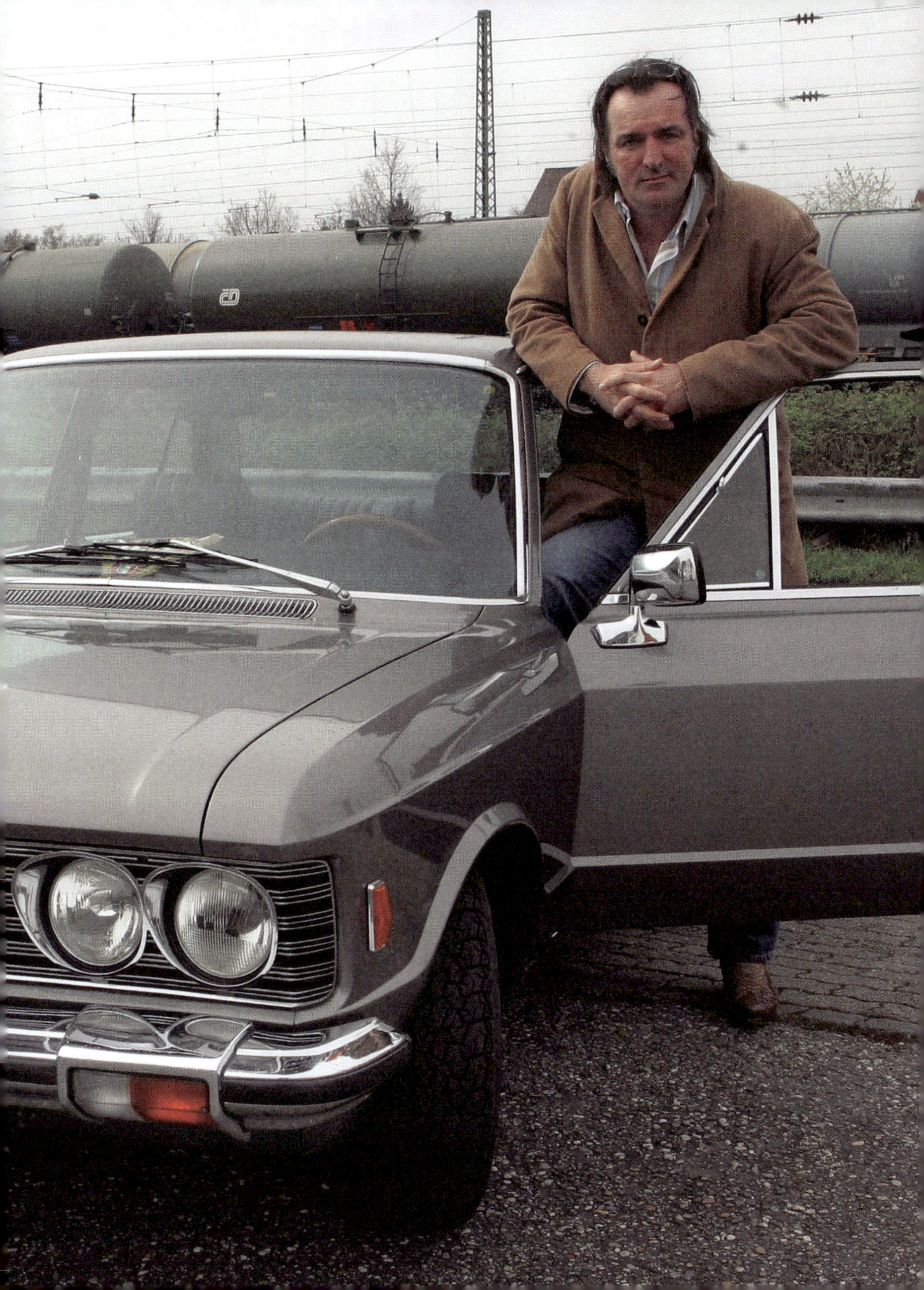

Folkerts und Hoppe 1999 in der Folge »Offene Rechnung«.

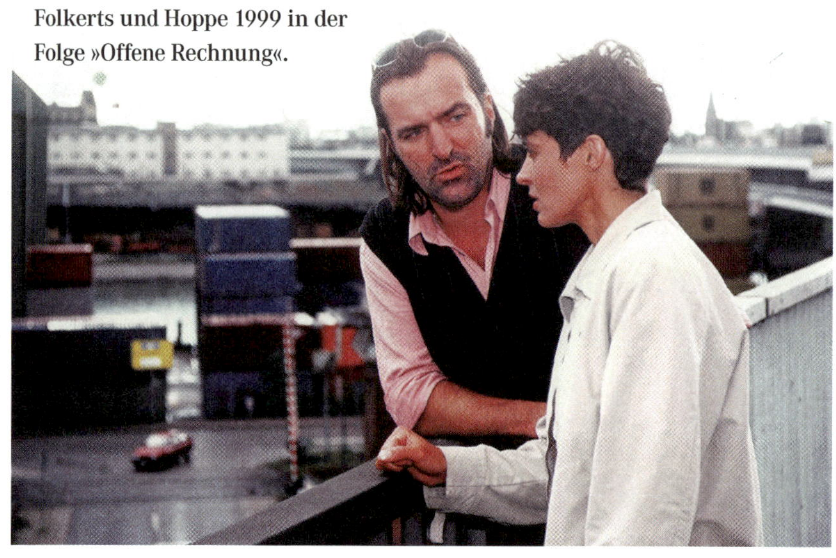

»DAS IST KEIN LADA, VERDAMMT, DAS IST DIE SCHÖNSTE LIMOUSINE ITALIENS«

Mario Kopper von der Kripo Ludwigshafen liebt die italienische Lebensart. Opulent wie ein Saltimbocca alla romana ist sein Fiat Centotrenta.

Das Nummernschild am Fiat 130 ist ein verstecktes Wortspiel: LU-ZF 4. Es steht für Luzifer, die »Lichtgestalt«, oder besser noch die Inkarnation des Morgensterns in der römischen Mythologie. Zu Andreas Hoppe alias Mario Kopper, im ARD-»Tatort« Hauptkommissar bei der Kriminalpolizei Ludwigshafen, passt diese intellektuelle Anspielung perfekt: Er ist ein belesener Bildungsbürger, und dazu ein Genießer in vielen Lebenslagen, der das Besondere liebt – ob beim Wein oder bei seinen Autos.

Seine Italien-Liebe kommt nicht von ungefähr, Kopper hat eine italienische Mutter, Elvira, und einen deutschen Vater. Elvira bekocht ihren Sohn, weit über die eigenen vier Wände hinaus bis ins Büro. Oft ist ihm das zu viel »Mamma mia«, dann verkriecht er sich in eine Depression, die hauptsächlich von seinem Übergewicht kommt. Kopper ist ganz anders als seine toughe, durchtrainierte Chefin Lena Odenthal. Er gibt im wahrsten Wortsinn den Bauchmensch, der sich leicht verführen lässt. Disziplin ist nicht seine Stärke. Aber er hat einen messerscharfen Verstand, ist treu und verlässlich. Kopper zeigt auch im Dienst Gefühle, kriegt Wutausbrüche und weint schon mal aus Mitleid. Erst recht, wenn sein Lieblingsauto verschrottet wird. Der italophile Gourmet fuhr im »Tatort« jahrelang einen Alfa Romeo Giulia in der seltenen Kultfarbe Prugna, Code 525. Prugna meint im Italienischen »Pflaume« und ist ein zartes Lila, das hinreißend aussieht.

DER JÄHE TOD DER GIULIA

Kopper hat die 73er Giulia Super 1.6 aus dem Bauch heraus gekauft und hat, wie es mit wirklichen Autolieben so ist, im Laufe der Jahre viel Geld reingesteckt. In der 25. Folge mit dem ironischen Titel »Schrott und Totschlag« endet das verzärtelte Julchen samt Leiche im Kofferraum im Schredder einer Autoverwertung. Der Untröstliche tröstet sich eine Weile mit einem Fiat Croma und einem 500. Leider passt das süße kleine rote Ding so gar nicht zur Opulenz der Figur und zur Präsenz seines auch rhetorisch formatfüllenden Auftritts. Kopper ist der Opern-Typ, der großes Drama liebt. Das kann er in vielen Dialogen und ab der 40. Folge »Roter Tod« auch am Lenkrad seines herrlichen Fiat 130 3200 mit BorgWarner ausleben.

Den von einem anderen Mario, nämlich

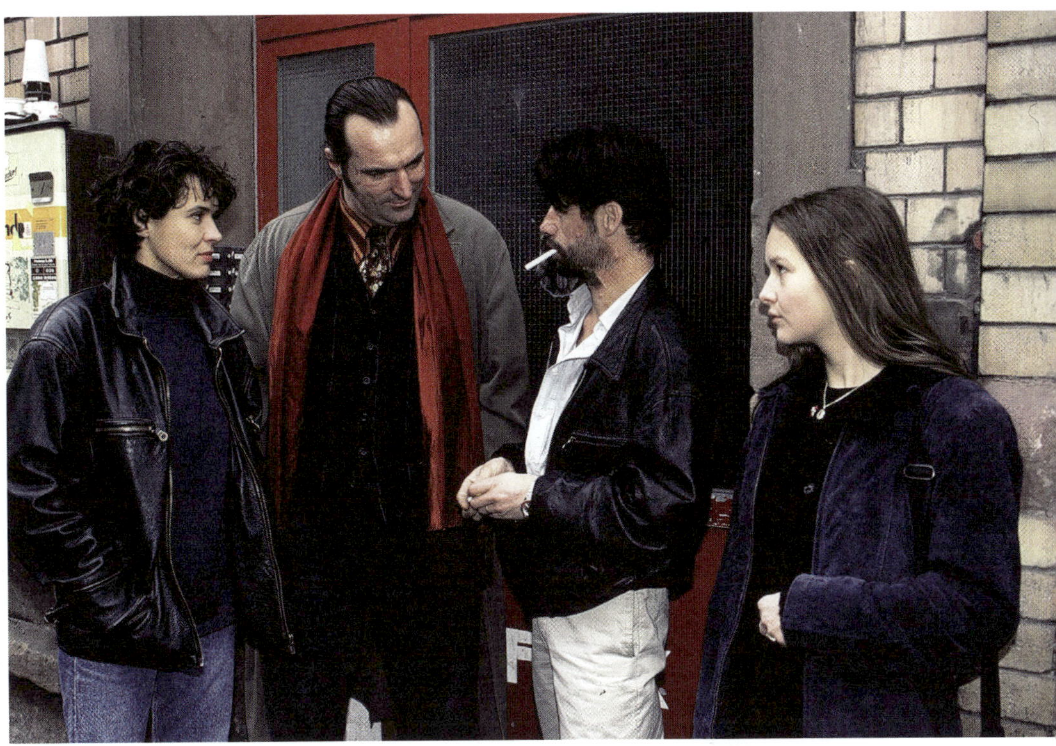

Realistische Fälle im Multikulti-Kosmos von Mannheim und Ludwigshafen und tolle Locations: 1998 mit Stefanie Stappenbeck und Birol Unel in »Engelchen flieg«.

von Design-Papst Felice Mario Boano, in distinguierter Zurückhaltung gezeichneten Centotrenta bezeichnet Kopper als »schönen Wagen«, und wie viele eigenwillige Connaisseure muss er sich für den arg unaufgeregten großen Fiat oft rechtfertigen. Schmähungen wie »S-Klasse-Lada« treffen ihn tief.

Frauenkompatibel ist der Fiat auch nicht. Kopper zieht aus Frust und Überzeugung mit seiner Chefin in einer Wohngemeinschaft zusammen: Ein Leben zwischen Mama und bester Freundin, die auch noch seine Vorgesetzte ist. Odenthal, gespielt von Ulrike Folkerts, gibt die perfekte Antagonistin, kühl, überlegt, rational. Die Drehbücher des Ludwigshafener »Tatort« sind genauso, ohne übertriebene Effekthascherei, und dabei auch dank Kopper gar nicht langweilig: realistische Fälle im Multikulti-Kosmos von Mannheim und Ludwigshafen mit sozialkritischem Hintergrund und tollen Locations.

63 FOLGEN

Seit 1989 ist der einstige SWF-»Tatort« aus Ludwigshafen auf Sendung. Ulrike Folkerts spielt von Anfang an die Kriminalhauptkommissarin Lena Odenthal. Mario Kopper tritt als Assistent erst 1996 in der 10. Folge »Der kalte Tod« an ihre Seite, später auch privat in einer WG. Mit der 66. Folge »Kopper« feierte er 2018 gebührend seinen Abschied aus der Reihe.

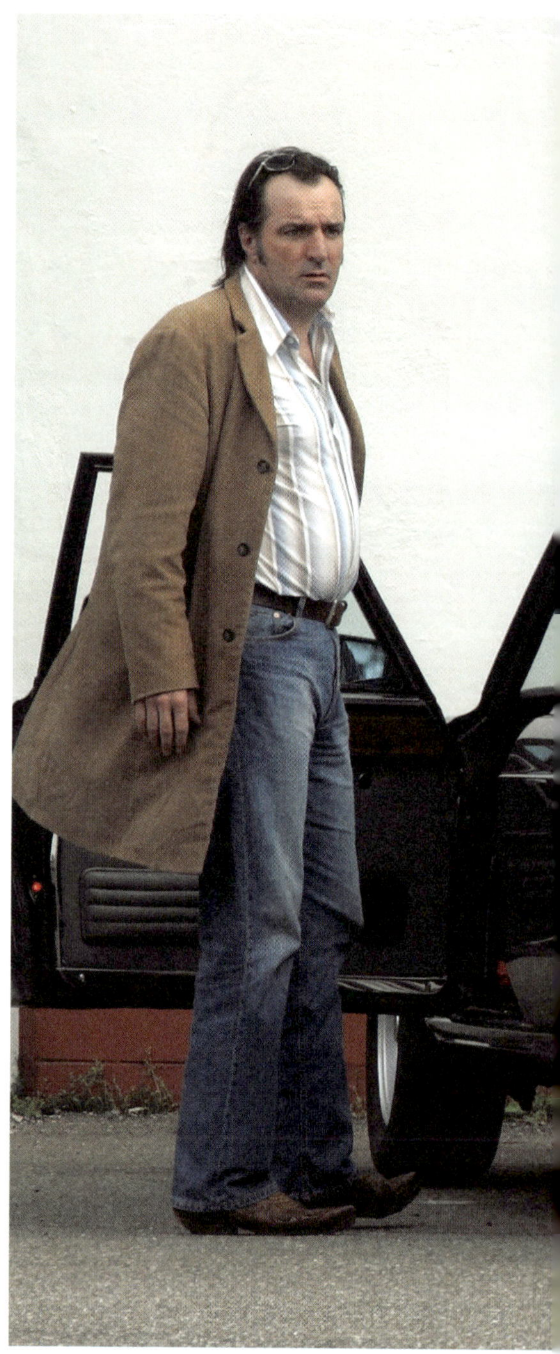

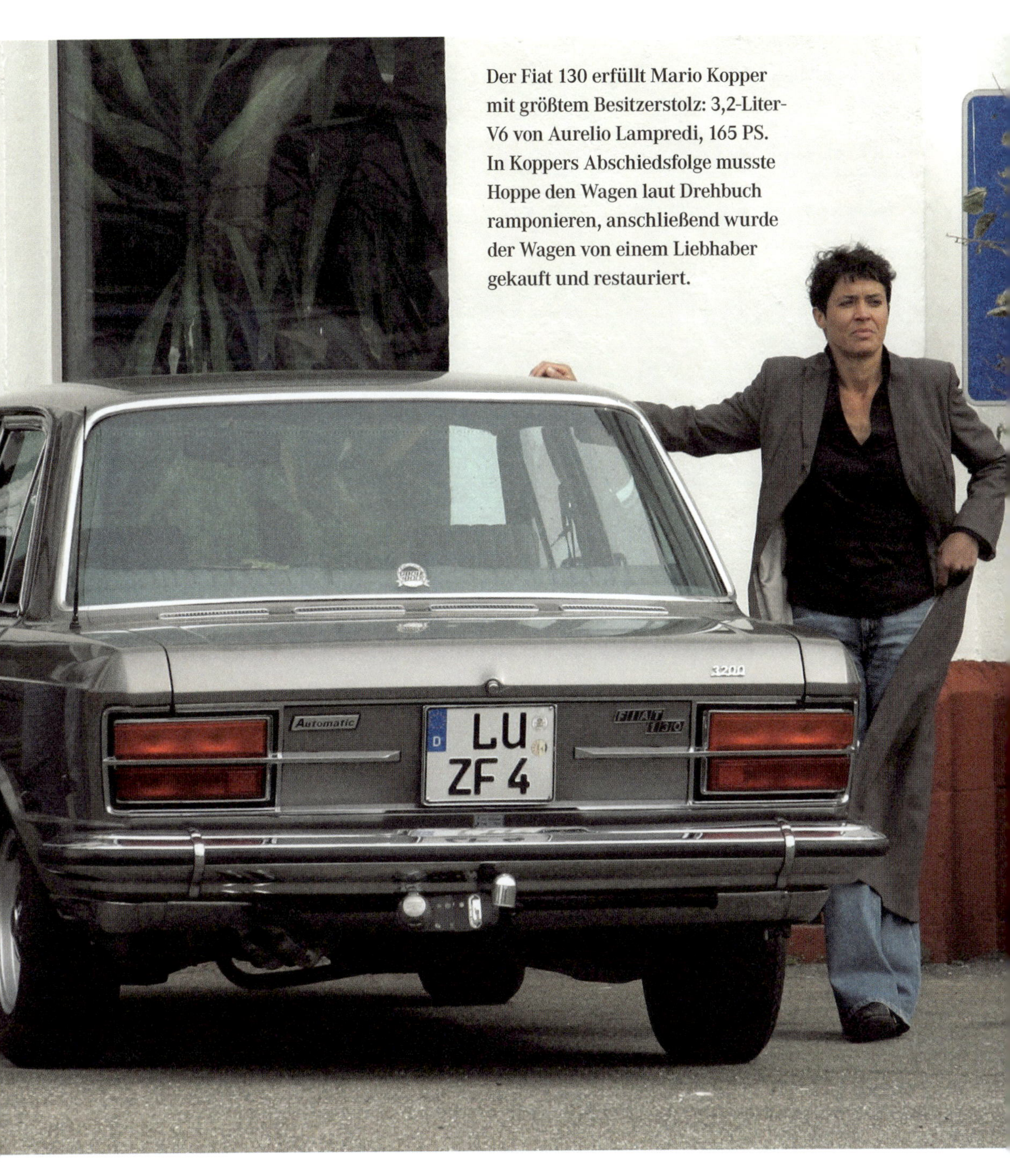

Der Fiat 130 erfüllt Mario Kopper mit größtem Besitzerstolz: 3,2-Liter-V6 von Aurelio Lampredi, 165 PS. In Koppers Abschiedsfolge musste Hoppe den Wagen laut Drehbuch ramponieren, anschließend wurde der Wagen von einem Liebhaber gekauft und restauriert.

KAPITEL 16

»TATORT: BALLAUF UND SCHENK« MIT BEHRENDT / BÄR (SEIT 1997)

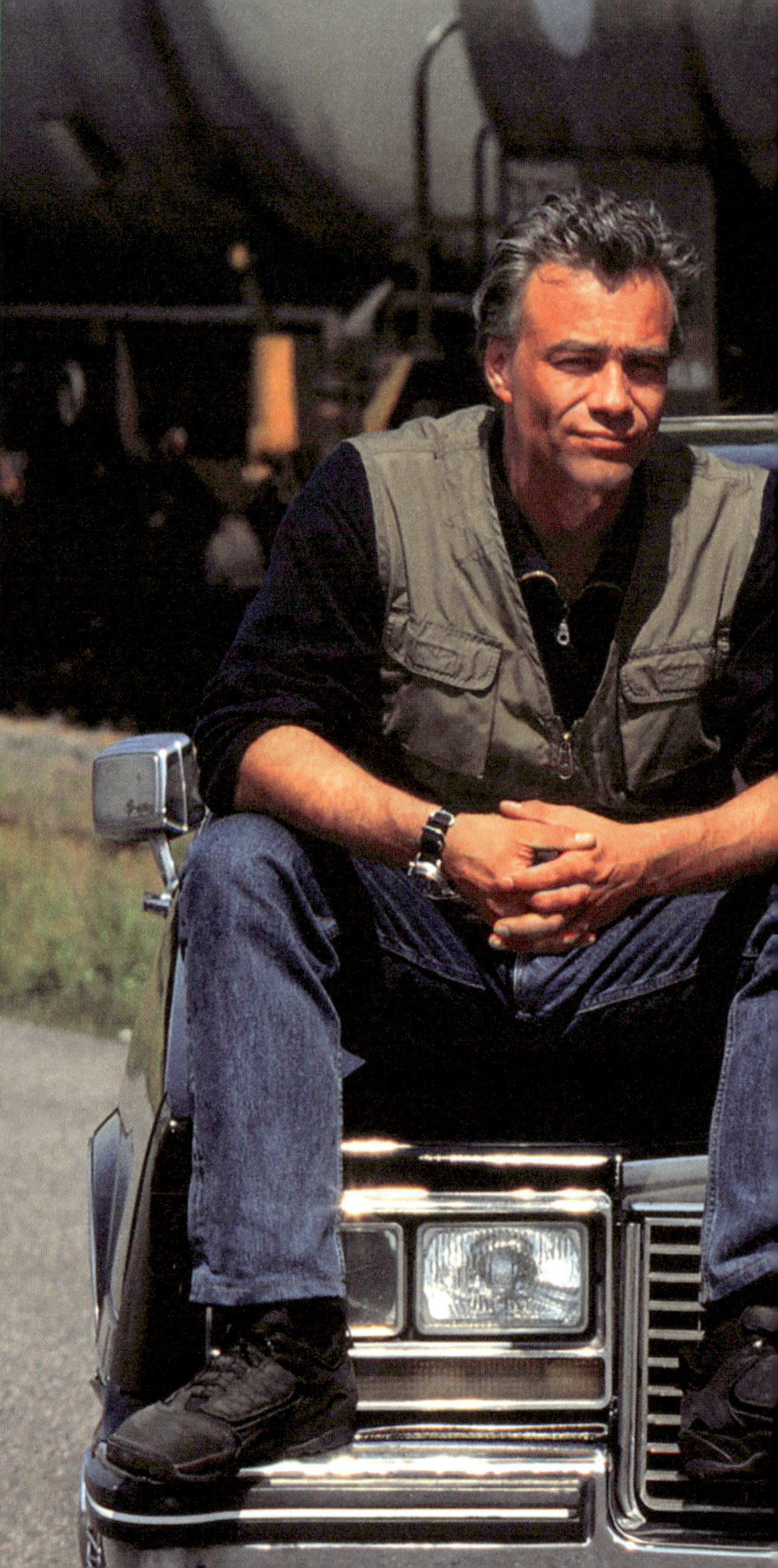

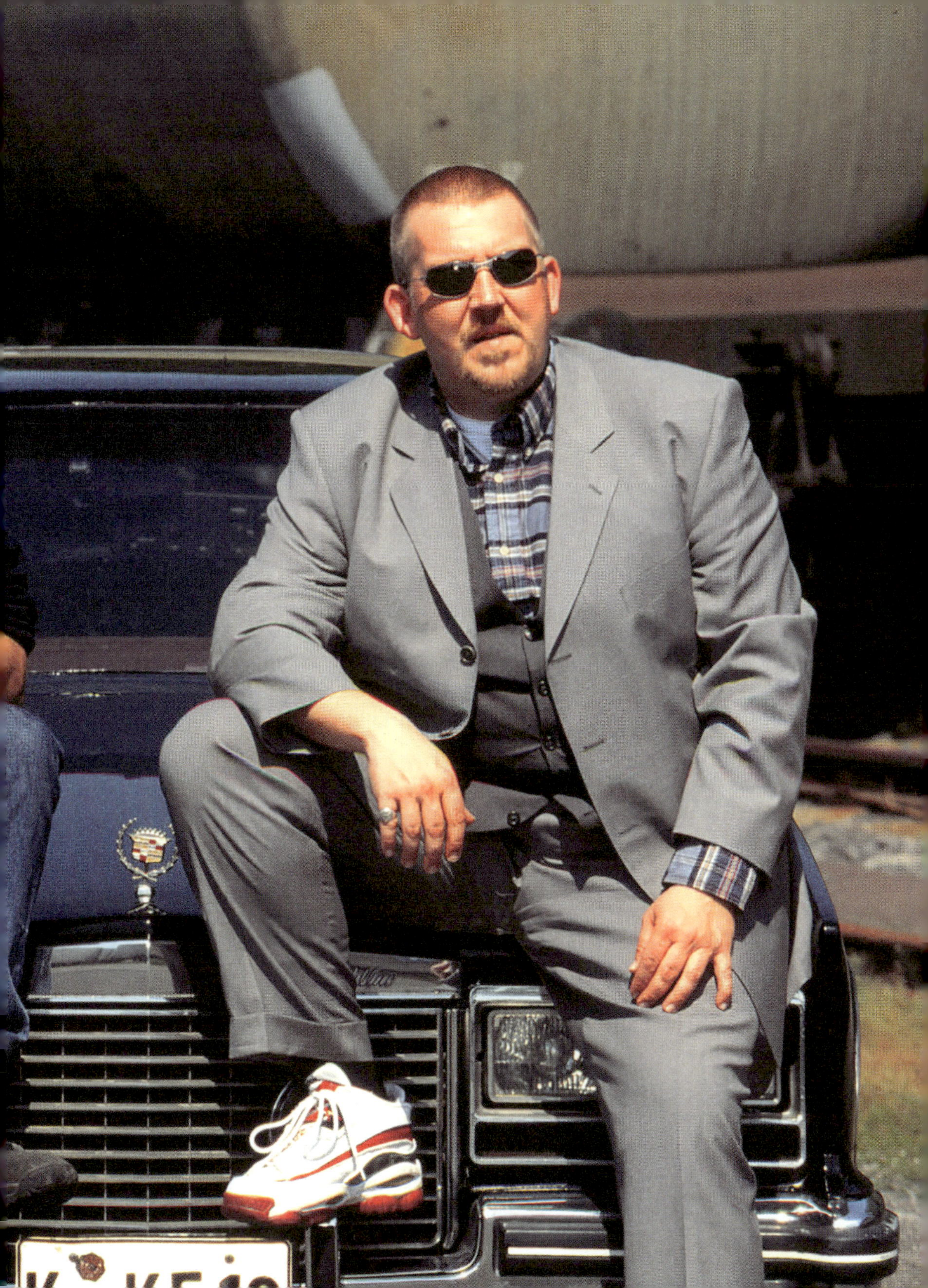

»WENN ICH LANGSAMER FAHREN SOLL, MUSST DU ES BLOSS SAGEN!«

Seit mehr als 25 Jahren sind Schenk und Ballauf das Gesicht des Kölner Tatorts. Während ihrer Ermittlungsarbeit liefern sich die beiden liebevolle Reibereien – und verhandeln nebenbei immer wieder die großen gesellschaftspolitischen Themen der Zeit.

Als der WDR 1997 sein neues Köllner Ermittlerteam präsentierte, war Max Ballauf bei Tatort-Fans kein Unbekannter. Bereits achtmal hatte Klaus J. Behrendt zwischen 1992 und 1994 den draufgängerischen Kommissar als Teil des Düsseldorfer Teams um Roswitha Schreiner und Martin Lüttge verkörpert. Nach seinem vorläufigen Ausstieg spann man seine fiktive Biografie fort: Er war nach Kanada ausgewandert, später absolvierte er in Florida eine vierjährige Spezialausbildung bei der Drogenfahndung. Nachdem Tod seiner Freundin kehrte

Bereits achtmal verkörperte Klaus J. Behrendt zwischen 1992 und 1994 den Ermittler Max Ballauf, er war Teil des Düsseldorfer Teams um Roswitha Schreiner und Martin Lüttge.

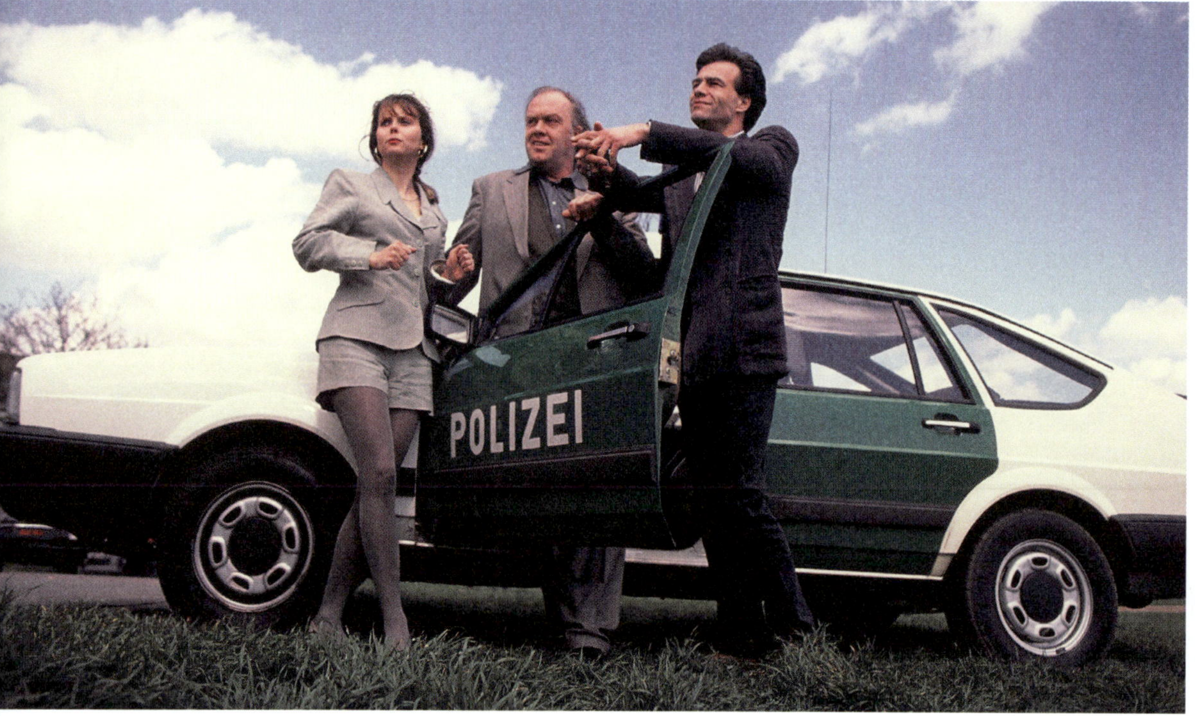

er nach Deutschland zurück, wo er Freddy Schenk die sicher geglaubte Stelle als Leiter der Mordkommission wegschnappt.

So steht es um das Verhältnis der beiden zunächst nicht zum Besten: Dietmar Bär verleiht dem manchmal cholerischen Großstadtcowboy Alfred – genannt »Freddy« – Schenk mit seiner ganzen Statur eindrucksvolle Glaubwürdigkeit. Nachdem er den Frust über die verpasste Beförderung überwunden hat, entwickeln sich die beiden ungleichen Ermittler zum perfekten Team, das in seiner Binnendynamik bisweilen die Züge einer Langzeitbeziehung trägt.

Auch privat stehen sich mit den beiden Ermittlern konkurrierende Lebensentwürfe gegenüber: Während Dauer-Single und Womanizer Ballauf lange Zeit im Hotel wohnt, ist Schenk in tiefstem Herzen Familienmensch, hat Frau und zwei Kinder – und verbringt dennoch mehr Zeit auf dem Revier als seiner Ehe förderlich wäre. Frust lässt er häufig an Untergebenen aus, die im Laufe der Jahre immer wieder wechselten: Auf Franziska Lüttgenjohann, deren Abschiedsfolge noch immer zu den

Gemeinsam mit Behrendt gab Dietmar Bär als Freddy Schenk 1997 in »Willkommen in Köln« sein Tatort-Debut. Sein Markenzeichen: Cowboy-Stiefel.

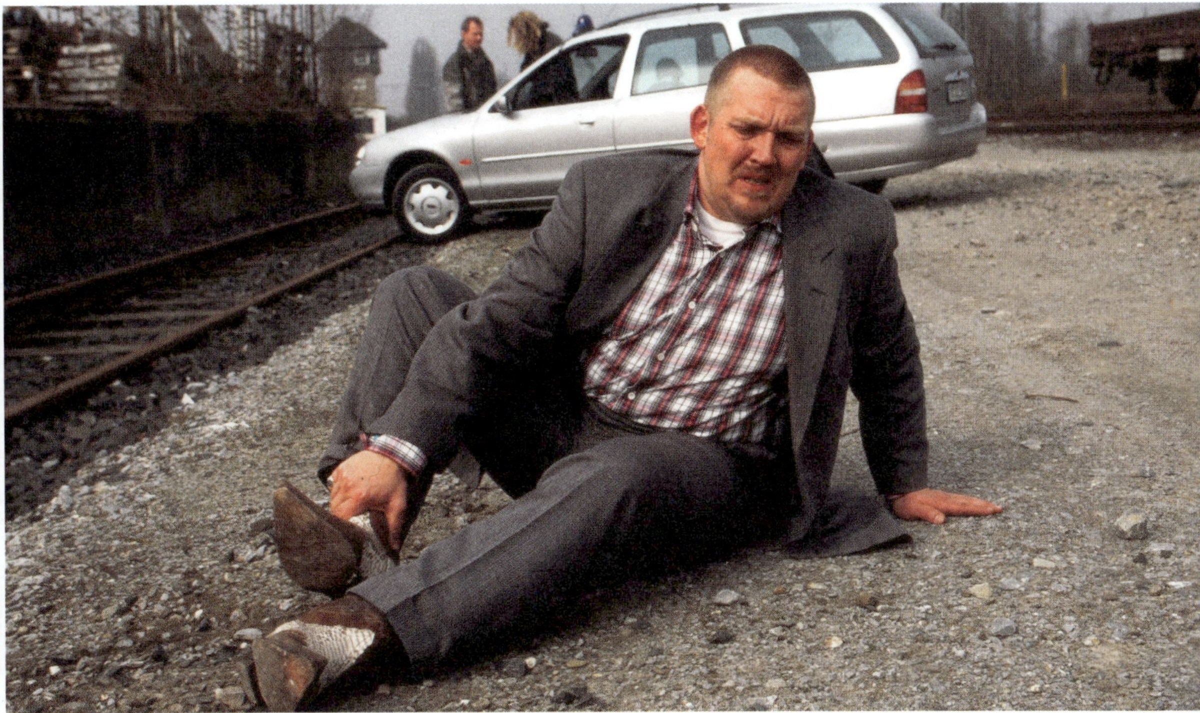

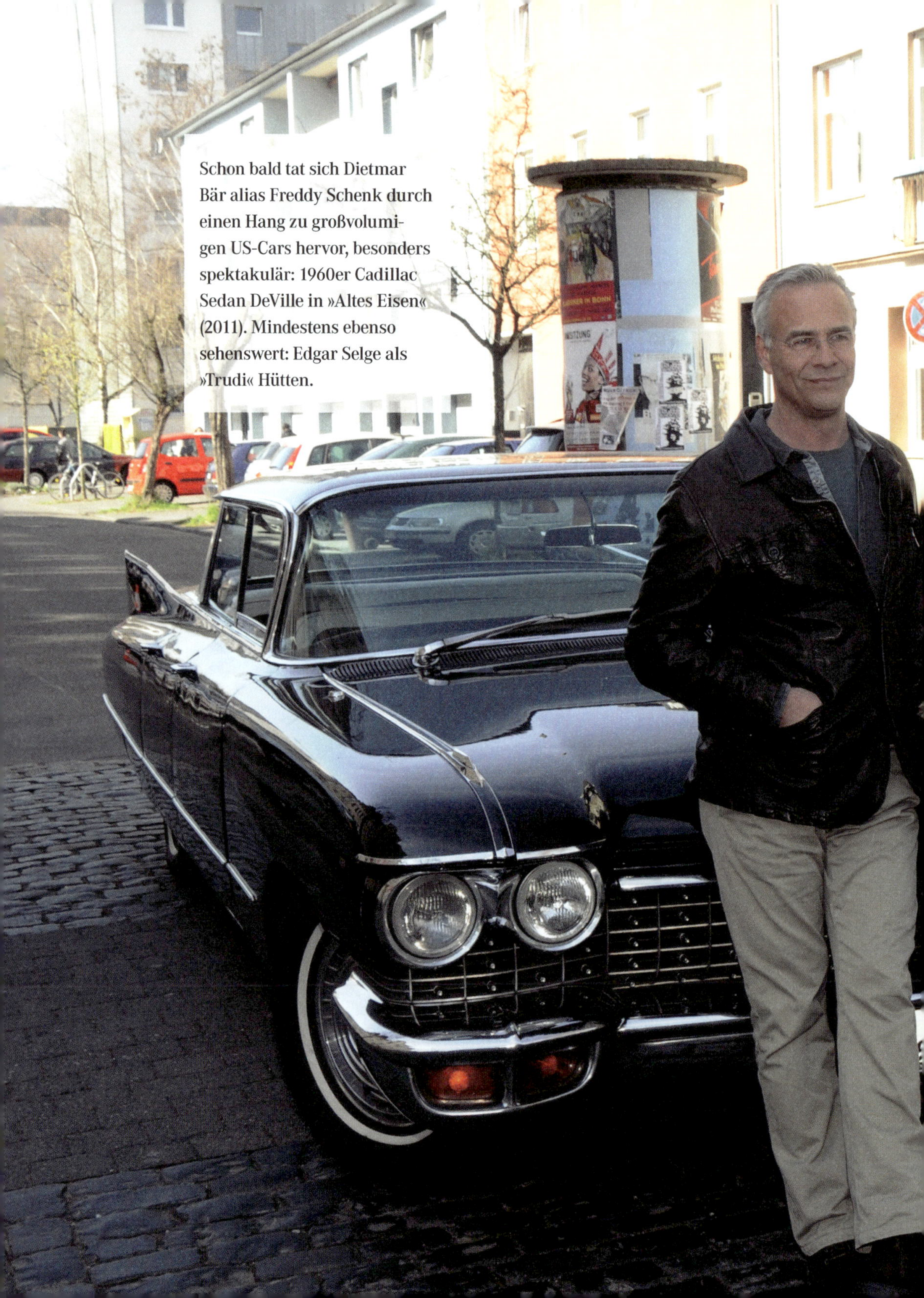

Schon bald tat sich Dietmar Bär alias Freddy Schenk durch einen Hang zu großvolumigen US-Cars hervor, besonders spektakulär: 1960er Cadillac Sedan DeVille in »Altes Eisen« (2011). Mindestens ebenso sehenswert: Edgar Selge als »Trudi« Hütten.

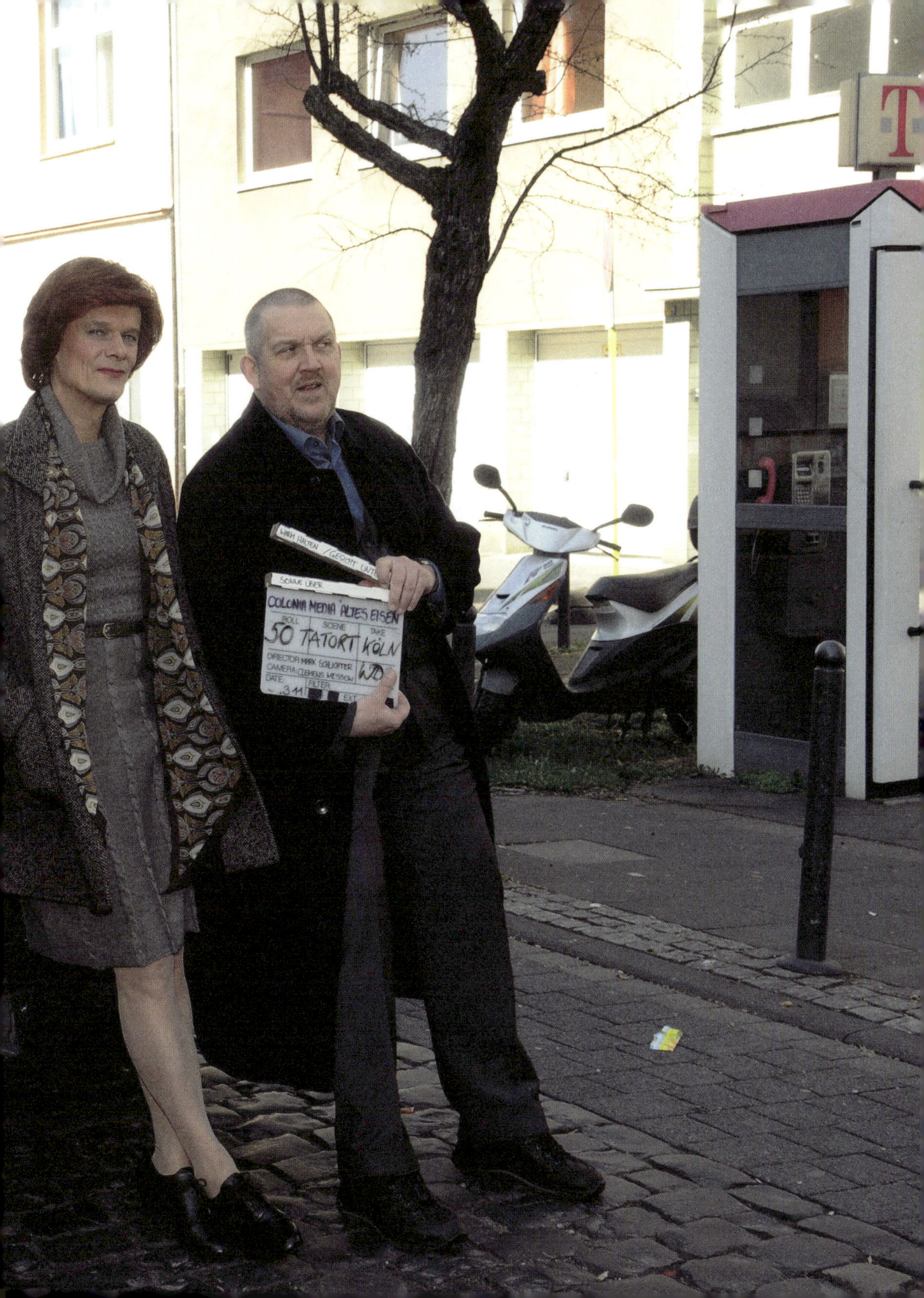
T
SONNE ÜBER
COLONIA MEDIA ALTES EISEN
ROLL
SCENE
TAKE
50 TATORT KÖLN
DIRECTOR MARK SCHLICHTER
CAMERA CLEMENS MESSOW
WDR
DATE
FILTER
3.11
EXT

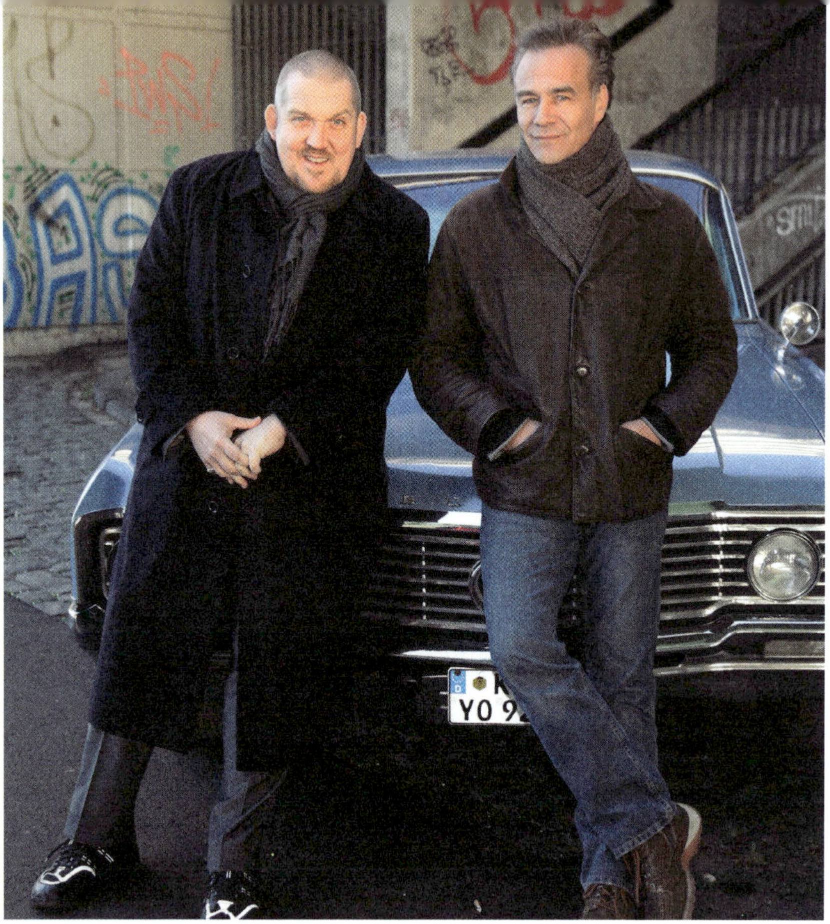

Mit 1964er Buick Electra 225 in »Spätschicht« (2007).

Von 2000 bis 2013 war Tessa Mittelstaedt als Franziska Lüttgenjohann Teil des Teams, hier mit Christian Tasche als Staatsanwalt Wolfgang von Prinz.

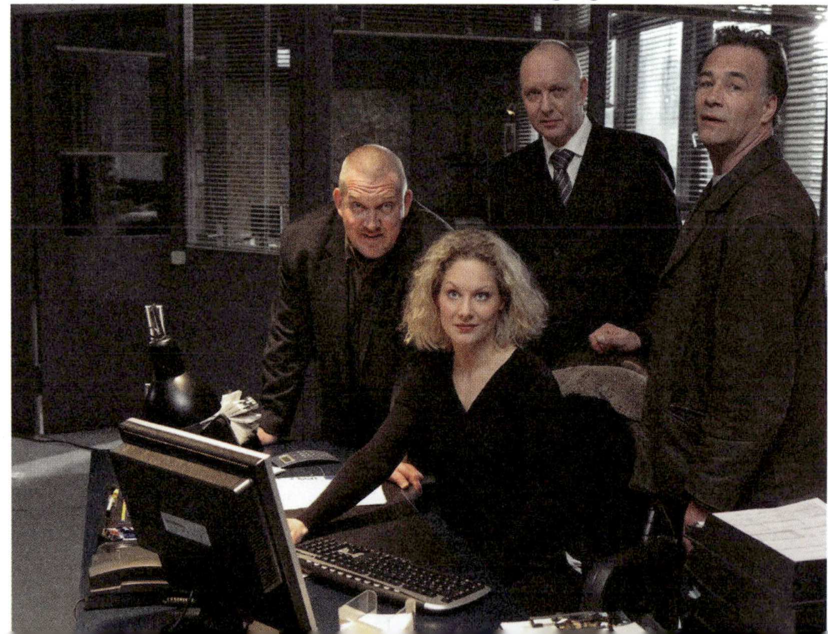

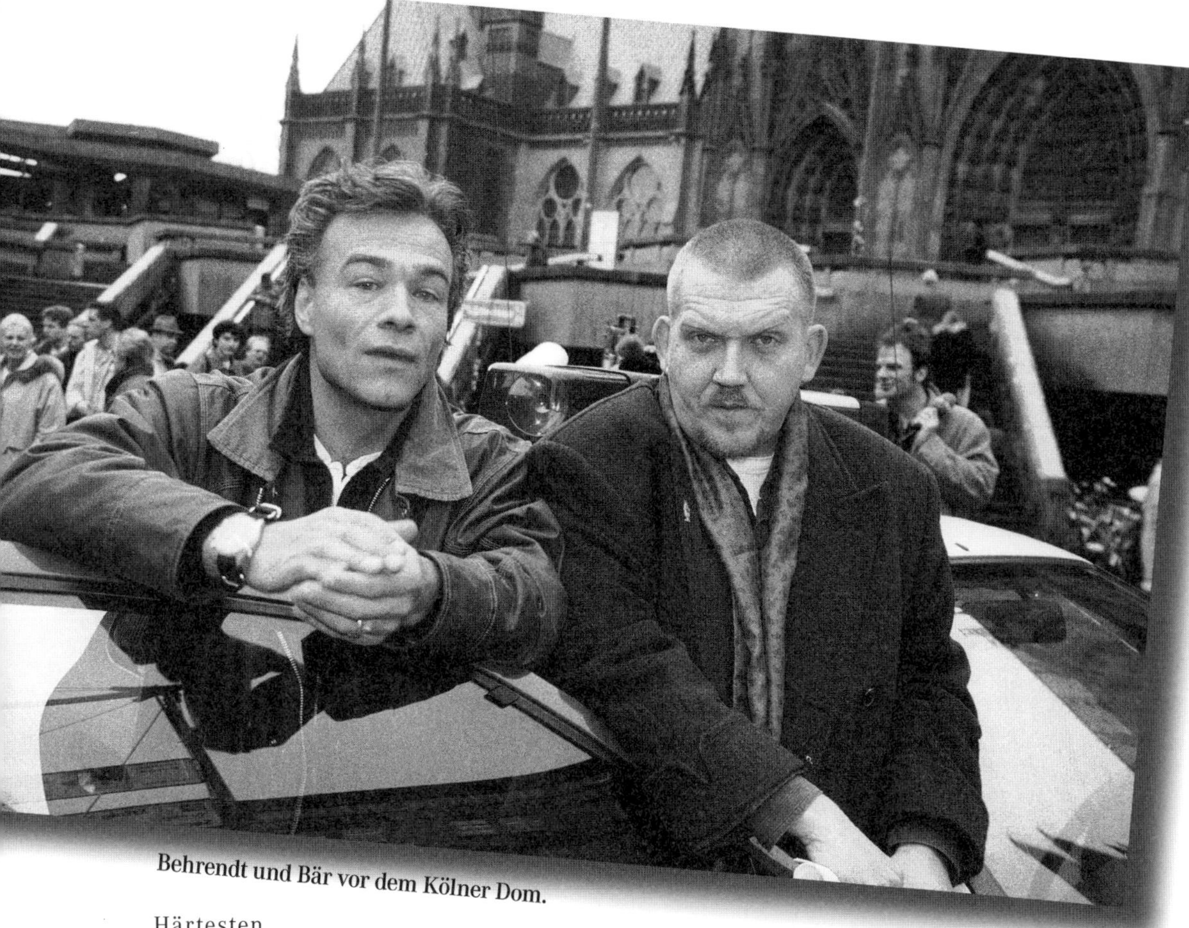

Behrendt und Bär vor dem Kölner Dom.

Härtesten
der ganzen Reihe gehört, folgte zuletzt Roland Riebeling als liebenswerter, aber etwas schusseliger Kriminaloberkommissar Norbert Jütte. Zelebrierte Schenk sein Großstadt-Cowboytum zunächst nur über passende Accessoires wie spitze Wildlederstiefel, entdeckte er bald seine Liebe zu großvolumigen US-Cars, die er sich meist direkt aus dem Fundus beschlagnahmter Fahrzeuge entleiht. Zu den schönsten Exemplaren zählten der 1960er Cadillac Sedan DeVille aus der Folge »Altes Eisen« (2011) und ein 1964er Buick Electra 225 aus »Spätschicht« (2007). *red*

»DU WIRST NIE GERUFEN, WENN ALLES GUT IST, NIE WENN ALLES SCHÖN IST. DU WIRST NUR GERUFEN, WENN ALLES SCHEISSE IST, WENN ALLES FÜRCHTERLICH IST.« - MAX BALLAUF

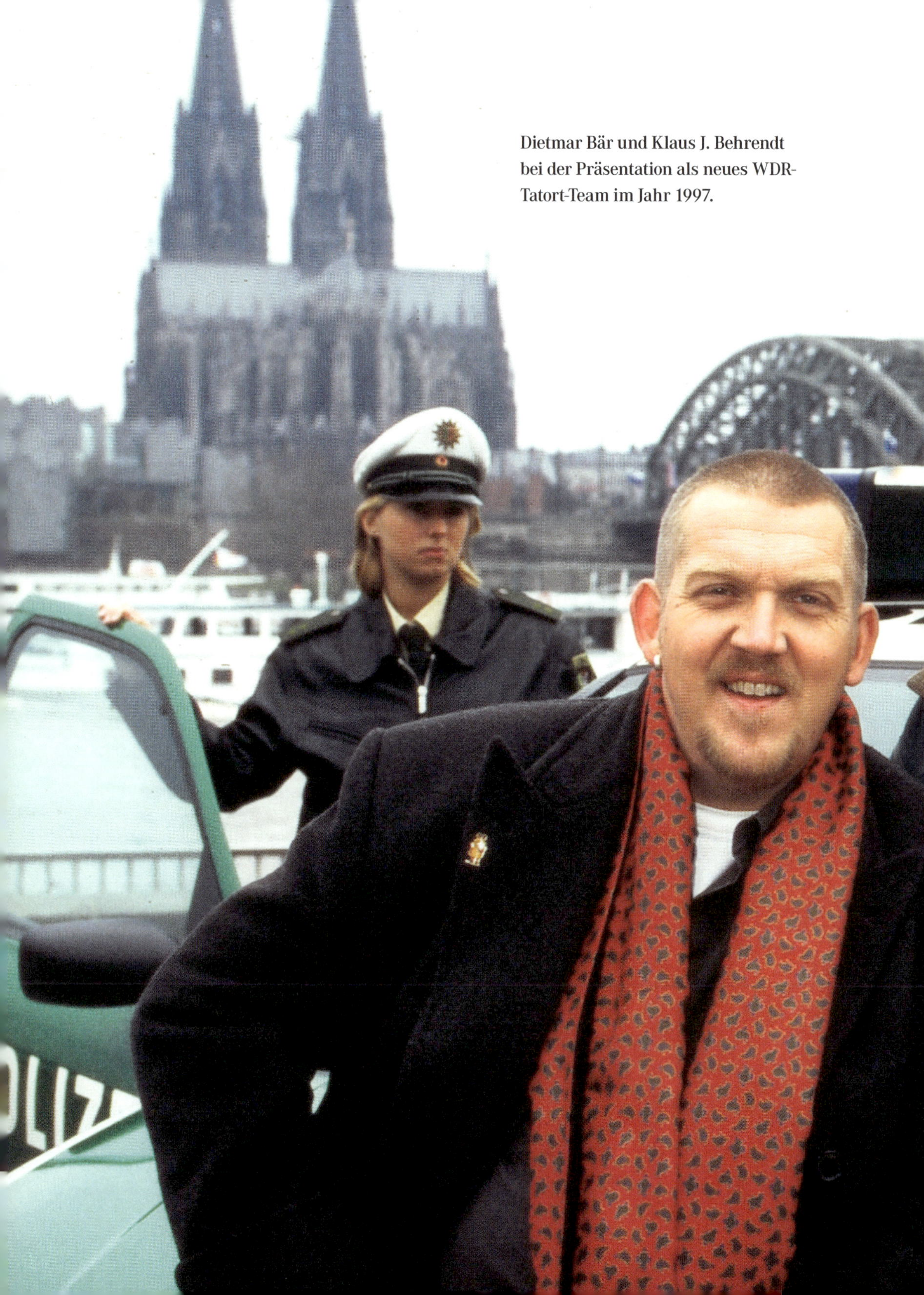

Dietmar Bär und Klaus J. Behrendt bei der Präsentation als neues WDR-Tatort-Team im Jahr 1997.

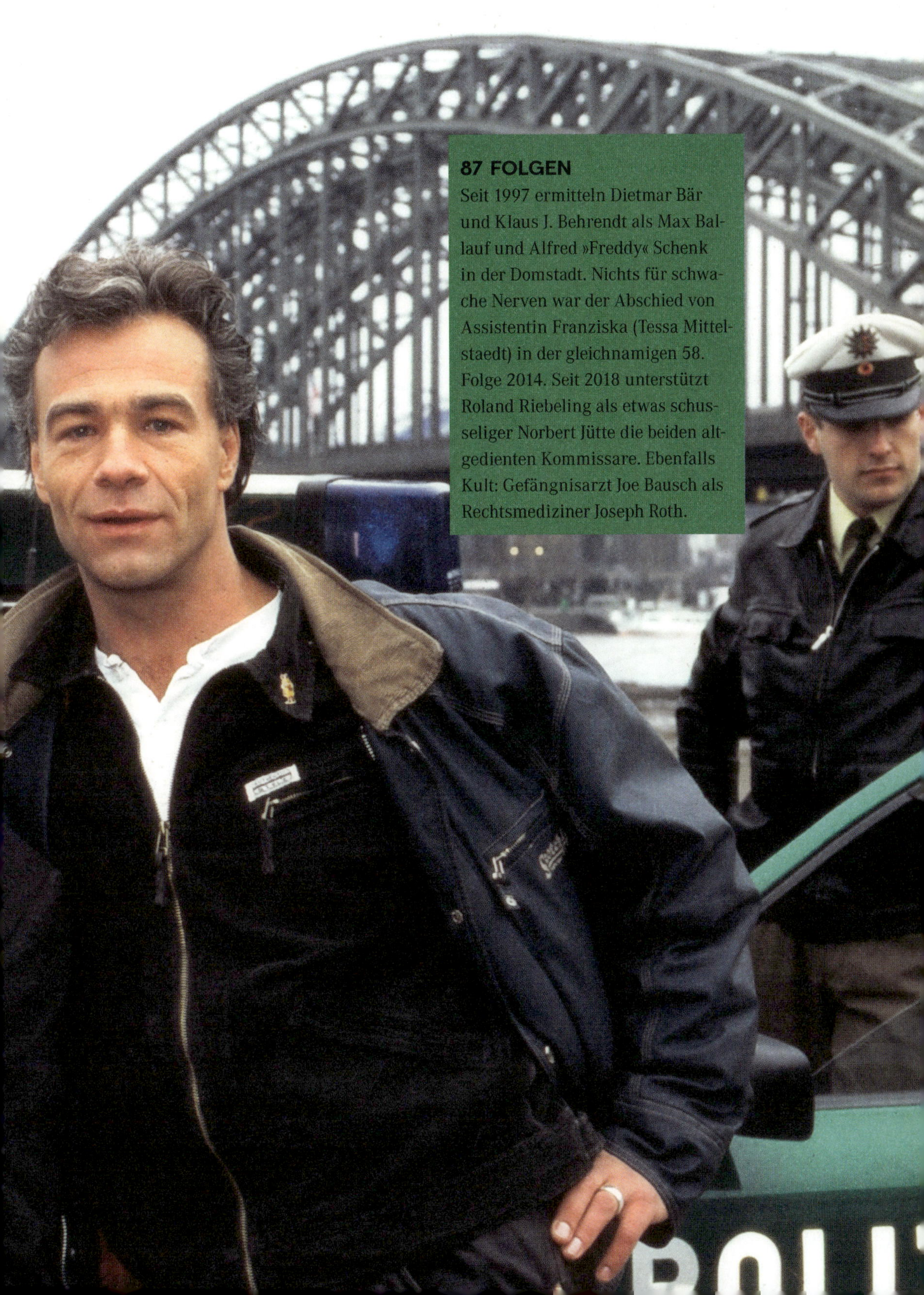

87 FOLGEN

Seit 1997 ermitteln Dietmar Bär und Klaus J. Behrendt als Max Ballauf und Alfred »Freddy« Schenk in der Domstadt. Nichts für schwache Nerven war der Abschied von Assistentin Franziska (Tessa Mittelstaedt) in der gleichnamigen 58. Folge 2014. Seit 2018 unterstützt Roland Riebeling als etwas schusseliger Norbert Jütte die beiden altgedienten Kommissare. Ebenfalls Kult: Gefängnisarzt Joe Bausch als Rechtsmediziner Joseph Roth.

KAPITEL 17

»WILSBERG« MIT LEONARD LANSINK (SEIT 1998)

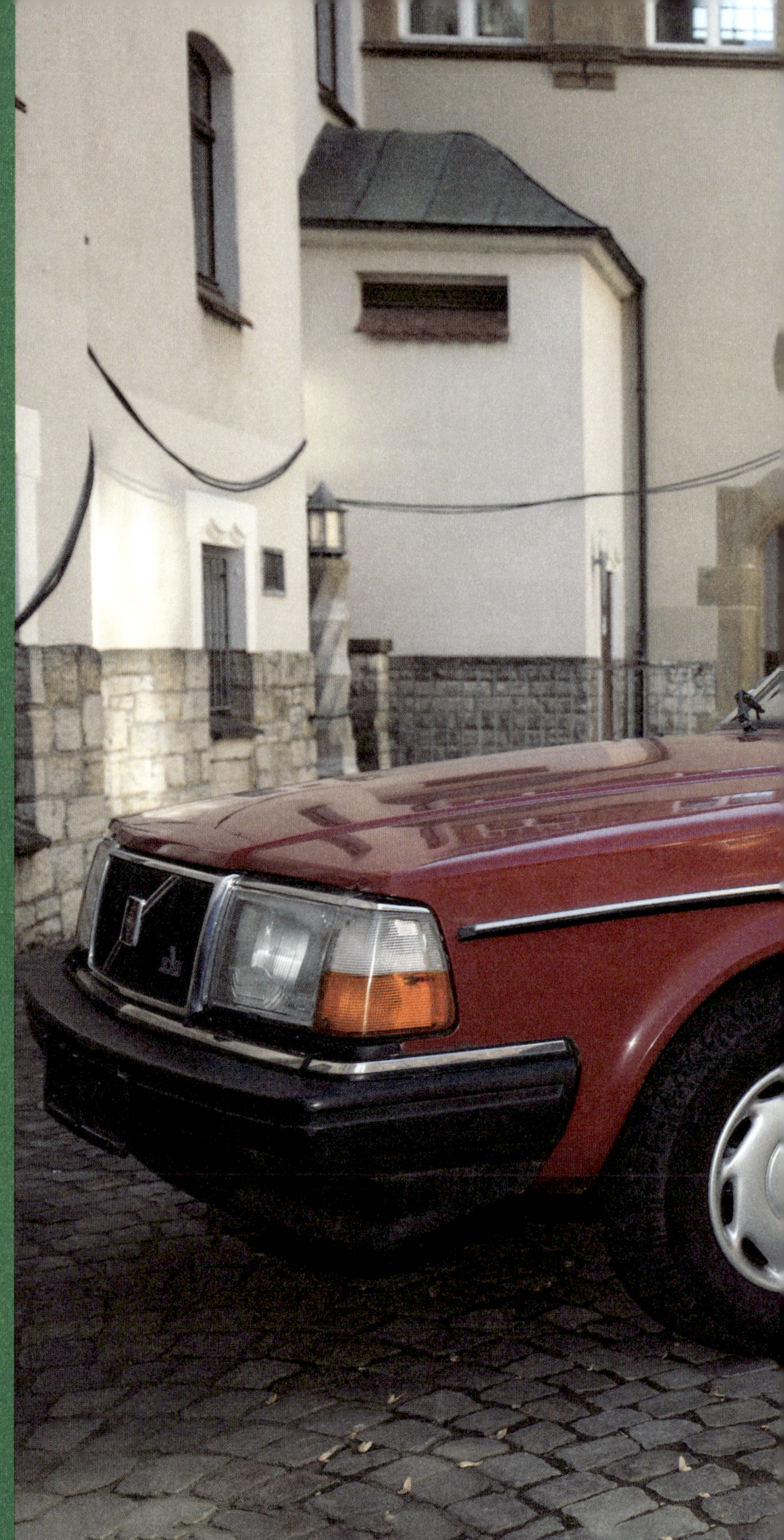

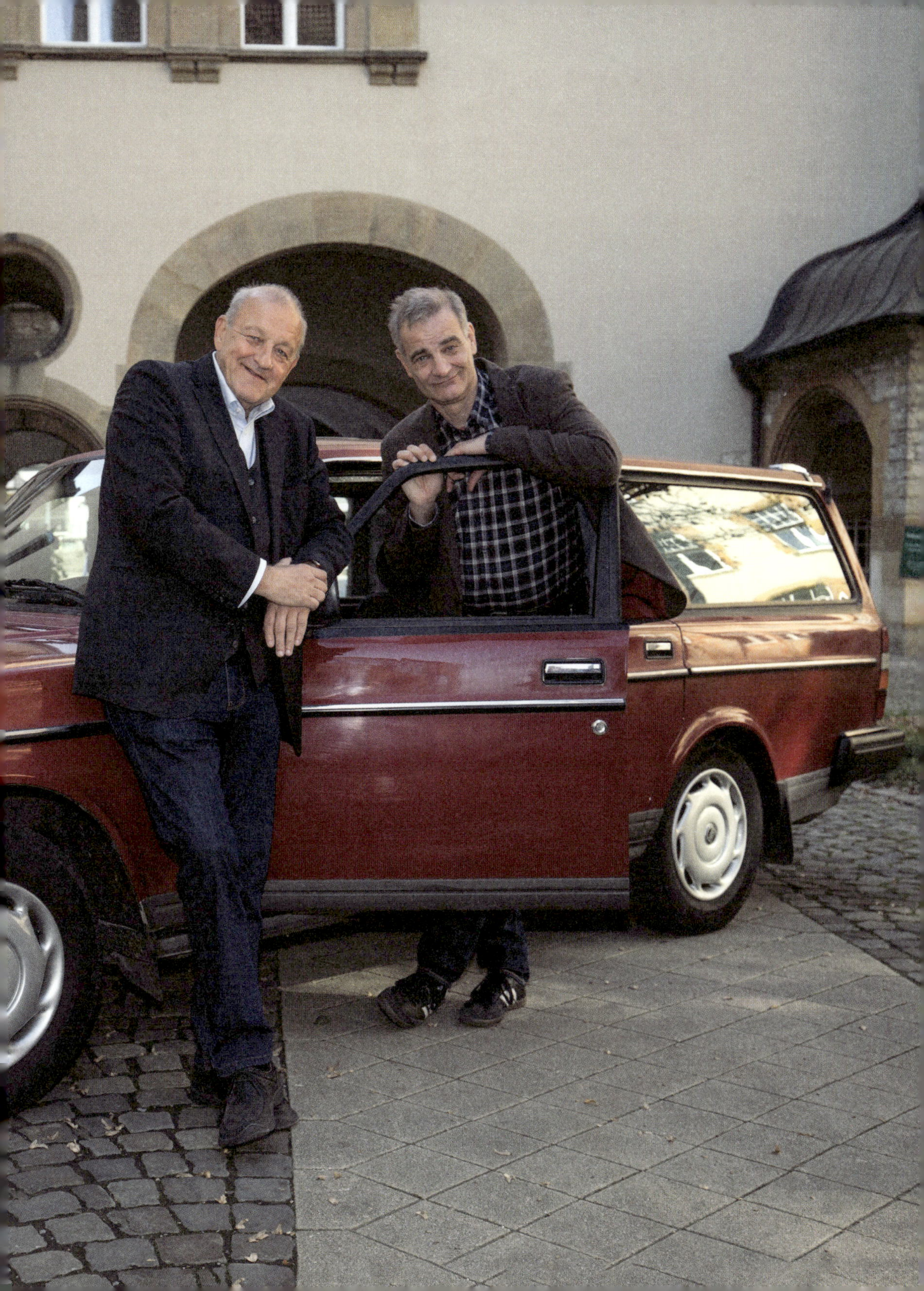

»EKKI, STELL DICH NICHT SO AN MIT DEINER KARRE«

Wilsberg war mal Anwalt, flog wegen Untreue raus und hält sich seitdem als Antiquar und Privatdetektiv über Wasser. Sein bester Kumpel Ekki muss ihm beim Ermitteln helfen: als Lockvogel und als Alfa-Besitzer.

Gleich zwei Running Gags werden in der Krimiserie Wilsberg mit liebevoller Akribie weitergestrickt: Zum einen kommt in den Dialogen häufig Bielefeld vor, was naheliegt, denn die ostwestfälische Metropole ist nur knapp 100 Kilometer vom Drehort Münster entfernt. Folge 35 trägt sogar den Titel »Die Bielefeld-Verschwörung«, sie ist für Wilsberg-Fans sehr interessant, weil Georgs alter Kumpel Manni, in den ersten 15 Episoden gespielt von Heinrich Schafmeister, plötzlich wieder mit seinem roten Volvo 240 Kombi auftaucht.

Die zweite Endlosschleife mimt der metallicrote Alfa Romeo 164 2.0 Twin Spark von Wilsbergs späterem Vertrauten Ekkehardt Talkötter. Aber nicht der auffallend gut erhaltene Erstserien-164er an sich ist das Besondere. Es geht um das, was mit ihm passiert: Mal wird er unsanft aus dem Halteverbot abgeschleppt, mal explodiert ein Feuerwerkskörper auf der Motorhaube, mal dient er als Straßensperre wobei ihm eine Tür abgefahren wird, und mal ritzt eine Rocker-Gang eine hässliche Botschaft in den hochglanzpolierten Lack.

Doch Talkötter ist fast nie dabei, wenn es seinem geliebten Alfa an den Kragen geht. Der gutgläubige Finanzbeamte lässt sich gerne dazu hinreißen, Wilsberg die

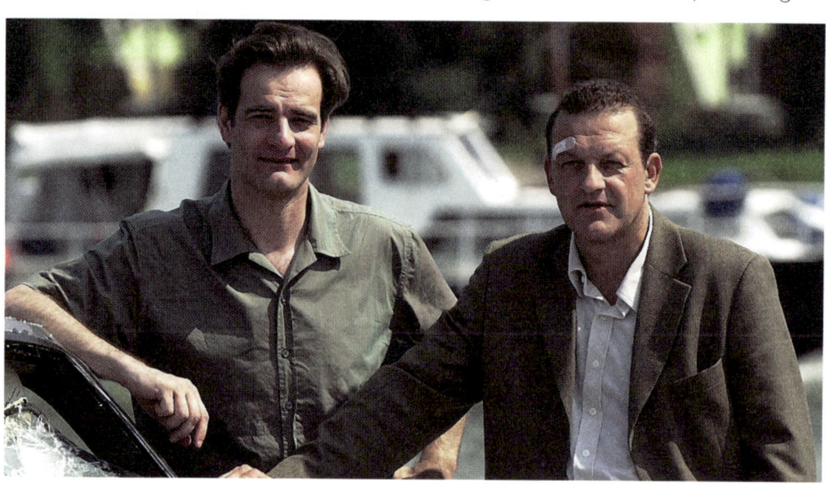

Lansink hat keinen Führerschein. Beim Dreh wird er gedoubelt oder fährt auf Privatstraßen.

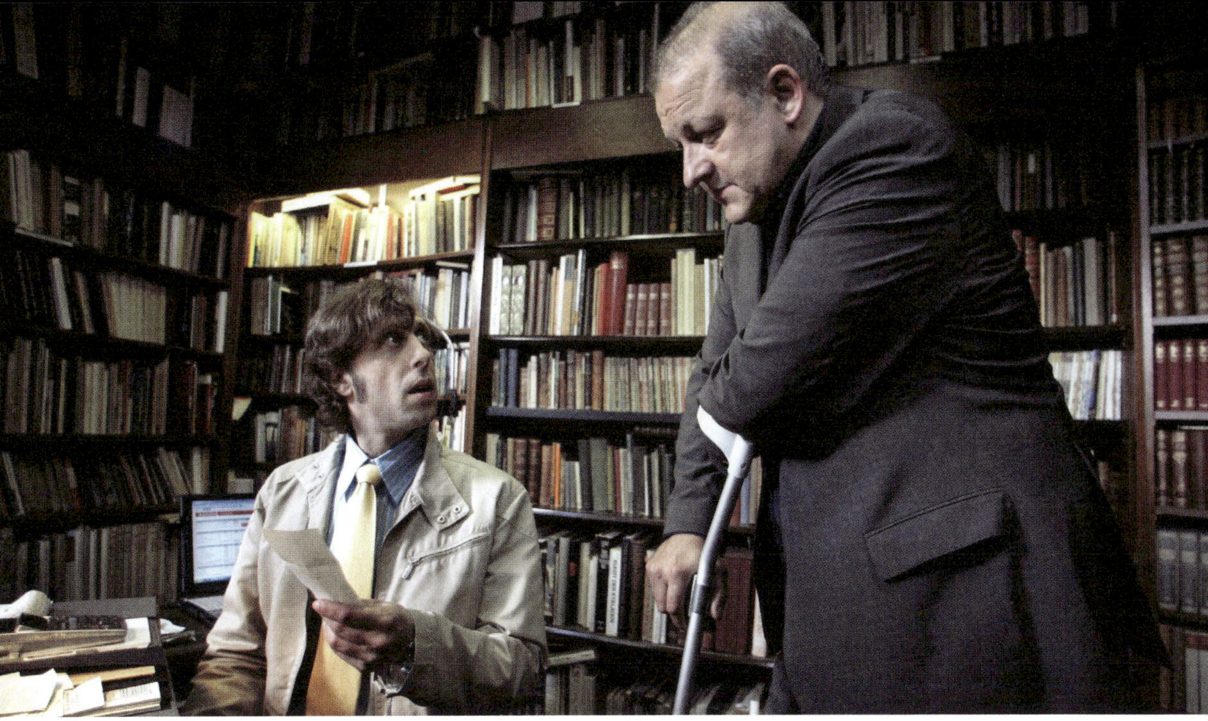

Kongeniales Duo: Wilsberg und sein bester Kumpel Ekkehardt »Ekki« Talkötter, wunderbar authentisch-unbeholfen gespielt von Oliver Korrittke.

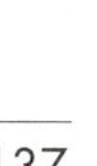

Bei den Dreharbeiten zu »Interne Affären«, zusammen mit Heinrich Schmieder, Katharina Wackernagel und Rita Russek.

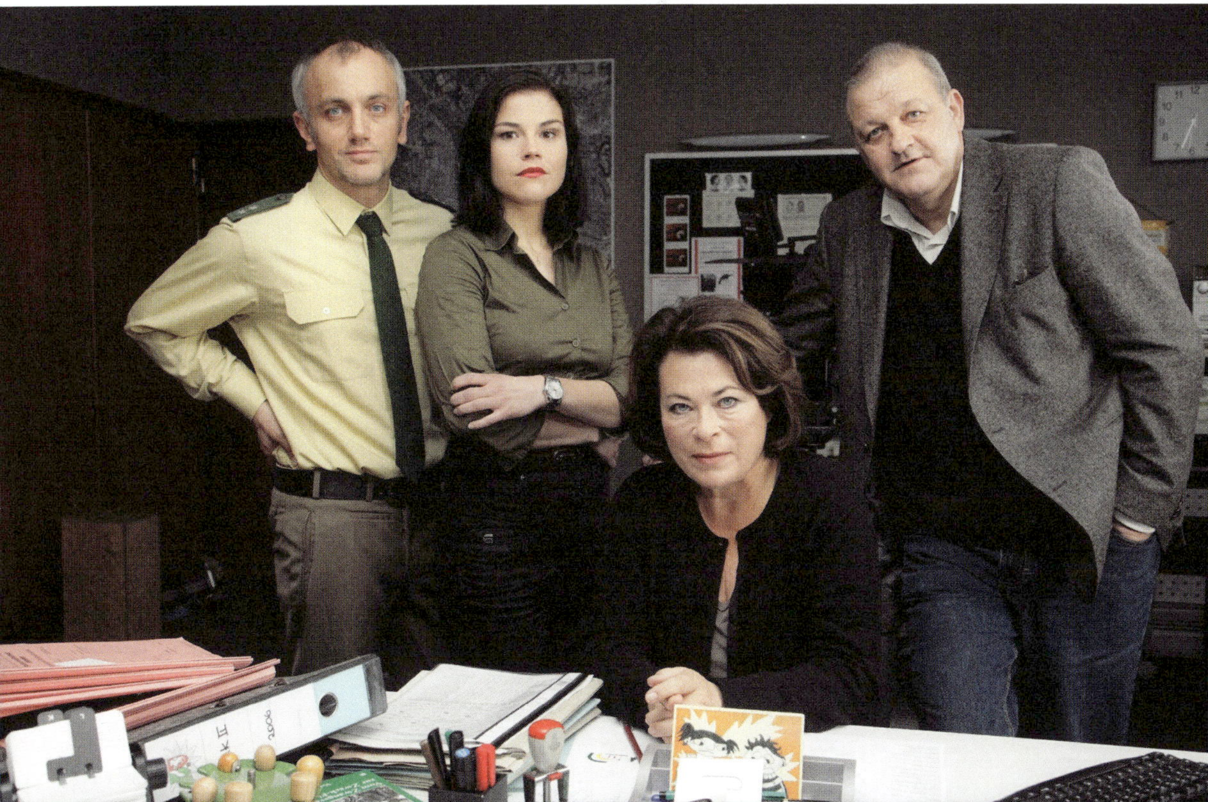

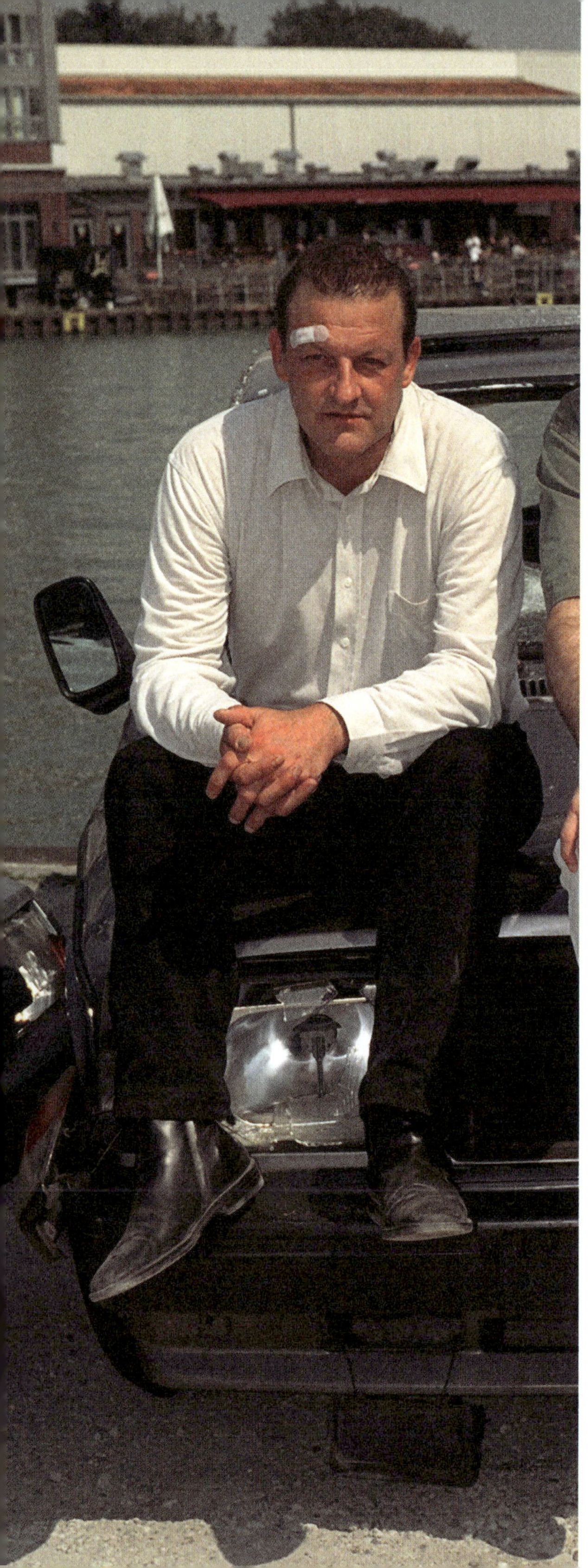

Schlüssel mit dem grünen Quattrofoglio-Anhänger rüberzuschieben, wenn der klamme Antiquar für seine Ermittlungen mal wieder ein Auto braucht. Klar, dass Georg die »Karre«, wie er sie obendrein respektlos nennt, leer zurückgibt, selbst wenn sie mal nicht beschädigt ist. In der nächsten Folge erscheint der Alfa wieder unversehrt und vollgetankt.

Talkötter, wunderbar authentisch - unbeholfen gespielt von Oliver Korrittke, ist Georg Wilsbergs bester Kumpel. Beide sind Loser, der eine hat einen Karriereknick und verliebt sich zu oft in schöne, falsche Frauen, der andere stört als Einzelkämpfer die mächtigen Kreise rücksichtsloser Krimineller und kriegt dabei kräftig eins auf die Mütze. Aber Talkötter und Wilsberg ergänzen sich kurioserweise kongenial in ihrem Dilettantentum.

Ein Sinnbild für die Stärke der Schwachen. Ekki spielt die Lockvogelrolle oft perfekt, recherchiert für Georg erfolgreich in den Steuerakten der Verdächtigen und ist im Sinne der Gerechtigkeit hoch motiviert. Wilsbergs Nichte Alex Holtkamp, die es inzwischen zur Rechtsanwältin gebracht hat, versucht das Chaos zu ordnen, wird aber fatal in den Strudel der klischeehaften Handlung gezogen und in gefährliche Situationen gebracht. Aus denen sie ausgerechnet der tolpatschige Ekki befreit, der ganz offensichtlich in die schöne Alex verliebt ist. Die Serie Wilsberg kann man nur mit einem Augenzwinkern betrachten, aber dank hervorragender Schauspieler fällt sie im Niveau nicht unzumutbar in

Richtung Klamotte ab. Die originellen Charaktere zeigen menschliche Schwächen, die Provinzstadt Münster gibt den passenden Rahmen.

ALLE HABEN SICH LIEB

Wilsberg gerät mit seinen eigenmächtigen Ermittlungen natürlich regelmäßig ins Visier der Polizei. Kommissarin Anna Springer ist seine Vertraute aus früheren Anwaltszeiten. Sie hat Mitleid mit ihm, lässt ihm vieles durchgehen, auch weil er ihr nützlich ist. Die Drehbücher sind so angelegt, dass Wilsberg den entscheidenden Impuls zur Festnahme beisteuert und Anna ihm dankbar sein muss, während ihr unfähiger Mitarbeiter Overbeck wie ein Pseudo-Rambo in die falsche Richtung rennt. Am Ende haben sich alle lieb, die Bösen sitzen im Knast und Ekki chauffiert Alex und Georg in seinem Alfa nach Hause. In Folge 31 »Frischfleisch« entfährt ihm am Lenkrad der legendäre Satz: »Ich bin wie mein Wagen: sportlich, geschmackvoll und äußerst zuverlässig.«

MEHR ALS 70 FOLGEN

Wilsberg ist seit 1995 eine skurrile Krimiserie mit seltsamen Charakteren. Trotzdem stimmt die Quote, 2023 wurde bereits die 78. Folge ausgestrahlt.Idee und Figuren entwickelte der Schriftsteller Jürgen Kehrer, der die Drehbücher schreibt und bei Wilsberg gerne als Statist auftritt.

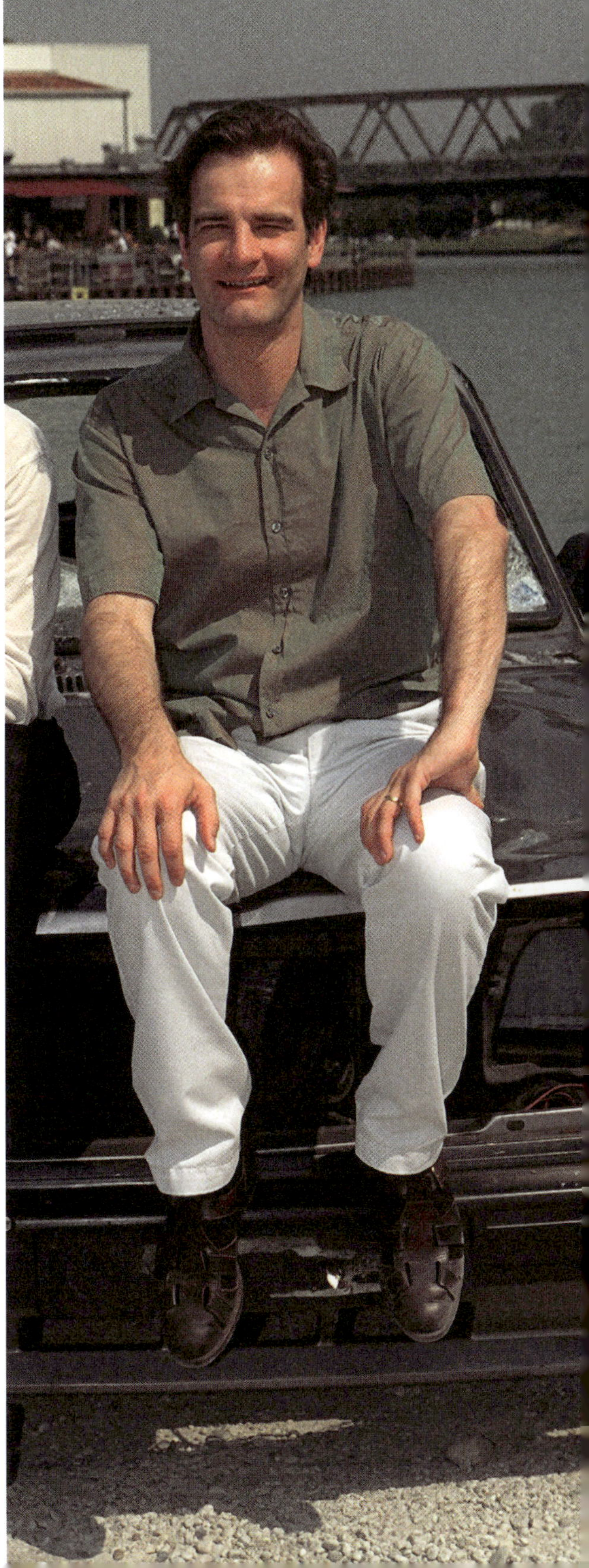

KAPITEL 18

»TATORT: BOROWSKI« MIT AXEL MILBERG (2002–2025)

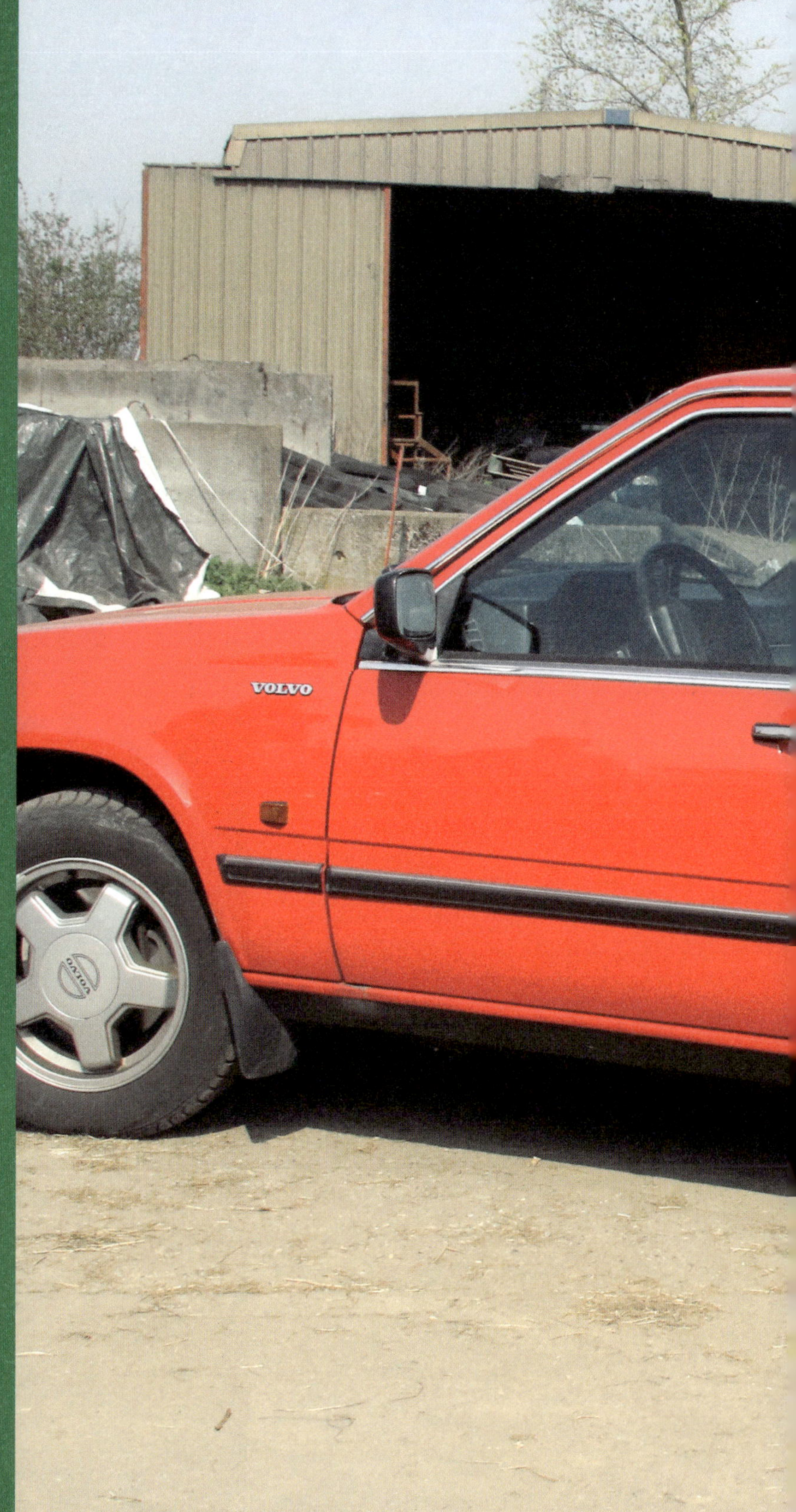

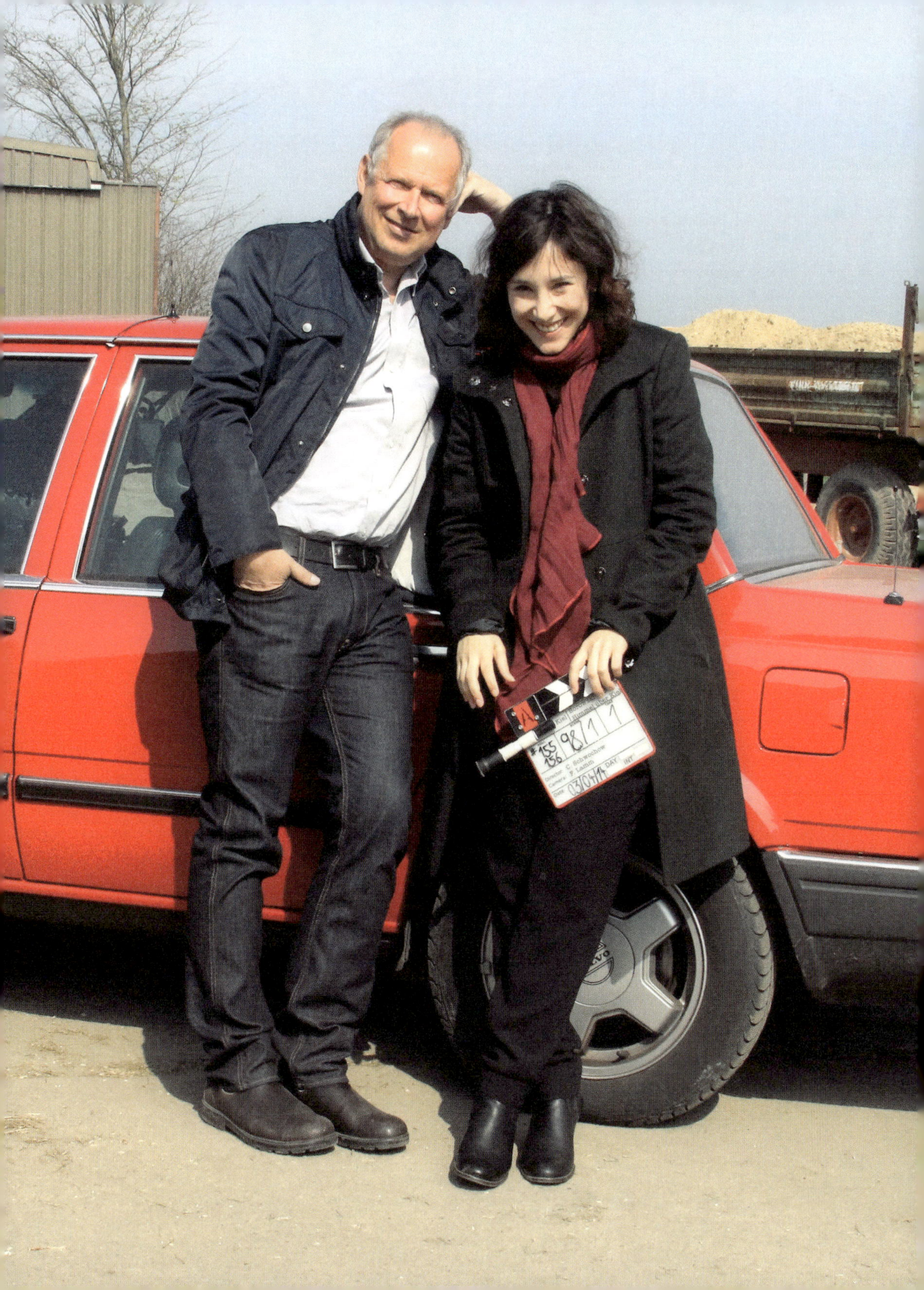
Kiel
#155
156
98
1
1
Director: C. Schwochow
Camera:
DAY
INT
Date 03/04/11

»ER ERSCHIESST SEINEN EINZIGEN FREUND«

Borowski ist ein Sonderling. Ein kantiger Typ mit Macken, der keinen Wert auf Äußerlichkeiten legt. Ein grauer Alltagsheld, ganz wie sein Passat.

Viel Staat ist mit dem Wagen nicht zu machen, obwohl Hauptkommissar Klaus Borowski bei der Kieler Kriminalpolizei im Morddezernat KK 7 ermittelt. Der VW Passat Variant, intern Typ 32B genannt, sieht eher aus wie der runtergerittene Kombi einer Hausbesetzer-Clique in der Hamburger Hafenstraße: in der matten RAL-Farbe 8007 Rehbraun mit der Walze lackiert, dazu billige Baumarkt-Radkappen. Genau so stellt man sich in radikal-individualistischen Youngtimer-Kreisen eine Ratte vor. Früher, in seinem behüteten zivilen Leben, war dieser gewollt hässliche Verbrauchtwagen einmal ein rentnergepflegter, tornadoroter Passat 1,8 CL Sondermodell Tramp mit 1,8-Liter-90-PS-Motor.

Im Tatort wird er 2003 am Anfang der Borowski-Folgen dem Zuschauer als ausgemusterter Zivilstreifenwagen verkauft. Der konsumkritische Sonderling Borowski erbarmt sich seiner und fährt KI-HL 189 bis zu seinem dramatischen Ende. Als der Passat in der Folge 19 mit dem Titel »Borowski und der stille Gast« mitten in der Pampa

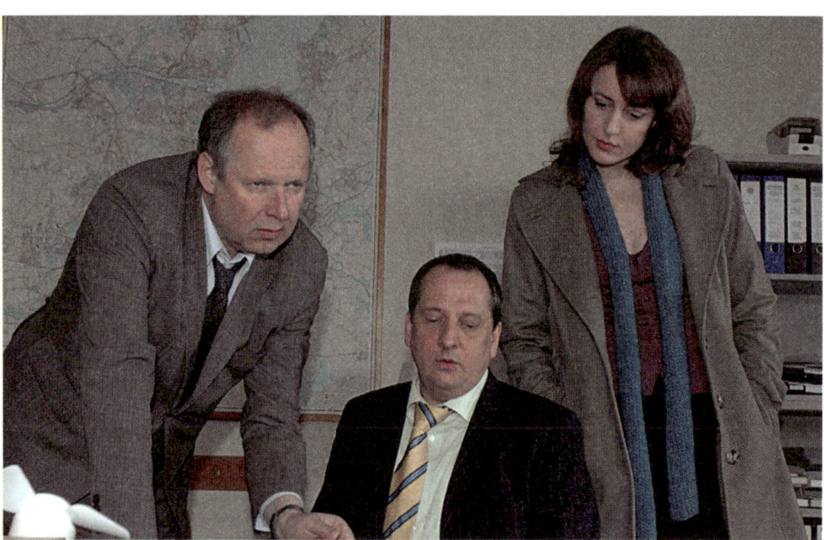

Seit 2003 verzweifelt Borowskis Chef, Kriminalrat Roland Schladwitz (Thomas Kügel), regelmäßig an den Marotten seines Untergebenen; hier mit Maren Eggert als Psychologin Frieda Jung.

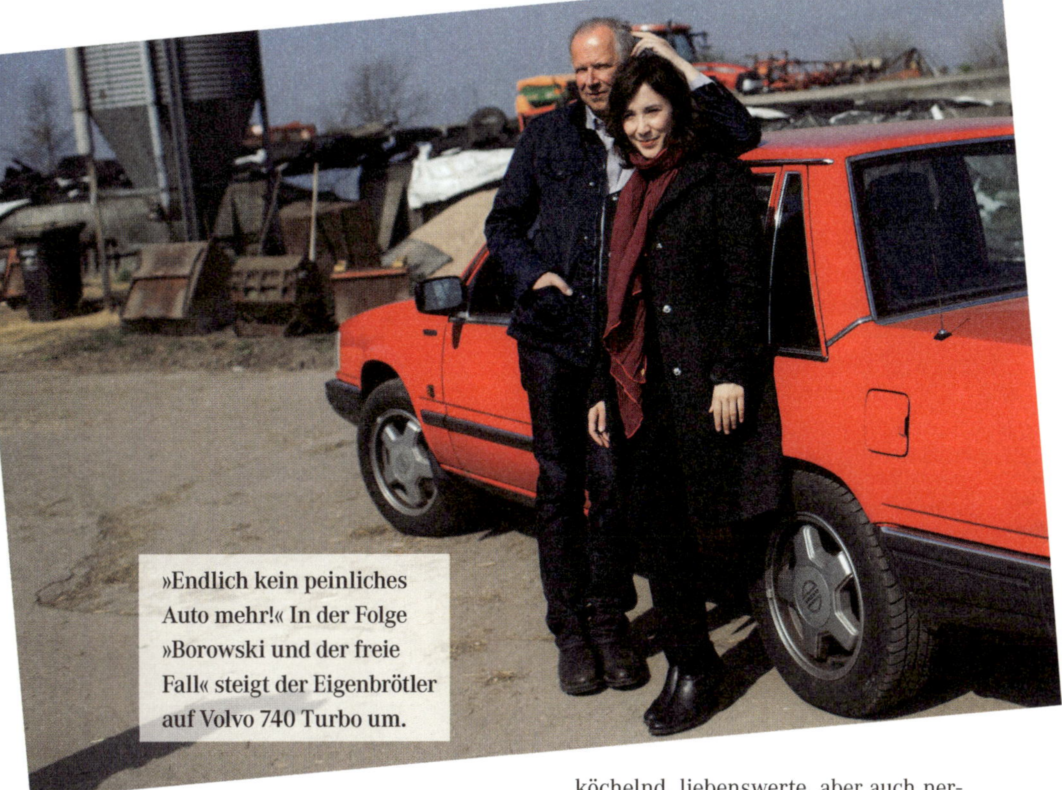
»Endlich kein peinliches Auto mehr!« In der Folge »Borowski und der freie Fall« steigt der Eigenbrötler auf Volvo 740 Turbo um.

spektakulär abraucht und in todessüchtige Agonie verfällt, gibt Borowski seinem besten Kumpel in Westernmanier den theatralischen Gnadenschuss. Er öffnet die Motorhaube, zielt auf den Gussblock und drückt ab. Später wird er zu seiner attraktiven Assistentin Sarah Brandt sagen: »Ich hatte das Gefühl, ich erschieße meinen einzigen Freund.« Dieser Satz ist bezeichnend für Borowski, der in der Lage ist, zu einem Auto eine Beziehung aufzubauen, sich jedoch als bisweilen zynischer Misanthrop mit Menschen schwertut. Menschen sind für ihn Täter, die es zu entlarven gilt, und das macht er mit messerscharfem Intellekt.

Klaus Borowski wirkt wie ein Junggeselle, dem kein Partner einen Spiegel vorhält und der, im eigenen Saft köchelnd, liebenswerte, aber auch nervige Marotten entwickelt.

EIN SELTSAMER KAUZ

Borowski meldet sich am Telefon stets mit dem skurrilen Gruß: »Ich höre.« Er hat eine Vorliebe für Schokokekse und verbringt seinen Urlaub am liebsten in Schweden. Er pflegt sprachliche Stereotypen. So stellt er sich selbst gerne mit den gedrechselten, gequält witzigen Worten »Ich ermittle im KK 7 gegen Leib und Leben« vor.

Bei aller nordischen Gelassenheit hängt Borowski, in die Enge getrieben, auch mal den cholerischen Chef raus. Das kriegen seine engen Mitarbeiterinnen aus heiterem Himmel zu spüren. Sie wurden immer möglichst gegensätzlich besetzt. Bis zur 14. Folge, »Tango für Borowski«, war es die Polizeipsychologin

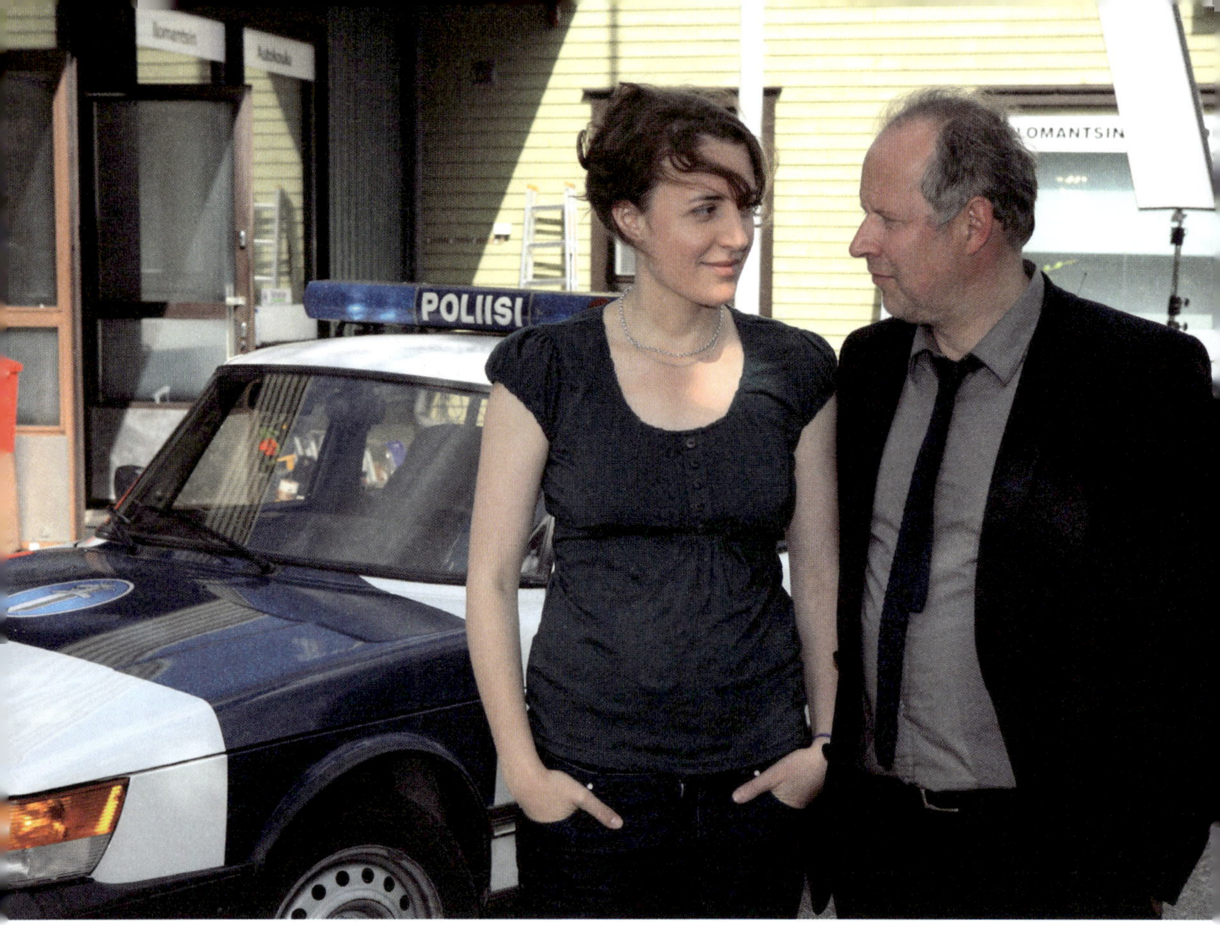

Mit Folge 14 »Tango für Borowski« verabschiedete sich Maren Eggert aus dem Kieler Tatort-Team.

Frieda Jung, gespielt von Maren Eggert. Sie wirkte stets gelassen, souverän und strukturiert. Borowski, der pragmatische Instinkt-Bulle, lehnt sie zuerst ab, später entwickeln sich die beiden zu einem wunderbar eingespielten Team. Am Ende wird sogar eine Liebesbeziehung daraus, die aber an der sperrigen, selbstgerechten Gefühlswelt Borowskis scheitert.

Die hübsche Kommissar-Anwärterin Sarah Brandt folgte auf Frieda Jung. Auch sie, die zierliche junge Frau, geriet in fast allen Charakterzügen zum

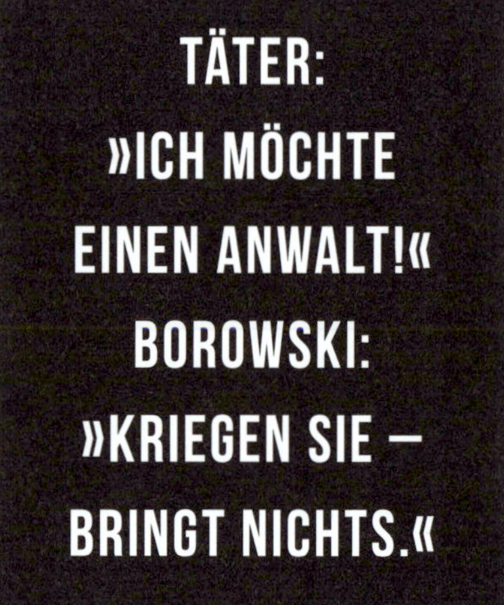

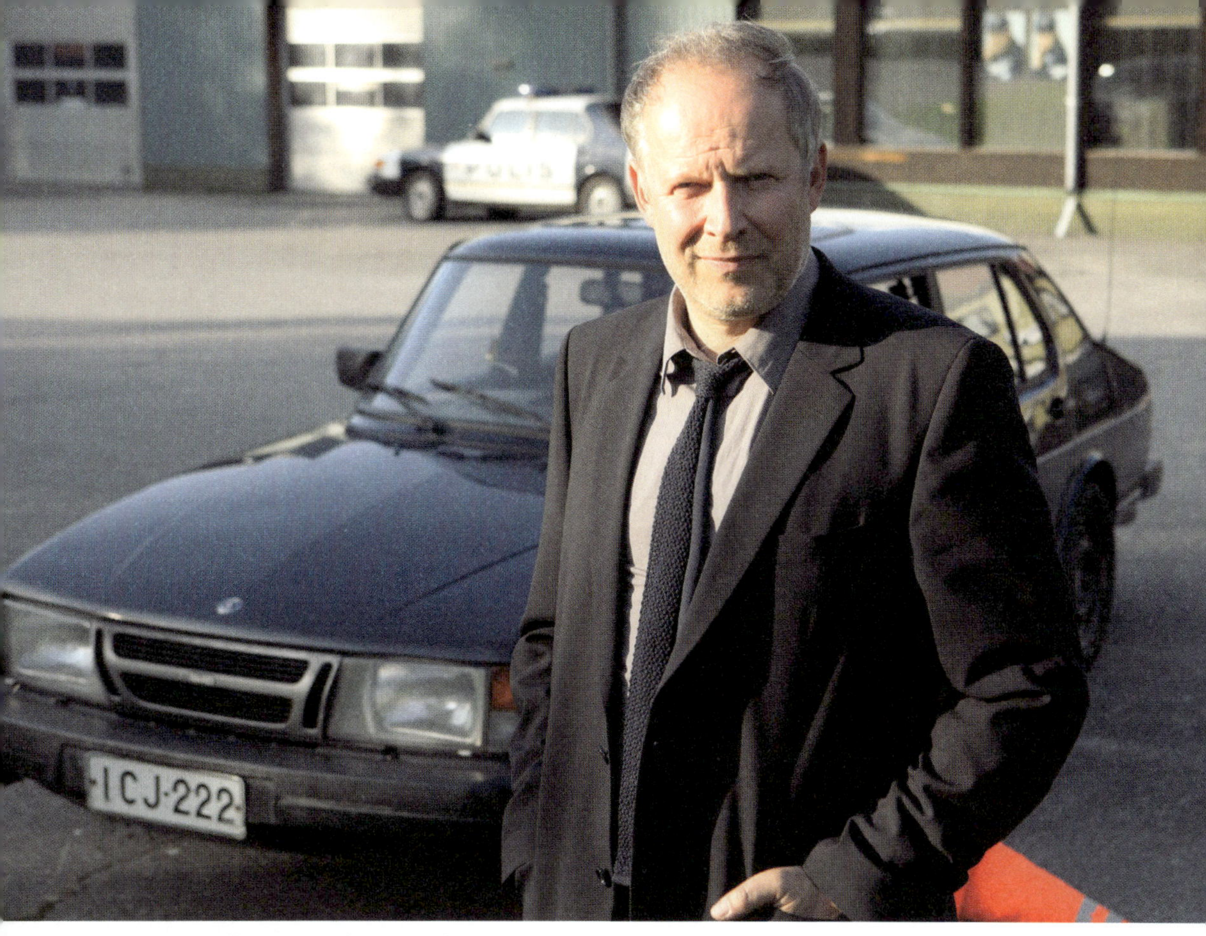

»Tango für Borowski« spielte fast ausschließlich in Finnland. Dort trugen Saab 900 als Streifenwagen und in zivil zum nordischen Flair bei.

Gegenentwurf zu Borowski, die seine Defizite ausgleicht. Brandt, gespielt von der türkischstämmigen Sibel Kekilli, ist spontan, kennt große emotionale Ausschläge, ist mal kämpferisch und mal zerbrechlich. Sie setzt sich gern über Vorschriften hinweg. »Wir sind die Guten, wir dürfen das!«, lautet ihr Credo, wenn es bei einer Festnahme wieder einmal heiß hergeht.

Borowski schützt sie, obwohl er sie anfangs in übler Oberlehrermanier vorführt. Sie stellt sich rasch auf den altmodischen Kauz ein, der Computer hasst, aber auf das rechercheergiebige Hackertalent der studierten Informatikerin angewiesen ist. Brandt und Borowski passen im Job zueinander, ihre Brücke ist Gerechtigkeitssinn, gepaart mit tockenem Humor.

Auf Borowskis zynische Bonmots kann die junge Frau bestens rausgeben, was ihr den Respekt des Alten verschafft. Den Variant mochte sie nicht, erst der Volvo 740 Turbo, der den Variant seit der Folge »Borowski und der freie Fall« beerbt, findet ihre Anerkennung: »Endlich kein peinliches Auto mehr.«

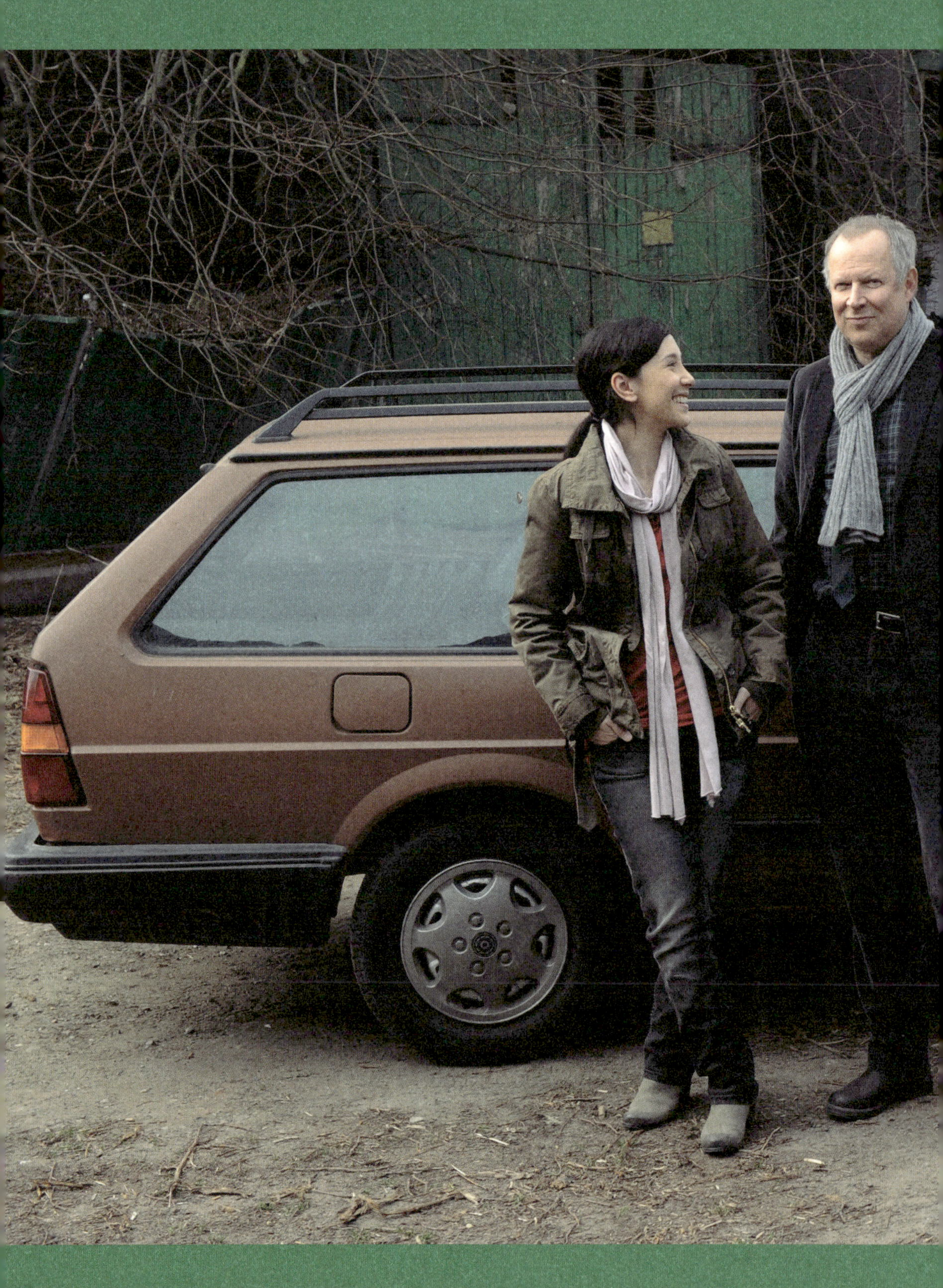

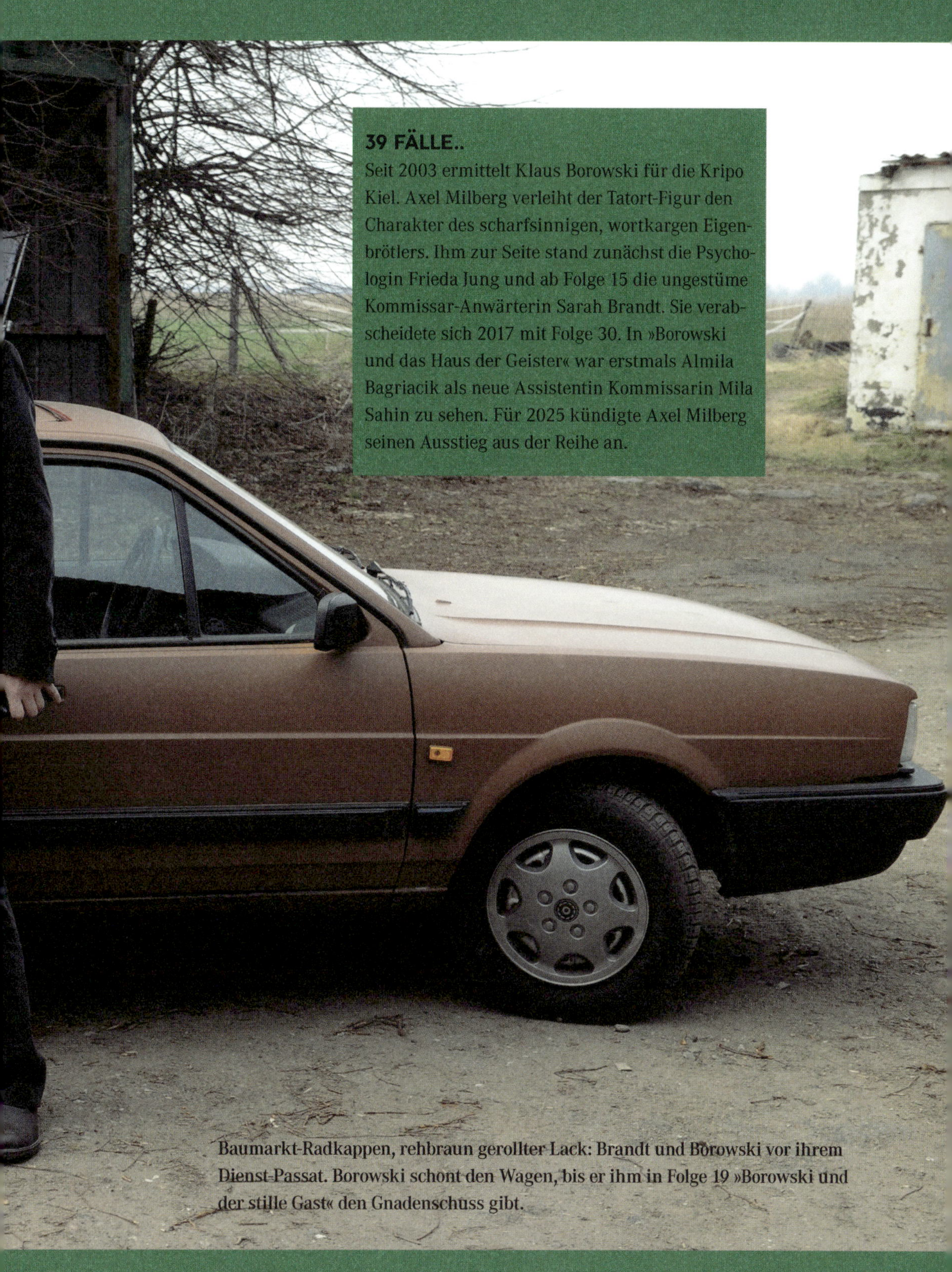

39 FÄLLE..

Seit 2003 ermittelt Klaus Borowski für die Kripo Kiel. Axel Milberg verleiht der Tatort-Figur den Charakter des scharfsinnigen, wortkargen Eigenbrötlers. Ihm zur Seite stand zunächst die Psychologin Frieda Jung und ab Folge 15 die ungestüme Kommissar-Anwärterin Sarah Brandt. Sie verabscheidete sich 2017 mit Folge 30. In »Borowski und das Haus der Geister« war erstmals Almila Bagriacik als neue Assistentin Kommissarin Mila Sahin zu sehen. Für 2025 kündigte Axel Milberg seinen Ausstieg aus der Reihe an.

Baumarkt-Radkappen, rehbraun gerollter Lack: Brandt und Borowski vor ihrem Dienst-Passat. Borowski schont den Wagen, bis er ihm in Folge 19 »Borowski und der stille Gast« den Gnadenschuss gibt.

KAPITEL 19

»TATORT: THIEL UND BOERNE« MIT PRAHL / LIEFERS (SEIT 2002)

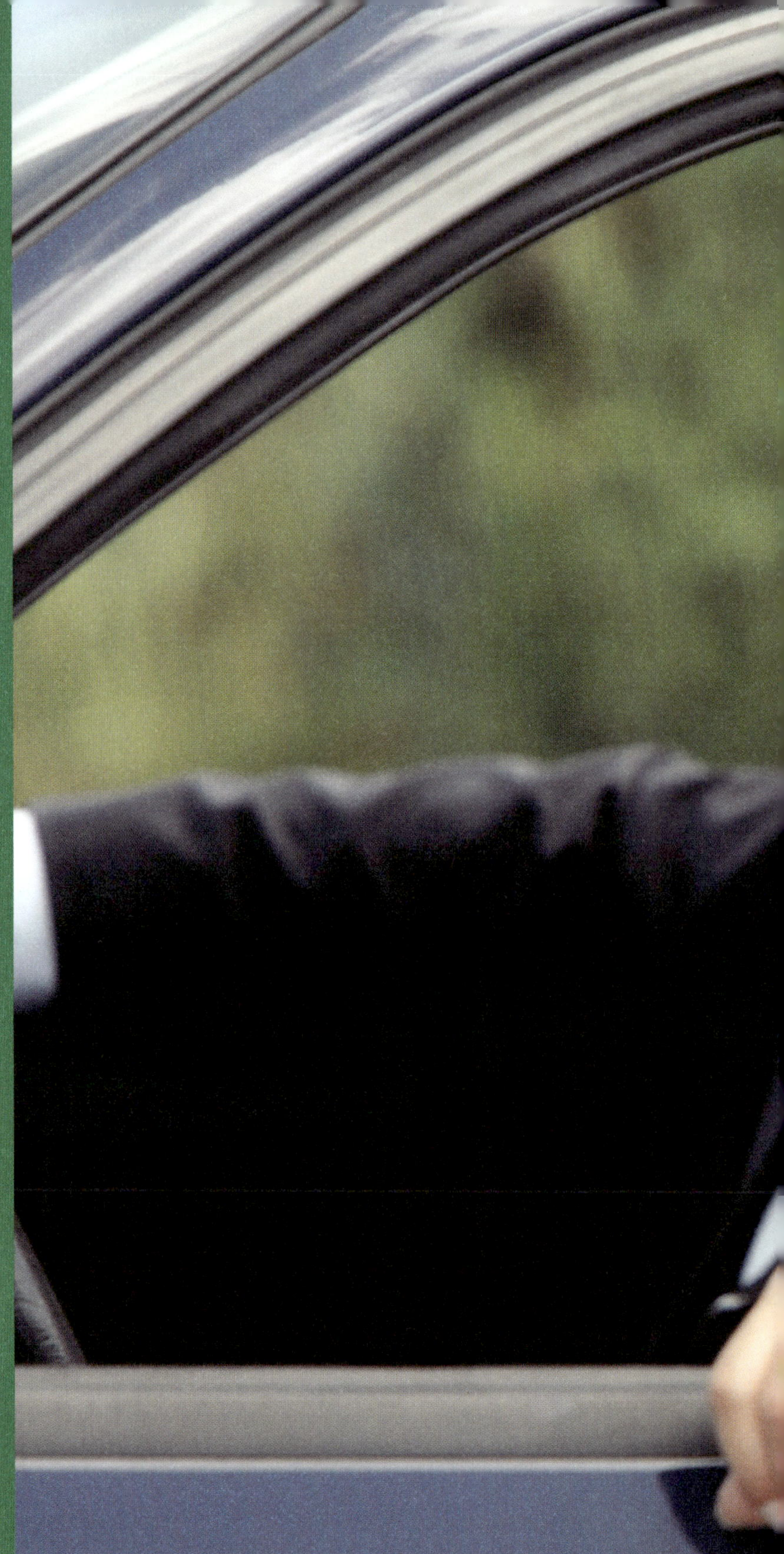

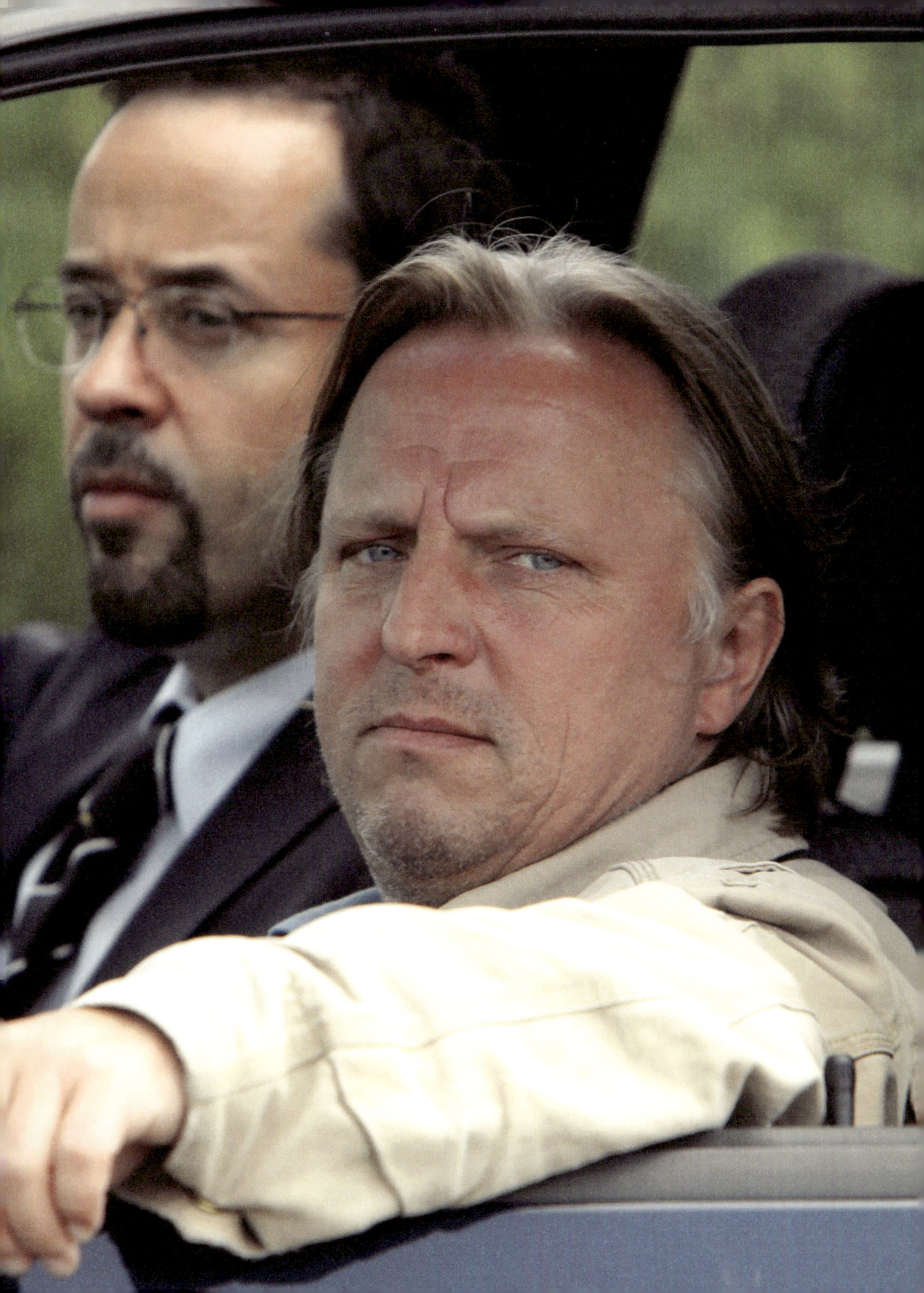

»VERSAUEN SIE MIR BLOSS NICHT DIE SITZE, WENN SIE HIER GLEICH VOR STOLZ PLATZEN!«

Ist das noch Krimi oder schon Klamauk? Seit dem Start des Münsteraner Teams 2002 gehen die Meinungen der Kritiker auseinander. Dabei gelang gerade in den frühen Fällen eine ausgewogene Balance zwischen Tragik und Humor.

Die Gegensätze könnten größer kaum sein: Hauptkommissar Frank Thiel (Axel Prahl) ist das Klischee des wortkargen Norddeutschen, kommt aus dem Hamburger Arbeiter-Milieu und ist passenderweise leidenschaftlicher St. Pauli-Fan. Professor Dr. Dr. Karl-Friedrich Boerne (Jan Josef Liefers) dagegen trumpft nur allzu gerne mit seiner umfassenden Allgemeinbildung auf. Der Leiter der Rechtsmedizin am Universitätsklinikum Münster liebt schnelle Autos, Wagner und Verdi und steigert seine Selbstgewissheit gerne bis zur Arroganz. Ihm zur Seite steht seine Stellvertreterin Silke Haller (Christine Urspruch), von Boerne wegen ihrer Kleinwüchsigkeit meist schlicht »Alberich« genannt – nach dem Zwerg aus Wagners Rheingold. Die steckt die liebevollen Bosheiten Ihres Chefs (»Jetzt gehen Sie mal erhobenen Hauptes unter meinen Schreibtisch«) jedoch elegant weg und kontert bei Bedarf.

An Thiels Seite sorgte bis 2020 Friederike Kempter als Kriminalkommissaranwärterin Nadeshda Krusenstern für den seriösen Ruhepol zwischen den beiden ungleichen Ermittler-Figuren. Nach Kempters Abschied schien die Spielfreude der alternden Chefs etwas zu leiden. So schleppten sich die Fälle bisweilen ein wenig in Richtung Slapstick, wofür zahlreiche Anknüpfungspunkte gegeben sind: So sorgt Thiels Wohnsituation als Mieter im Haus von Boerne immer wieder für typische Kalauer, auch Thiels Vater (Claus Dieter Clausnitzer), seines Zeichens Taxifahrer und Haschisch-Züchter – der Alt-68er war der eigentliche Grund für den Umzug des überzeugten Hanseaten Thiel ins Münsterland – bietet immer wieder Raum für humoristische Verwicklungen.

BOERNE: »DAS WÜRDE ICH MIR VON SO EINEM LAUSIGEN PENNER NICHT BIETEN LASSEN.« THIEL: »DAS IST MEIN VATER!!!«

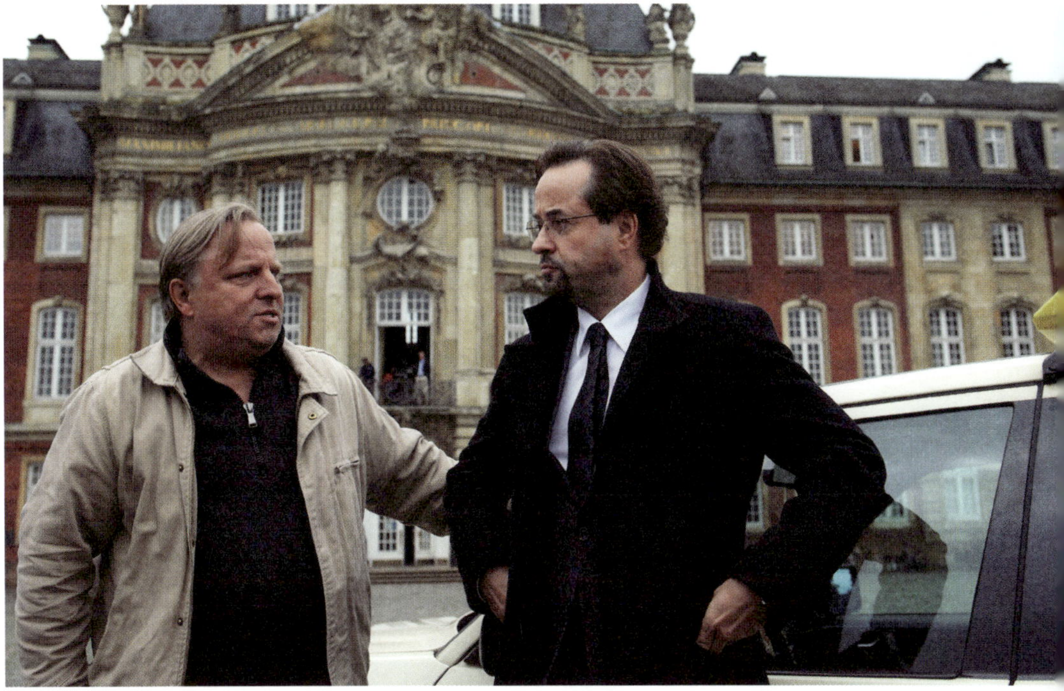

Axel Prahl und Jan Josef Liefers vor dem Münsteraner Schloss während der Dreharbeiten zur 21. gemeinsamen Folge »Hinkebein«.

Prof. Dr. Dr. Karl-Friedrich Boerne. In »Der Frauenflüsterer« stieg er 2005 in ein Porsche 996 Cabrio.

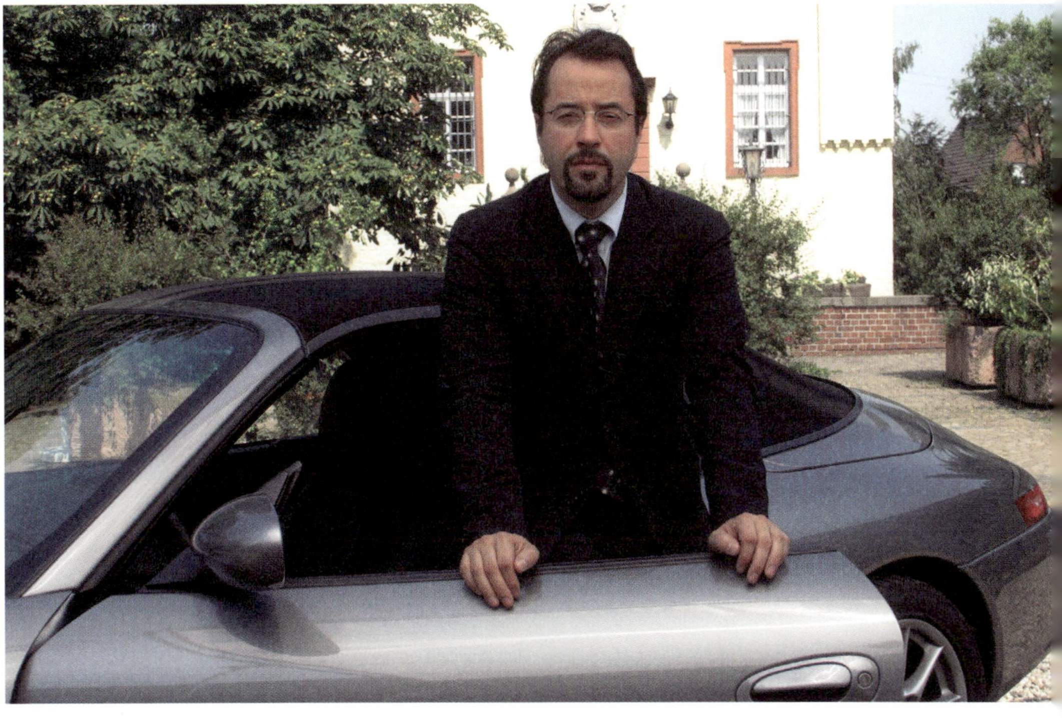

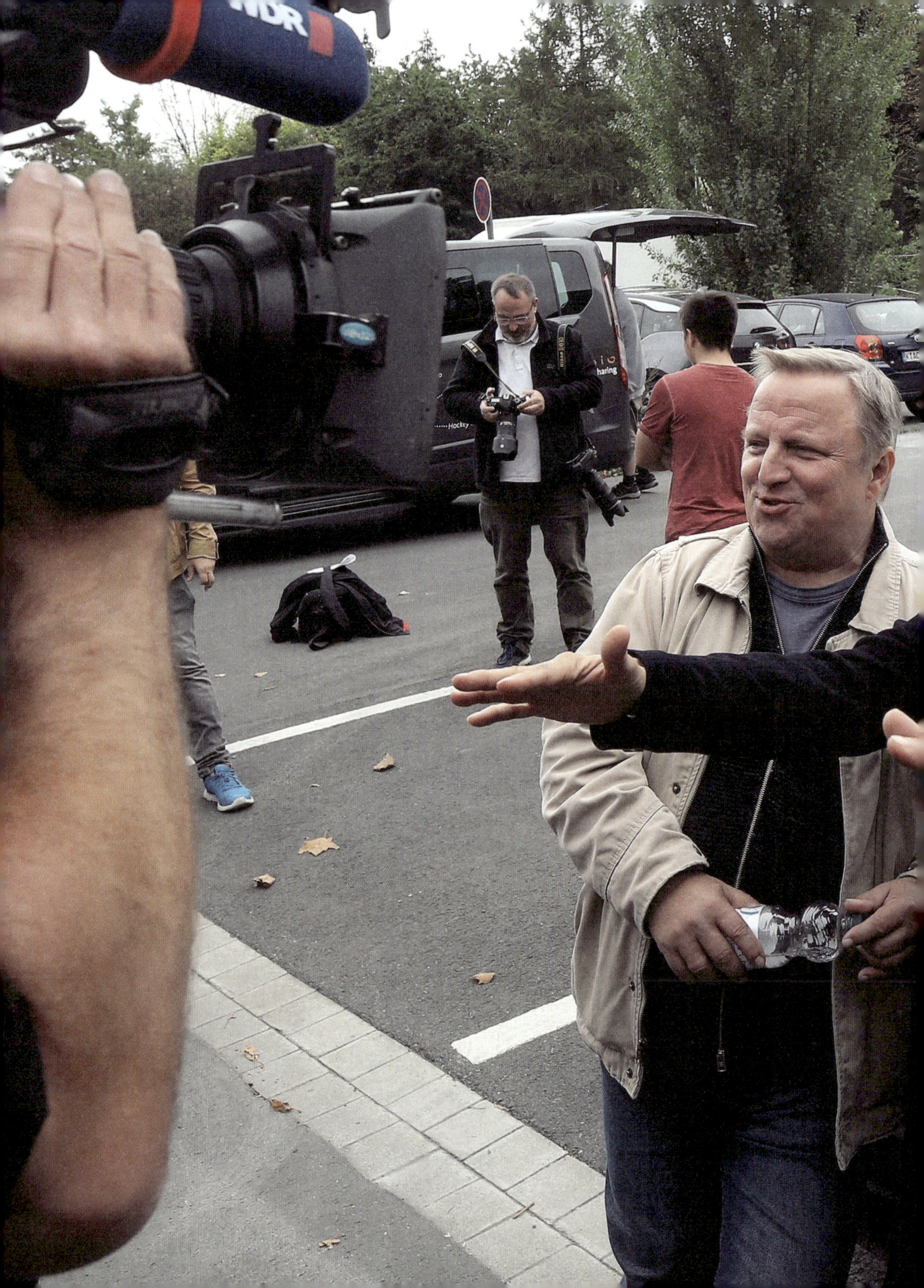
WDR

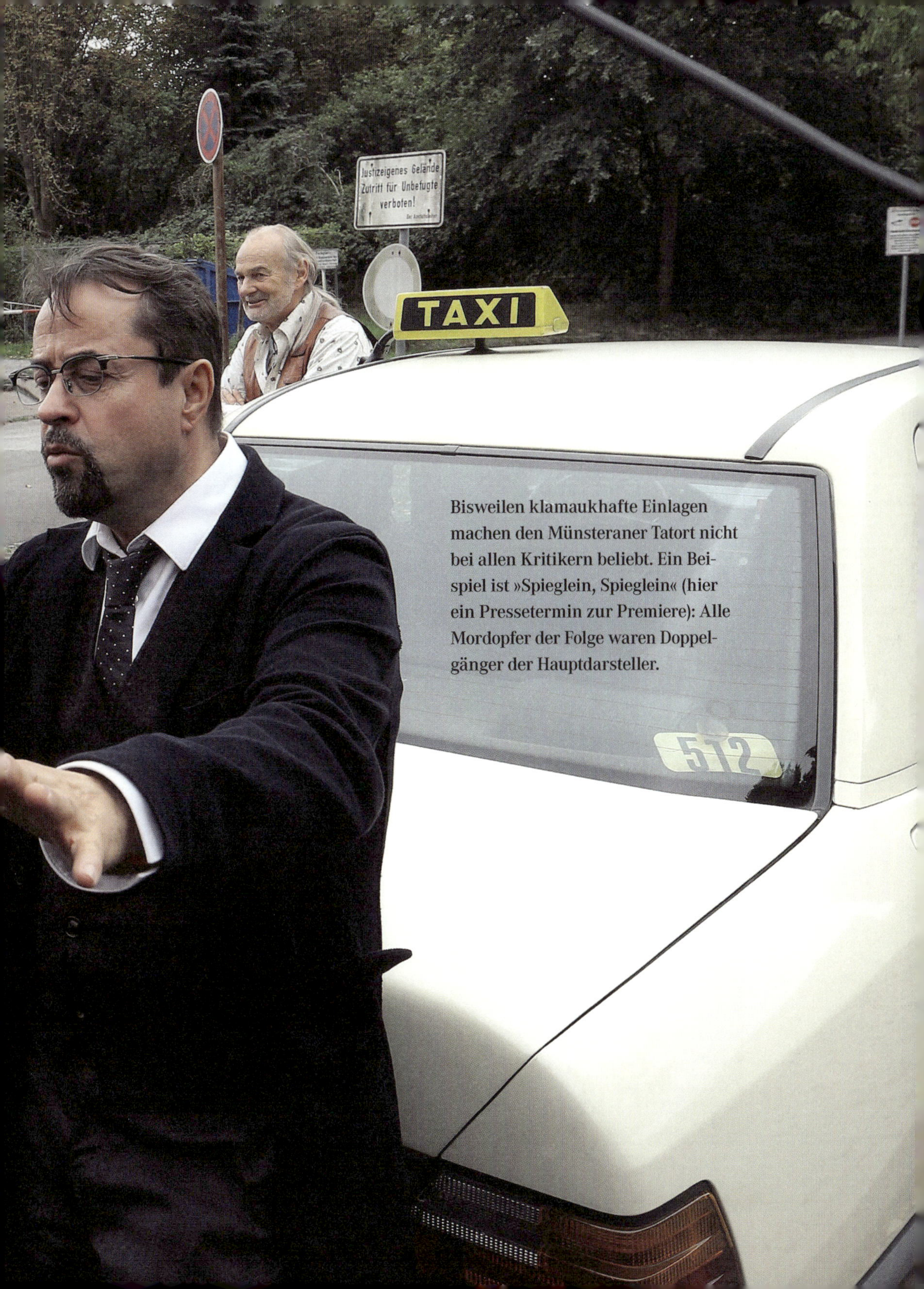

Bisweilen klamaukhafte Einlagen machen den Münsteraner Tatort nicht bei allen Kritikern beliebt. Ein Beispiel ist »Spieglein, Spieglein« (hier ein Pressetermin zur Premiere): Alle Mordopfer der Folge waren Doppelgänger der Hauptdarsteller.

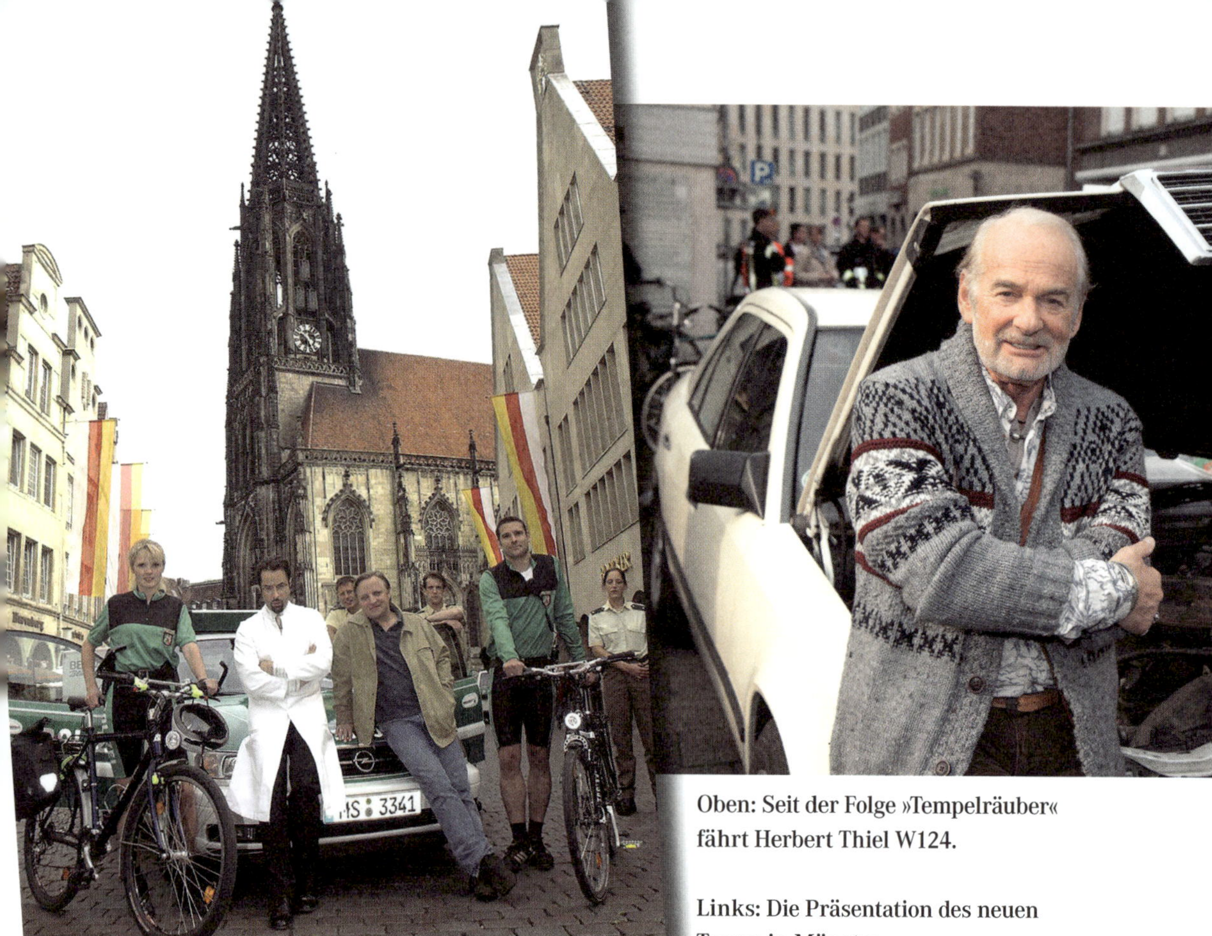

Oben: Seit der Folge »Tempelräuber« fährt Herbert Thiel W124.

Links: Die Präsentation des neuen Teams in Münster.

PROF. BOERNE ZUM LANDWIRT: »WAS SIND DAS SO FÜR TIERE?« – »KÜHE.« – »WELCHE MARKE?«

Daneben glänzt das Ensemble häufig durch weitere großartig besetzte Nebenfiguren; besonders sehenswert: Mechthild Großmann als kettenrauchende Staatsanwältin Wilhelmine Klemm.
Die Mobilität sorgt immer wieder für besondere Running-Gags im Münsterland. Thiel hat lange Zeit keinen Führerschein und ist entweder – passend zum Image Münsters als Fahrradstadt – mit dem Rad unterwegs oder auf Mitfahrgelegenheiten angewiesen. Da kommen die Taxis von »Vaddern« gerade recht, der

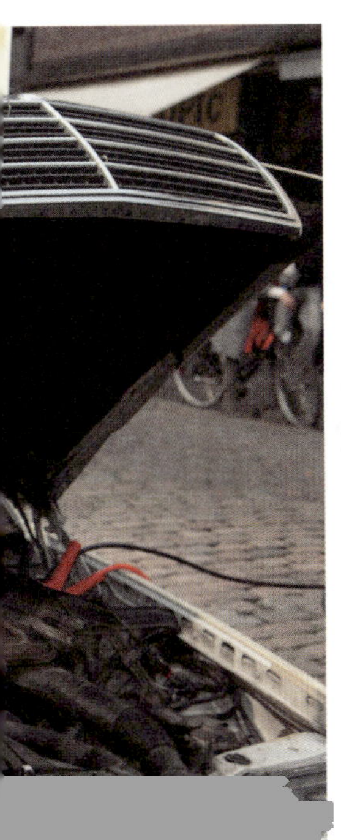

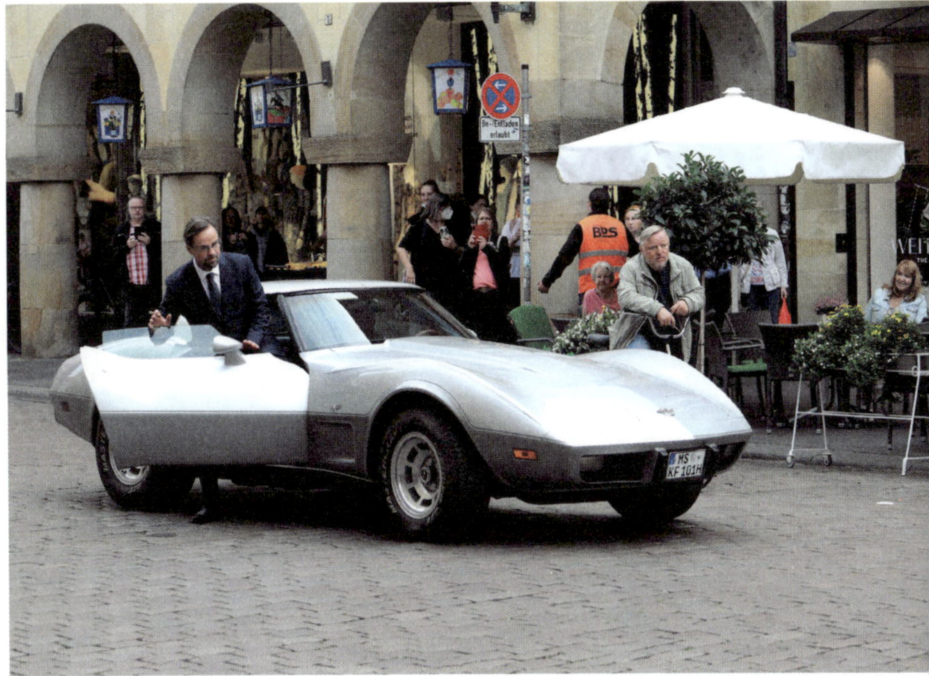

Im fortgeschrittenen Alter entdeckt Boerne sein Herz für Oldtimer: Hier mit C3 Corvette beim Dreh von »MagicMom« (2023).

43 FÄLLE

Seit 2002 kalauern Axel Prahl und Jan Josef Liefers als Frank Thiel und Rechtsmediziner Prof. Dr. Dr. Karl-Friedrich Boerne durch Münster. Bis 2019 stand dem wortkargen Thiel Friederike Kempter als Nadeshda Krusenstern zur Seite. Ebenfalls herausragend: Christine Urspruch als Boernes kleinwüchsige Assistentin Silke Haller (»Alberich«) und Mechthild Großmann als Staatsanwältin Wilhelmine Klemm mit zigarettenrauchig-tiefer Stimme: »Ja, ich bin der Herr Staatswalt.«

fährt lange Zeit den Taxi-typischen 123er-Diesel, in der Folge »Tempelräuber« steigt er auf W124 um. Dabei versucht der alternde Revoluzzer stets die Staatskasse mit allerlei Tricks am Taxameter zu erleichtern. Boerne setzt dagegen voll auf exklusive Sportwagen – in den früheren Folgen fährt er verschiedene Porsche-Typen, Mercedes-Benz Roadster und Jaguar-Modelle, später stieg er auf den exklusiven Wiesmann Roadster MF3 CLS um – doch das Mietverhältnis mit der Produktionsfirma endete im Streit. Zuletzt sprang auch Boerne auf den Retro-Trend auf und nutzte eine silberfarbene C3-Corvette. *red*

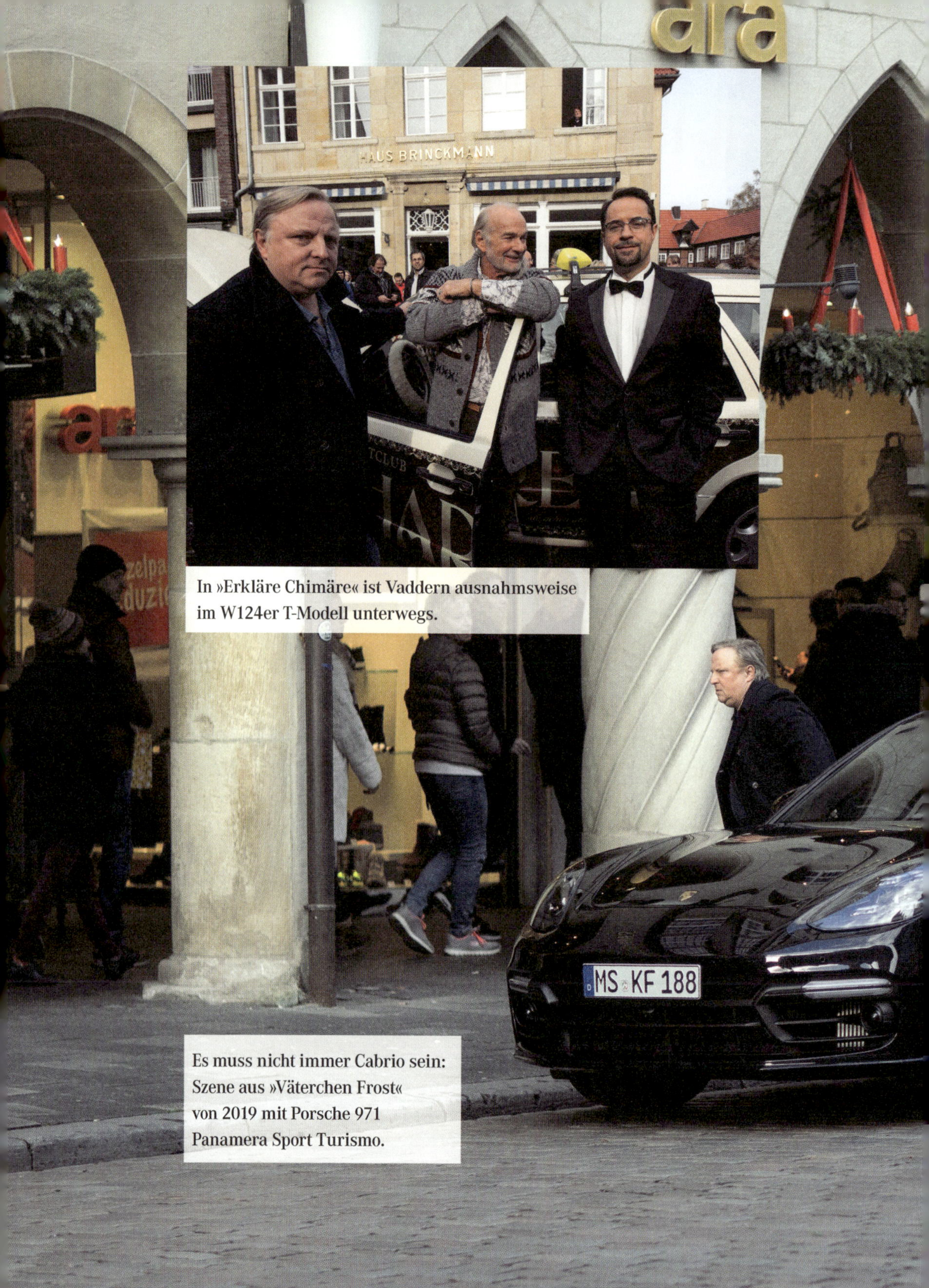

In »Erkläre Chimäre« ist Vaddern ausnahmsweise im W124er T-Modell unterwegs.

Es muss nicht immer Cabrio sein: Szene aus »Väterchen Frost« von 2019 mit Porsche 971 Panamera Sport Turismo.

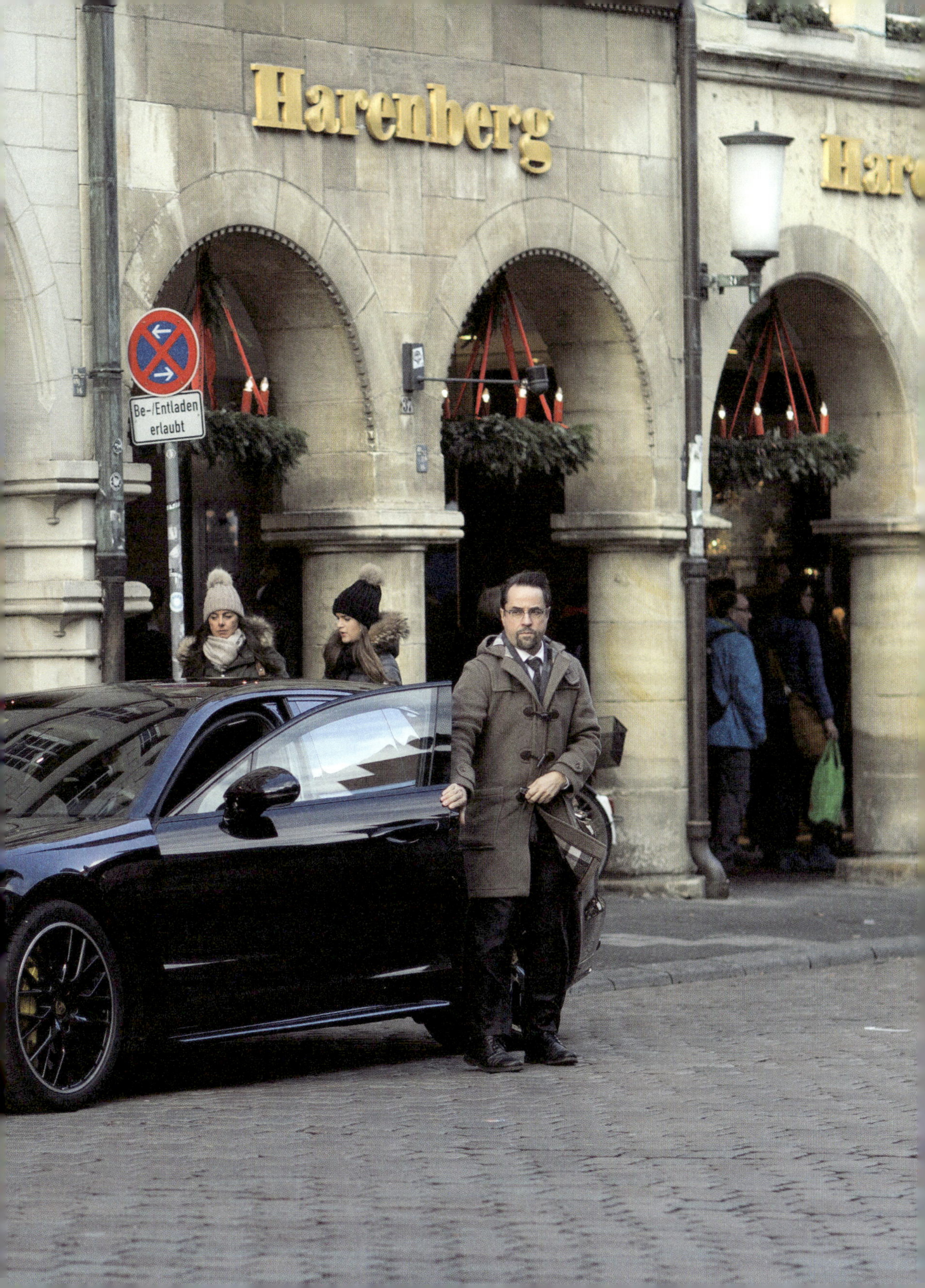
Harenberg
Be-/Entladen
erlaubt

KAPITEL 20

»KOMMISSAR STOLBERG« MIT RUDOLF KOWALSKI (2006–2013)

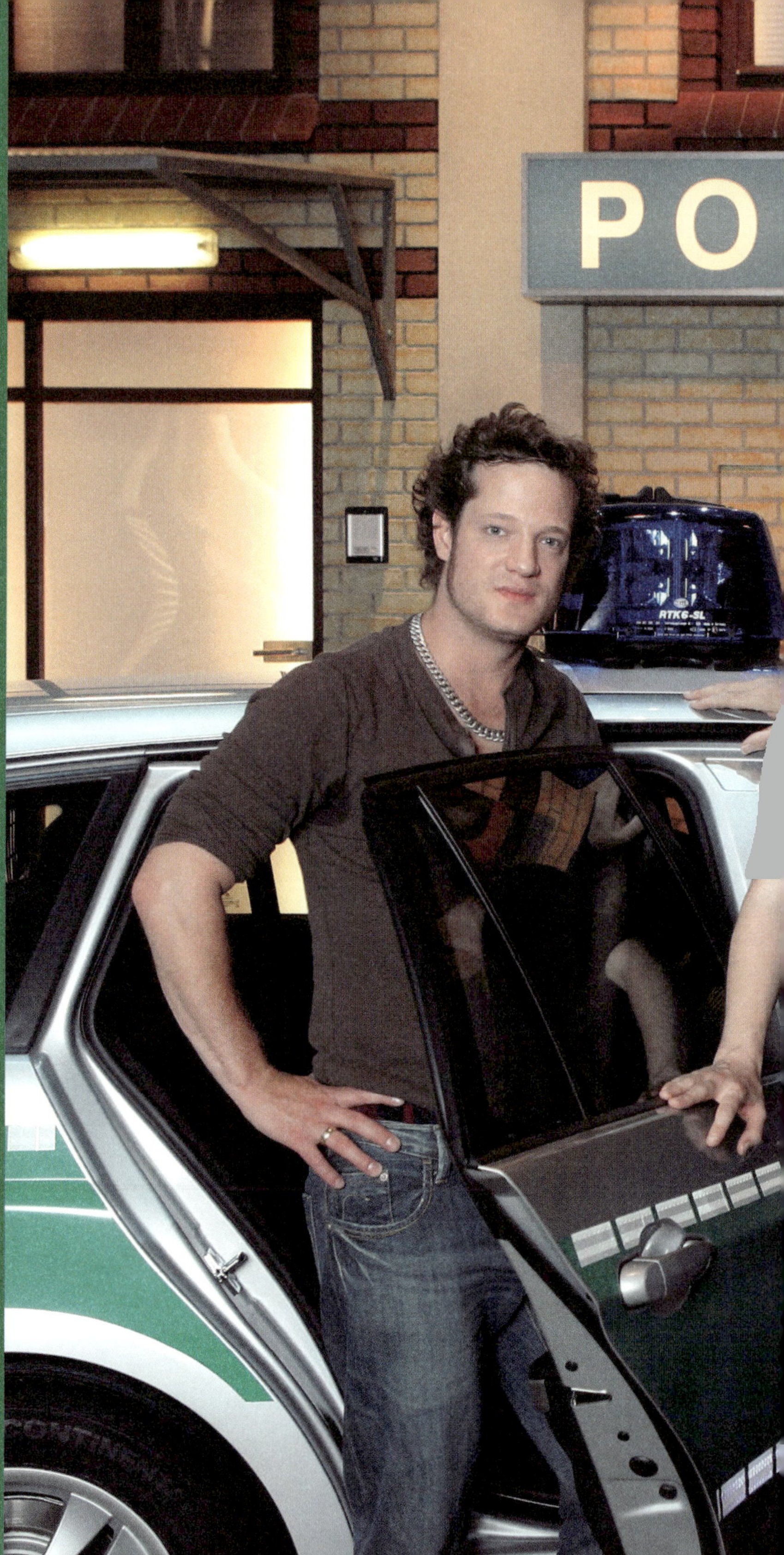

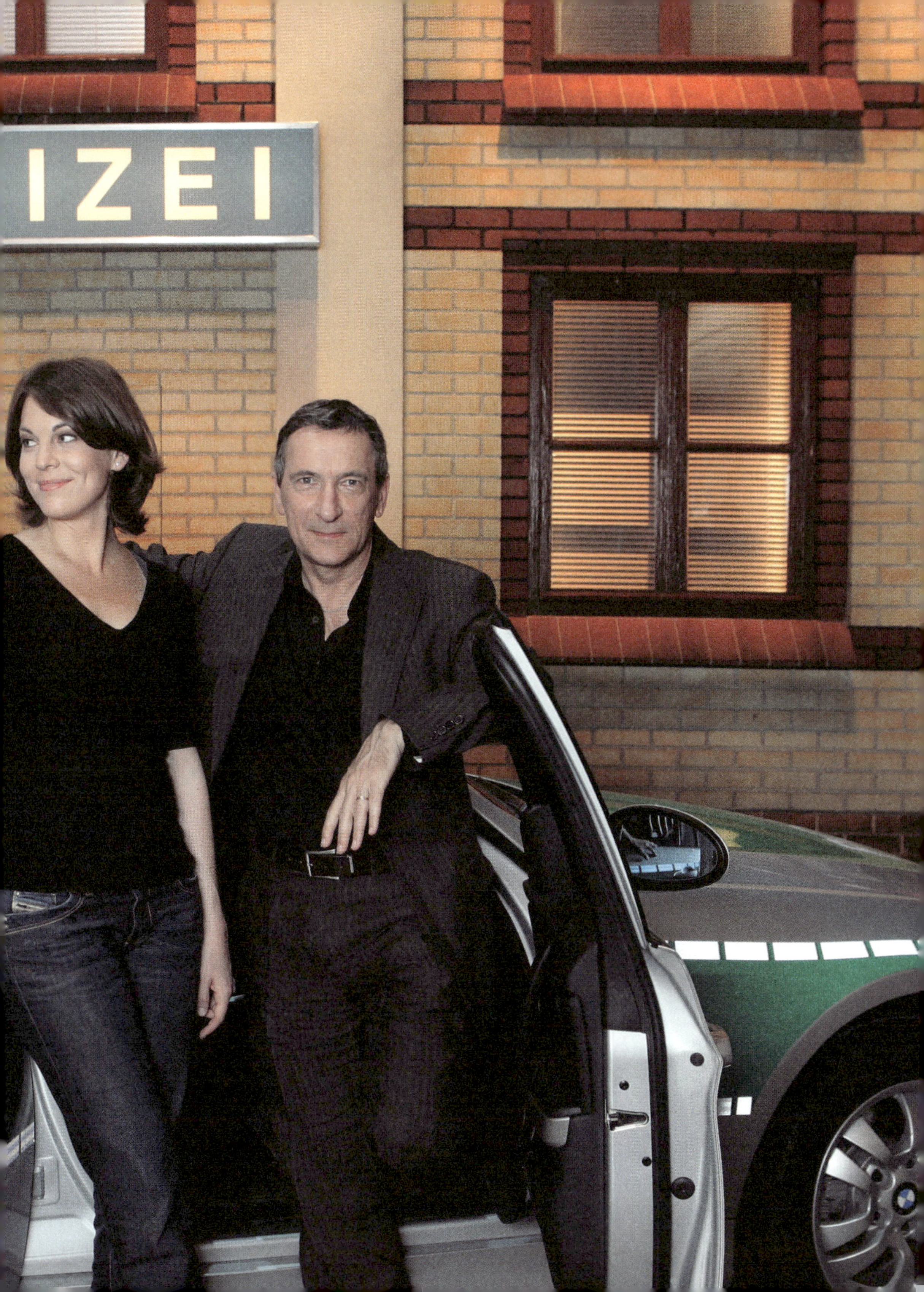
IZEI

»MORD IST MEIST DIE FOLGE TIEFER DEMÜTIGUNG«

Stolberg ermittelt mit ruhiger Hand. Er gibt sich wortkarg und verliert nie die Nerven. Zurückhaltung ist das Geheimnis des kühlen Strategen.

Sein Dienstwagen ist so unscheinbar wie er selbst. Ein BMW 520i, Baujahr 1994, diamantschwarzmetallic. Nichts Besonderes, aber gerade deshalb ein ungewöhnliches Auto für den Protagonisten einer Krimiserie. Der fährt doch sonst entweder gängige Neuware wie eine Mercedes E-Klasse oder Ausgefallenes wie einen braunen Porsche 911 Targa.

Stolberg lenkt einen alten Fünfer, es ist sein automobiles Alter ego. Der Wagen ist verlässlich, leistungsfähig, von natürlicher Autorität und wird gerne unterschätzt. Stolberg nutzt ihn in der Serie gerne als Tarnung. Wer solch ein Auto fährt, kann keine große Nummer sein, denken seine Gegenspieler. Mörder, die oft sinistre Psychos sind, was die Serie so wertvoll macht.

»ICH MACHE NUR MEINEN JOB [...] HIER GEHT ES NICHT UM MICH, SONDERN UM SIE«.

Kommissar Martin Stolberg, alias Rudolf Kowalski, hasst präpotente Wichtigtuerei und viel Aufhebens um seine Person. »Ich mache nur meinen Job« ist einer seiner Lieblingssätze, gefolgt von »Hier geht es nicht um mich, sondern um Sie«.

KULTFIGUR WIDER WILLEN

Stolberg ist Kult, ohne es zu wollen. Weil er kein Selbstdarsteller ist wie so viele seiner Kollegen in Kommissarrollen Stolberg spricht in seiner überlegenen, differenzierten Art den intellektuellen Zuschauer an. Die Drehbücher gehören zu den besten, die es im deutschen Krimi-Genre heutzutage gibt. Seine Fälle, die stets in Düsseldorfer Milieus spielen, ob im Luxusquartier Oberkassel oder im sozialen Brennpunkt Garath, sind von differenzierter Vielschichtigkeit, die Täter schwer zu durchschauen. Qualität und Quote passen leider nicht zusammen. Stolberg musste 2013 nach nur 50 Folgen gehen, weil er zu wenig Follower hatte.

Jetzt werden die Folgen wiederholt, am späten Samstagabend. Und es ist ein Genuss, sie nochmals zu sehen. Schon das Intro mit den Fünfer-Fahraufnahmen auf und unter der Rheinkniebrücke,

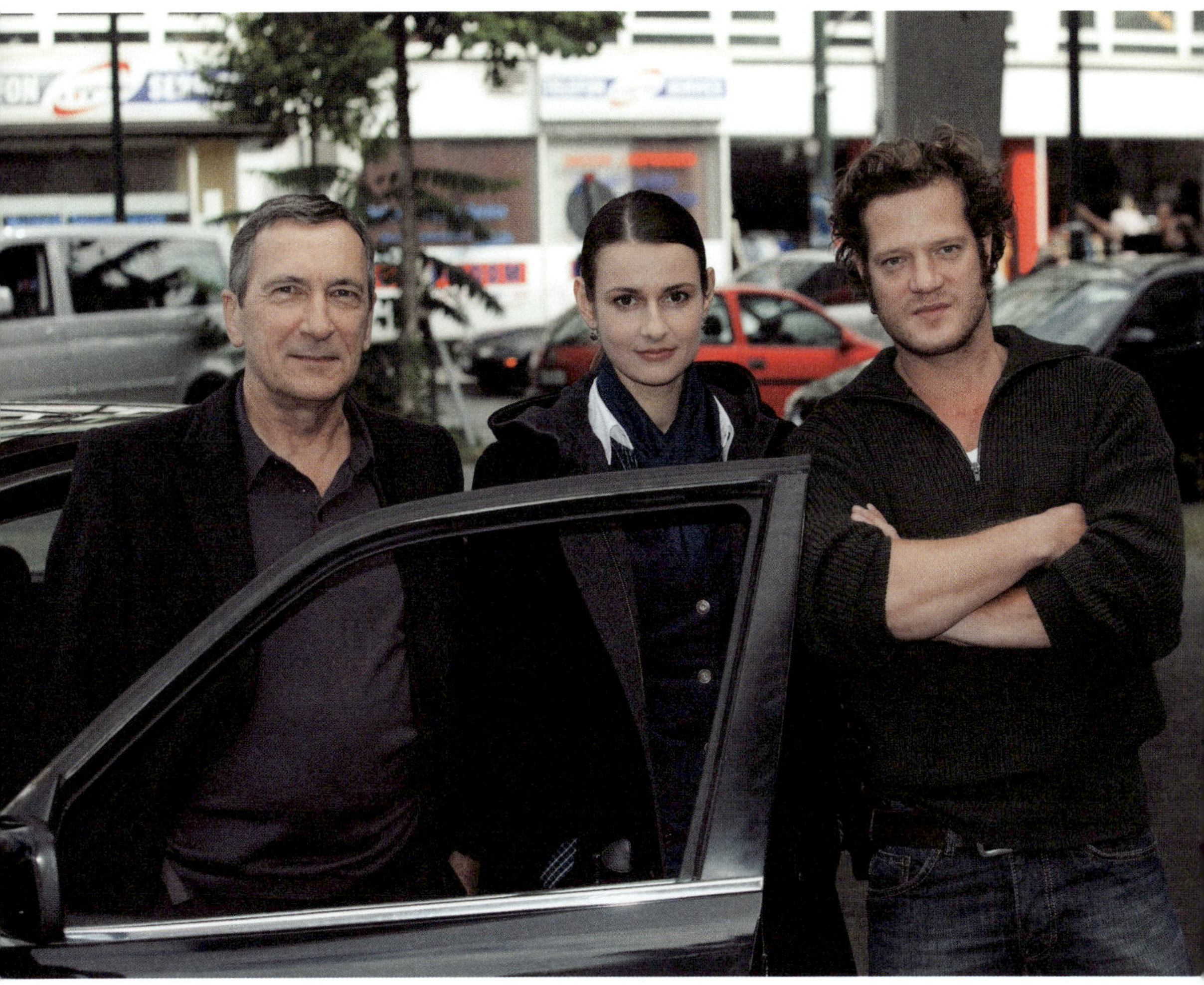

Stolberg und sein Team aus den letzten beiden Staffeln: Catharina Brandt (Annett Renneberg)und Florian Glade (Aurel Manthei).

untermalt von einem Keyboardlastigen Instrumentalstück von Birger Heymann, deutet das hohe Niveau der Serie an. Schauspieler Rudolf Kowalski wirkt so authentisch, als spielte er sich selbst. Stets in Schwarz gekleidet, vermeidet er auch äußerlich jede paradiesvogelhafte Eitelkeit. Aber für einen echten Kripo-Kommissar ist er doch zu feingeistig, zu gebildet – ein stiller Star.

Zum uneitlen Charakter Stolbergs passt es, dass er überzeugter Teamworker ist und kein selbstverliebter Einzelgänger. Vor allem in der spannungsreichen Konstellation mit seinen Kollegen Nico Schreiber, alias Wanja Mues, Prädikat »Junger Wilder«, und Catharina Brandt, gespielt von Annett Renneberg,

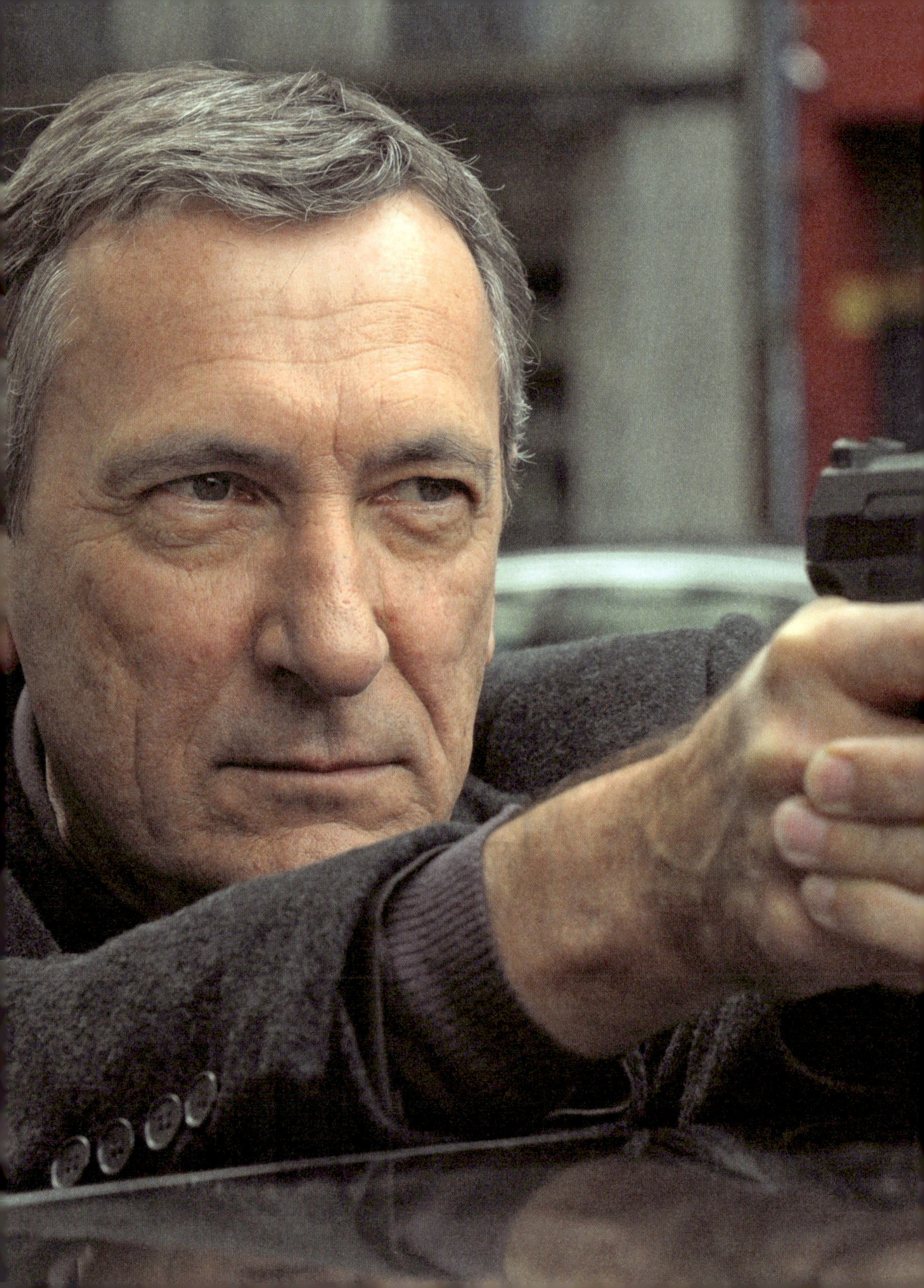

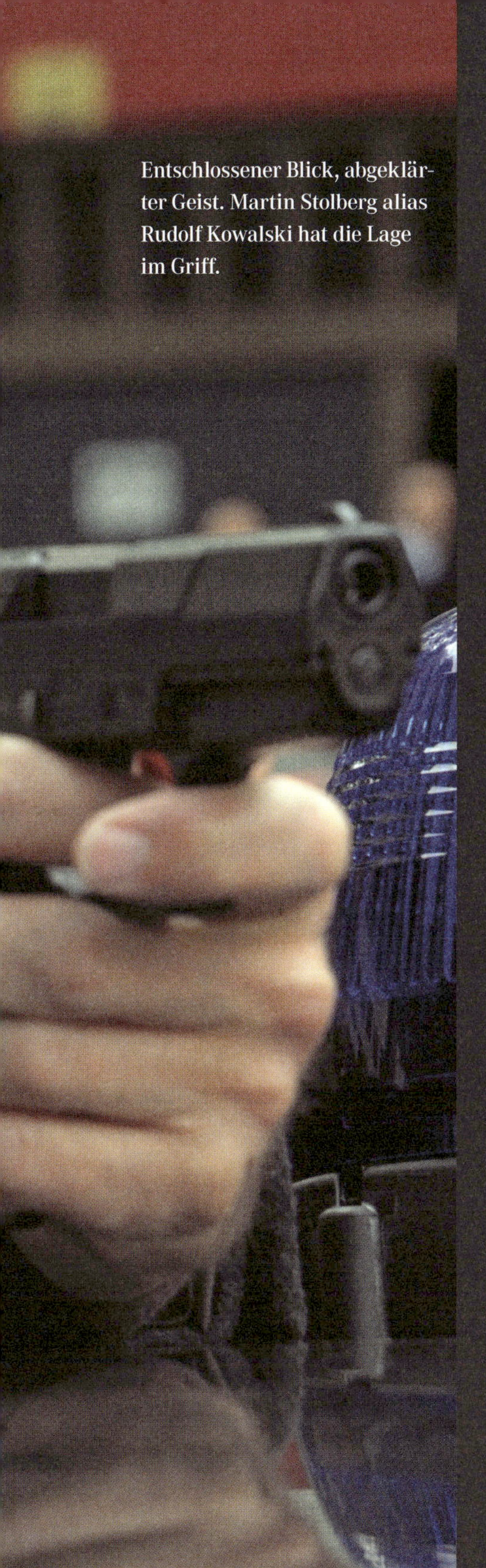
Entschlossener Blick, abgeklärter Geist. Martin Stolberg alias Rudolf Kowalski hat die Lage im Griff.

Prädikat »Weibliche Intuition«, wird deutlich, dass Stolberg nicht befiehl sondern führt.

Er gibt allenfalls Anweisungen, fü deren Interpretation er den jungen Ko legen viel freie Hand lässt. Gleichwoh wird er seiner Rolle als Protagonist und erfahrener Kriminalist gerecht, er häl die Fäden bei der Aufklärung bis zum Schluss zusammen und liefert oft die entscheidende Überlegung zur Festnahme des Mörders.

Doch Gefühle sind nicht seine Sache stets wirkt er kühl und distanziert. Man sieht Stolberg auch nie lächeln, er ist ein Paradebeispiel für professionelle Distanz. Zu den Highlights der Serie »Stolberg«, später in »Kommissar Stolberg« umgetauft, gehören die Folgen »Flüchtige Begegnung«, »Irrlichter«, »Klassenkampf« und »Schrei nach Liebe«. De alte Fünfer-BMW macht in der Serie eine gute Figur, er ist in allen Folgen sehr präsent. Da stört es kaum, dass e die falschen Radkappen trägt. Es müssen die sein, die so aussehen wie die Aluräder des M5.

50 FOLGEN

... in acht Staffeln, gesendet von 2006 bis 2013, sind nicht viel für eine großartige Krimiserie. Stolberg war zu abgehoben, machte zu wenig Quote. Rudolf Kowalski, heute 75 Jahre alt, kam ohne Glamour und Laster aus, vielleicht war das vielen zu fad.

KAPITEL 21

»SOKO WIEN / SOKO DONAU« MIT STEFAN JÜRGENS (2007–2022)

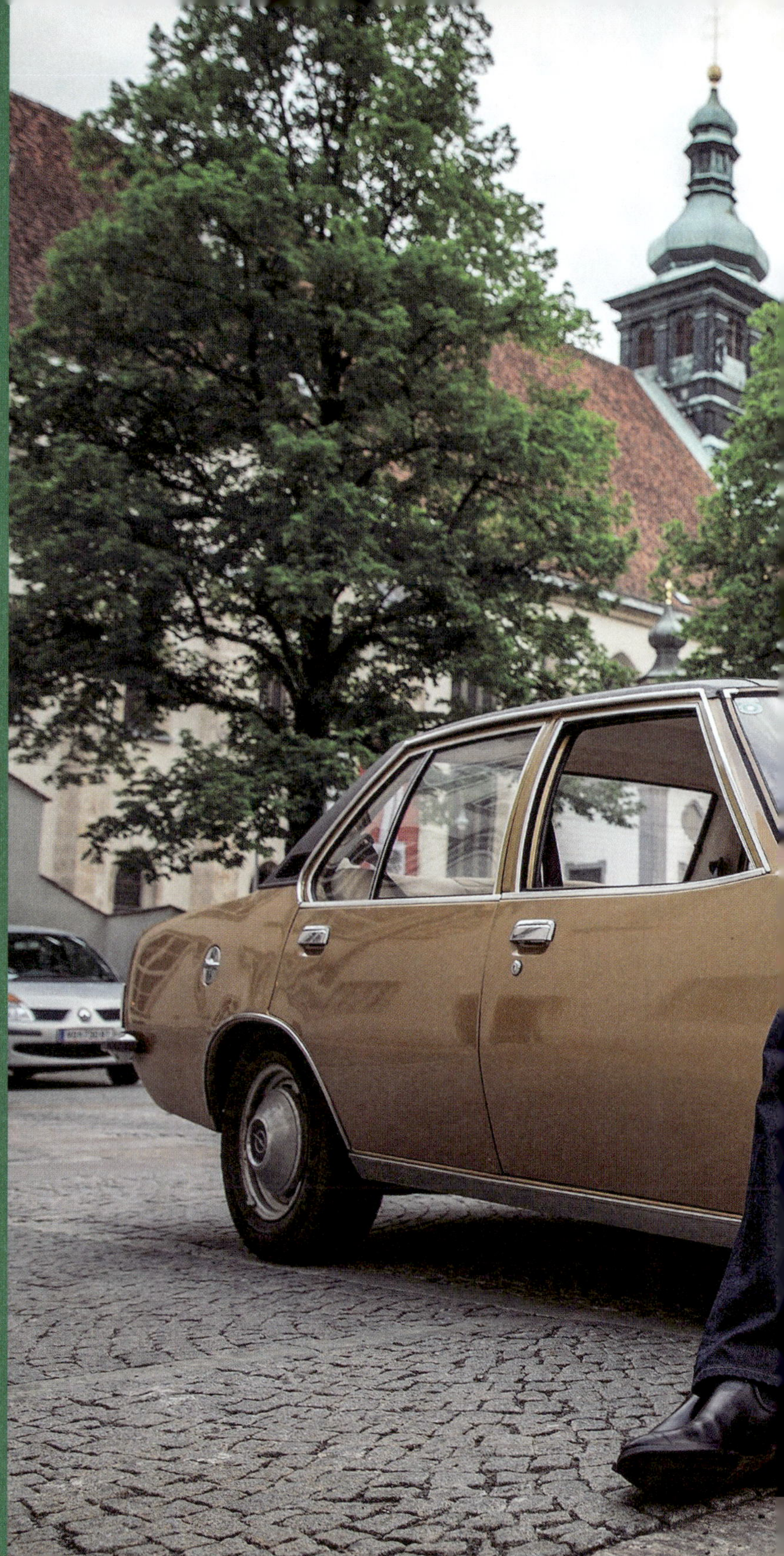

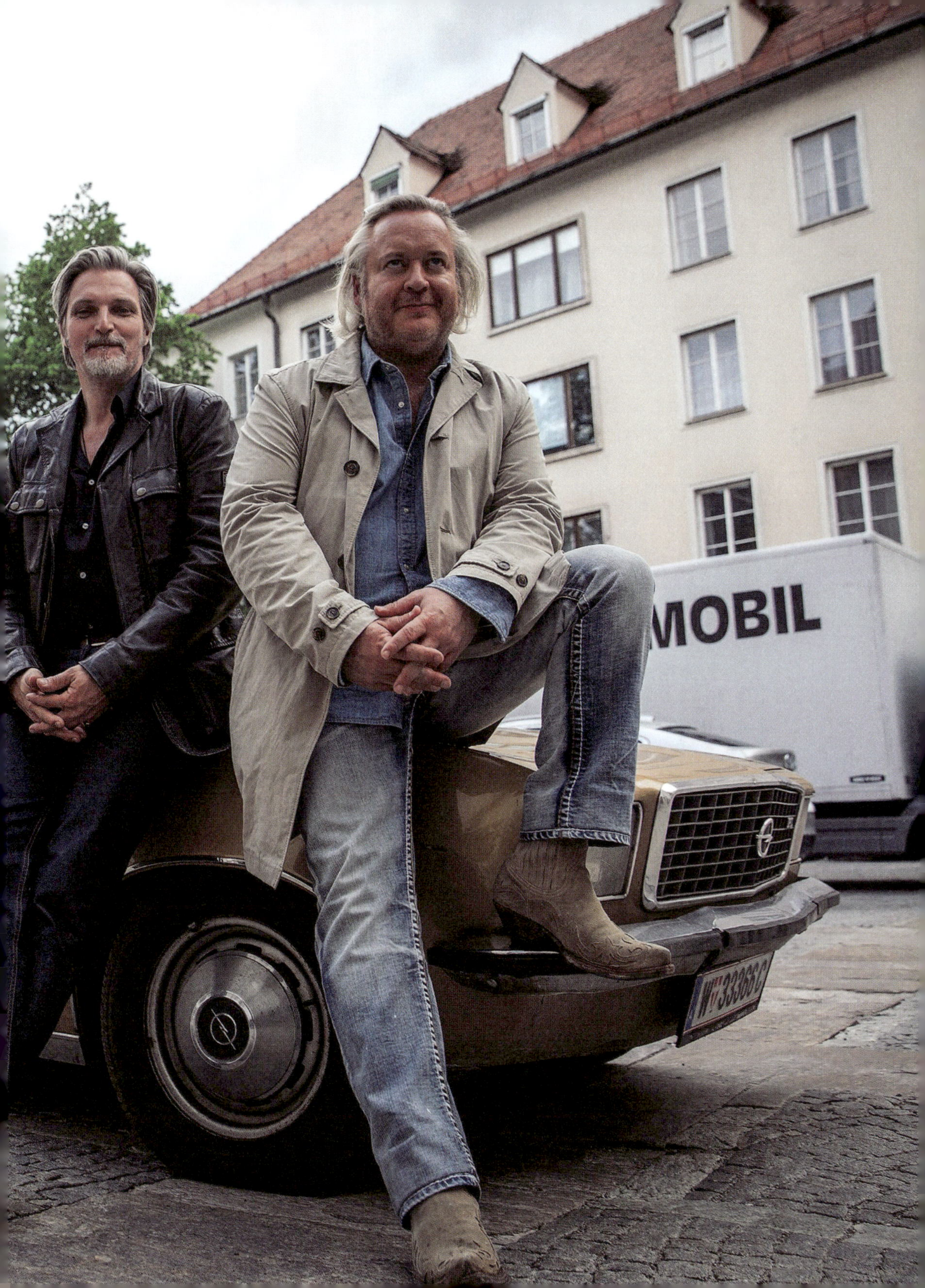
MOBIL

»RIBARSKI, ICH HAB VERSUCHT, SIE ZU MÖGEN.«

Ein Deutscher im österreichischen Staatsdienst? 15 Jahre lang leistete Stefan Jürgens als Major Carl Ribarski einen ganz eigenen Beitrag zur Deutsch-Österreichischen Freundschaft.

Als Fernsehermittler ist Stefan Jürgens eine Idealbesetzung: Der gebürtige Westfale, der seine Fernsehkarriere einst in der Comedy-Sendung »RTL Samstag Nacht« begann, war bereits in sechs SFB-Tatort-Folgen als Kriminalhauptkommissar Robert Hellmann an der Seite von Till Ritter (Dominic Raacke) in Berlin tätig. 2001 quittierte er den Dienst in der Hauptstadt, sein Nachfolger wurde Boris Aljinovi als Felix Stark.

Es dauerte nur wenige Jahre, bis es Jürgens erneut in die TV-Kriminalistik zog: 2007 stieg er mit der dritten Staffel in die ORF/ZDF-Produktion Soko Donau ein, die in Deutschland unter dem Namen Soko Wien bekannt ist.

»WIEN HAT MICH GELEHRT, DAS LEBEN HUMORVOLL ZU SEHEN!« STEFAN JÜRGENS ÜBER SEINE ROLLE ALS CARL RIBARSKI.

In der Donau-Metropole gibt er sich als Major Carl Ribarski betont cool, eine Mischung aus stillem Grübler und Großstadtcowboy. Dabei ist Ribarski ein klarer, sachlicher und zielstrebiger Ermittler, die Rolle des manchmal etwas aufbrausenden Gemütsmenschen übernahm bis 2017 der Kollege Oberstleutnant Helmuth Nowak (Gregor Seberg).

Ribarski bringt eine Karriere im deutschen Bundesnachrichtendienst mit. Bevor er nach Wien kam, jagte er im Kosovo internationale Kriegsverbrecher. Wie so oft wurde ein tragisches Schicksal in eine Rollenbeschreibung hineingeschrieben: Es waren die Ermittlungen zum verhängnisvollen Tod seiner eigenen Partnerin, die ihn einst nach Wien führten.

Anfangs eckt er bei seinem Vorgesetzten Oberst Otto Dirnberger (Dietrich Siegl) mit einigen Alleingängen an, doch bald schon ist er bestens in das bestehende Ermittler-Team integriert – die straff inszenierten 45-minütigen Folgen lassen auch kaum Raum für größere Konflikte.

Der heimliche Hauptdarsteller der Serie ist allerdings Helmuth Nowaks Opel Commodore B – der goldfarbene Oldtimer dient als Privat- und

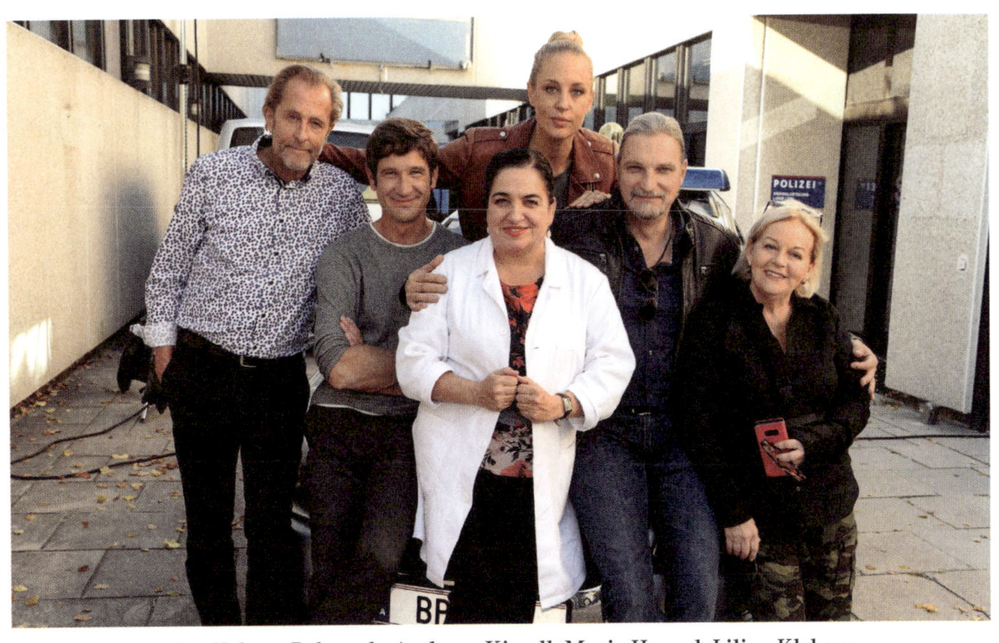

Die Darsteller Helmut Bohatsch, Andreas Kiendl, Maria Happel, Lilian Klebow, Stefan Jürgens und Brigitte Kren geben sich alle Mühe, den VW Passat Variant-Streifenwagen der B6-Baureihe zu verbergen.

Der goldene Opel Commodore B gehört zur festen Ausstattung der Serie. Oberstleutnant Helmuth Nowak (Gregor Seberg, li.) gab ihn nach seinem Ausscheiden 2017 ab.

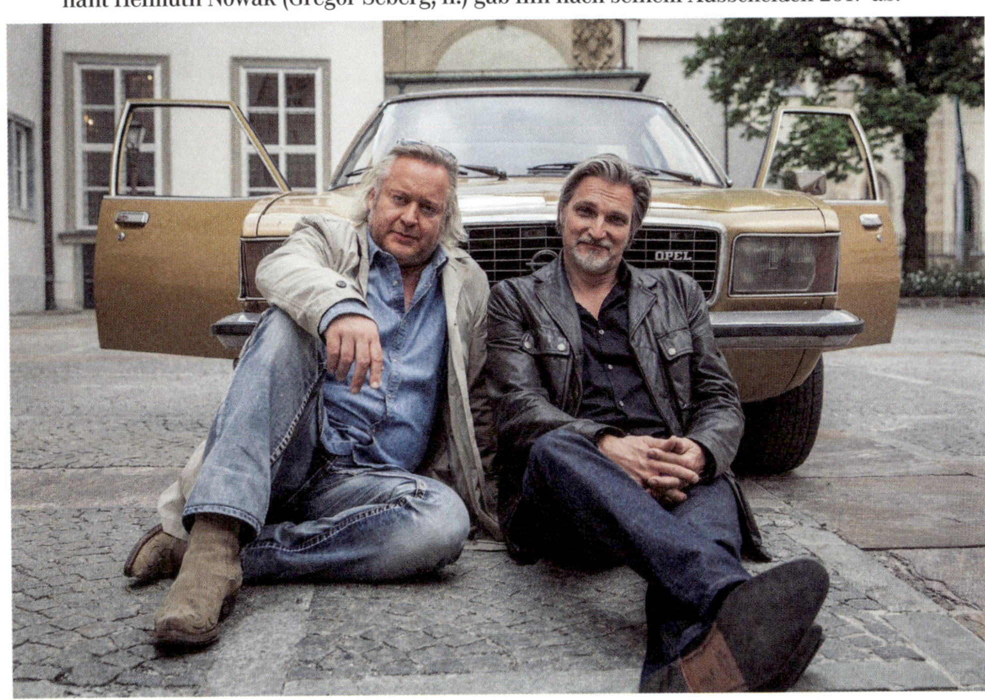

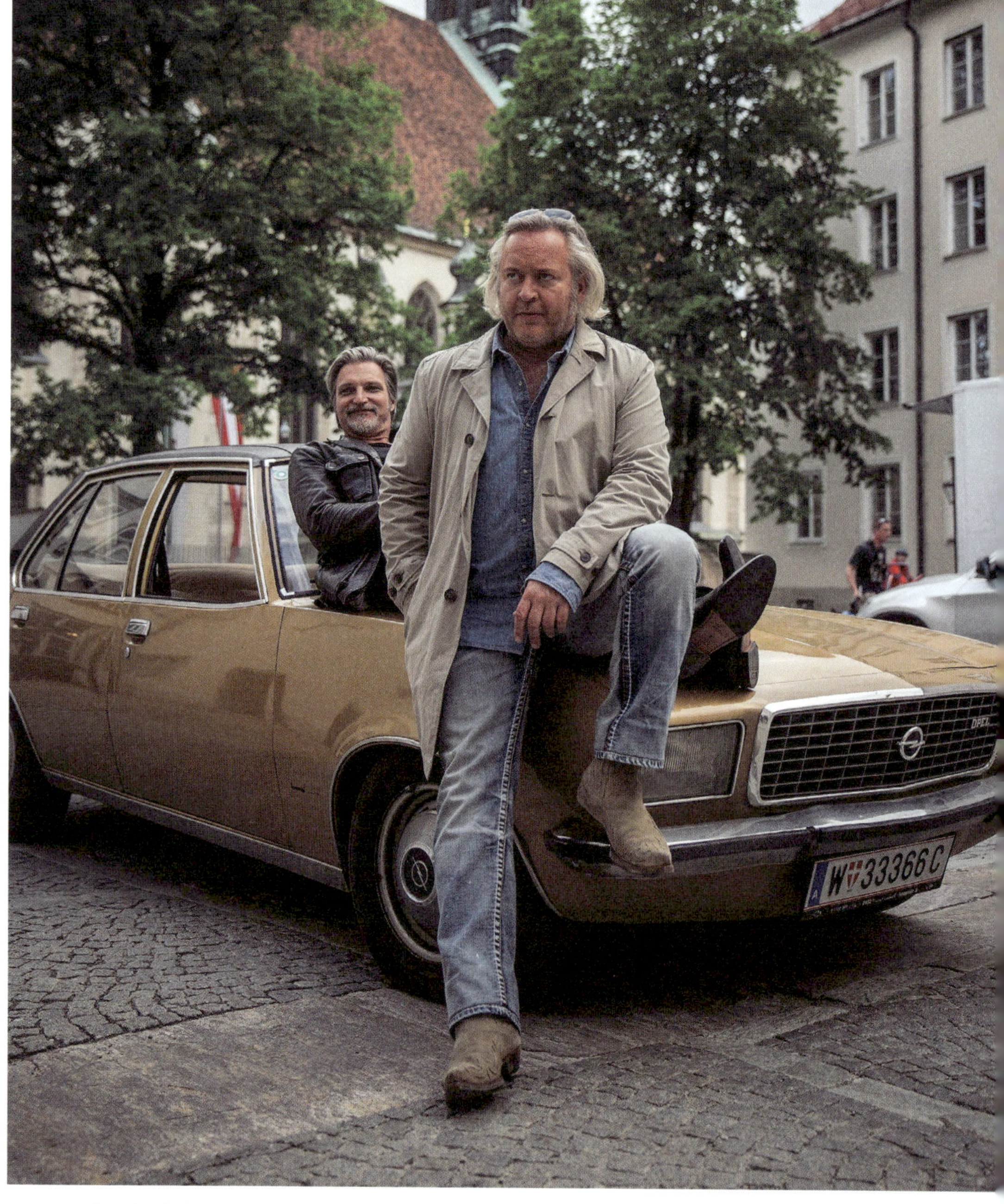

Der Opel Commodore B stammt aus dem Jahr 1972.

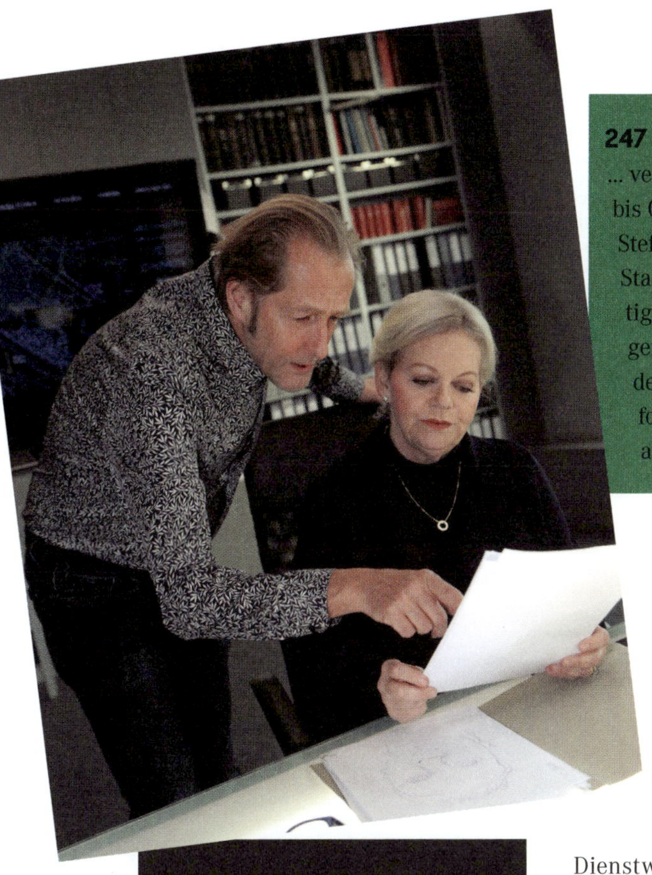

247 FOLGEN

... verteilt auf 17 Staffeln wurden bis Oktober 2022 ausgestrahlt. Stefan Jürgens war ab der dritten Staffel dabei. Mit der soeben fertiggestellten 18. Staffel (16 Folgen) endet sein Engagement. In der 2023 gedrehten 19. Staffel folgt zudem Max Fischnaller auf Helmut Bohatsch.

Brigitte Kren und Helmut Bohatsch bei den Dreharbeiten zur 200. Folge »Entfesselt« im Oktober 2018.

RIBARSKI: »ICH HAB DIR SCHON 100 MAL GESAGT: FAHR NICHT SO SCHNELL UM DIE BOJEN 'RUM – VÖLLIG UNNÖTIG!« NOWAK: »UND ICH SAG DIR ZUM 101. MAL: DAS IST LUSTIG!«

Dienstwagen und wird selbst bei den Einsätzen nicht geschont. Da wird das goldene Schmuckstück schonmal über Schlammpisten gejagt und mit quietschenden Reifen an einen Tatort gehetzt. Große Geste: Als Nowak Wien gen Kapstadt verlässt, steckt er Ribarski heimlich den Schlüssel seines Opels zu. Seither gehört der Wagen zum Major wie Sonnenbrille und Lederjacke.

Auch das spielfreudige Ensemble um Rechtsmedizinerin Dr. Franziska Beck (Maria Happel) und Kriminaltechniker Franz Wohlfahrt (Helmut Bohatsch) macht die alpenländische Serie äußerst sehenswert. *red*

KAPITEL 22

»TATORT: LANNERT UND BOOTZ« MIT MÜLLER / KLARE (SEIT 2008)

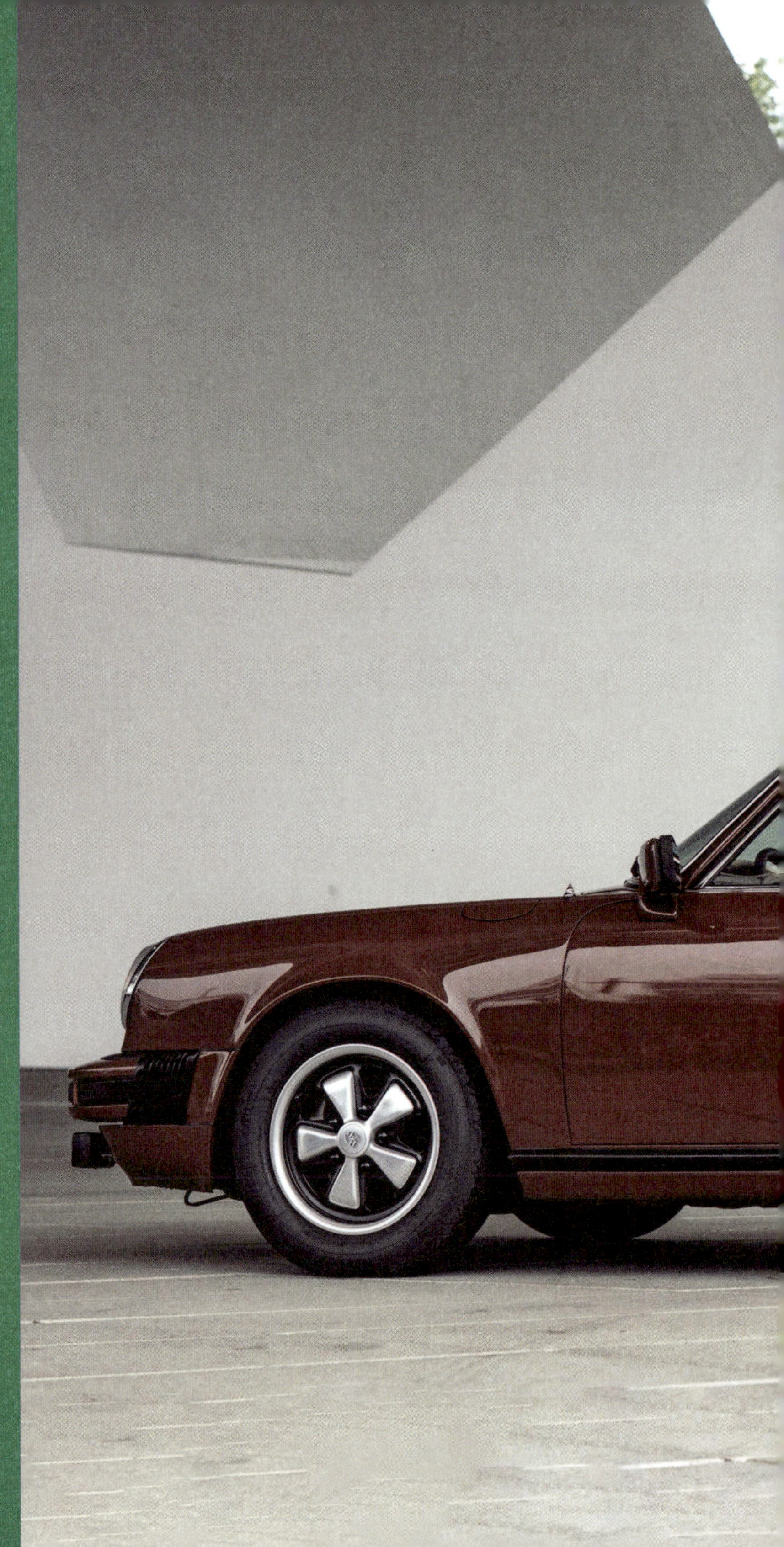

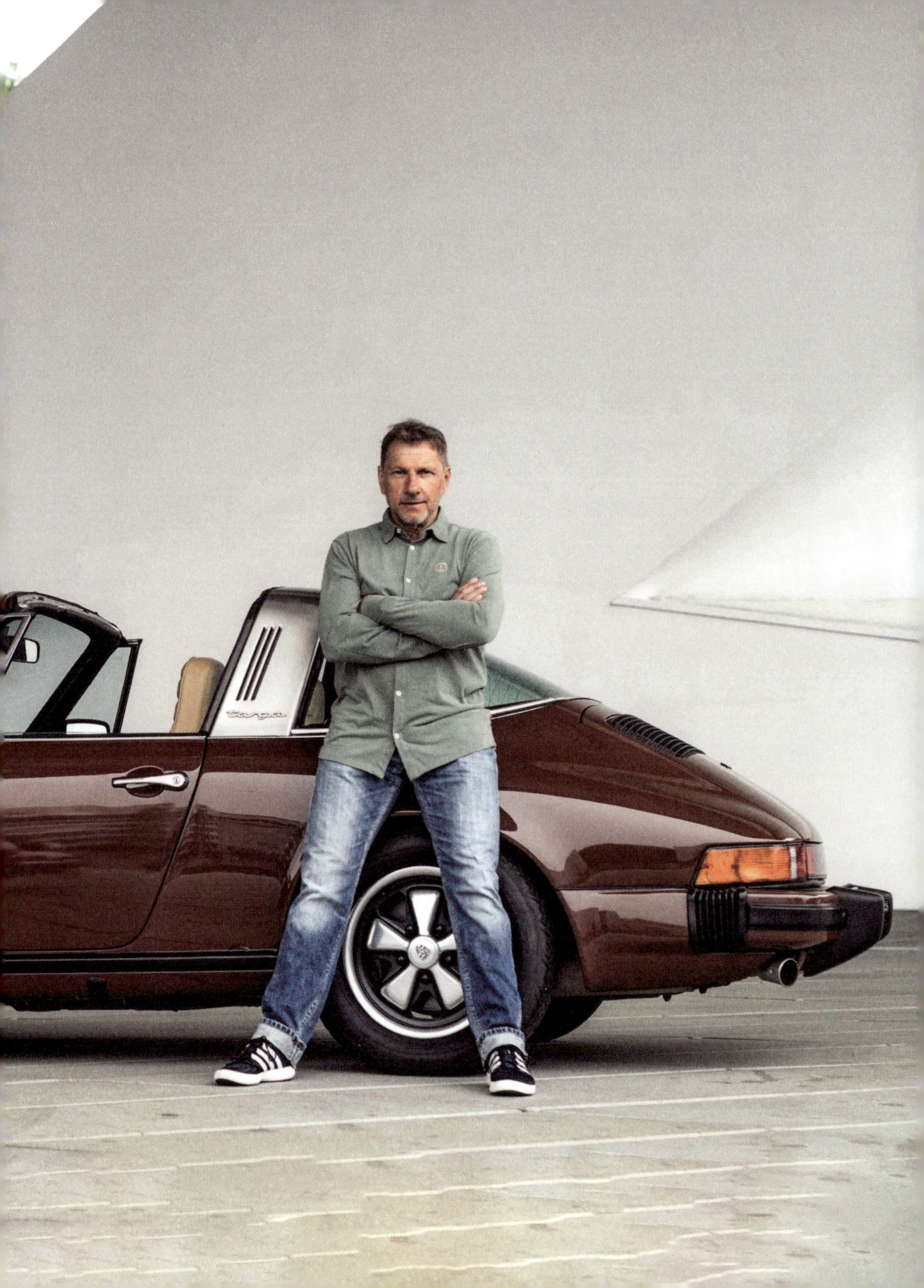
targa

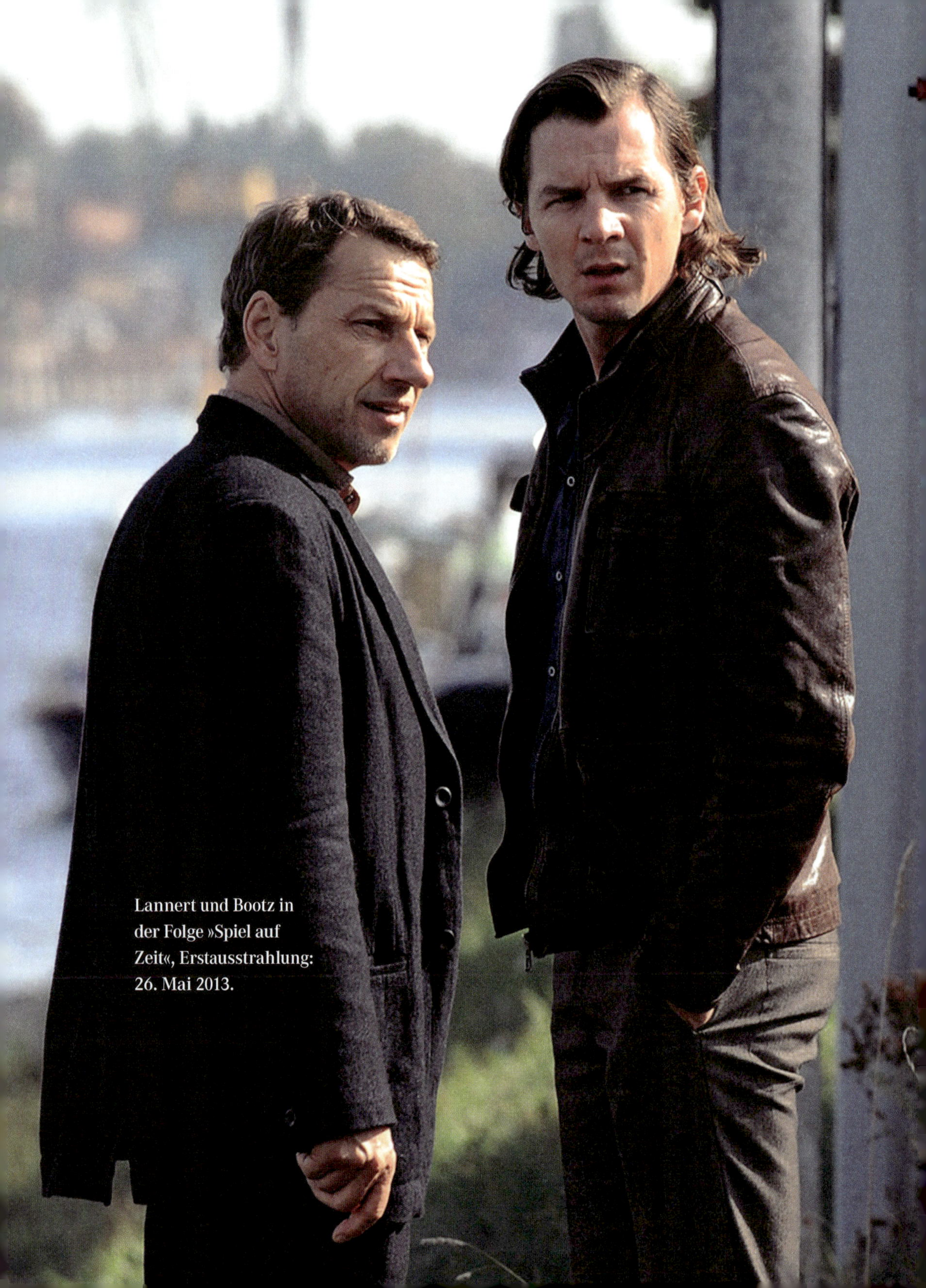

Lannert und Bootz in der Folge »Spiel auf Zeit«, Erstausstrahlung: 26. Mai 2013.

»WIR BETEN, DASS ER AM ENDE DIE NERVEN VERLIERT«

»Tatort Targa« heißt es, seitdem Lannert und Bootz dem Stuttgarter Krimi den Bienzle-Biedermeier nahmen. Im Mittelpunkt steht ein schräger Elfer.

Beide sind Anti-Helden mit Tiefgang. Kriminalhauptkommissar Thorsten Lannert wirkt körperlich unscheinbar und schlägt im Umgang mit Tätern und Opfern eher sensible, verständnisvolle Töne an. Er ist für einen Bullen viel zu weich. Für ihn ist auch der Täter ein Opfer, weil er oft aus Anlass einer tiefen Demütigung tötet. »Ein Mord ist meist eine Beziehungstat«, hört man ihn in den bisher gedrehten 14 Folgen oft sagen.

Obwohl diese Erkenntnis unter Kriminalisten als Binsenweisheit gilt, spricht er sie mit glaubwürdiger Betroffenheit aus. Sein Dienstwagen, ein 74er Porsche 911 S Targa, rangierte in der Elfer-Hierarchie gestern noch ganz unten: schmale Karosserie, keine Verzinkung, magere 175 PS, Fehlfarbe Sepiabraun – und obendrein noch ein US-Modell mit dicken Gummihörnern.

Heute sind Fehlfarben beim Elfer Kult, weil Blutorange und Gulfblau längst durch sind. Der aufgeheizte Porsche-Markt akzeptiert alles, sogar Lannerts Elfer nähme er mit Kusshand, weil er das Markenzeichen des SWR-»Tatort« aus Stuttgart wurde.

»JETZT WEISST DU, WARUM ICH OLDTIMER FAHRE!« LANNERT ZU ELEKTRONIKPROBLEMEN IM MERCEDES DES KOLLEGEN BOOTZ.

EIN ZWEITES LEBEN

Der Hamburger Kommissar Thorsten Lannert, gespielt von Richy Müller, will nach einer Familientragödie neu anfangen und wechselt zur Kripo nach Stuttgart. Lannert war vorher verdeckter Ermittler im Kampf gegen die organisierte Kriminalität. Im Zuge seiner plötzlichen Enttarnung wird seine Tochter überfahren, seine Frau stirbt beim anschließenden Schusswechsel, er selbst wird schwer verletzt.

Nach seiner Genesung beschließt Lannert, der über den schweren Schicksalsschlag zum Glauben an Gott zurückgefunden hat, in den Polizeidienst zurückzukehren. In Stuttgart bekommt er den rund 20 Jahre jüngeren, aber gleichrangigen Kollegen Sebastian Bootz an die Seite gestellt. Sie beargwöhnen sich, weil ihre Naturelle sehr verschieden sind. Lannert ist empfindsam, sensibel, oft zweifelnd. Ein Gefühlsmensch, der Entscheidungen aus dem Bauch trifft. Er erfasst Täter, Zeugen und Tatverdächtige intuitiv, befragt sie mit der einfühlsamen Sanftheit eines Psychologen.

Bootz bevorzugt die härtere Gangart, die seine Karriere bislang entscheidend beschleunigte. Bootz ist ehrgeizig, rational und analytisch. Er schießt gerne über das Ziel hinaus, weil sein Selbstbewusstsein überlebensgroß ist. Ständig muss Lannert diesen Polizei-Primus im Zaum halten, der erst dann einen Gang zurückschaltet, als Frau und Kinder ihn wegen seiner Dienstbeflissenheit verlassen wollen. Bootz zeigt auf einmal Gefühl, und dann klappt es auch zwischen Lannert und dem Jungen, sie duzen sich, und Bootz darf immer öfter den sepiabraunen Porsche fahren. Der trägt noch ein starres, kein faltbares Targadach, weil das Blaulicht darauf besser hält.

Lannerts Fahrstil ist weit kühner als als sein zaghaftes Wesen. Bei den Verfolgungsjagden kommt der Elfer auch schon mal quer, es wird scharf gebremst und stark beschleunigt. Die schmalen 185er-Reifen quietschen und hüllen sich in Wolken. Im normalen Kripo-Alltag heult die Kreissäge im Heck eher im Schonmodus, es wird früh geschaltet und gemütlich im Stuttgarter Stadtverkehr gerollt.

Dann inszeniert sich der schräge Anti-Elfer selbst, von Szenenbild zu Szenenbild wird der braune Underdog immer schöner. »Mensch, guck doch mal, die

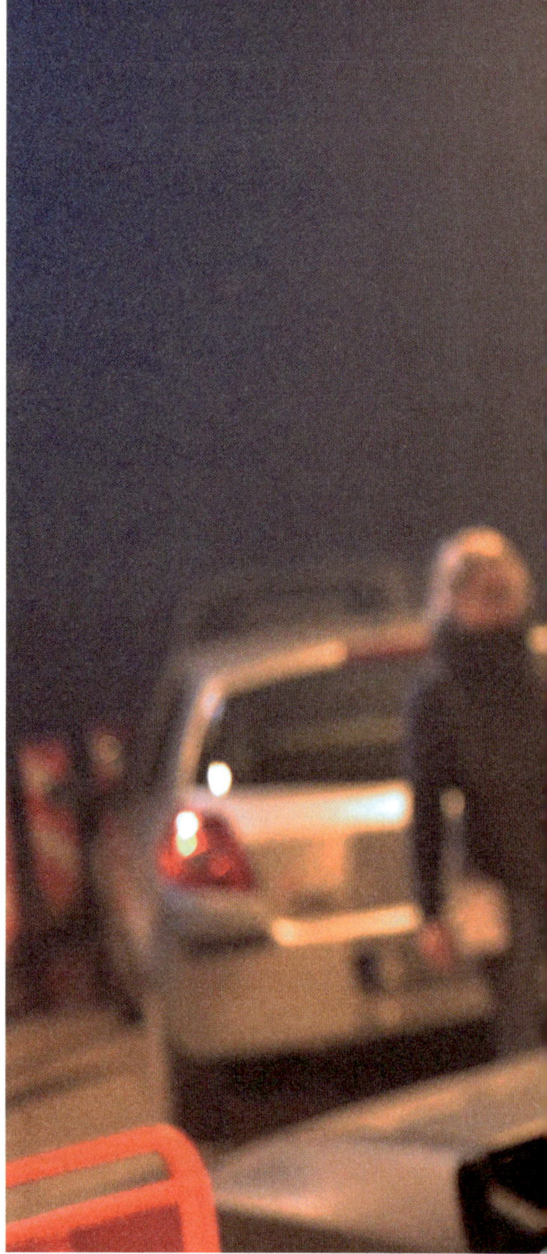

rassige schmale Karosse und diese tolle Farbe mit der feinen Chromzier. Und wie feurig der klingt, der alte Zwosiebener-Motor«, so hört man sich dann selbst reden.

Richy Müller fährt so fabelhaft Auto, weil

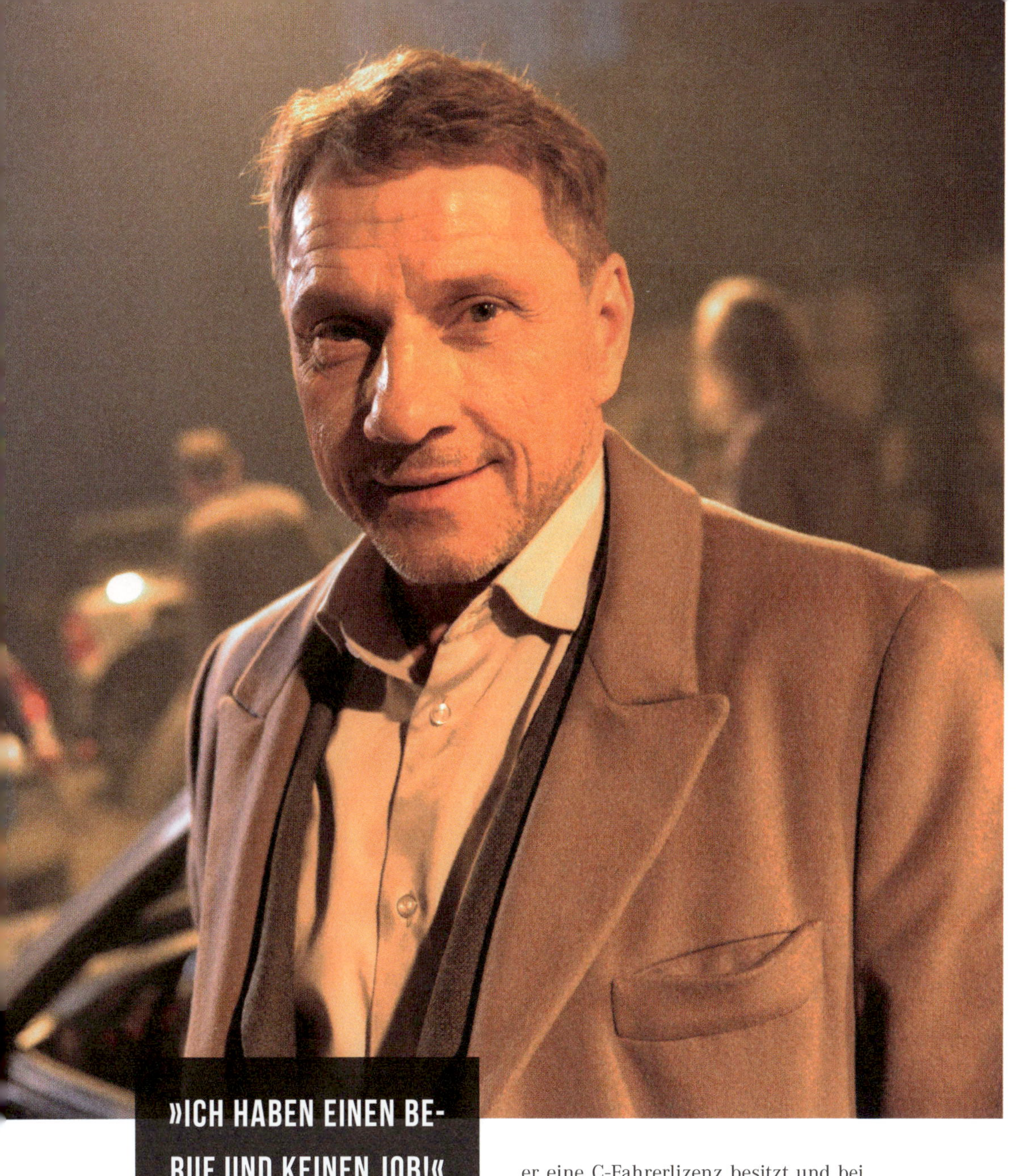

»ICH HABEN EINEN BERUF UND KEINEN JOB!« BOOTZ, IN DER FOLGE »IM GELOBTEN LAND«.

er eine C-Fahrerlizenz besitzt und bei Porsche-Cup-Rennen beherzt ins Lenkrad greift. Der 59-jährige Schauspieler ist gelernter Werkzeugmacher und heißt mit Vornamen eigentlich Hans-Jürgen. Richy war sein Rollenname im

TV-Dreiteiler »Die große Flatter«. Damit gelang ihm 1979 der Durchbruch. Zunächst auf machohafter Draufgänger festgelegt, entwickelte sich Müller unter dem Regisseur Reinhard Hauff, der tiefgründige sozialkritische Stoffe (»Paule Pauländer«, »Der Mann auf der Mauer«) verfilmte, zum Charakterdarsteller.

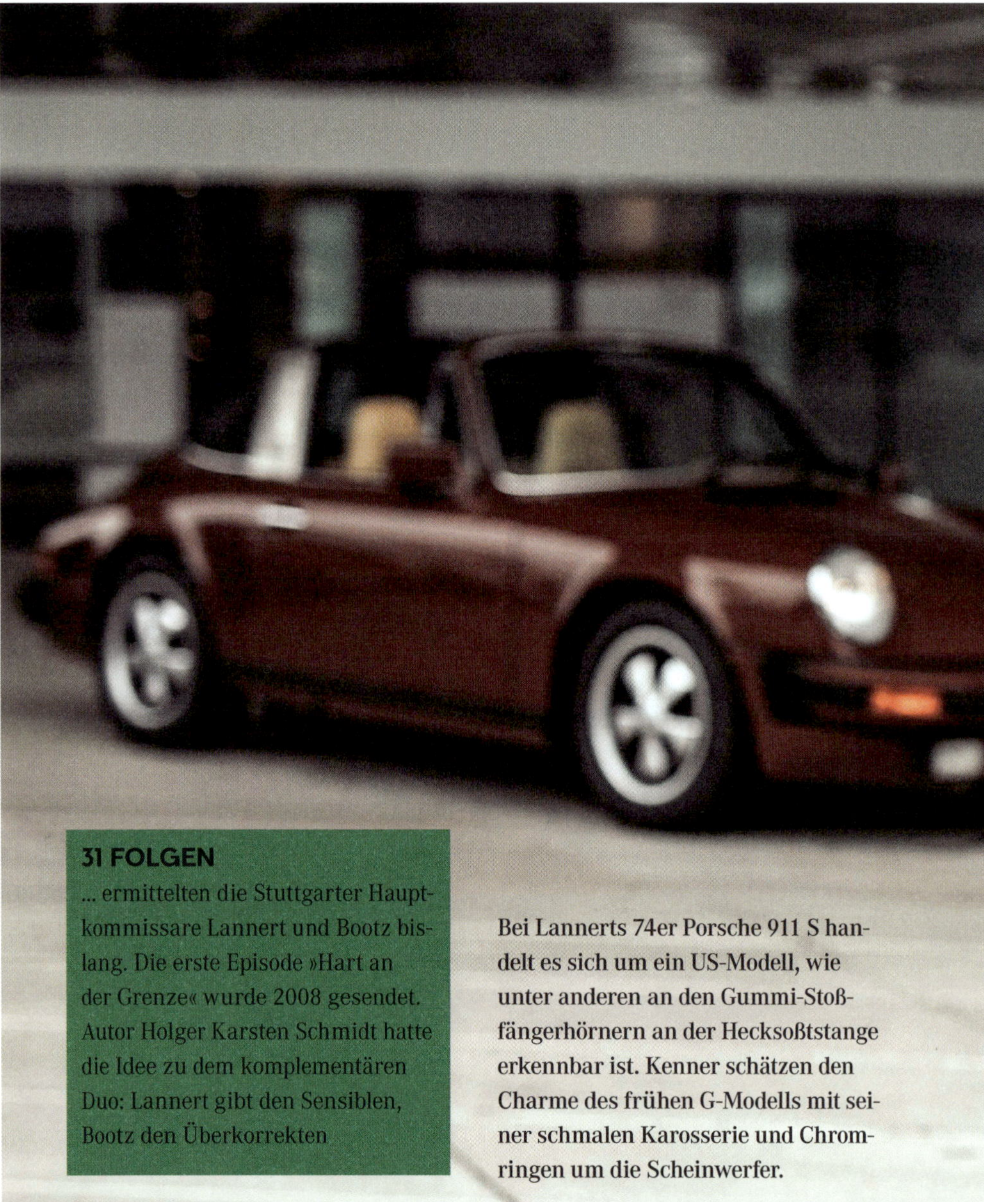

31 FOLGEN

... ermittelten die Stuttgarter Hauptkommissare Lannert und Bootz bislang. Die erste Episode »Hart an der Grenze« wurde 2008 gesendet. Autor Holger Karsten Schmidt hatte die Idee zu dem komplementären Duo: Lannert gibt den Sensiblen, Bootz den Überkorrekten

Bei Lannerts 74er Porsche 911 S handelt es sich um ein US-Modell, wie unter anderen an den Gummi-Stoßfängerhörnern an der Hecksoßtstange erkennbar ist. Kenner schätzen den Charme des frühen G-Modells mit seiner schmalen Karosserie und Chromringen um die Scheinwerfer.

Bester SWR-»Tatort« mit Richy Müller ist bis jetzt »Tödliche Tarnung«. Hier geht es um den gnadenlosen Psycho-Zweikampf zwischen Lannert und seinem alten Erzfeind, dem Syndikatsboss Victor de Man, dessen Vollstrecker in Hamburg Lennarts Familie zerstört hatten.

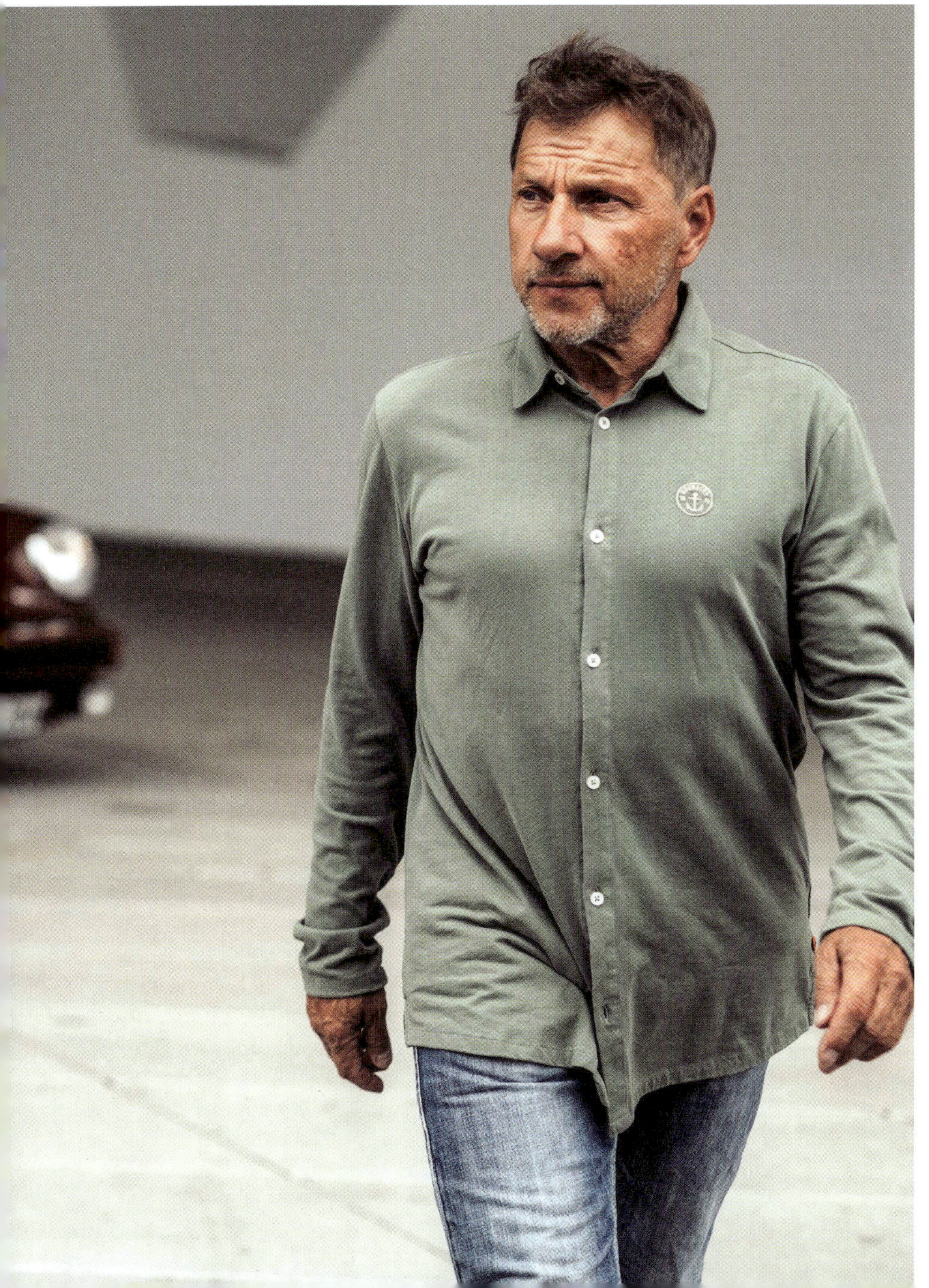

KAPITEL 23

»MORD MIT AUSSICHT« MIT CAROLINE PETERS (2008–2014)

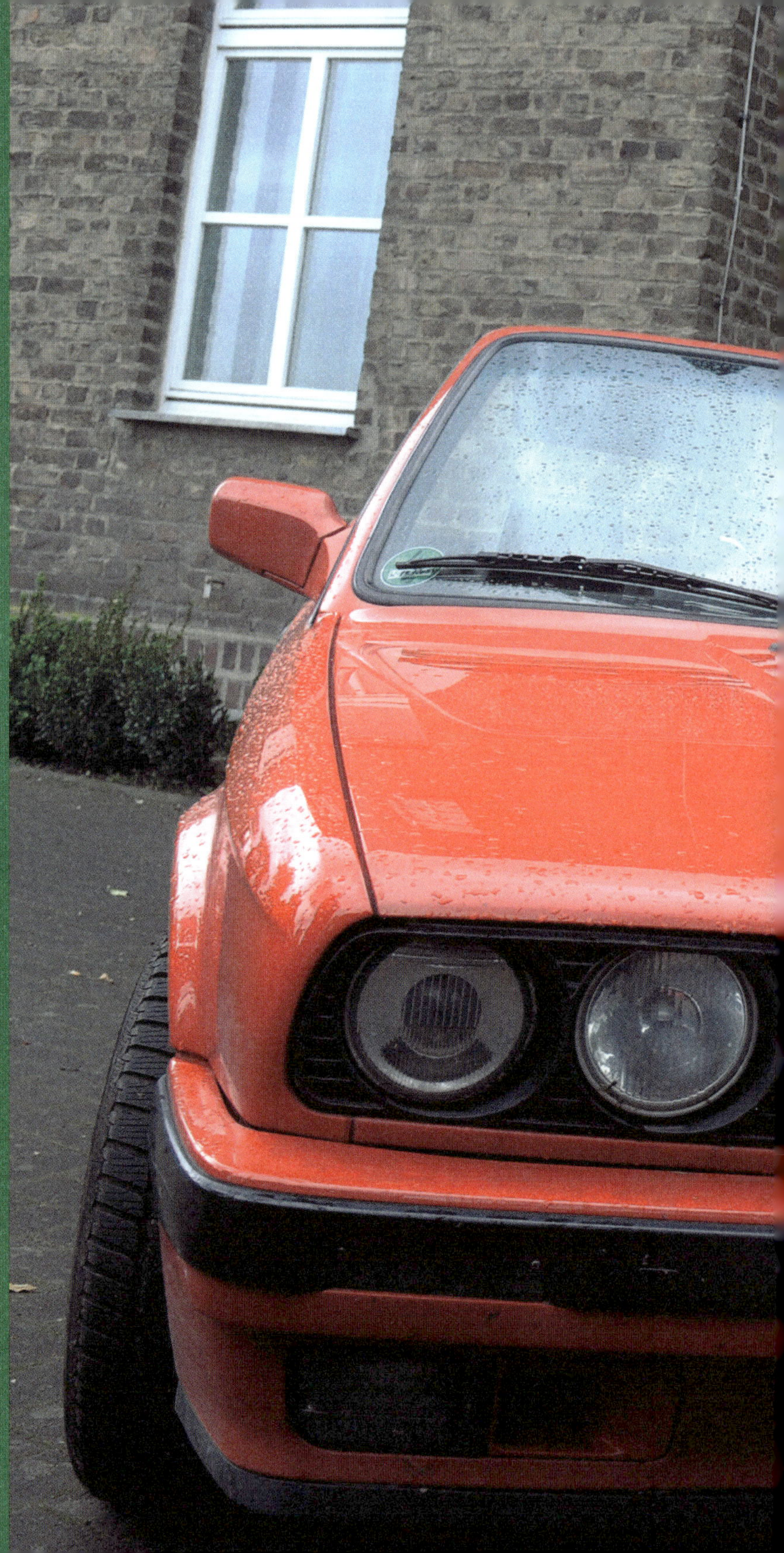

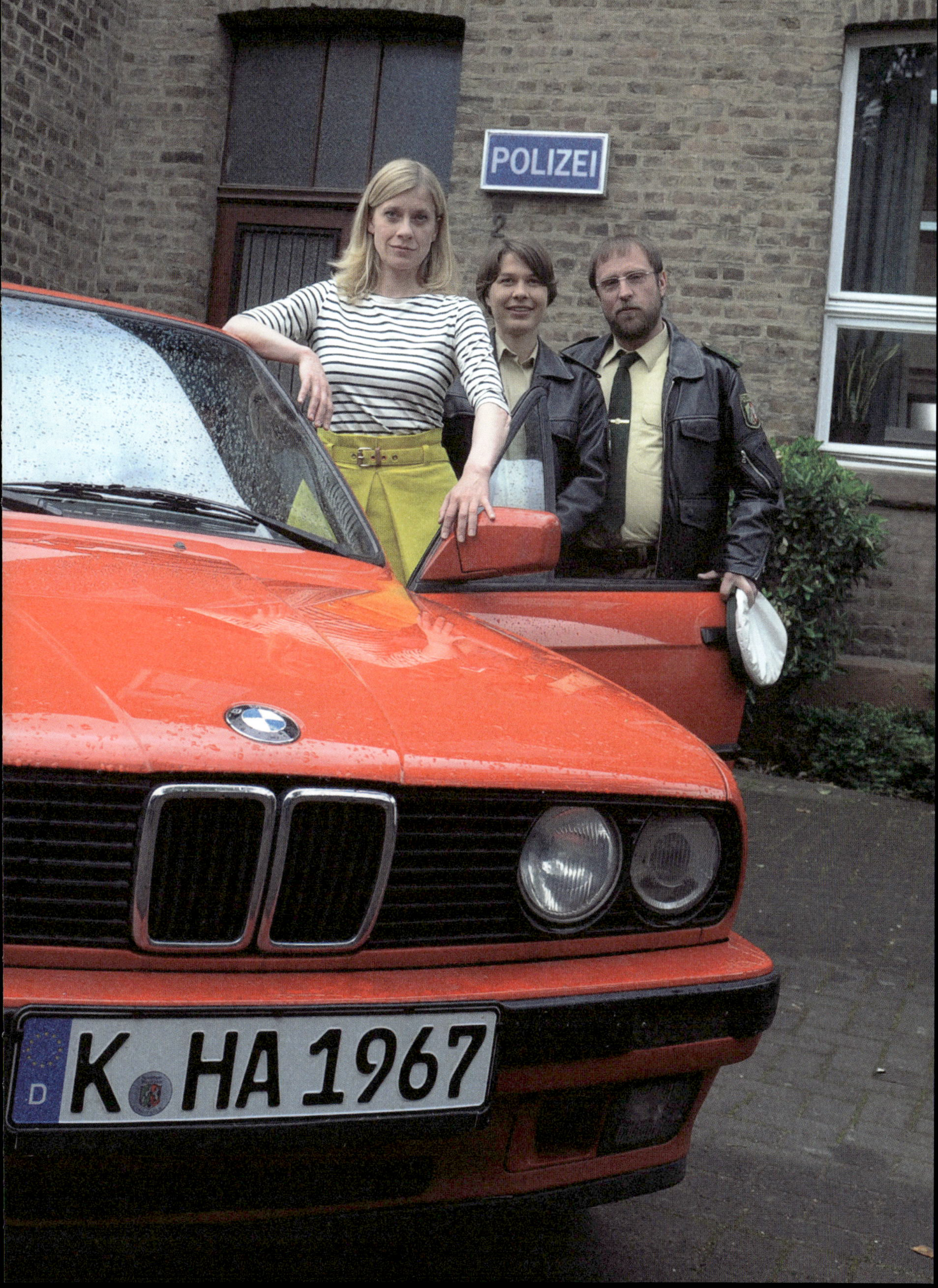
POLIZEI
K HA 1967

»WIR HABEN GÜLLE UND NAMENSTAG«

Mord mit Aussicht wirbelte 2008 das biedere Vorabendprogramm der ARD durcheinander: Auf geniale Art und Weise kombinierten die Macher Klamauk und Kriminalistik und machten die Langeweile auf dem Land zur heimlichen Hauptdarstellerin einer sehenswerten Serie.

»Mann, Mann, Mann is' hier vielleicht wieder was los heute!« Fast schon legendär ist der Ausspruch des gutmütigen, aber auch etwas lethargischen Dorfpolizisten Dietmar Schäffer, wenn ihn wieder einmal das Telefon aus der wohlverdienten vormittäglichen Ruhe reißt. Überhaupt ist es mit der Ruhe in Hengasch im Kreis Liebernich (der Name ist Programm) vorbei, als die taffe Großstadtpolizistin Sophie Haas (Caroline Peters) aus Köln in die kleine Eifel-Gemeinde versetzt wird. Das verschlafene Hengasch spielt mindestens zwei Ligen unter den Ansprüchen der ambitionierten Kriminalistin, die sich eigentlich einen spannenden Job in der Großstadt erhofft hatte.

In der Eifel angekommen, versucht sie sogleich mit Aufsehen erregenden Ermittlungsergebnissen auf sich aufmerksam zu machen, um bloß bald wieder versetzt zu werden. Das Problem: Es will zunächst rein gar nichts passieren. So rückt der

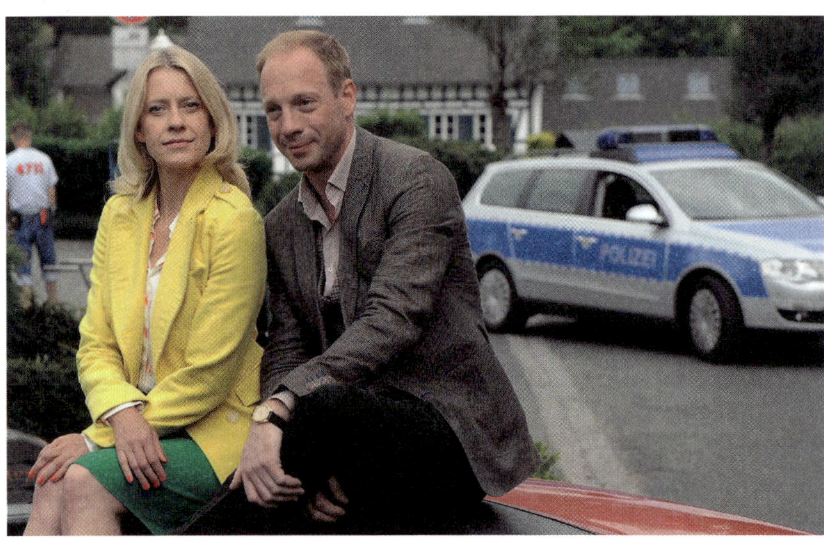

In der dritten Staffel übernimmt Jan Schulte (Johann von Bülow) das Amt des Bürgermeisters, kurz darauf kommen er und Sophie Haas sich näher.

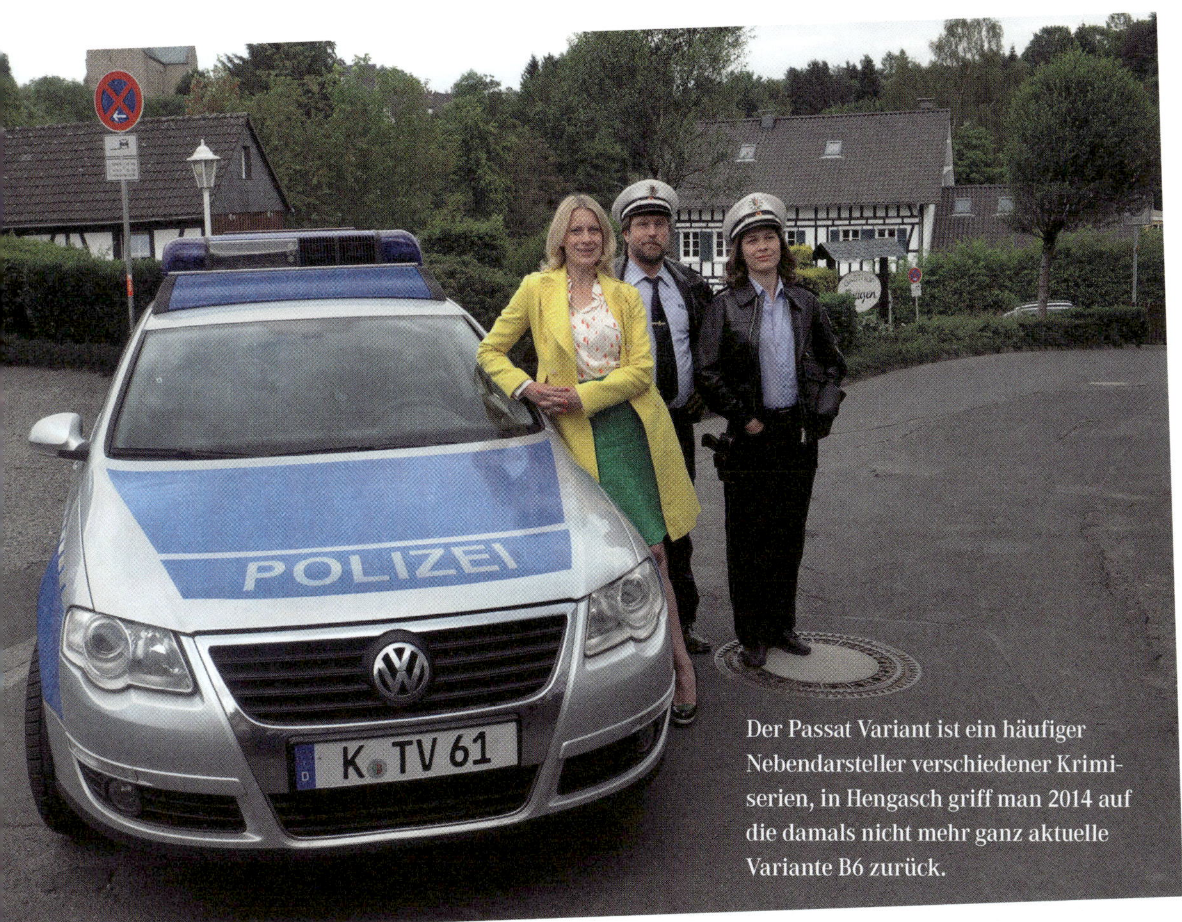

Der Passat Variant ist ein häufiger Nebendarsteller verschiedener Krimiserien, in Hengasch griff man 2014 auf die damals nicht mehr ganz aktuelle Variante B6 zurück.

augenzwinkernd gezeichnete Mikrokosmos des Ortes in den Mittelpunkt der Serie, angefangen bei den lieben Kollegen im Revier:

»MANN, MANN, MANN, HIER IST VIELLEICHT WIEDER WAS LOS HEUTE.« DIETMAR SCHÄFFER

Der gemütliche Schäffer ist froh, wenn seine täglichen Routinen nicht aus dem Tritt geraten. Bereits der fällige Wechsel von der gewohnten grünen zur neuen blauen Uniform bringt ihn zu Beginn der dritten Staffel aus der Fassung. Er duckt sich gern unter das Regime seiner liebevoll-dominanten Frau Heike. Petra Kleinert und Bjarne Mädel verkörpern das biedere Vorzeigepärchen mit subtiler Situationskomik bis zur Perfektion. Gern bringt die neugierige Heike ihrem Dietmar das Essen auch direkt auf der Wache

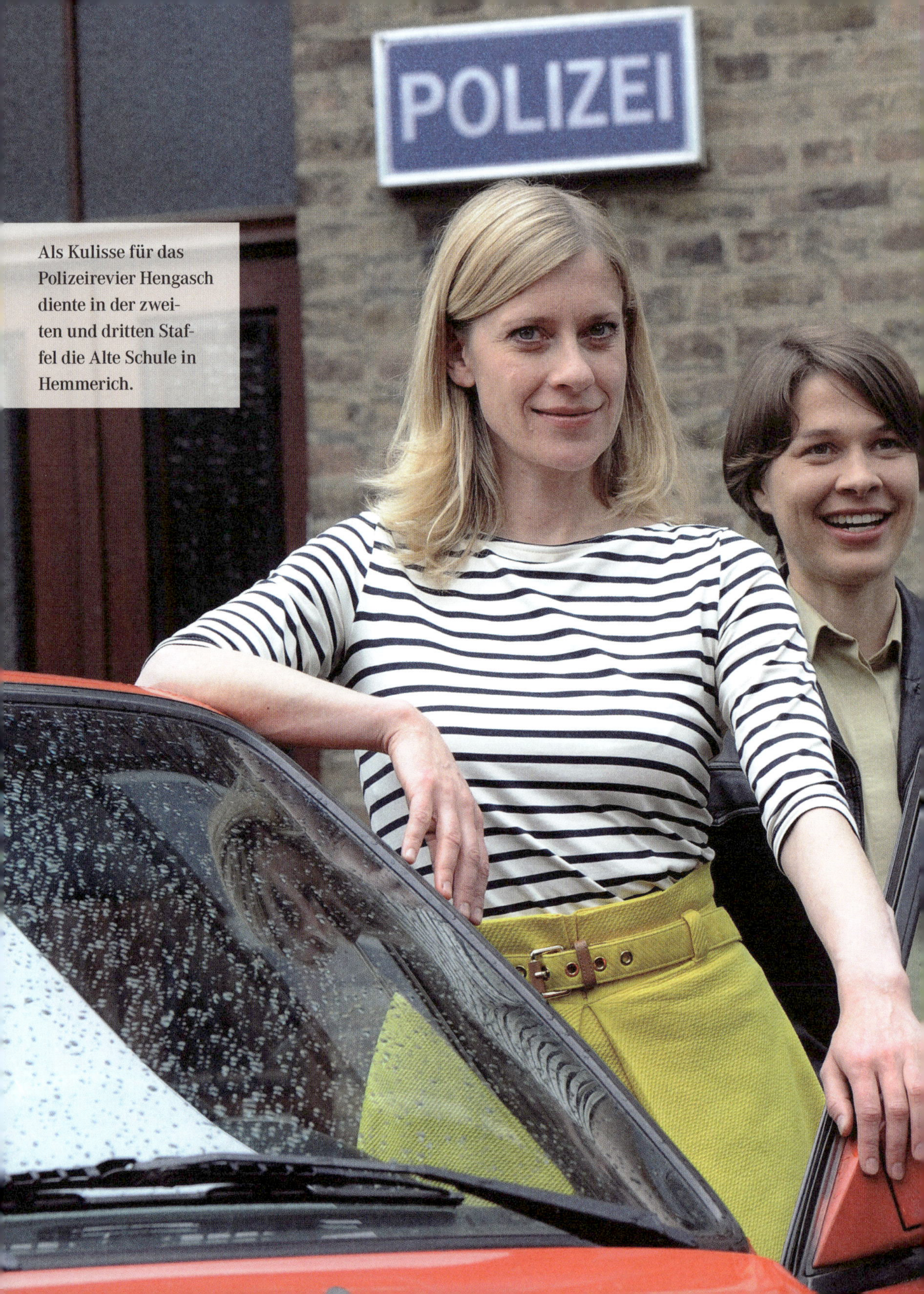

Als Kulisse für das Polizeirevier Hengasch diente in der zweiten und dritten Staffel die Alte Schule in Hemmerich.

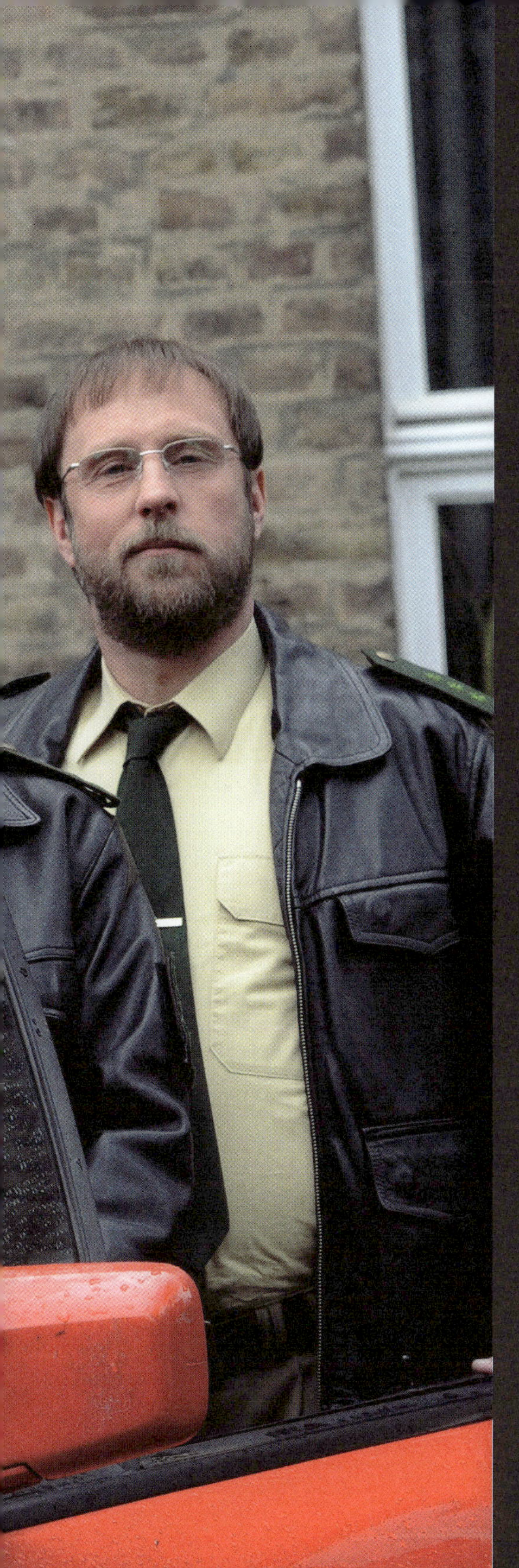

vorbei. Der mag es gerne würzig »Scharf, aber nicht zu scharf.«
Meike Droste gelingt derweil das Kunststück, ihre Polizeimeisterin Bärbel Schmied (in der dritten Staffel werden Sie und Schäffer zu Kommissaren befördert) auf dem schmalen Grat zwischen etwas naiv und burschikos-forsch anzulegen.
Immer wieder funkt auch Sophie Haas' Vorgänger Hans Zielonka bei den Ermittlungen dazwischen – von den Kollegen aus alter Gewohnheit immer noch »Chef« genannt. Michael Hanemann verkörpert den Polizisten alten Schlags überzeugend. Hans Peter Hallwachs, bereits in der ersten Tatort-Folge »Taxi nach Leipzig«

»WER DROGEN NIMMT, DER MUSS DOCH TOTAL BEKIFFT SEIN« – BÄRBEL SCHMIED

mit dabei, bringt als Dr. Hannes Haas der Vater von Sophie Haas, zusätzlich Grandezza ins Ensemble.
Die Konflikte der ehrgeizigen, manchmal gar aktionistischen Sophie Haas die sich bei ihren Ermittlungen

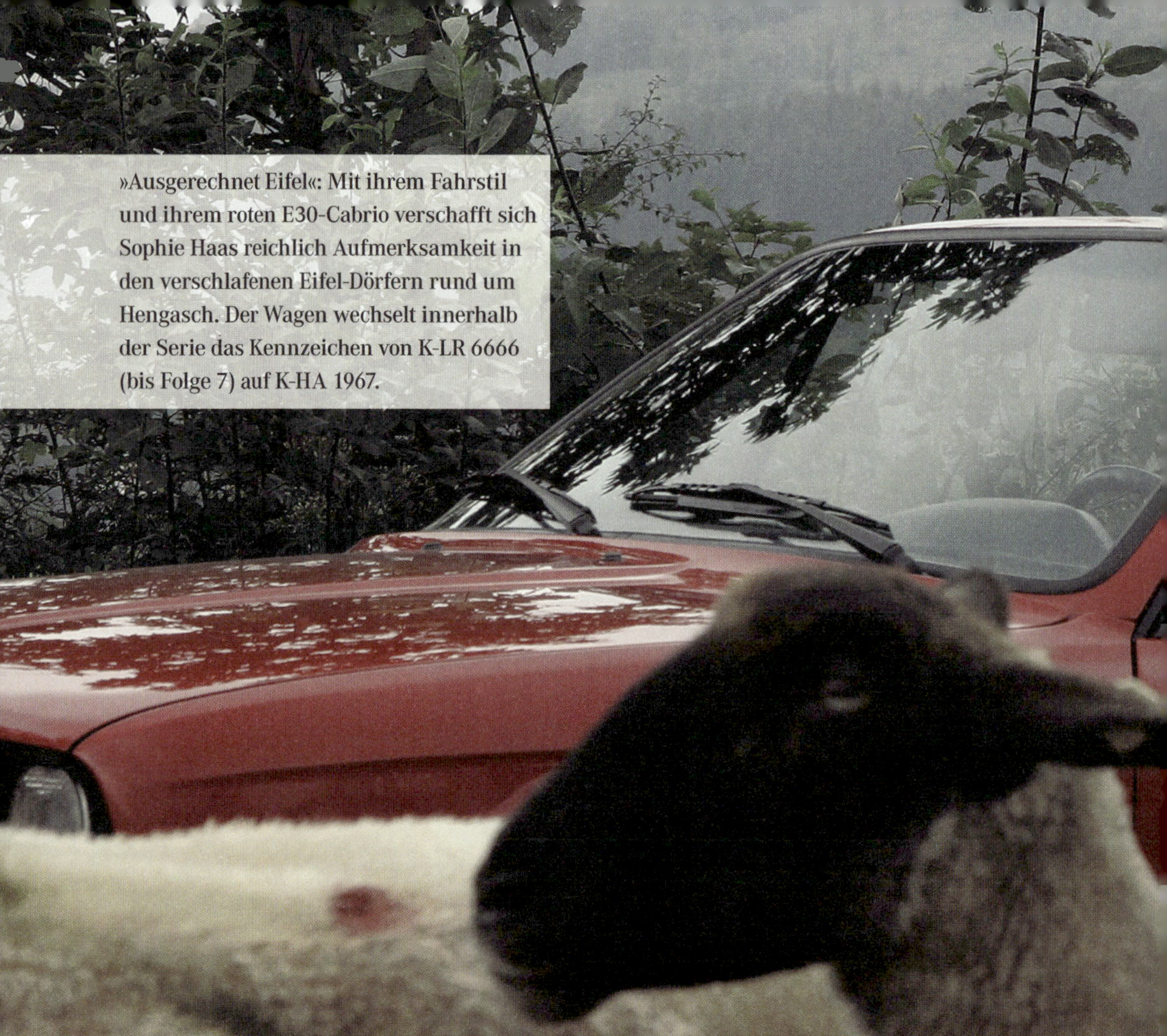

»Ausgerechnet Eifel«: Mit ihrem Fahrstil und ihrem roten E30-Cabrio verschafft sich Sophie Haas reichlich Aufmerksamkeit in den verschlafenen Eifel-Dörfern rund um Hengasch. Der Wagen wechselt innerhalb der Serie das Kennzeichen von K-LR 6666 (bis Folge 7) auf K-HA 1967.

39 FOLGEN

... lang ermittelte das Trio Sophie Haas, Bärbel Schmid und Dietmar Schäffer in der grünen Eifel-Idylle. Nicht so lustig waren wohl die Produktionsbedingungen. Nach drei Staffeln schmiss Bjarne Mädel entnervt hin, Caroline Peters und Meike Droste zogen nach. Es folgte ein abendfüllender Abschiedsfilm, der im September 2015 erstmals ausgestrahlt wurde. 2022 wagte die ARD einen Neustart mit neuen Hauptdarstellern, aber vielen der bekannten Nebenfiguren. Die Darstellerriege um Kathrin Wackernagel blieb für viele Fans der ersten Stunde gewöhnungsbedürftig, erhielt aber durchaus wohlwollende Kritiken. Aktuell ist eine fünfte Staffel in Arbeit.

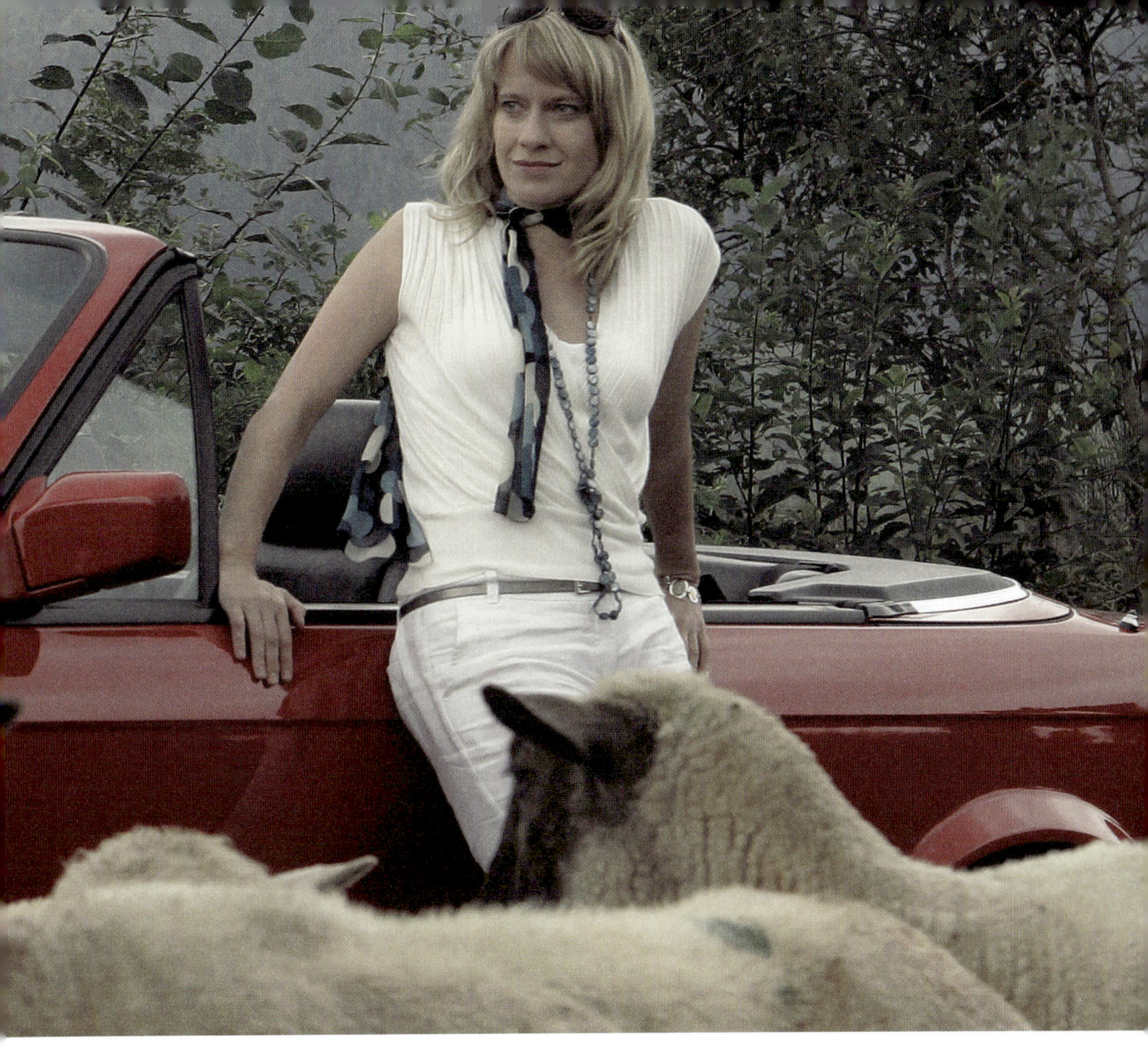

beileibe nicht immer an die Dienstvorschriften hält, mit der Behäbigkeit des Landlebens bilden ein wiederkehrendes Element der Serie. Als Symbol hierfür taugt nicht zuletzt das bestens gepflegte rote BMW E30-Cabrio der Kommissarin. Solch gediegenen Lifestyle sucht man in Hengasch sonst vergebens, wo man – wenn man nicht gleich mit dem Traktor unterwegs ist – praktische Kombis fährt. Selbst Eier-Händler Rocco bringt seine Ware noch im T3-Bus unter die Leute. Die Provinz mit ihren skurrilen Bewohnern und Gepflogenheiten liefert nicht nur den Stoff für unterhaltsame Kriminalgeschichten, den Machern gelingt auch das Kunststück, ein Porträt des Landlebens zu zeichnen, das den Bewohnern mit all ihren Schrullen stets auf Augenhöhe begegnet. *red*

KAPITEL 24

»DER LETZTE BULLE« MIT HENNING BAUM (2010–2014)

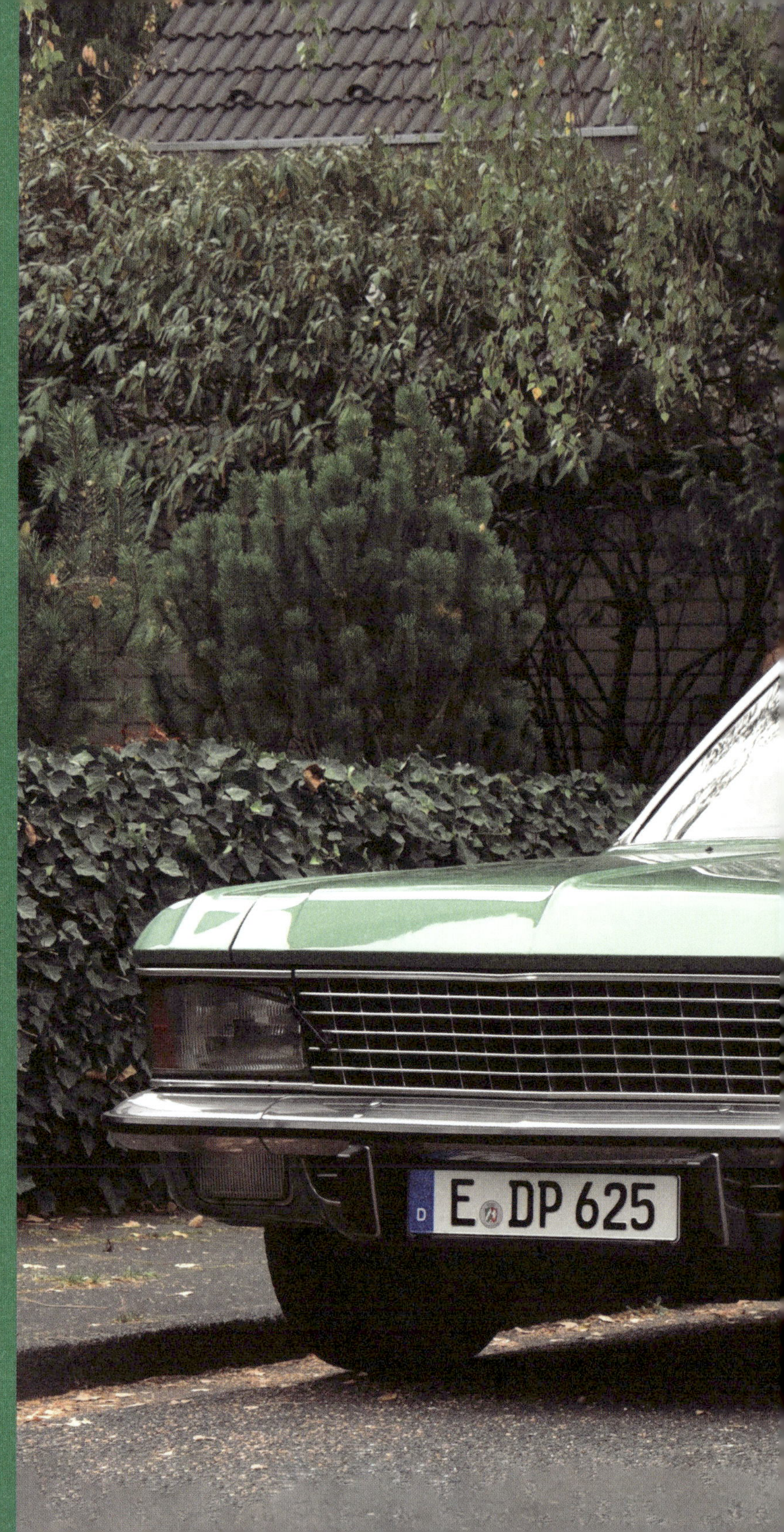

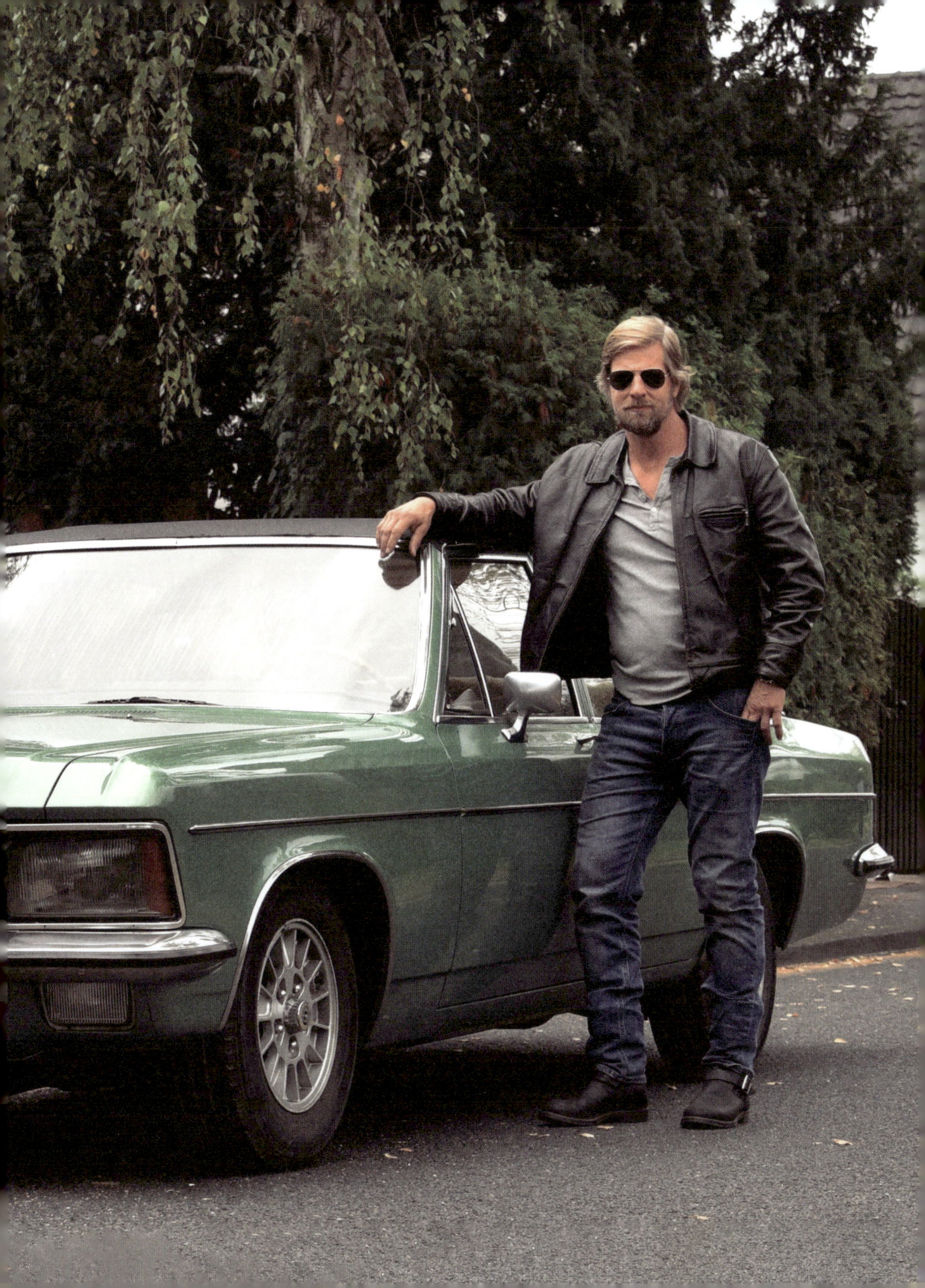

»ICH FAHRE KEINE VERTRETER-KARRE, SONDERN EIN RICHTIGES AUTO«

Der letzte Bulle erinnert an Schimanski. Mick Brisgau ist ein Ruhrpott-Macho, er gibt den kantigen Kumpel, der auf politische Korrektheit pfeift.

Action geht klar vor Tiefgang. »Der letzte Bulle« ist viel eher gute Unterhaltung als realistische Krimiserie. Die sind oft langweilig, weil mit zu viel Psychologie aufgeladen. Mick Brisgau, gespielt von dem gebürtigen Essener Henning Baum, langweilt nie. Markige Macho-Sprüche, die sogar bei Frauen gut ankommen, ein gewagter Dresscode für einen Kriminalhauptkommissar und nicht zuletzt ein unkonventioneller »Dienstwagen« sorgen dafür, dass man die gekonnt gespielten Szenen höher bewertet als die oft schlichte Handlung. Micks 77er Opel Diplomat E in schrillem Jadegrün wurde an seiner Seite zum Markenzeichen der Serie. Leider tut Mick ständig so, als sei der E ein V8 – das Einzige, was an ihm uncool ist. Brisgau trägt stets Cowboystiefel, Jeans und Lederjacke, gelegentlich stimmt er die Garderobe mit einem Hawaii-Hemd à la Magnum fein ab. Seine Manieren sind nicht so rüpelhaft wie die von Schimanski, aber coole Sprüche und provokante Gesten kann Mick auch. Die Serie spielt in Essen, da ist man eben direkt und schnörkellos. Da bricht man sich keine Verzierungen ab. Leider wird fast nur in Köln gedreht, zu selten erscheint Essener Lokalkolorit in den Außenaufnahmen. Das war bei Haferkamp und Schimanski noch ganz anders.

»EIN GÜLTIGER FÜHRERSCHEIN, ICH STAUNE. AUF EINER TUPPER-PARTY GEWONNEN?«

DER ANTI-HELD FÄHRT DIPPI

Dafür gibt es jede Menge Fahrszenen im Dippi, wie der große Opel der KADB-Serie in Fan-Kreisen beinahe zärtlich genannt wird. Der plakative Wagen stammt aus dem schier unerschöpflichen Fundus des Kölner Filmauto-Verleihers Markus Zimmermann, der für den Fall der Unfälle ein ebenso jadegrünes Dippi-Double bereithält.

Penible Blitz-Typologen mögen einwenden, dass der Kühlergrill nicht stimmt, der kam so schwermetallisch nur bis August 1972. Zweiflern sei noch mit auf den Weg gegeben, dass es wirklich ein Diplomat ist, trotz der Admiral-typischen Horizontalscheinwerfer. Im

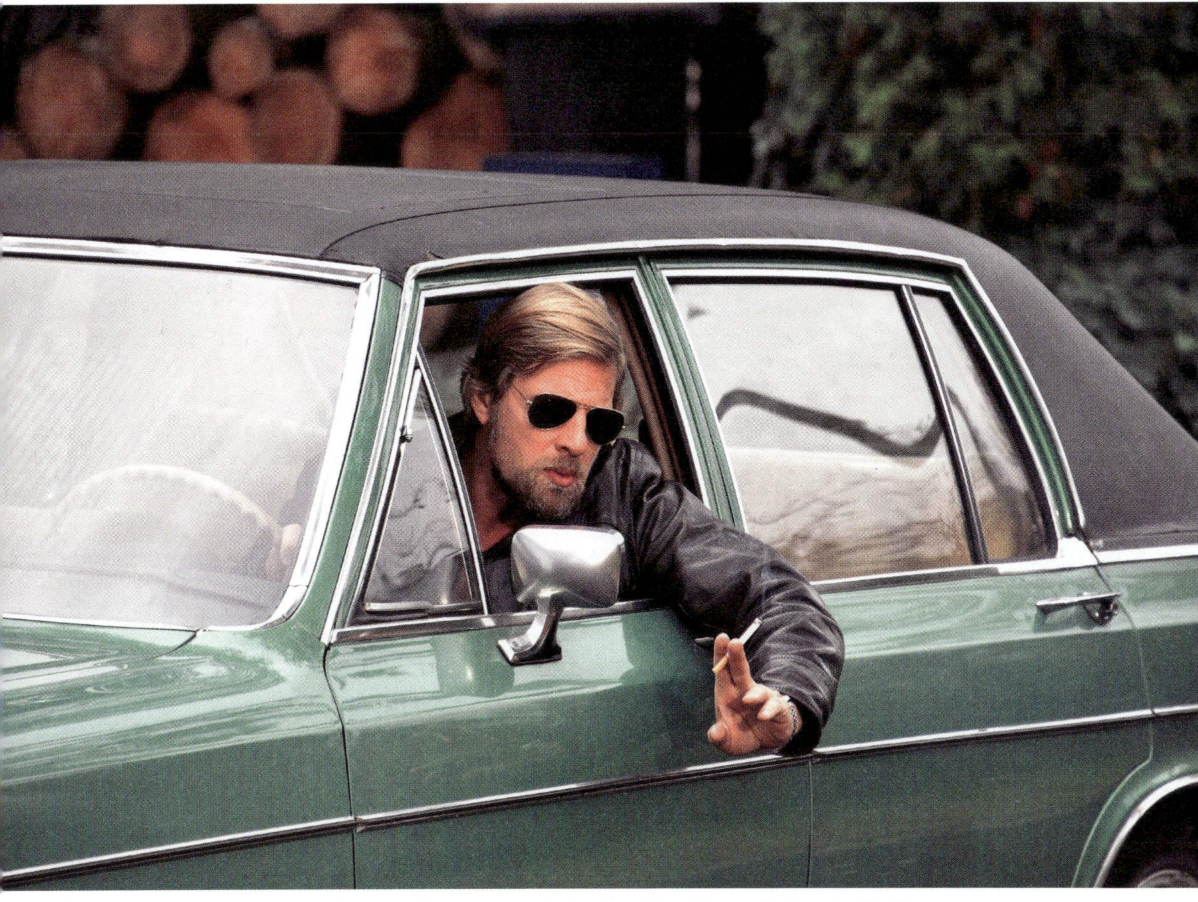

Den Opel Diplomat E aus seinem ersten Leben vor dem Koma findet der Bulle zufällig wieder.

letzten Modelljahr wurden die großen Opel einheitlich benannt. Solche Petitessen würden Mick nicht kümmern, er sieht bei seiner oft hemdsärmeligen Ermittlungsarbeit eher das große Ganze. Puzzlespielchen, die am Ende eine lückenlose Beweiskette ergeben, sind dafür die Leidenschaft seines besten Kumpels Andi, gespielt von Maximilian Grill. Das antagonistische Paar sorgt für Spannung. Trotz heftiger Streitereien, die der Plot vorgibt, geht jeder für den anderen durchs Feuer.

Dritte im Bullenbunde ist die Kriminalpsychologin Tanja Haffner, gespielt von Proschat Madani. Sie ist hin- und hergerissen von Mick, schwankt heftig zwischen Empörung und Erregung ob seiner Macho-Sprüche und seiner virilen Ausstrahlung. Der letzte Bulle ist

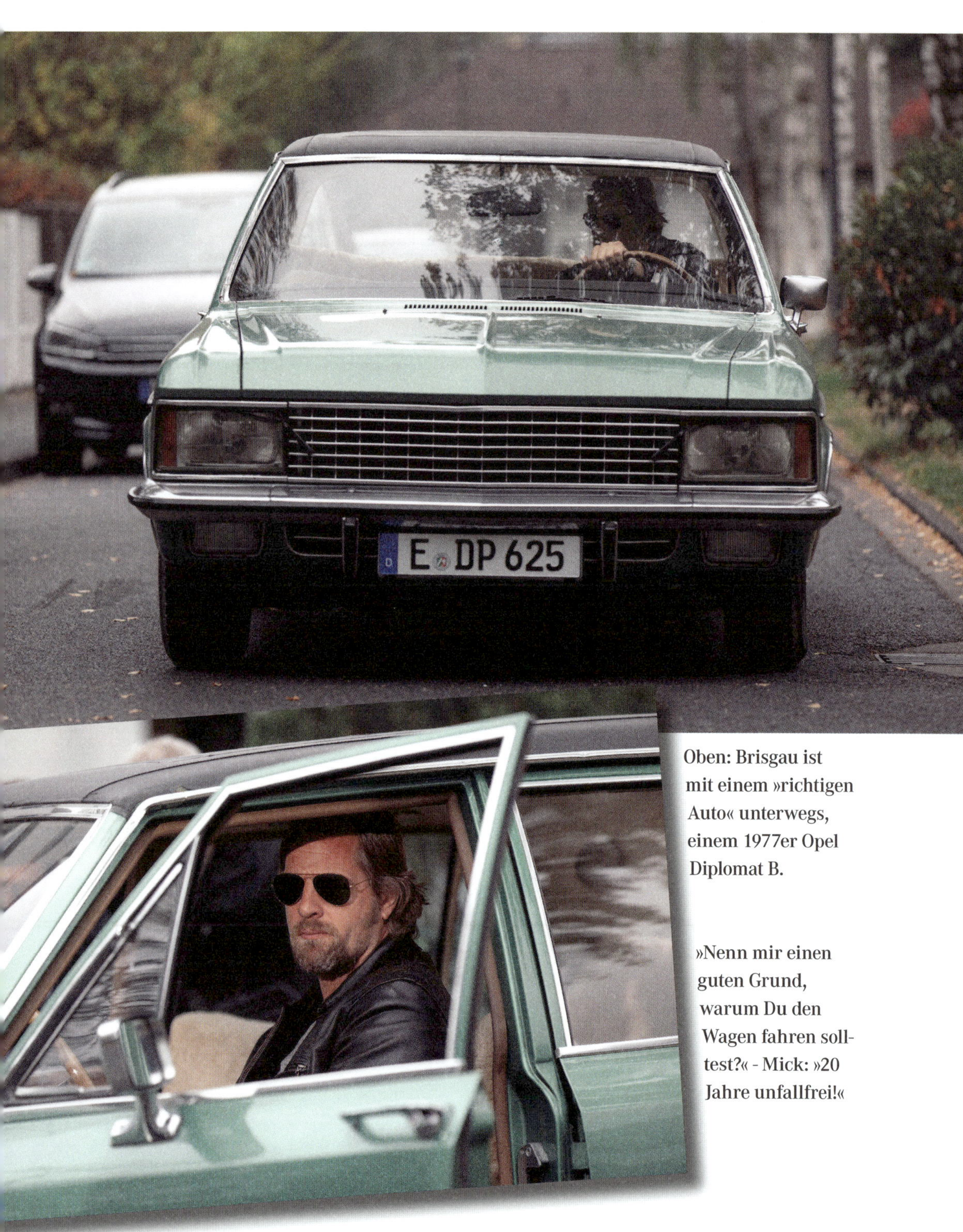

Oben: Brisgau ist mit einem »richtigen Auto« unterwegs, einem 1977er Opel Diplomat B.

»Nenn mir einen guten Grund, warum Du den Wagen fahren solltest?« - Mick: »20 Jahre unfallfrei!«

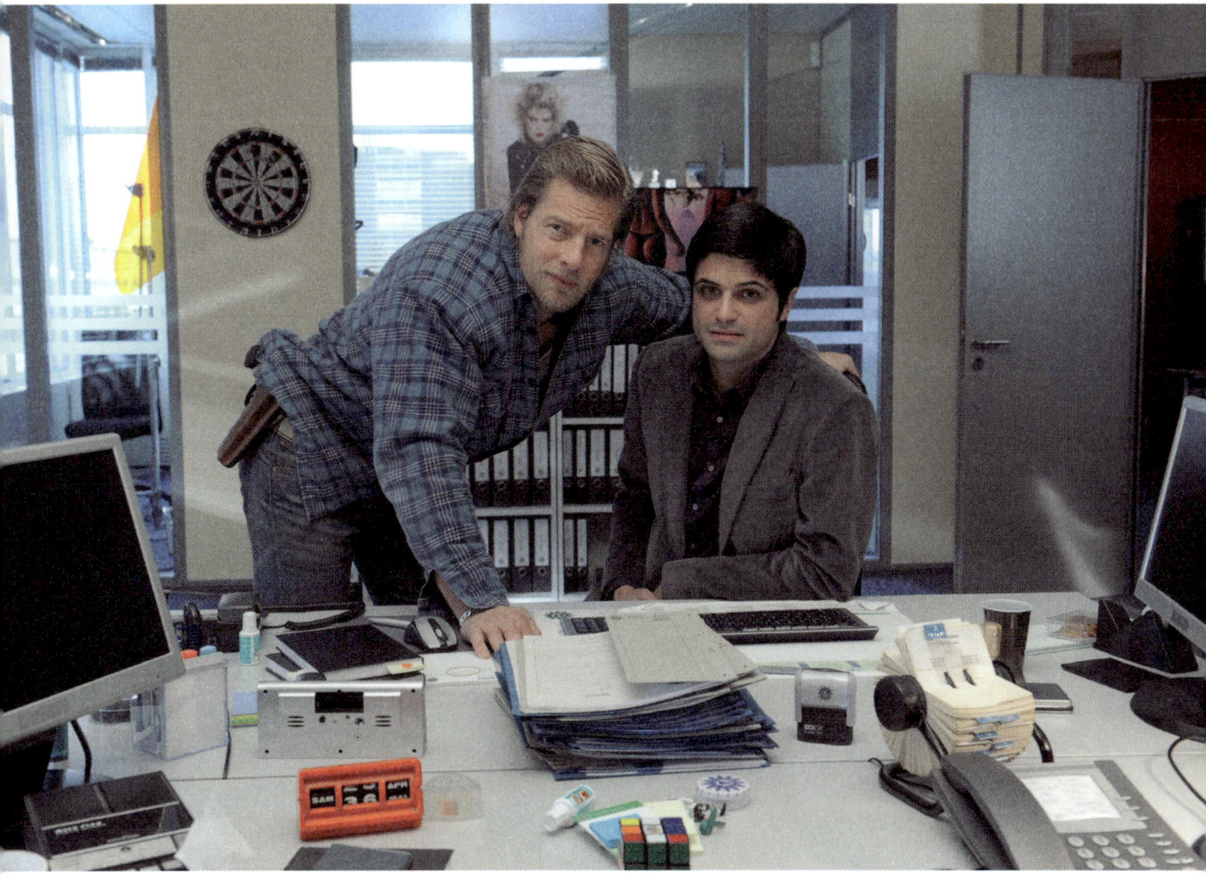

Brisgau mit Kollege Andreas Kringge, dem Korrektheit über alles geht.

kein unangepasster Alt-68er, sondern ein Alt-80er, der nach einem Kopfschuss jahrzehntelang im Koma liegt, irgendwann gesund aufwacht und seinen Dienst wieder antritt. Ja, er findet sogar seinen geliebten Opel von damals wieder. Doch den Wandel der Zeiten macht er mental nicht mit. Er denkt und fühlt immer noch wie 1986 – gerade darin liegt der Reiz der Figur Mick Brisgau.

60 FOLGEN

Fünf Staffeln dieser beliebten Kriminiserie wurden von 2010 bis 2014 von Sat.1 ausgestrahlt. Der letzte Bulle verklärt die 80er zur scheinbar heilen Welt. Dies kommt im Soundtrack der Reihe ebenso zum Ausdruck wie im Lebensstil des herrlich unangepassten Titelhelden.

KAPITEL 25

»DER TATORTREINIGER« MIT BJARNE MÄDEL (2011–2018)

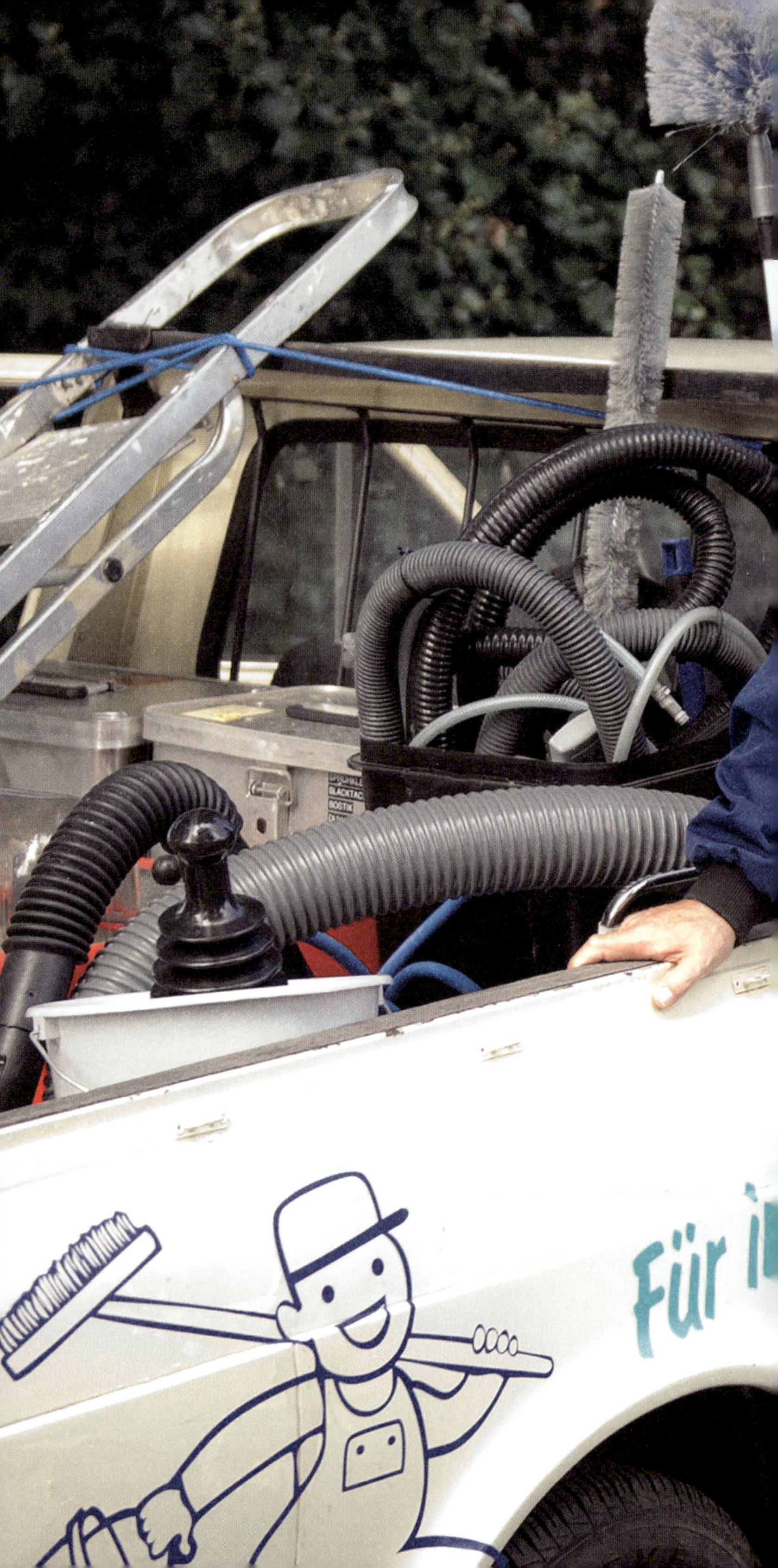

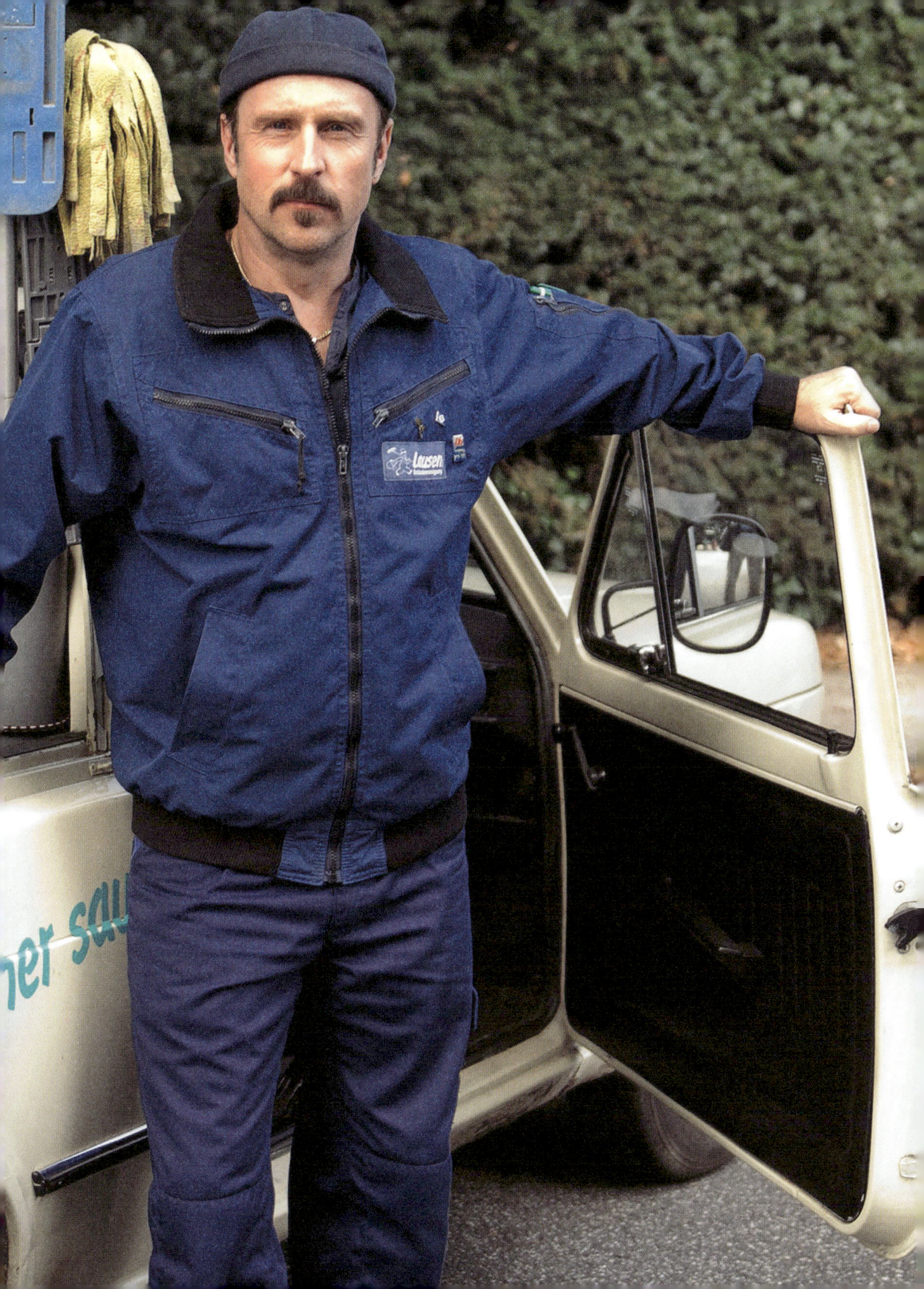
Lausen

»IM GEGENSATZ ZU THOMAS MANN WERDE ICH JA MEISTENS EHER UNTERSCHÄTZT.«

Der Tatortreiniger ist keine Krimi-Serie im eigentlichen Sinn. Die teils unschönen Hinterlassenschaften verschiedener Gewaltdelikte bilden vielmehr die Kulisse für komödiantische Kammerspiele, die sich rund um Schottys Arbeit entfalten. Die Rolle des bauernschlauen Philosophen im Blaumann ist Bjarne Mädel wie auf den Leib geschrieben.

Wenn Heiko Schotte im Auto eine Zigarette anzündet, ist er meist auf dem Weg zu einem Tatort. Doch »Schotty« ist kein Ermittler, der Hamburger arbeitet für die Reinigungsfirma Lausen – er ist Tatortreiniger und damit Angehöriger der Spurenbeseitigung »SpuBe«, wie er selbst scherzhaft meint. Er rückt an, wenn die Arbeit der Polizei getan ist, wenn es nur noch ums Aufräumen geht und sich andere vor Schreck übergeben müssen.

Schotty ist ein Typ so geradlinig wie sein Fiat Fiorino. Er ist nicht gerade humanistisch gebildet (»Mein Name ist Heiko Schotte und ich habe kein Abitur!«) aber intelligent und feinfühlig – und er begegnet den Menschen mit entwaffnender Neugier.

Weshalb die Tatortreinigung Lausen Anfang der 2010er-Jahre noch immer auf einen Fiat Pick-up setzt, der mittlerweile am Oldtimer-Status kratzt, bleibt ungeklärt. Fakt ist, der 147er wurde in dieser Form ausschließlich in Brasilien gebaut und nach Deutschland exportiert. Schotty nutzt ein 1982er Modell, wohl in der Motorisierung mit 1,3-Liter Diesel.

Immer wieder führen seine Aufträge in absurde Situationen, er trifft an Tatorten auf flüchtige Mörder und trauernde Angehörige, auf mehr oder minder Verrückte. Aus teils irrwitzigen Momenten entstehen skurrile und nachdenkliche Begegnungen. Ein stiller Humor zeichnet die Serie aus, gefühlvoll inszeniert von Regisseur Feldhusen, der immer wieder den typisch norddeutschen Einschlag durchblitzen lässt: Schotty ist Anhänger des HSV und begeisterter Teilnehmer der Wattolümpiade – einem matschigen Fußballturnier direkt im Schlick des Wattenmeers.

»MEINE ARBEIT FÄNGT DA AN, WO SICH ANDERE VOR ENTSETZEN ÜBERGEBEN.«

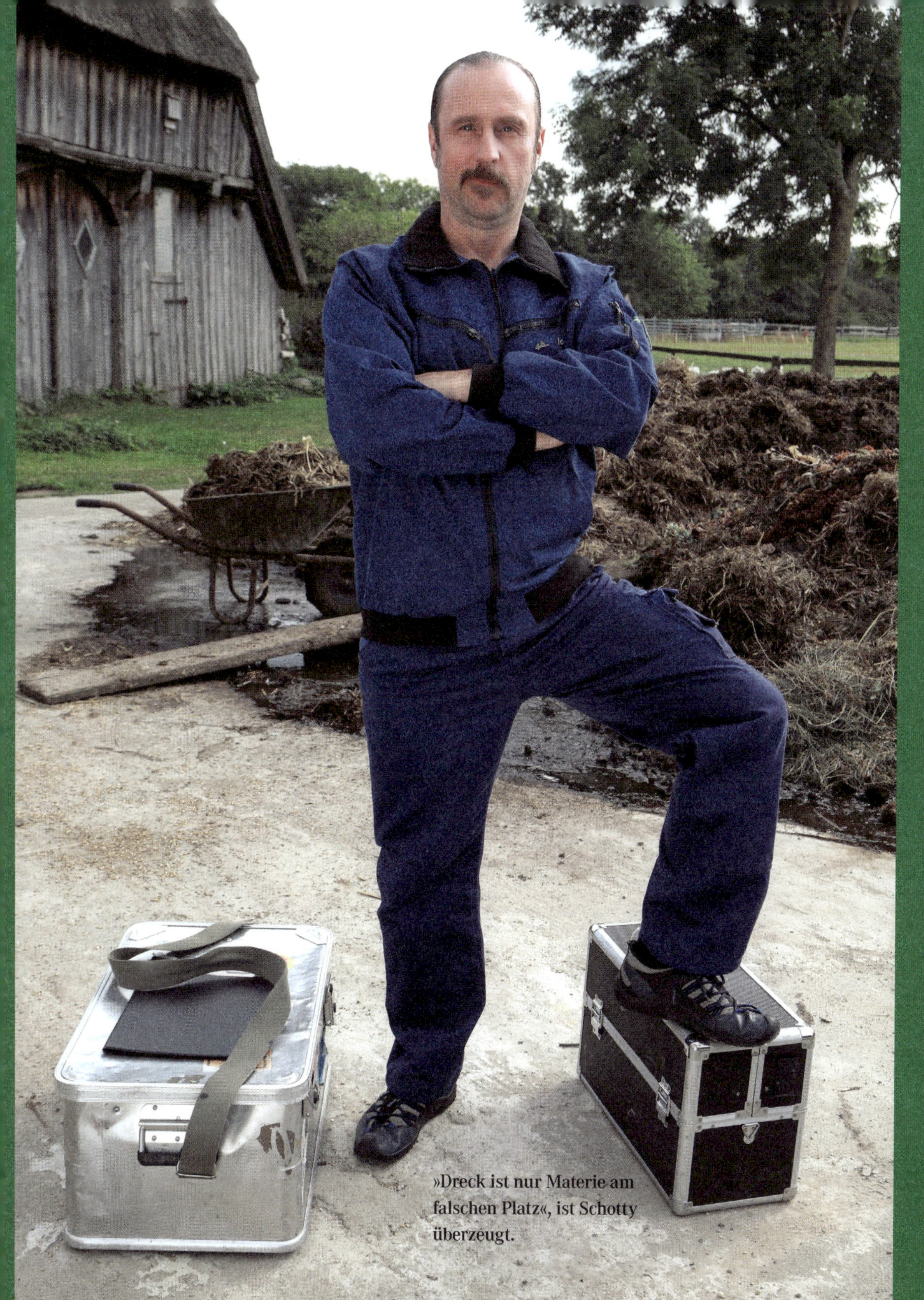

»Dreck ist nur Materie am falschen Platz«, ist Schotty überzeugt.

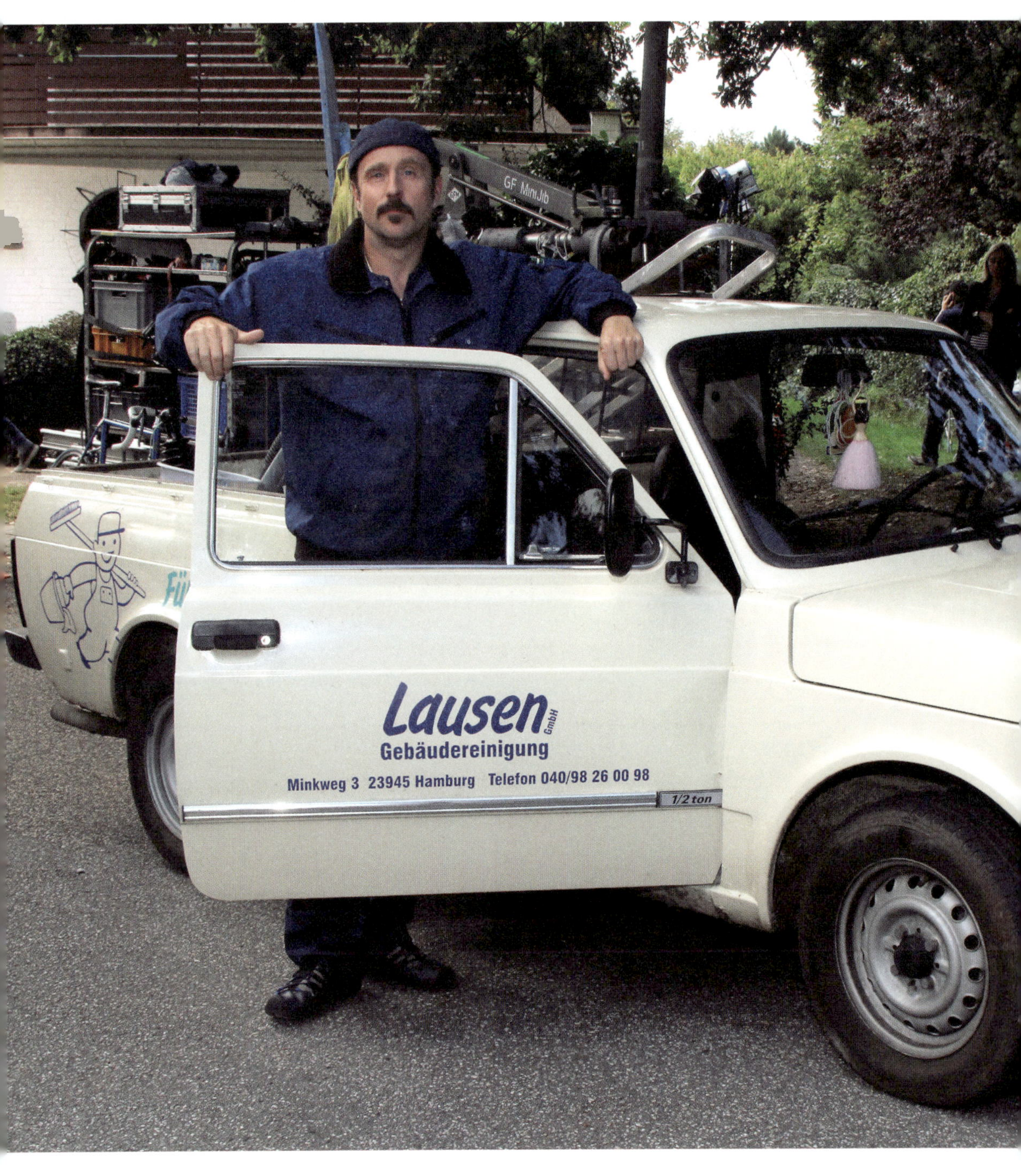

Lausen GmbH
Gebäudereinigung
Minkweg 3 23945 Hamburg Telefon 040/98 26 00 98
1/2 ton
GF MiniJib

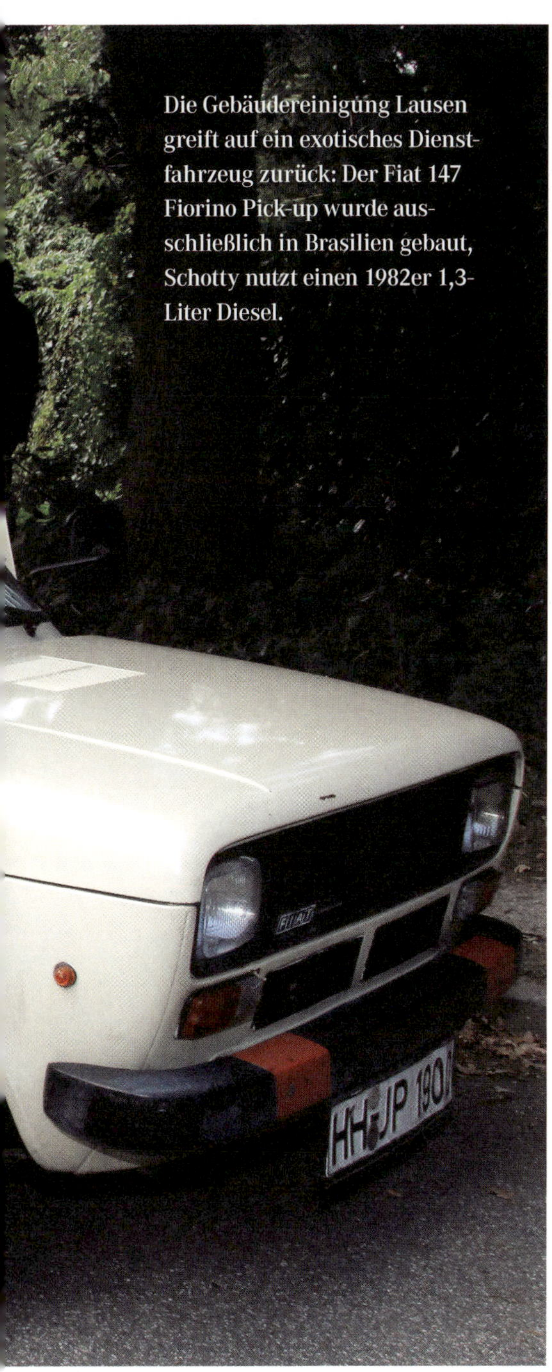

Die Gebäudereinigung Lausen greift auf ein exotisches Dienstfahrzeug zurück: Der Fiat 147 Fiorino Pick-up wurde ausschließlich in Brasilien gebaut, Schotty nutzt einen 1982er 1,3-Liter Diesel.

Zahlreiche Gastauftritte bekannter Schauspielerinnen und Schauspieler machen die mit Liebe zum Detail produzierte Serie zusätzlich sehenswert. Besonders gelungen: der Auftritt von Charly Hübner und Anneke Kim Sarnau in ihren Rollen als Polizeiruf 110-Kommissare Alexander Bukow und Katrin König in der Auftaktfolge. Hin und wieder packt Schotty aber auch selbst der Ehrgeiz des Ermitt-

»ICH BIN VON DER SPUREN-BESEITIGUNG, KURZ, VON DER SPUBE.«

lers: So entwickelt er in der Episode »Nicht über mein Sofa« erhebliche Zweifel an dem Tathergang, den ihm eine freundliche ältere Dame (hervorragend gespielt von Christine Schorn) präsentiert, die behauptet, Opfer eines Überfalls geworden zu sein. Da passt es ausgezeichnet, dass der Maserati Quattroporte IV der alten Dame das Interesse Schottys geweckt hat. Vielleicht lässt sich der neugierige Spurenbeseitiger so doch noch umstimmen? Für Schotty,

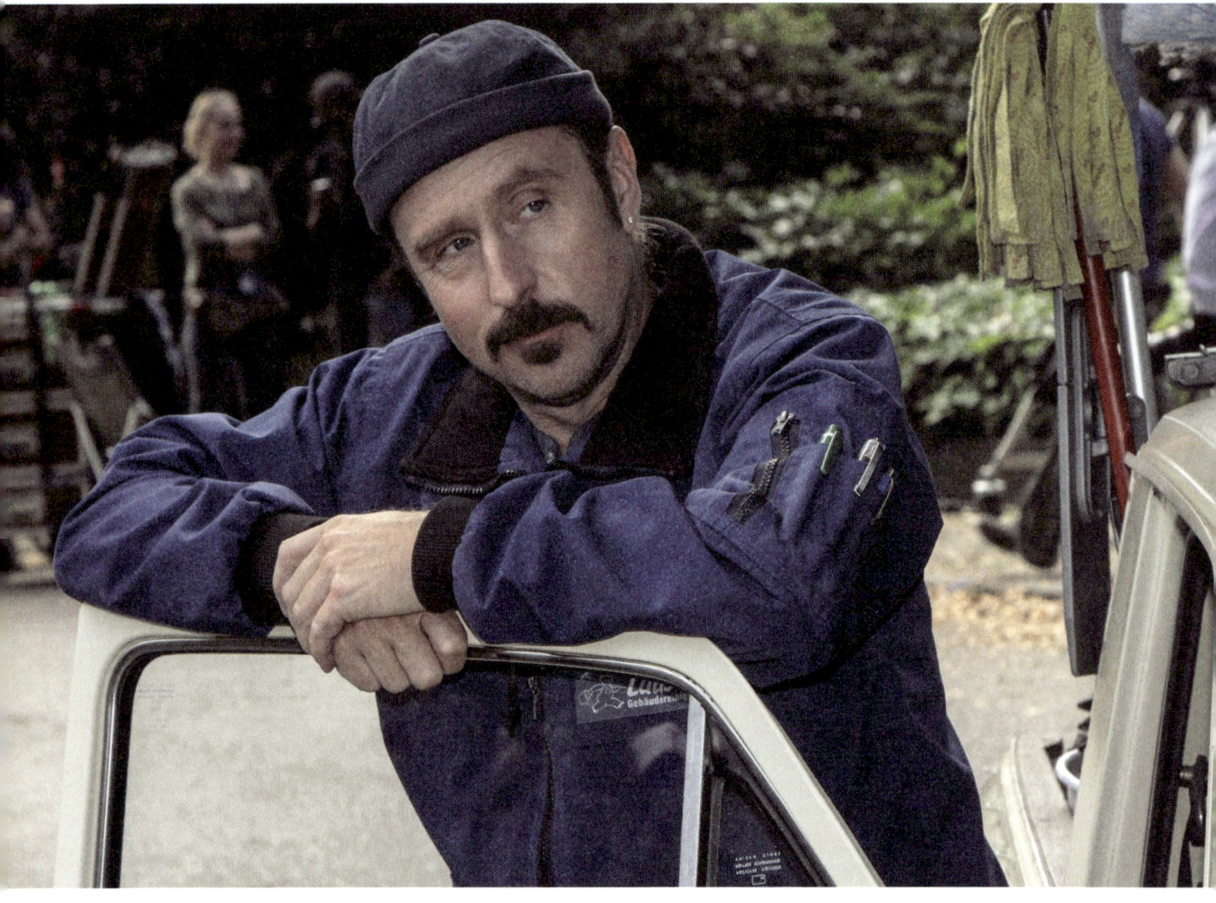

Schotty neigt zur Philosophie: »Das Leben hinterlässt Kratzer auf der Seele, Stühle hinterlassen Kratzer auf dem Boden.«

übrigens eine Paraderolle des vielseitigen Bjarne Mädel, ist der Quattroporte eine Blankofolie, um sein Detailwissen bei edlen italienischen Automobilen zum Besten zu geben: »Also ich persönlich finde den Quattroporte noch besser als den Cambiocorsa«, referiert er mit kindlicher Begeisterung, »wobei der Cambiocorsa die Formel 1-Schaltwippen am Lenkrad hat. Das ist natürlich auch der Hammer. Aber die kann man auch in den

SCHOTTY: »HATTEN SIE MAL PROBLEME MIT DEN HYDROSTÖSSELN?« ALTE DAME: »ICH GLAUBE NICHT, ICH TRINKE MINDESTENS ZWEI LITER WASSER TÄGLICH.«

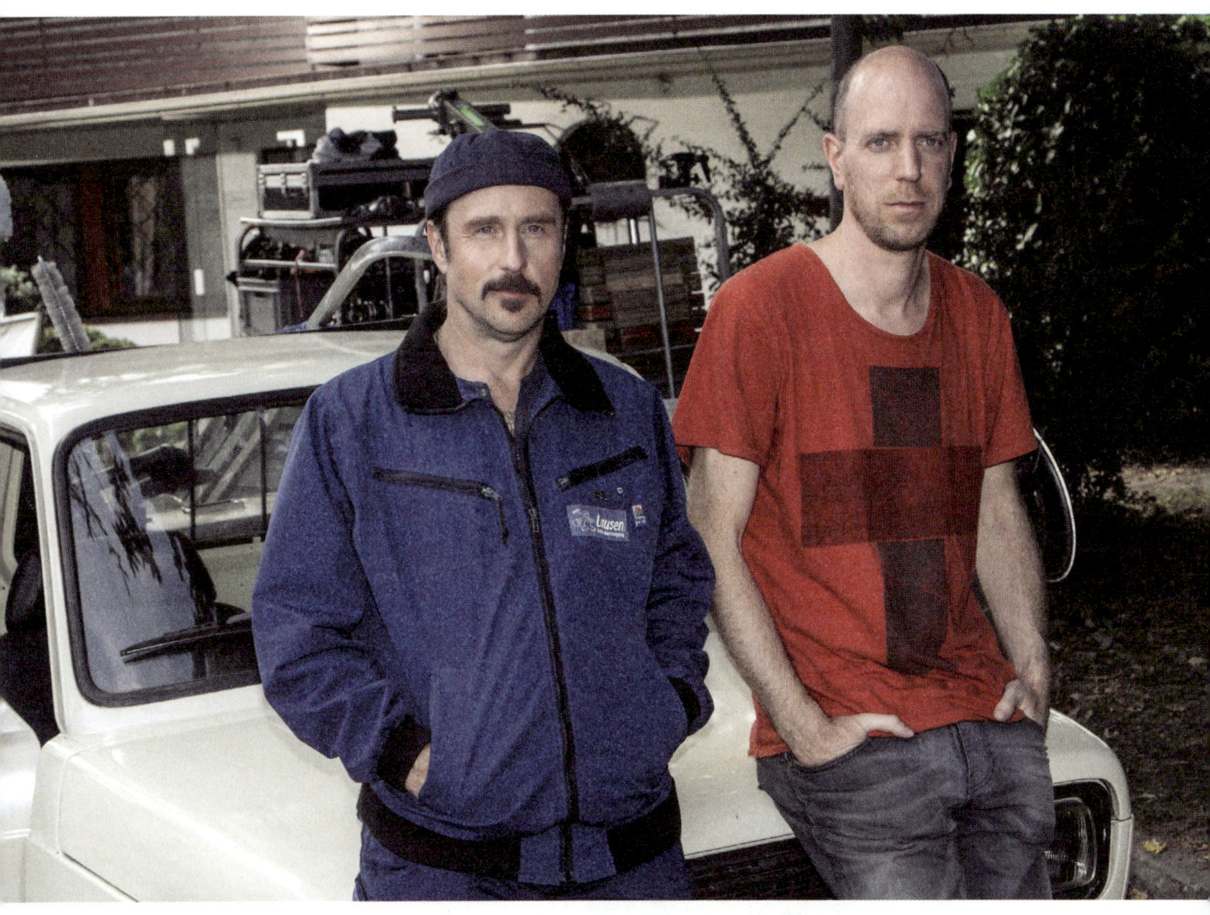

Arne Feldhusen (re.) führte bei allen Folgen Regie und inszenierte die Serie mit lakonischem norddeutschem Humor.

Quattroporte einbauen lassen und der hat sogar mehr PS. 431! Hubraum 4,7, da bin ich mir aber nicht ganz sicher. Die hatten ja Probleme mit den Nockenwellen und haben das aber durch die Hydrostößel ganz gut in den Griff gekriegt.« Die Grimme-Preis-prämierte Serie zählt ohne Zweifel zu den besten deutschen Produktionen der vergangenen Jahre. Die 431 PS erreichte der Quattroporte übrigens erst in der von 2003 bis 2012 gebaute fünften Baureihe. *red*

31 FOLGEN

... wurden zwischen 2011 und 2018 produziert. Die ersten Episoden plätscherten im Nachtprogramm des NDR vorüber. Nach der Nominierung für den Grimme-Preis 2012 gelang der Sprung ins Hauptprogramm. Das Kreativ-Team um Drehbuchautorin Mizzi Meyer verkündete 2018 der Ende der Serie – man fürchtete, sich zu wiederholen.

KAPITEL 26

»DER ZÜRICH-KRIMI« MIT CHRISTIAN KOHLUND (SEIT 2016)

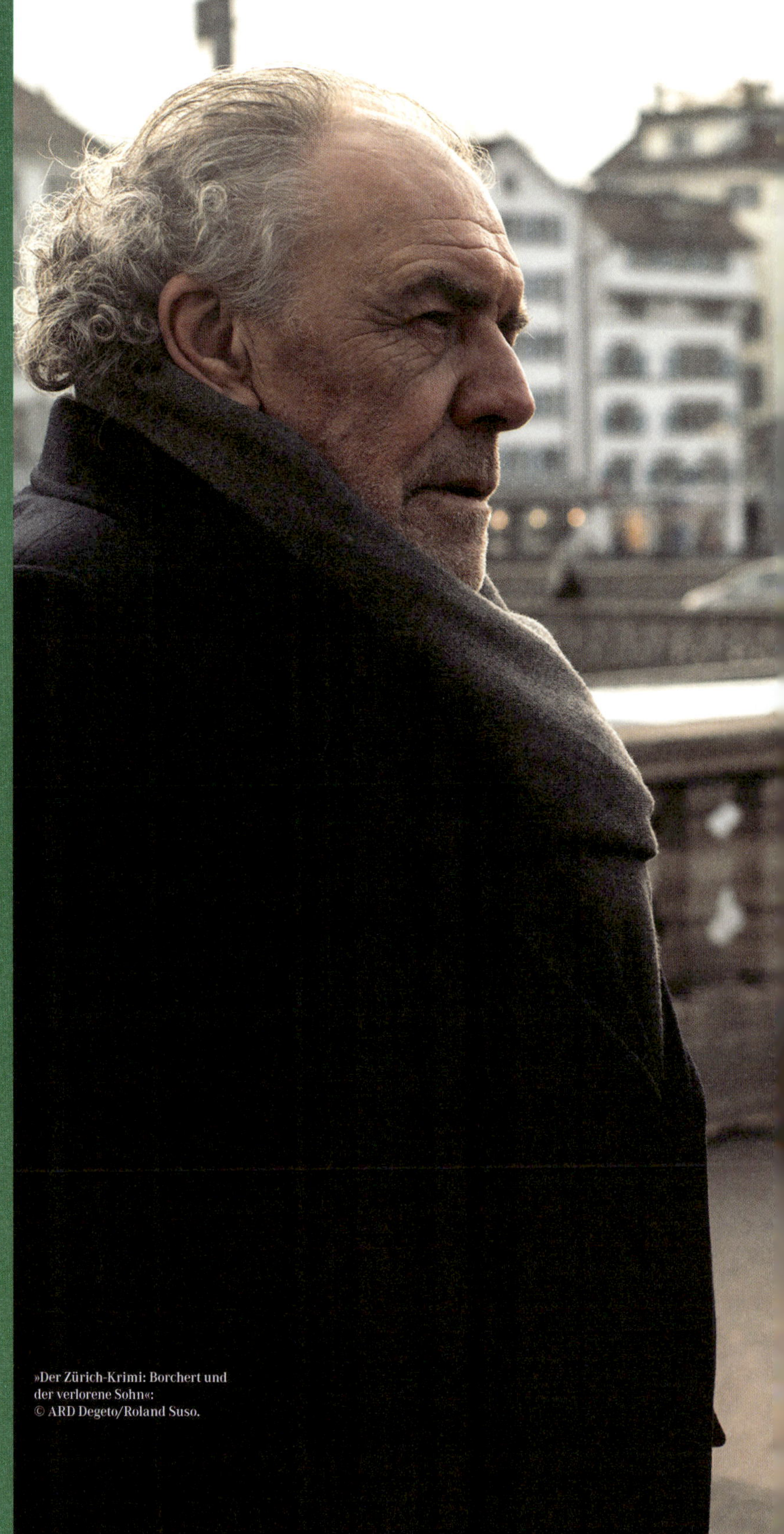

»Der Zürich-Krimi: Borchert und der verlorene Sohn«: © ARD Degeto/Roland Suso.

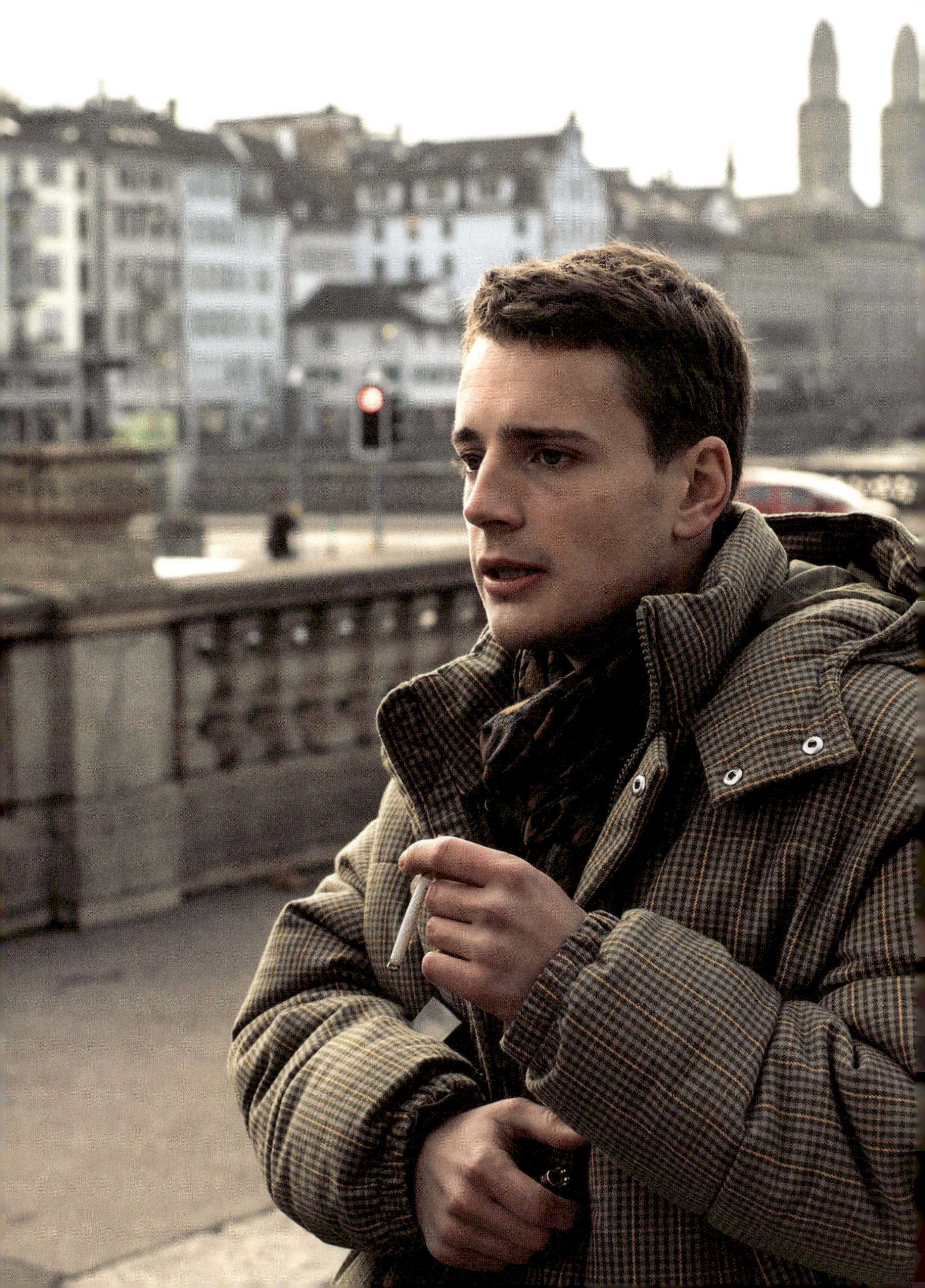

»BORCHERT, SIE GEBEN NIE ETWAS VON SICH PREIS.«

Eine Biografie mit zahlreichen Brüchen bildet das Zentrum dieser sorgsam inszenierten Filmreihe. Christian Kohlund gibt den knorrigen Anwalt Thomas Borchert ohne Scheu vor Ecken und Kanten. Seine Fälle gehen oft mit Reisen in die eigene, düstere Familiengeschichte einher.

Die Familie ist ein schwieriges Thema für Thomas Borchert. Der Zürcher Anwalt stammt aus reichem Elternhaus, doch die dubiosen Geschäfte seines Vaters waren ihm stets zuwider. Ironie des Schicksals, dass er einige Jahre später als Anwalt eines deutschen Unternehmens in Brasilien selbst in Schmiergeldzahlungen verstrickt wird. Auf der Flucht vor den deutschen Behörden besinnt er sich auf seine Geburtsstadt Zürich. Er bezieht einen Wohnwagen direkt neben der düsteren Villa seiner Kindheit, die seit Jahren leer steht.

Doch die drohende Strafverfolgung ist nur einer von mehreren Schatten auf Borcherts Seele: Durch einen Unfalltod verlor er seinen Sohn, später seine Frau. Auf der Flucht vor diesen Erinnerungen rette er sich auf die schicksalhafte Stelle in Südamerika.

In Zürich angekommen engagiert sich der altgediente Wirtschaftsanwalt in Kriminalfällen, die sein ureigenes Gerechtigkeitsgefühl ansprechen: Er stammt aus reichem Haus, hat aber ein Herz für die Schwachen. Zugleich muss er jedoch auch Ermittlungen in eigener Sache über sich ergehen lassen. Die Verwicklungen zwingen Borchert, sich auch seiner eigenen Vergangenheit zu stellen. So ist während des Verlaufs der Filmreihe eine konsequente Weitentwicklung seiner Figur angelegt.

Christian Kohlund, gebürtiger Schweizer und zuletzt eher aus leichteren TV-Formaten wie Traumschiff oder Schwarzwaldklinik bekannt, verleiht der gebrochenen Ermittler-Figur eindrucksvolle Statur. Bisweilen genügen ihm wenige geknurrte Worte, um die Schrammen auf der geschundenen Seele seiner Figur sichtbar zu machen.

Dabei ist Borchert alles andere als ein kauziger Griesgram: er liebt guten Wein und feines Essen, Richard Wagner, die italienische Oper und die schönen Dinge

MANDANT: »ICH HAB MICH WIEDER FÜRS AGGRESSIONSTRAINING ANGEMELDET.« BORCHERT: »ANTI! ANTI-AGRESSIONS-TRAINING!«

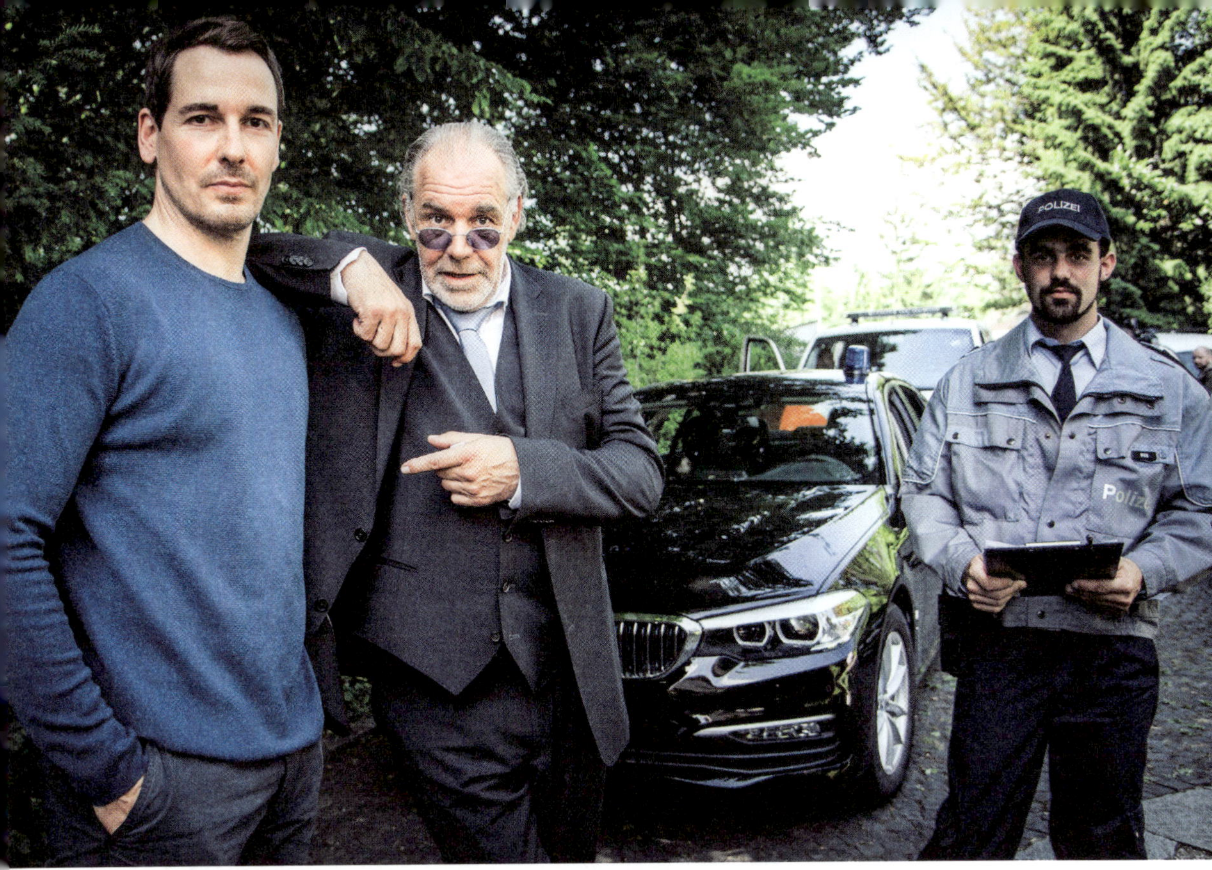

Christian Kohlund 2017 bei Dreharbeiten für die Reihe »Zürich-Krimi«.

des Lebens. Die edle Garderobe ist für ihn, der privat auch mal in Kapuzenpulli oder Jeanshemd unterwegs ist, gerade beim Opernbesuch eine Frage des Respekts. Auch den Frauen ist er durchaus zugetan, scheitert dabei aber zunächst an seiner Vergangenheit. So erscheint Borchert zwar als Traditionalist, bleibt aber dennoch auch Neuem gegenüber aufgeschlossen. Borcherts alter Freund Reto Zanger (Robert Hunger-Bühler) vermittelt Borchert, auf der Suche nach einem Rechtsbeistand, an seine Tochter, die junge Anwältin Dominique Kuster (Ina Paule Klink). Borchert erkennt sich in der jungen Frau und ihren Idealen von Recht und Gerechtigkeit wieder, später nimmt er das Angebot zur Mitarbeit in ihrer Kanzlei an. Die Tochter seines Freundes wird seine Chefin.

Neben Kohlund agiert ein Ensemble aus prominenten Schauspielern aus dem deutschschweizerischen Raum, in dem allerdings auch Darsteller größerer Nebenrollen wiederholt wechselten. Die Schweizer Theater-Legende Andrea Zogg verkörpert den Taxifahrer Beat Bürki, der Borchert immer wieder durch Zürich chauffiert und dabei auch durch seine Dialektfärbung Lokalkolorit beisteuert. Erst in der 16. von aktuell 17 Folgen besinnt sich Borchert mit den Worten »Ich muss jetzt lernen, selber mobil zu werden« auf einen

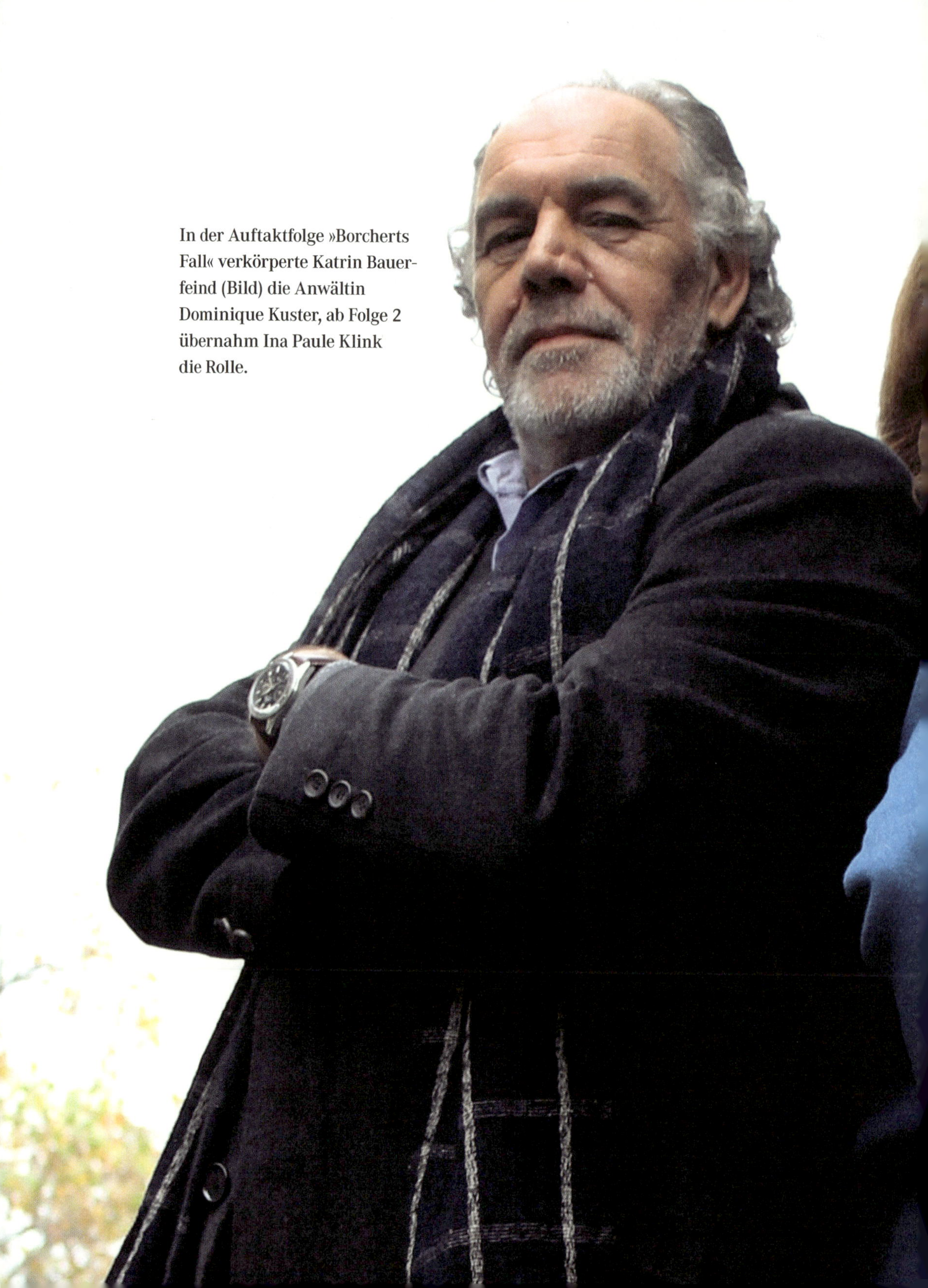

In der Auftaktfolge »Borcherts Fall« verkörperte Katrin Bauerfeind (Bild) die Anwältin Dominique Kuster, ab Folge 2 übernahm Ina Paule Klink die Rolle.

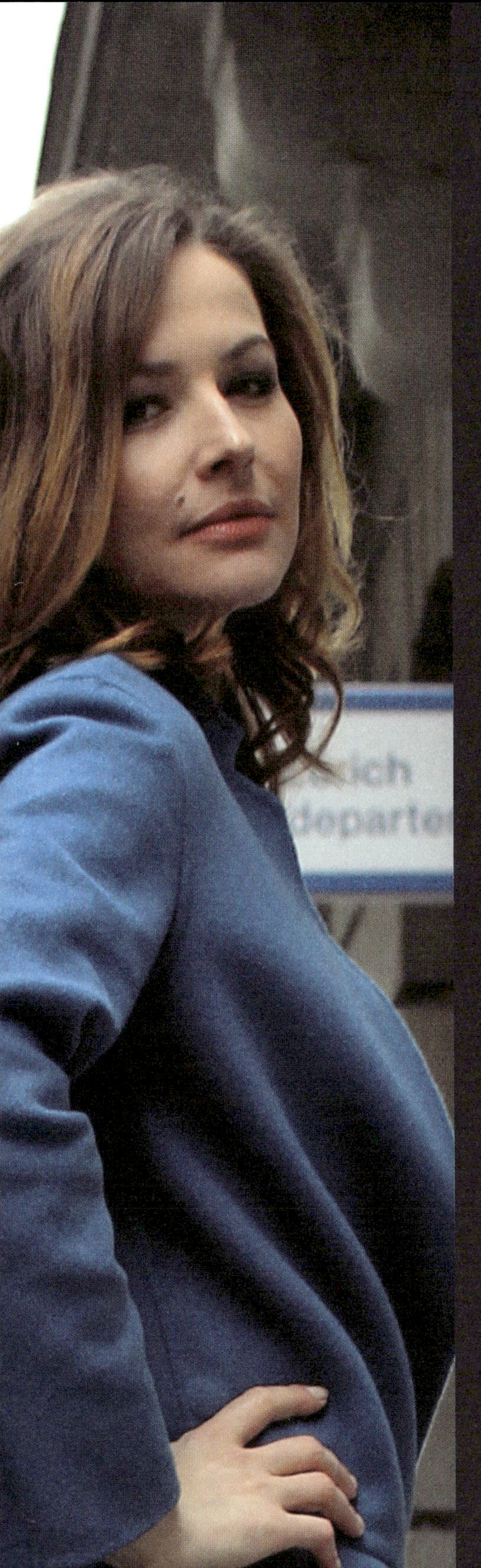

verborgenen Schatz in der Garage seines Elternhauses: Der blaue Mercedes-Benz W111 taugt zugleich als Symbol des Wohlstands der Familie Borchert in den 1960er-Jahren. Die Szene, in der Kohlund die mittelblaue Schönheit zu den Klängen von Claude Nougaros Chanson-Klassiker »Le Cinéma« aus ihrem Dornröschenschlaf erweckt, zählt wohl zu den schönsten der Reihe. Überhaut zollen die Macher der feingeistigen Figur in der Titelrolle durch die stimmige Inszenierung und eine außergewöhnliche Musikauswahl Respekt. Das Spektrum reicht von Richard Wagner über den Animals-Klassiker »Good Times« bis hin zum jazzigen Barmusik-Sound von Tom Waits oder Giorgio Contes »Senza di Te«.

Borcherts Fälle entwickeln sich meist langsam, ohne größere Action-Sequenzen, dafür stets entlang menschlicher Konflikte. Immer wieder führen Borcherts Ermittlungen hinter die Fassaden der herauspolierten Welt an der Limmat. Die Kulisse für Borcherts düsteres Elternhaus indes steht in Prag, wohl weil an der Züricher Goldküste kaum heruntergekommene Immobilien zu haben sein dürften.

Die 90-minütigen Folgen heben sich gerade durch ihren behutsamen Erzählstil und die atmosphärisch-dichte Inszenierung aus der zeitgenössischen Welt der TV-Krimis ab. Die bislang ausgestrahlten 17 Filme bieten anspruchsvolle Krimiunterhaltung, auch wenn Heckflossen-Freunde erst in den jüngsten Folgen auf Ihre Kosten kommen. *red*

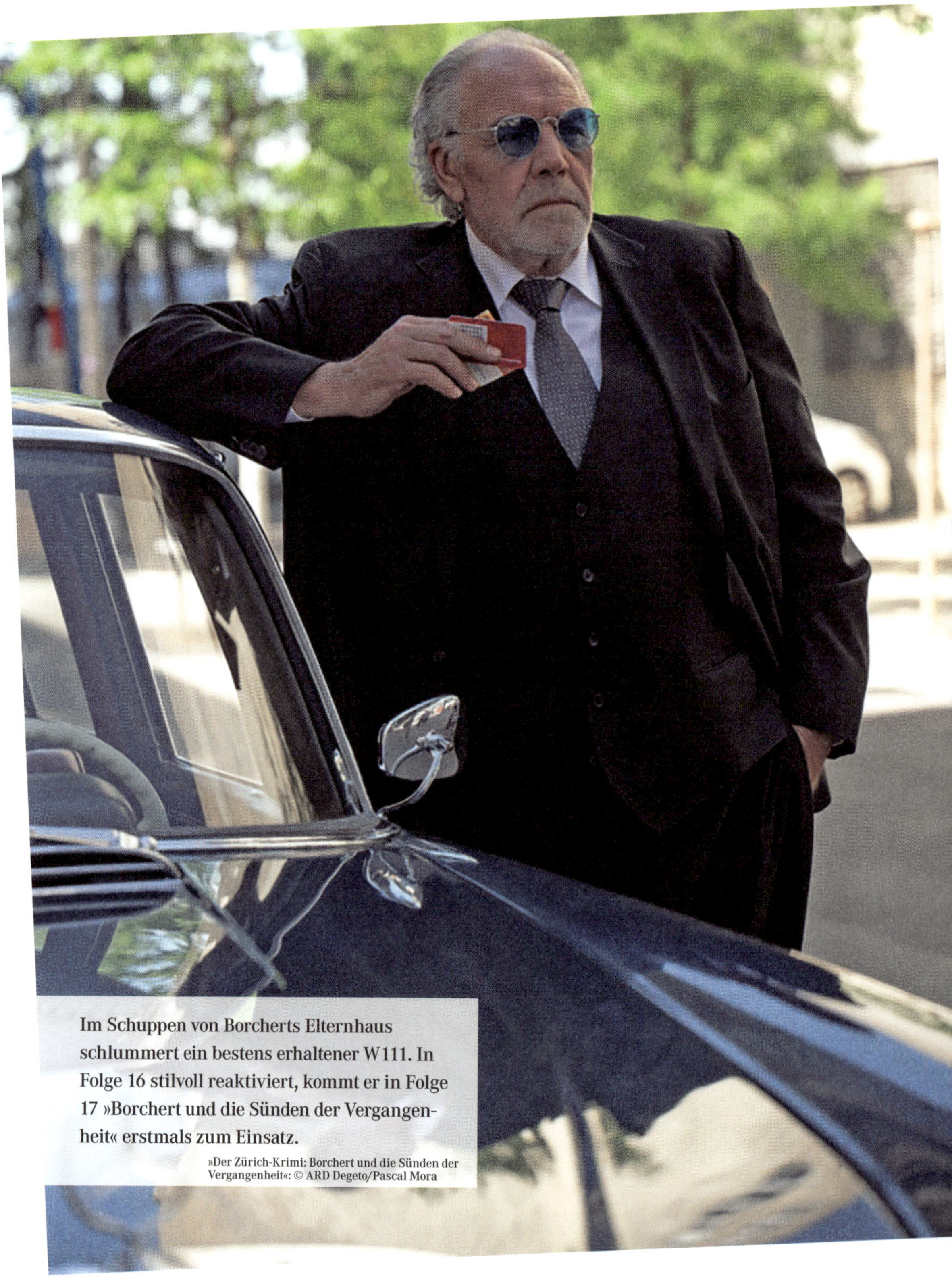

Im Schuppen von Borcherts Elternhaus schlummert ein bestens erhaltener W111. In Folge 16 stilvoll reaktiviert, kommt er in Folge 17 »Borchert und die Sünden der Vergangenheit« erstmals zum Einsatz.

»Der Zürich-Krimi: Borchert und die Sünden der Vergangenheit«: © ARD Degeto/Pascal Mora

17 FOLGEN

... des Zürich-Krimis wurden bislang an Drehorten in der Schweiz und in Tschechien für die ARD produziert. Zwölf Mal führte Roland Suso Richter Regie. Zwei weitere Filme sind bereits abgedreht, diesmal unter der Regie von Connie Walther, die bereits für zwei Ludwigshafener Tatort-Folgen verantwortlich zeichnete.

»SCHONEN, WENN ICH DAS SCHON HÖRE, DAS IST FÜR MICH DAS GEGENTEIL VON LEBEN.«

Der W111 war DAS Status-Symbol der späten 1960er-Jahre.

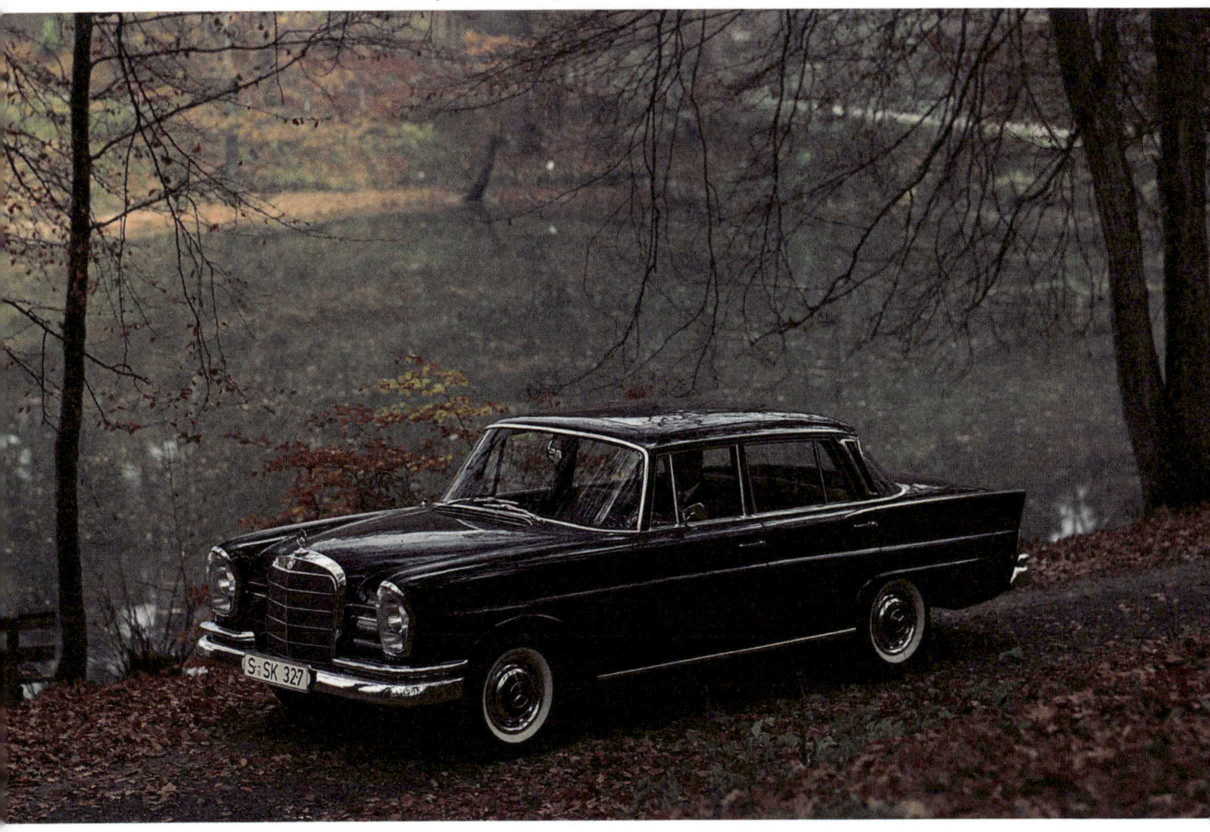

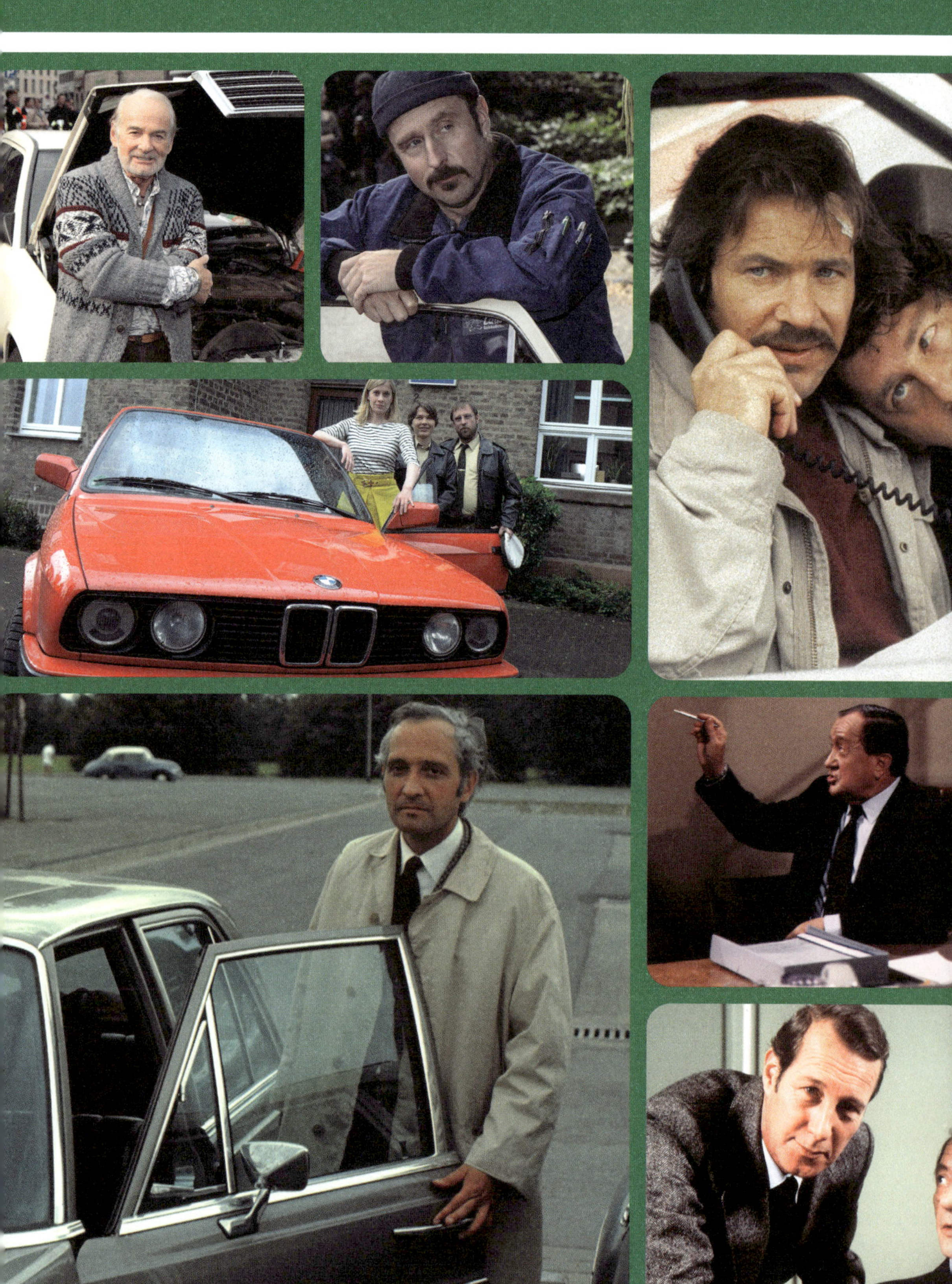

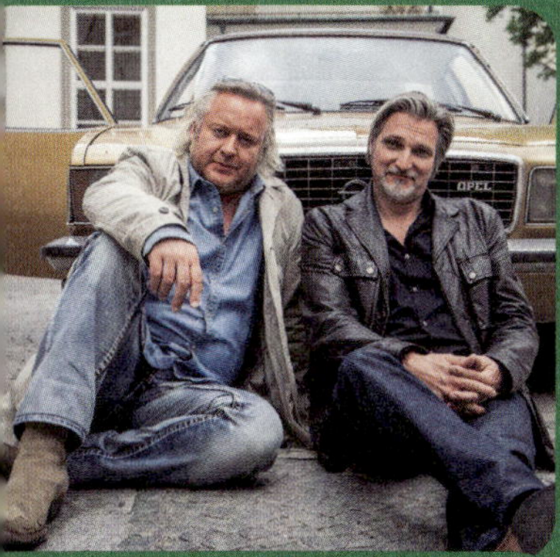

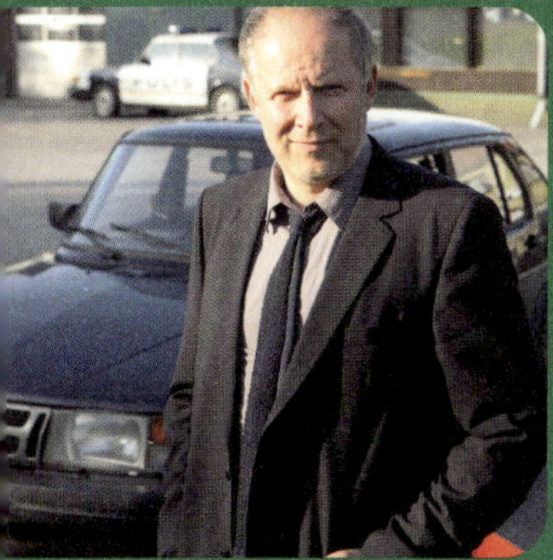

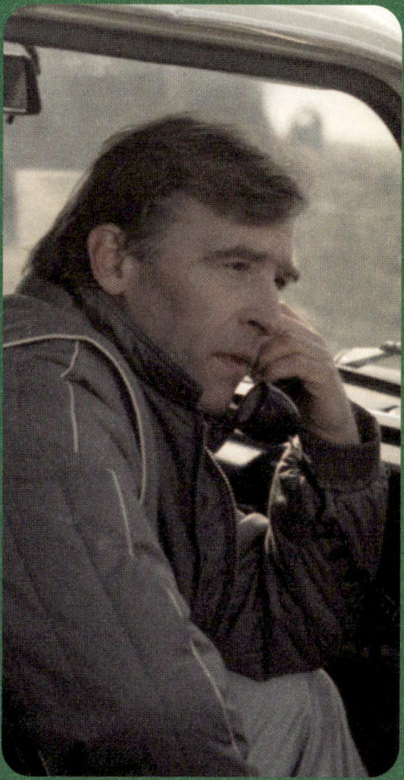

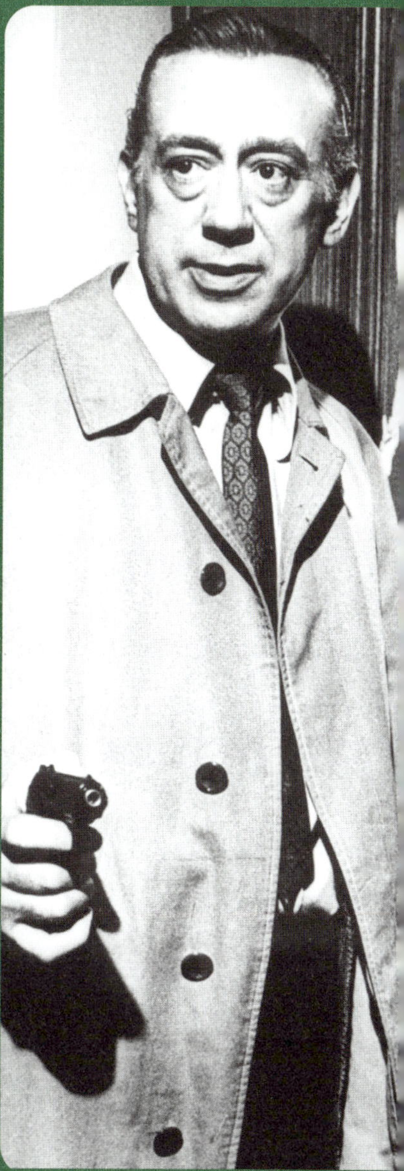

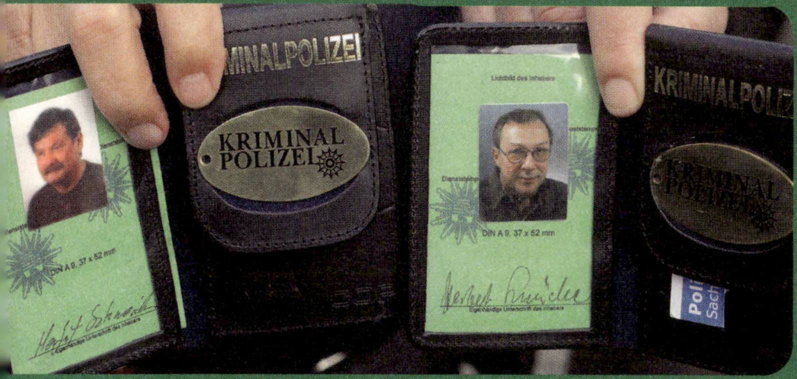

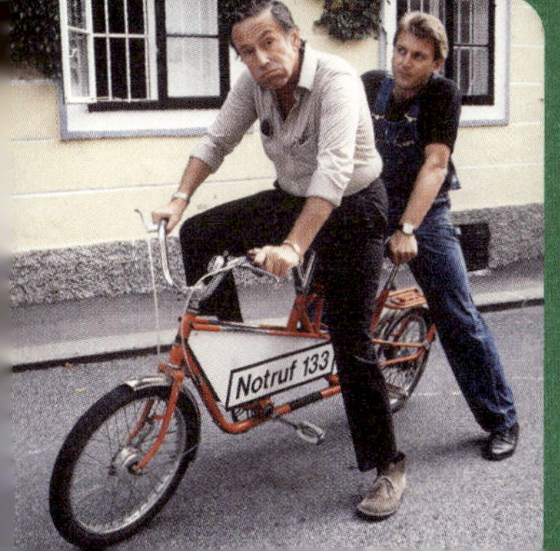
Notruf 133

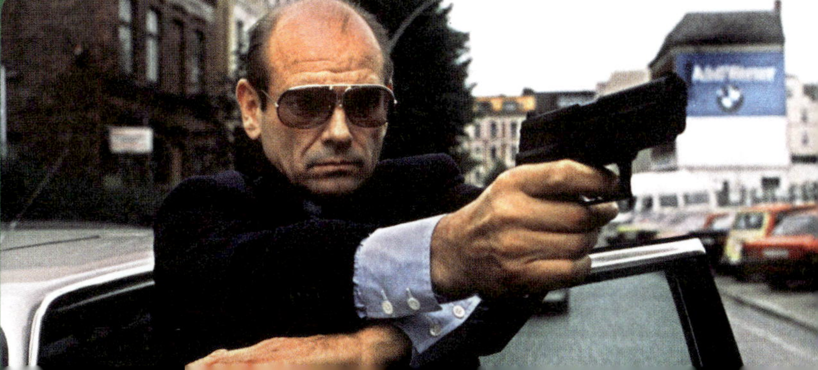

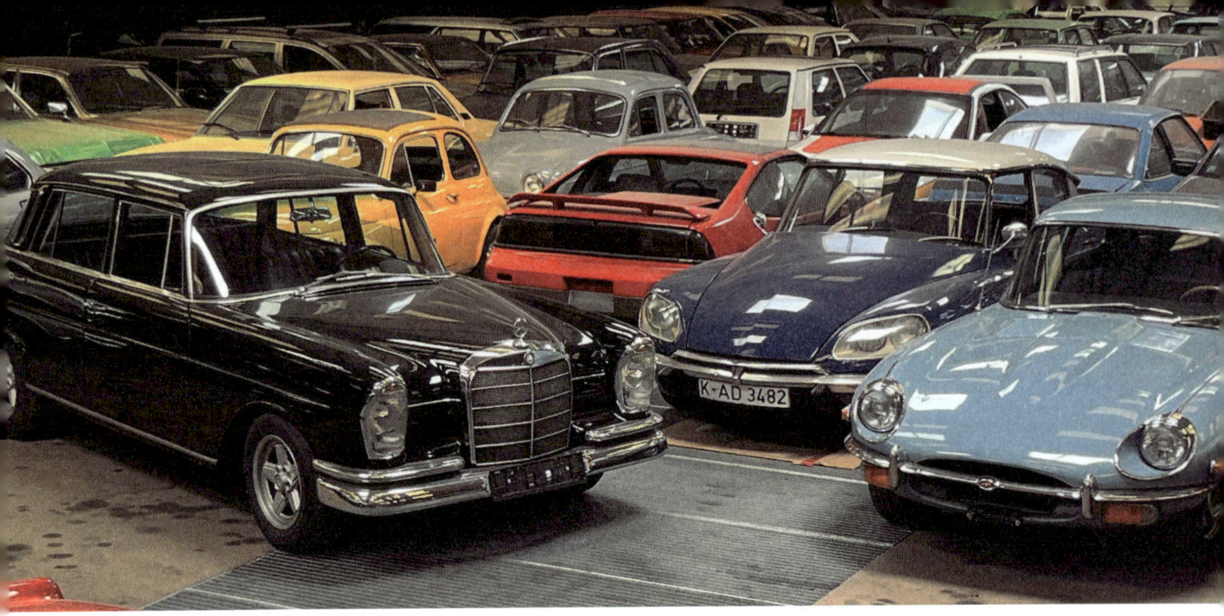

IM AUTOHAUS DER KOMMISSARE

Bei Markus Zimmermann trifft Wilsbergs Alfa Romeo auf die Taxis von »Vaddern« Thiel aus dem Münsteraner Tatort oder den roten »Strich-Acht« aus SOKO Köln. Wer TV-Serien anhand der darin vorkommenden Autos erraten möchte, der ist in den Hallen von filmauto.de genau richtig.

Da wäre beispielsweise das E30-Cabrio von Sophie Haas. Ohne ihren roten BMW wäre die Hauptfigur aus »Mord mit Aussicht« in den grünen Weiten der Eifel wäre sie ebenso aufgeschmissen wie Großstadtcowboy Michael »Mick« Brisgau (Henning Baum) aus »Der letzte Bulle« ohne seinen breitbeinigen Opel Diplomat. Und selbst der Münsteraner Kommissar Frank Thiel (Axel Prahl) hätte reichlich Mühe, die Bösewichte alleine auf einem klapprigen Herrenrad einzuholen, wenn er nicht hin und wieder auf die Taxi-Dienste von »Vaddern« oder auf die Luxus-Karossen von Professor Karl-Friedrich Boerne zurückgreifen könnte.

Markus Zimmermann ist Inhaber und Gründer der Firma »Filmauto«. Weit über 200 Fahrzeuge zählen in der

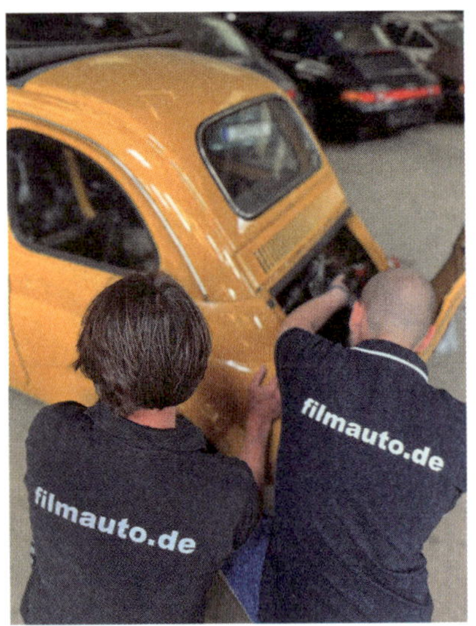

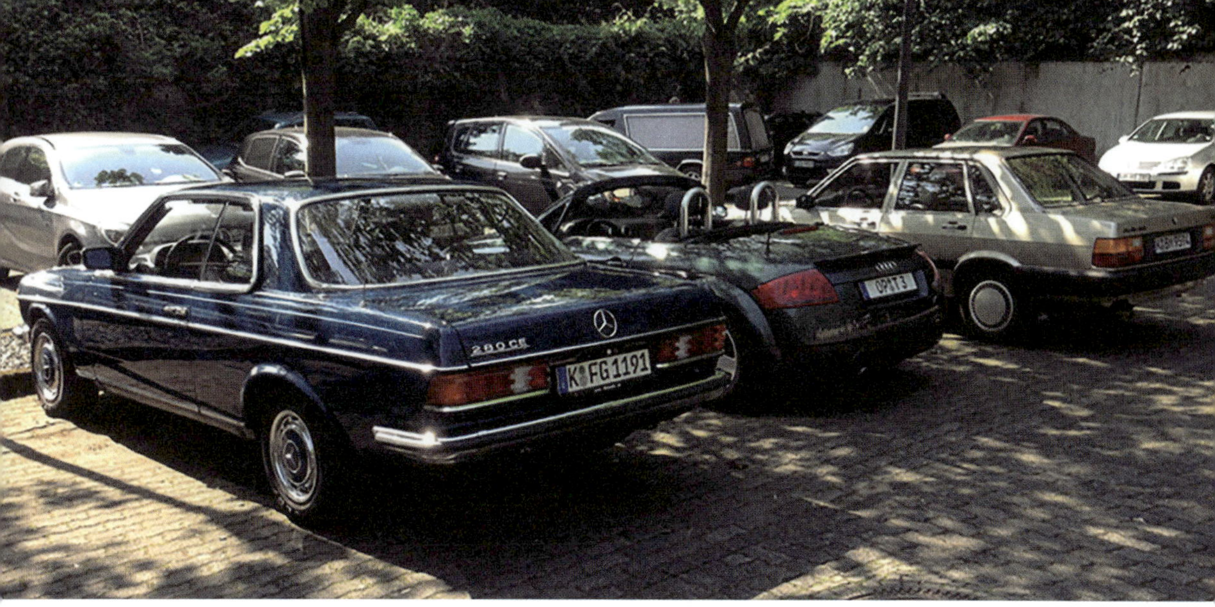

Zwischenzeit zu seinem Repertoire, von bundesdeutschen Klassikern der 1950er- und 1960er-Jahre über angesagte Youngtimern bis hin zu sehr modernen Klassikern der Jahrgänge 2002 bis 2012.

Mit den Ikonen der Wirtschaftswunderzeit hatte vor bald 30 Jahren alles begonnen. Der gebürtige Leverkusener begann schon als Vierzehnjähriger an Mofas herum zu schrauben. »Aber so mit 17 habe ich mich mehr mit Autos beschäftigt, vor allem mit Mercedes aus den 1960er-Jahren, aus meiner Jugendzeit – die wollte ich alle haben. Mein ganzes Leben lang war ich verrückt nach solchen Fahrzeugen,« ergänzt er.

Parallel begann er als Maschinenbaustudent selbst an Autos zu tüfteln, er versuchte alle möglichen Details zu verbessern und war auch im Teilehandel aktiv. »Da wurde ich dann von jemandem angesprochen, der Autos für einen Film suchte«, erinnert er sich. Es handelte sich um die RTL-Produktion »Stadtklinik«. Zimmermann stellte eine S-Klasse (W116) zur Verfügung, kurz darauf folgt der erste Großauftrag: Für den Kinofilm »Peanuts – Die Bank zahlt alles« organisierte er – teilweise noch in seinem Freundeskreis – sieben Oberklasse-Fahrzeuge.

Zimmermann erkannte sofort, worauf es bei den Dreharbeiten ankommt: »Am Set ist wichtig, dass man sich drauf verlassen kann, dass ein auch Auto fährt, dass das Licht funktioniert, dass sich alle Fenster öffnen lassen – ein paar Lackschäden fallen dagegen gar nicht ins Gewicht.« Bestimmte Ausstattungsmerkmale, weiß der Experte, seien für ein Filmauto nahezu unumgänglich – eine Automatik beispielsweise: »Schalten würde die Schauspieler bei Fahraufnahmen nur von ihrer Rolle ablenken.« Ein Schiebdach stehe ebenfalls oft auf der Wunschliste der Produktionsgesellschaften, damit bei Fahraufnahmen möglichst viel Licht in den Innenraum falle.

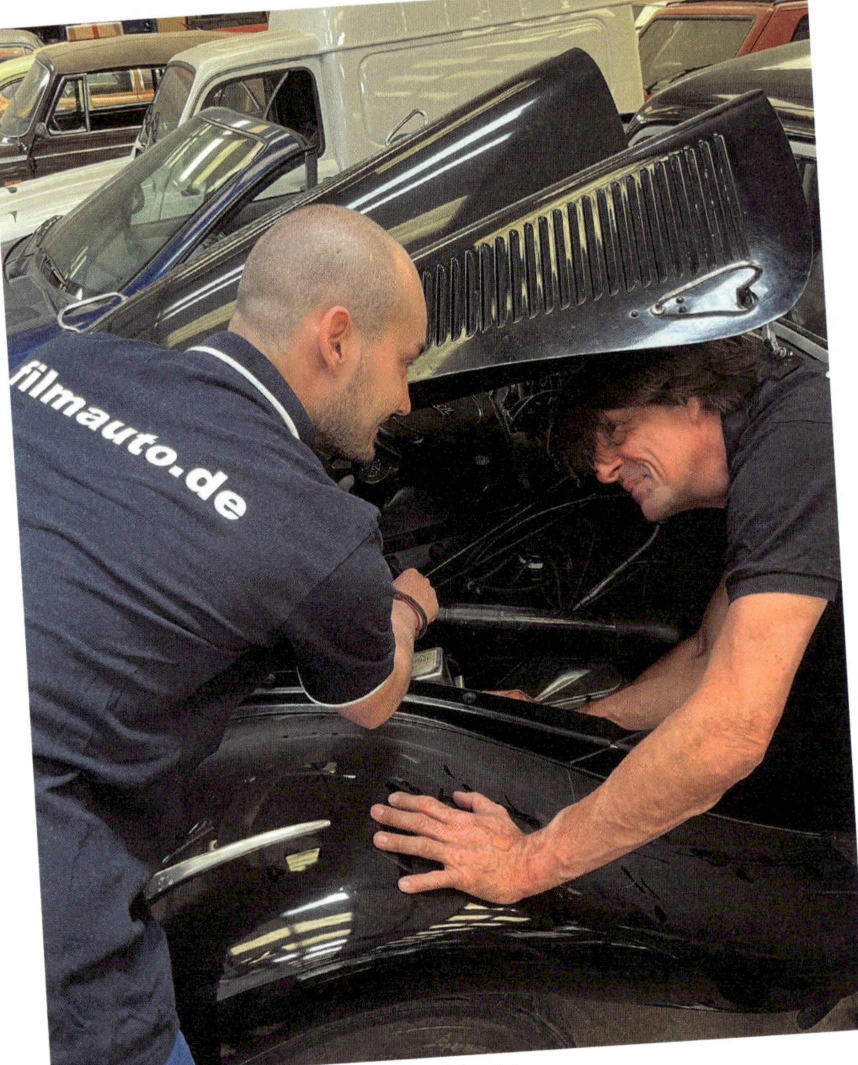

Markus Zimmermann (re.) und Vincent Luxen.

Dass Zimmermanns Autos zuverlässig funktionierten sprach sich herum: Bald folgten immer neue Aufträge, der Sammler konnte durch die Vermietungen seinen Lebensunterhalt bestreiten. »Das ist für mich die perfekte Möglichkeit, meine Lieblings-Autos zu behalten«, freut er sich noch immer.

War er anfangs noch auf Hilfe von Freunden und Bekannten angewiesen, vermietet der Geschäftsmann heute fast ausschließlich eigene Fahrzeuge. Der Aufwand, Autos anderer Besitzer anzubieten, sei schlicht zu groß, sagt er: »Wenn ich die Leute nicht genau kenne, kann mir niemand garantieren, ob die im entscheidenden Moment auch wirklich ans Handy gehen, oder ob die den Wagen nicht kurzfristig selbst benötigen.« Und nicht jedes Auto sei auch für einen Filmdreh geeignet, gibt er zu bedenken: »Grundsätzlich ist ja jeder Eigentümer davon überzeugt, einen ganz tollen Oldtimer zu besitzen – aber wenn das Auto dann dasteht und nicht anspringt oder man erst dies und jenes beachten muss, kann man das den Schauspielern nicht zumuten.«

Auch müsse man sich als Eigentümer stets im Klaren sein, wie mit den Autos im Film umgegangen werde: »Wenn ich eines meiner Autos für eine TV-Produktion vermiete und da kommt ein Kratzer dran oder irgendwas von einem Stativ oder von einem Saugnapf auf der Motorhaube, dann ist das eben so. Das ist gar kein Drama, so ein Schaden wird bei den Filmarbeiten im Tagesbericht dokumentiert und dann begleichen. Aber bei einem fremden Auto gibt das riesige Diskussionen nach dem Motto: Warum ist da plötzlich ein Kratzer? Warum ist da eine Beule?«

Folglich würde Zimmermann den meisten Sammlern erst einmal davon abraten, die sorgsam gepflegten Garagenschätze vorschnell für Filmaufnahmen herzugeben: »Wenn du an deinem Auto hängst, dann mach es nicht, es kann alles passieren,« mahnt der Verleiher immer wieder.

Anfragen erreichen Markus Zimmermann in der Regel zunächst über die Ausstatter der jeweiligen Produktion. »Die haben meist schon drei oder vier Muster herausgesucht und rufen mich dann, welche gerade verfügbar sind. Ich frage grundsätzlich erstmal zurück: ›Was passiert mit dem Auto?‹ ›Was muss der machen?‹ ›Braucht das

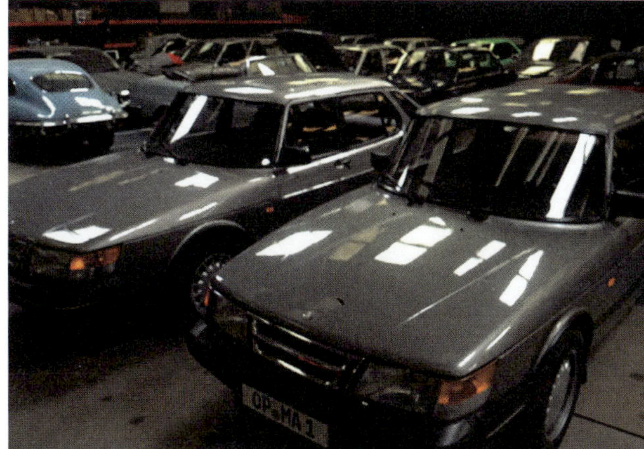

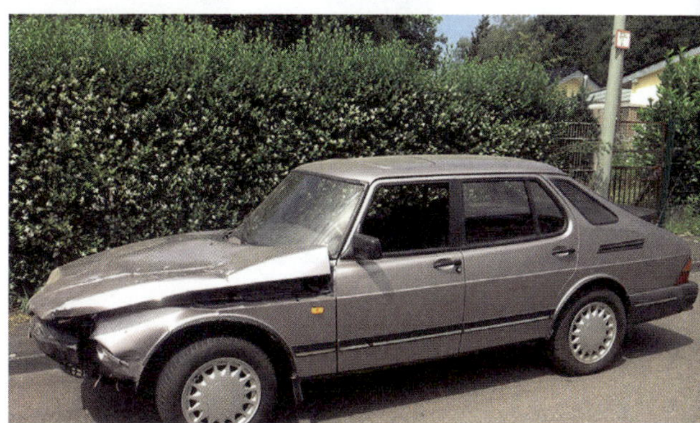

Faber (Jörg Hartmann) aus dem Dortmunder Tatort fuhr einen Saab 900 aus dem Bestand von Markus Zimmermann.

Auto eine Straßenzulassung oder ist es nur im abgesperrten Bereich unterwegs?‹« Dann sucht Zimmermann mehrere Alternativen aus seinem Bestand heraus – das letzte Wort hat dann der Regisseur.

Die Film-Ausstatter folgen immer wieder gewissen Trends, weiß er Experte zu berichten. Lange Zeit etwa seien Volvos sehr beliebt gewesen, erinnert er sich. Manchmal ist jedoch auch betont unauffälliges gefragt: eines seiner erfolgreichsten Fahrzeuge sei aktuell ein Mitsubishi Lancer Kombi der 3. Generation in hellblau, verrät er. Der kantige Kombi aus den späten 80ern war ein Spontankauf des Auto-Liebhabers. Der unauffällige Wagen laufe so gut, dass er kürzlich noch in Gestalt eines weißen Nissan Bluebird der neunten Generation ein ganz ähnliches Fahrzeug angeschafft habe. Nur eine Neulackierung brauche der Wagen noch. Etwa in Silber oder »Champagner«, solche Farben seien besonders gefragt, weiß der Auto-Fan zu berichten.

Doch egal ob biedere Familienkutsche oder knalliger Edel-Roadster: Wichtig sei, dass ein Filmauto den Charakter der jeweiligen Figur unterstreiche. Ein archaischer Typ wie der »letzte Bulle«, nicht nur optisch, sondern auch in Sachen Umgangsformen bis zum Schaft der Cowboystiefel in den 80ern stecken geblieben, brauche ein passendes Auto: »So jemand würde niemals in

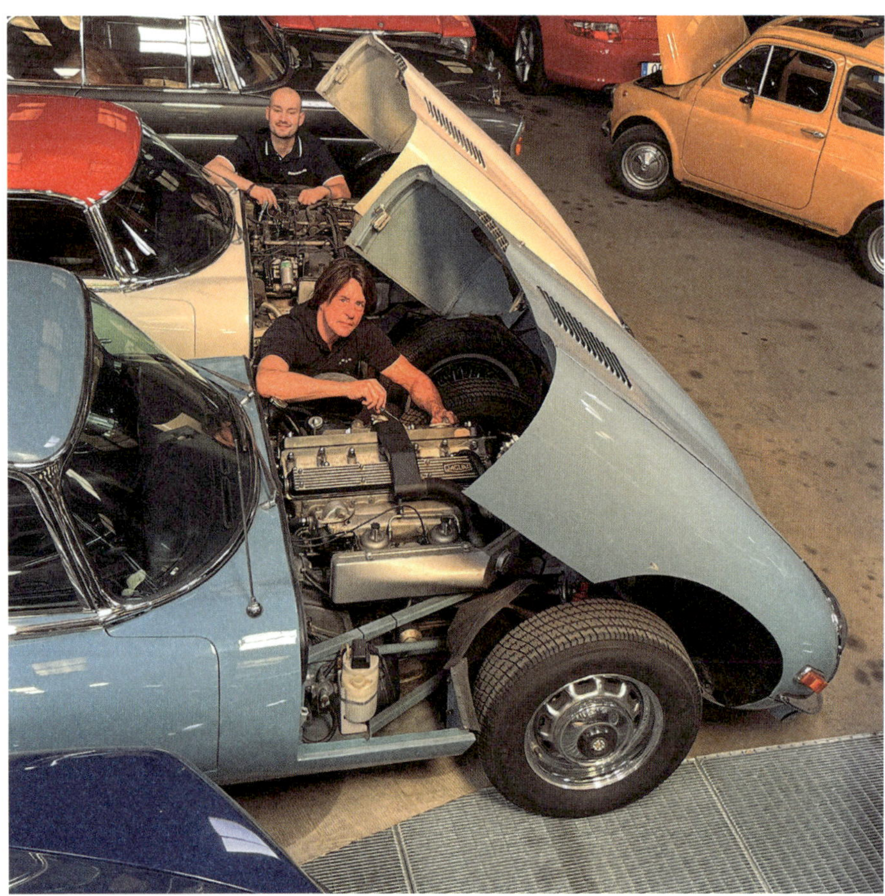

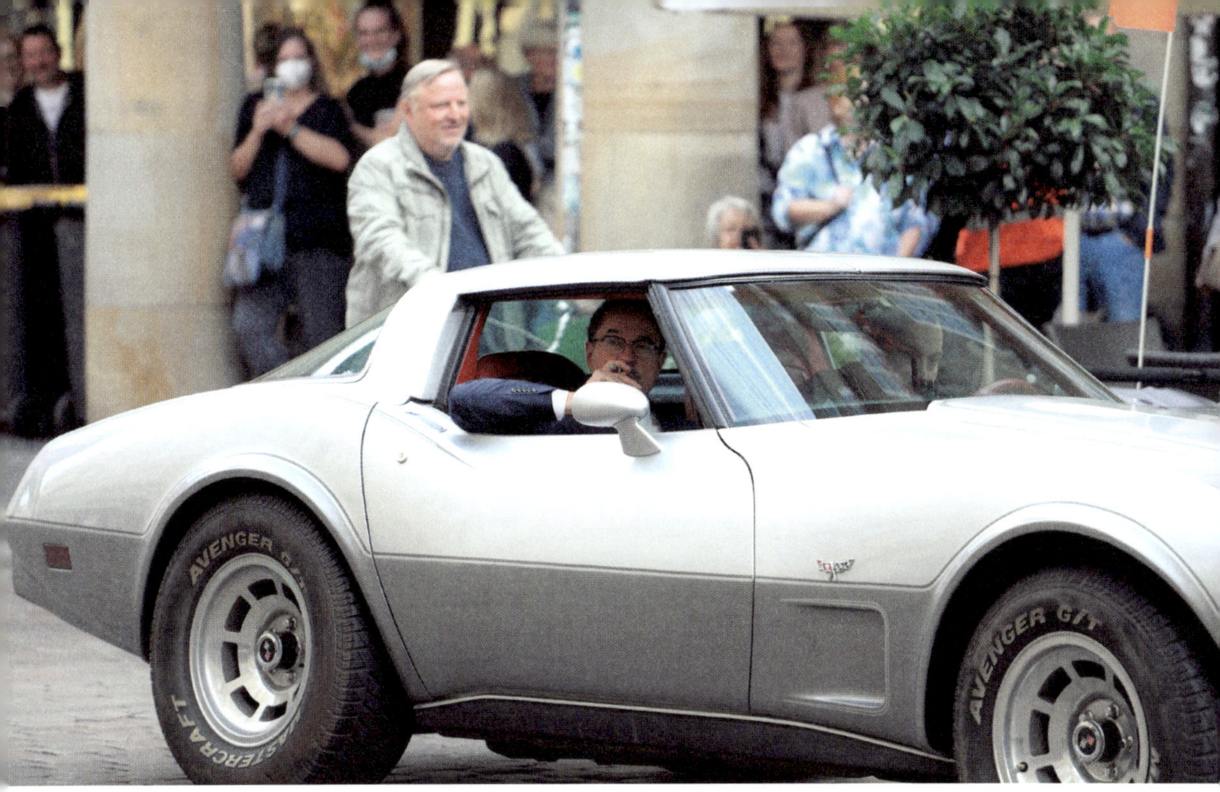

Zimmermann stellte auch Boernes C3-Corvette, hier bei Dreharbeiten in Münster.

einem Golf Blue-Motion zum Tatort fahren – das wäre absolut unglaubwürdig«, erklärt Zimmermann schmunzelnd.

Als Hauptkommissar Frank Thiel aus Münster in einer der jüngeren Folgen vom Fahrrad auf einen roten Fiat Panda umstieg, lackierte Zimmermann noch rasch eine Türe in Grün, »damit der Wagen noch etwas runtergekommener aussieht«, wie er sagt – passend für den bodenständigen St. Pauli-Fan, der sich rein gar nichts aus Statussymbolen macht.

Solche spontanen Modifikationen – beim Film übrigens keine Seltenheit – erledigt Zimmermann rasch selbst. Doch gerade bei etwas größeren Umbauten mache es mehr Spaß, zu zweit zu arbeiten. Deshalb freut sich der Firmenchef, dass er seit drei Jahren einen Gleichgesinnten im Team hat: »Vincent hat seit seinem vierzehnten Lebensjahr mit Autos zu tun, dem muss ich nichts erklären«, lobt Zimmermann den jüngeren Kollegen. Wann immer möglich, führt Vincent Luxen

»MEIN LIEBLINGS-ONKEL FUHR EINEN HECKFLOSSEN-MERCEDES.«

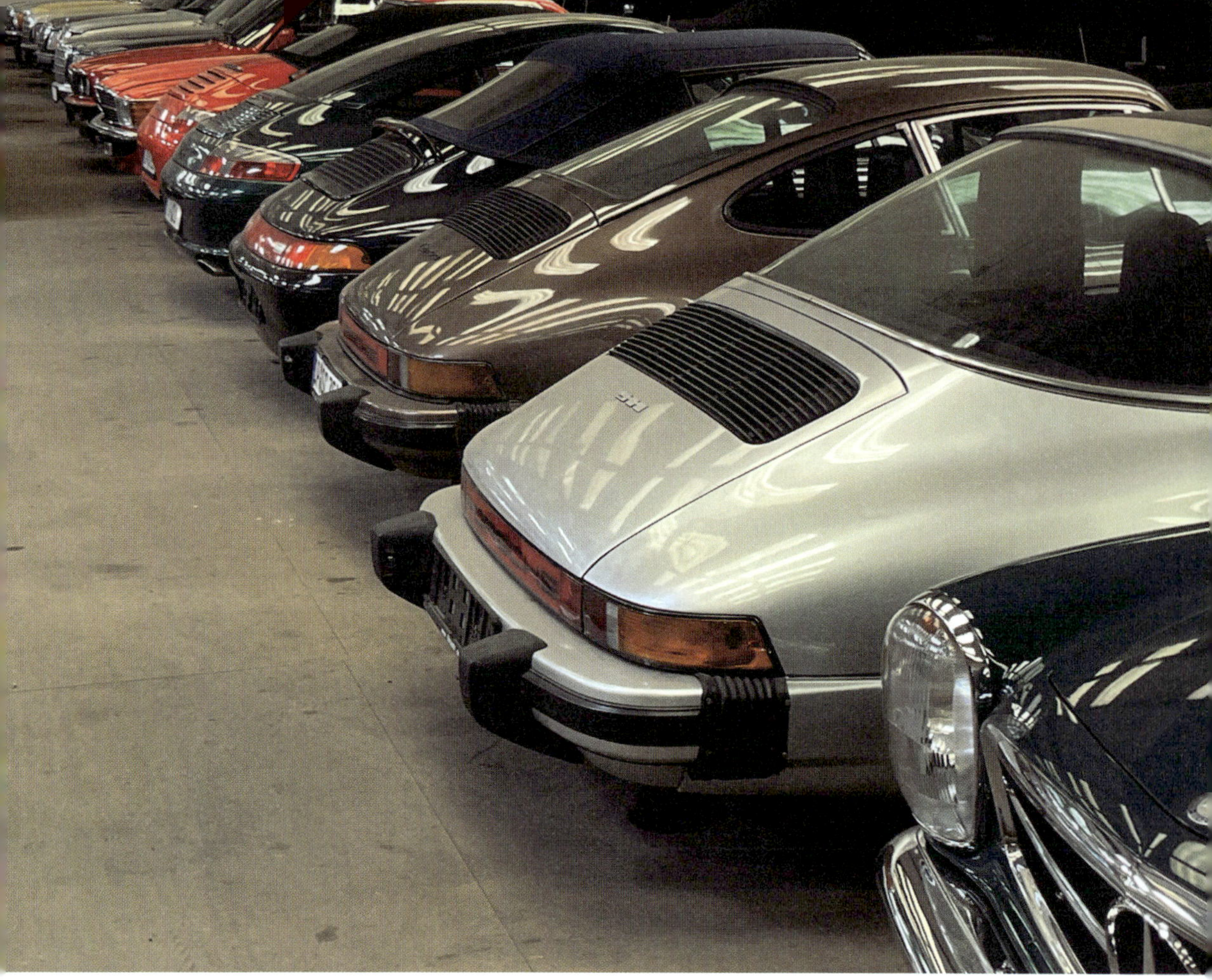

mittlerweile auch Stuntaufnahmen mit den eigenen Autos durch. »Vincent weiß immer ganz genau, was das jeweilige Auto verträgt und wo seine Grenzen sind. Das ist mir viel lieber, als wenn ein fremder Stuntman im Auto sitzt«, erklärt der Chef.

Gemeinsam beschafften die beiden für die RTL-Serie »Faking Hitler« rund um die gefälschten Hitler-Tagebücher (mit Lars Eidinger und Moritz Bleibtreu) drei Jaguar XJ 3 mit V12-Motor. Ein Fahrzeug wurde als Unfallwagen präpariert, dazu bauten die beiden Kollegen, wie in solchen Fällen üblich, zuvor Motor und Getriebe aus.

Der XJ 3 war als fester Bestandteil des Oberklasse-Lifestyles der 80er-Jahre von Anfang gesetzt. Manche Auto-Besetzungen entstehen aber auch eher durch Zufall, erklärt der Spezialist amüsiert: So fuhr Peter Faber (Jörg Hartmann) im Dortmunder Tatort lange Zeit einen champagnerfarbenen Saab – natürlich aus Beständen von Zimmermann. Als das Auto laut Drehbuch durch einen schweren Unfall aus der Serie ausschied, besorgte man noch

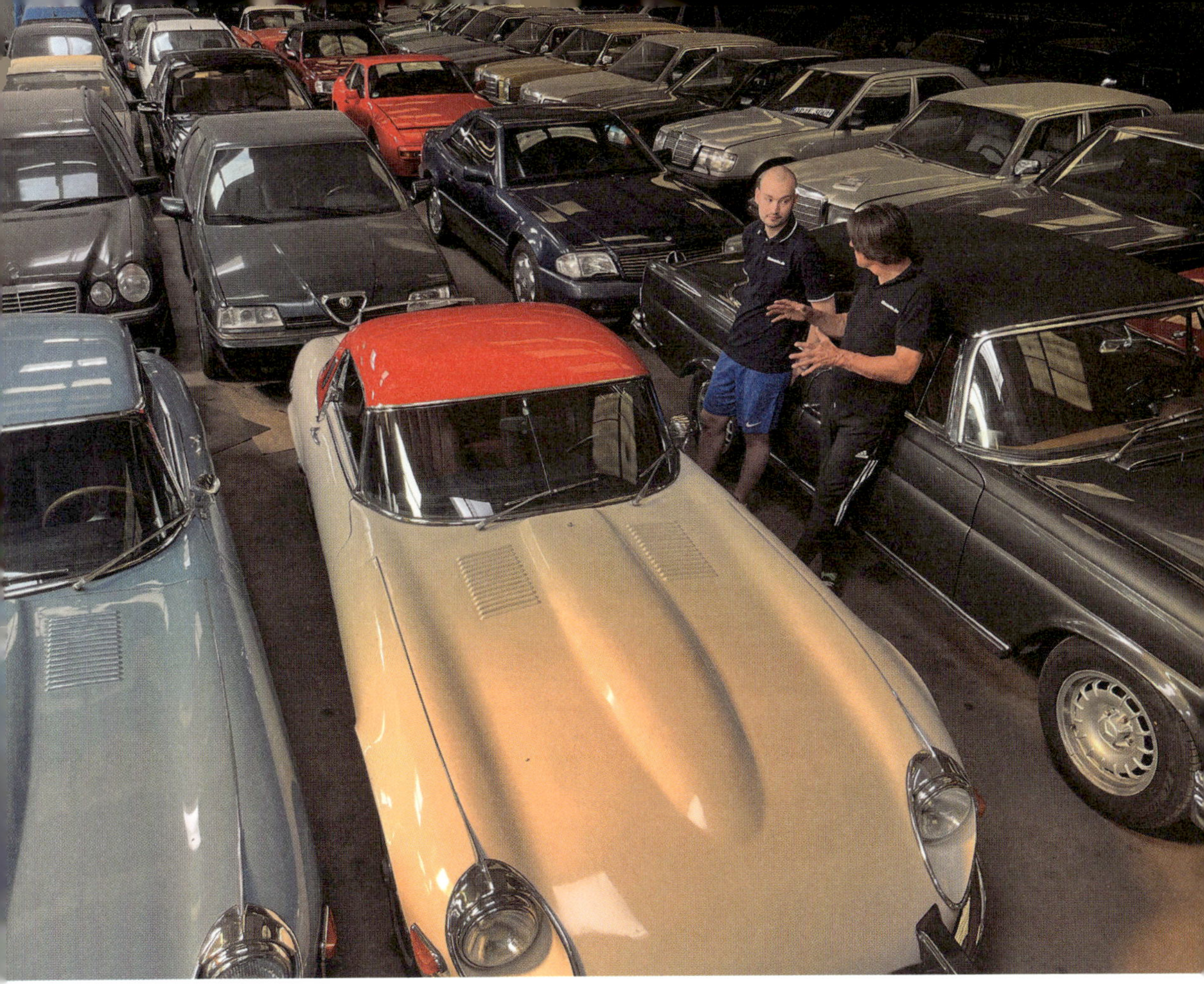

ein passendes Crash-Double. Doch niemand hatte rechtzeitig an Ersatz für den Saab gedacht. So tauchte plötzlich ein silbener Manta B auf, der nach Meinung vieler Fans eigentlich gar nicht so recht zu Faber passen wollte und nur für einen Auftritt geplant war. Doch dann entwickelte sich der Wagen zum Kult, er durfte bleiben. Er habe schon darüber nachgedacht, einen passenden Manta in die Sammlung aufzunehmen, gibt Zimmermann zu, doch bei den aktuellen Markpreisen lohne das nicht.

Hin und wieder sei auch Kreativität gefragt, verrät der Tüftler am Beispiel eines anderen Tatort-Engagements. Auch das Mercedes-Taxi von »Vaddern« Thiel aus dem Münster stammt aus Zimmermanns Fundus: Ein Taxi müsse natürlich mit Diesel laufen – Fahrzeuge mit Dieselmotor seien jedoch wegen des lauten Motorgeräuschs bei Dreharbeiten nicht gefragt. So ließ Markus Zimmermann kurzerhand einen herkömmlichen Benziner der Baureihe W 124 mittels Folie in Hellelfenbein, Taxameter, Funkgerät sowie eines ferngesteuerten Dachzeichens in eine Taxe

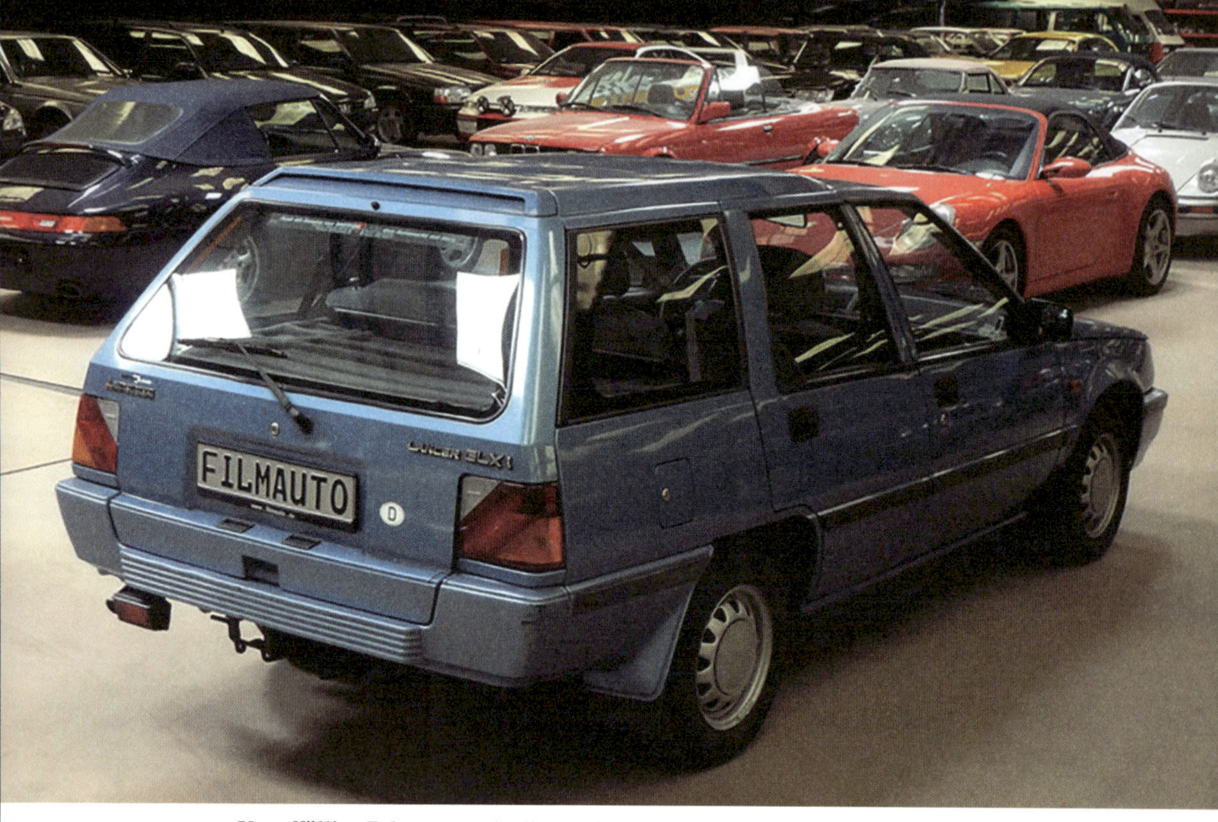

Unauffällige Fahrzeuge wie dieser ab 1983 gebaute Mitsubishi Lancer Kombi sind besonders gefragt. im Hintergrund ist der E30 von Sophie Haas zu sehen.

verwandeln. Der Diesel-Sound wird, wenn nötig, über eine separate Tonspur eingespielt.

Gerade beim Tatort und anderen öffentlich-rechtlichen Produktionen achte man mittlerweile sehr darauf, jeden Verdacht auf Schleichwerbung zu meiden. So sollten die Fahrzeuge dort mindestens vier bis fünf Jahre alt und nicht mehr als Neuwagen erhältlich sein. Dann sind die meisten Wagen auch nicht mehr über reguläre Autovermietungen erhältlich - und Dienstleister wie Filmauto stehen parat.

Der Firmenchef glaubt, dass es einen ganz bestimmten Grund gibt, weshalb sich Filmemacher aktuell immer öfter für Youngtimer entscheiden: die Emotionen, die wir mit älteren Autos verbinden. Auch Zimmermann selbst betrachtet seine Sammlung als eine Reise in seine persönliche Vergangenheit.Die Autos bilden eine Art Familienalbum, sagt er: »Ich habe hier inzwischen wieder all die Autos stehen, die mein Vater oder meine Mutter fuhren. Mein Großvater hatte einen SL - eine Pagode - und mein Lieblings-Onkel fuhr so einen Heckflossen-Mercedes.« Der tatsächliche Wert der Fahrzeuge spiele dabei gar keine Rolle: »Das ist völlig egal, ob das ein Porsche ist oder ein alter Renault. Alle diese Autos bedeuten für mich wirklich Emotionen.«

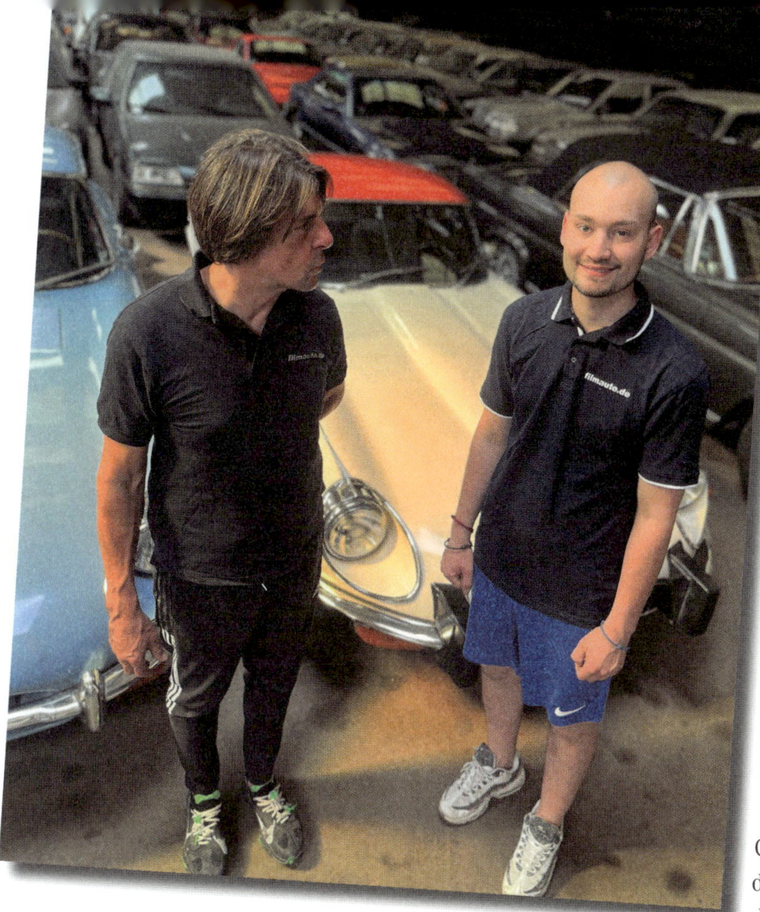

Und ähnlich, vermutet Zimmermann, gehe es wohl den meisten Menschen. Gerade in unsicheren Zeiten schwelge man gerne in nostalgischen Erinnerungen. Das Fernsehen sei dafür – linear oder gestreamt – noch immer das ideale Medium und Oldtimer und Youngtimer seien die passenden Fluchtfahrzeuge für diese Abstecher aus dem Alltag.

Privat vermeidet Zimmerman es allerdings, die Auftritte seiner Autos im Fernsehen zu verfolgen: »Die laufen ja jeden Abend irgendwo, aber ich schalte dann immer um, ich bin noch nicht dahintergekommen, warum ich das tue,« gibt er amüsiert zu Protokoll. Anders sehe es dagegen bei älteren Sendungen wie Colombo mit dessen legendärem Peugeot 403 Cabriolet aus: »So etwas schaue ich gerne! Dann frage ich mich immer, wie die das früher alles organisiert haben, so ganz ohne Handy.«

Allerdings gestalte sich in der Praxis die Pflege solch älterer Autos aus den 1950ern- und 60ern heute ohne die Expertise der Techniker der ersten Stunde immer aufwendiger. Besonders freut ihn daher, dass er mittlerweile mit Vincent Luxen einen jungen Kollegen an Bord habe, der sich gleichermaßen auf Oldtimer und Youngtimer verstehe. »Ich sehe in ihm den einzigen, der in der Lage ist, das hier fortzuführen.« ***red***

BILDNACHWEIS

Einbandgestaltung: picture alliance/United Archives (Cover), picture alliance / Sammlung Richter | Sammlung Richter: (Vorsatz), picture-alliance / dpa | Erwin Elsner (Nachsatz), Archiv der Motorpresse (Rückseite).

Innenteil: Archiv der Motorpresse (40 unten, 56 unten, 67); ARD degoto/Pascal Mora (206); ARD degoto/ Roland Suso Richter (200-201); Dr. Ing. h.c. F. Porsche AG (170-171, 174-175); DRA/ Bernd Nickel (26)M DRA/Herbert Kroiss (28); DRA/Klaus Goldmann (22-23); DRA/Lothar Schneider (24 oben); DRA/Manfred Gustavus (24 unten); Frank Hempel/ United Archives via Getty Images (127, 132-133); Hardy Mutschler (68-73); Heinz Browers/United Archives via Getty Images (14); Impress Own/United Archives via Getty Images (12-13, 52, 65); INTERFOTO / SB (30-31); kpa/ United Archives via Getty Images (32, 33, 34, 42-43, 46, 47, 53, 54, 55, 56 oben, 57, 61 oben, 61 unten, 63 oben, 63 unten, 74-75, 77, 78, 80, 82-83, 84, 86 oben, 86 unten, 101, 106, 107, 115, 120, 121, 124-125, 131); Larry Ellis Collection/Hulton Archive/ Getty Images (7); Markus Zimermann/filmauto.de (210-214, 216-219); Max Kohr/actionpress (105); Mercedes-Benz AG (207); Peter Bischoff/Getty Image (9, 15, 21 oben, 85, 88-89, 94 unten, 98, 99, 109 oben)M picture alliance (91, 92); picture alliance / augenklick/firo Sportphoto | firo Sportphoto/Jürgen Fromme (152-153); picture alliance / dpa (204-205); picture alliance / dpa | Bernd Thissen (151, 156-157); picture alliance / dpa | Caroline Seidel (178-179, 182-183); picture alliance / dpa | Daniel Bockwoldt (192-193); picture alliance / dpa | Henning Kaiser (180); picture alliance / dpa | Horst Galuschka (2, 126, 128-129, 186-187, 189); picture alliance / dpa | Jens Büttner (143); picture alliance / dpa | Jens Wolf (112, 113, 116-117); picture alliance / dpa | SWR/Stephanie Schweigert (172); picture alliance / Erwin Scheriau / EXPA / picturedesk.com | Erwin Scheriau (164-165, 167 unten, 168); picture alliance / Geisler-Fotopress | Christoph Hardt/Geisler-Fotopress (190 oben, 190 unten); picture alliance / Geisler-Fotopress | gbrci/Geisler-Fotopress (140-141, 195, 196); picture alliance / Hans Gregor | Hans Gregor (16); picture alliance / Hubert Mican / First Look / picturedesk.com | Hubert Mican (167 oben); picture alliance / Karl Schöndorfer / picturedesk.com | Karl Schöndorfern (169); picture alliance / Keystone | Keystone (36-37); picture alliance / Keystone | Röhnert (40 oben, 41); picture alliance / RMR | RMR/RM (198, 199); picture alliance / Sammlung Richter | Sammlung Richter (50-51); picture alliance / Sven Simon | Malte Ossowski/SVEN SIMON (154-155); picture alliance / Thomas Wattenberg | Thomas Wattenberg (79); picture alliance / Winfried Rothermel/dpa | Winfried Rothermel (173); picture alliance / zb | Klaus Winkker 27 links, 27 rechts); picture alliance/dpa | Friso Gentsch (134-135, 156); picture alliance/ United Archives (90); picture alliance/United Archives | Publicity Still (64); picture alliance/United Archives | United Archives / kpa (38, 94 oben, 95, 104); picture alliance/United Archives | United Archives / kpa Publicity (48-49); picture alliance/United Archives | United Archives/IFTN (45); picture-alliance (137 unten, 161); picture-alliance / dpa | Bernd Thissen (136); picture-alliance / dpa | Carsten Rehder (96-97); picture-alliance / dpa | Georg Goebel (39); picture-alliance / dpa | Herrmann (100); picture-alliance / dpa | Horst Ossinger (62 oben, 138-139, 162-163); picture-alliance / dpa | Sperling (81); picture-alliance / Sven Simon | Sven Simon (151 unten); picture-alliance / ZB | Thomas Schulze (110-111); picture-alliance/ dpa | Carsten Rehder (144, 145), 146-147); picture-alliance/ dpa | Heinz Unger (130 oben); picture-alliance/ dpa | Horst Pfeiffer (142); picture-alliance/ dpa | Jörg Carstensen (184-185, 191); picture-alliance/ dpa | Martin Athenstädt (58-59); picture-alliance/ dpa | Soeren Stache (158-159); picture-alliance/ dpa/dpaweb | Bernd Thissen (137, oben); picture-alliance/ dpa/dpaweb | Uli Deck (118-119, 123); picture-alliance/ ZB | Thomas Schulze (114); Rossen Gargolov (102-103); Schweigmann/United Archives via Getty Images (20-1, 20-2, 20-3, 21 unten); Spiegl/face to face (181); Stadt Münster/Britta Roski (155, 215); Stellantis (8, 10, 11); Target Presse Agentur Gmbh/ Getty Images (6); TelePress/United Archives via Getty Images (18-19); Thomas Buchwalder/ action press für Bauer Stars&Stories (203); Tronquet, Jean-Marie/ Action Press (148-149, 154); Yvette Krummheuer (5); ZIK Images/United Archives via Getty Images (130 unten).

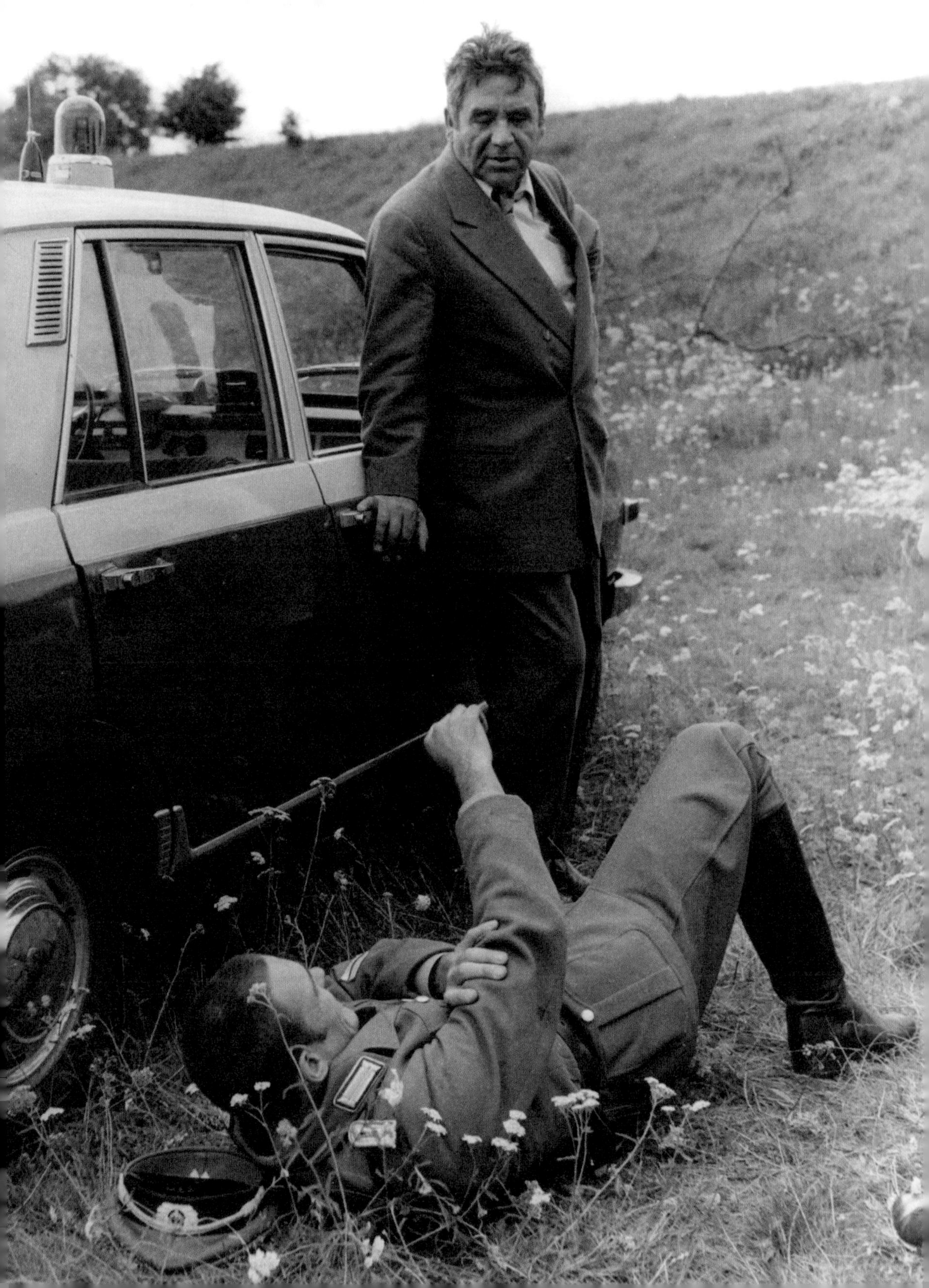

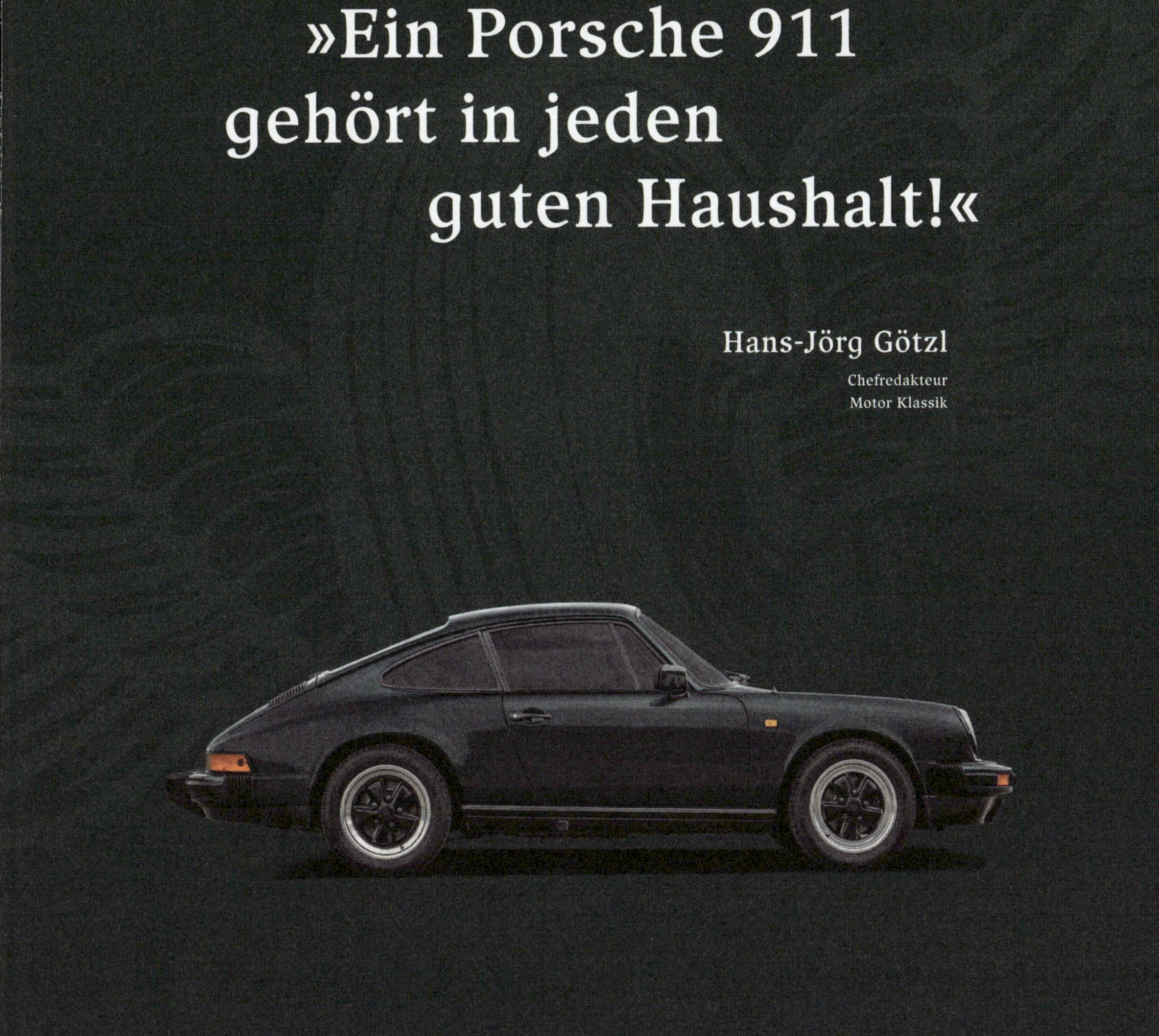

www.motor-klassik.de

FRÜHER:
SPIESSIG.
HEUTE:
COOL.

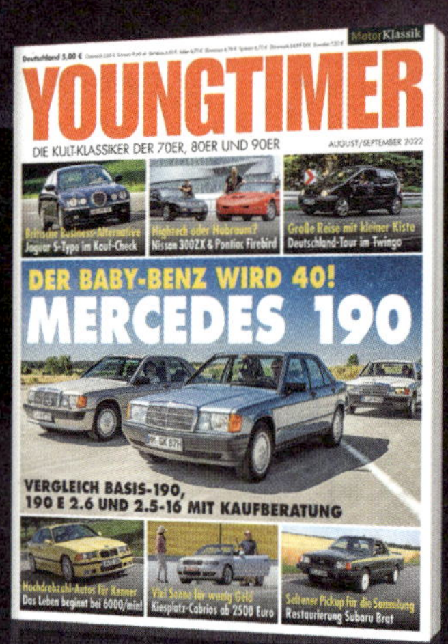

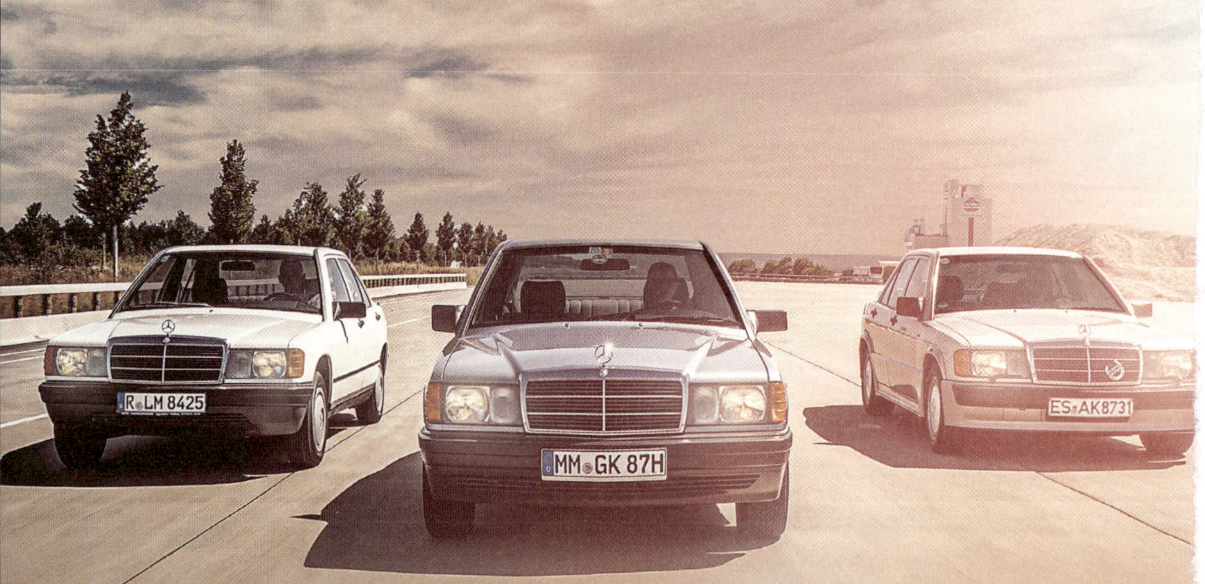

YOUNGTIMER – ECHTE TRÄUME LEBEN LÄNGER – JETZT ONLINE BESTELLEN:

TELEFON
0781 639-6651

E-MAIL
youngtimer@burdadirect.de

ONLINE
shop.motorpresse.de/youngtimer-heft

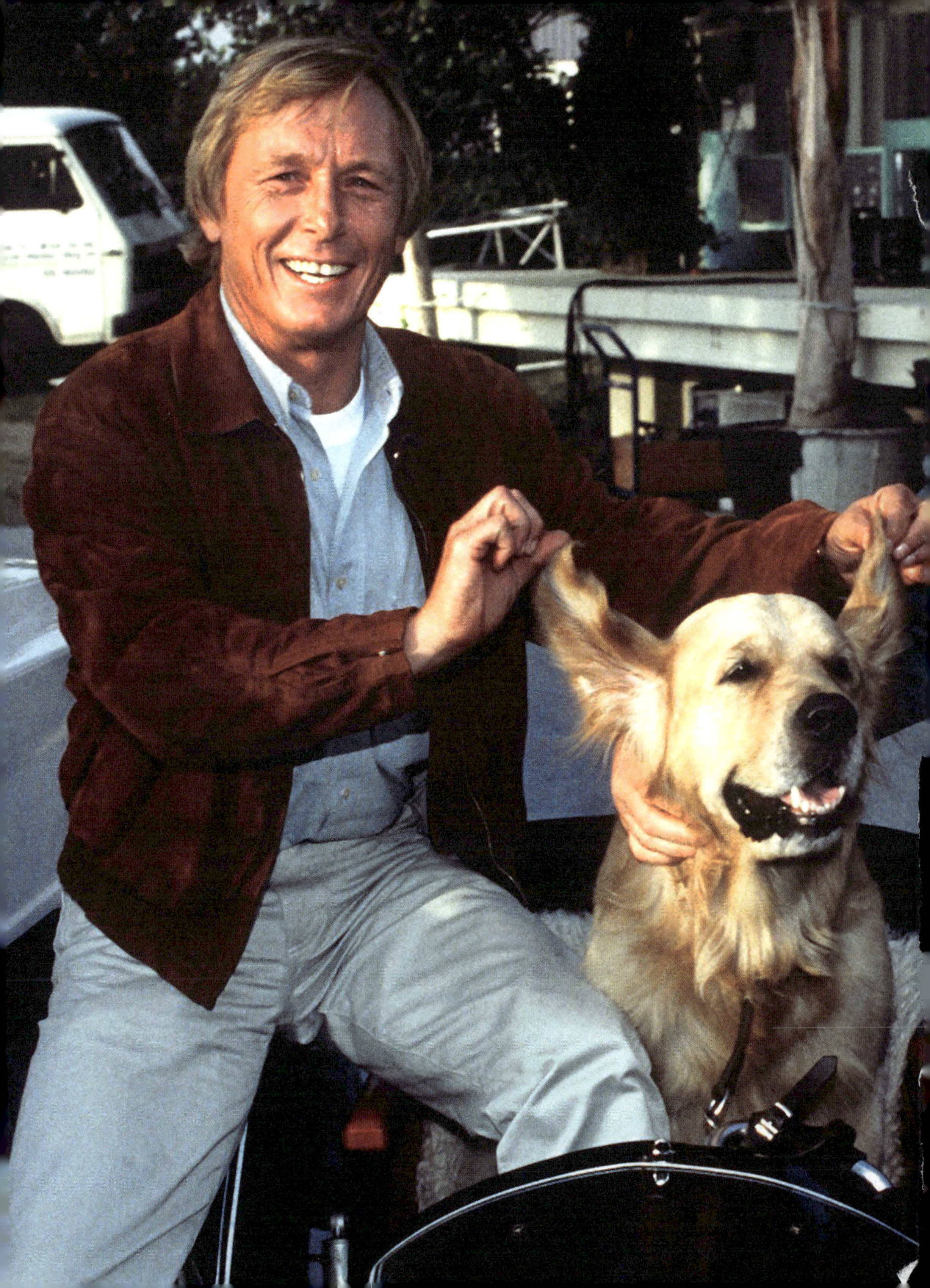